中国社会科学院

台湾史研究中心丛刊

# 战后
# 台湾农会研究
## （1945—1975）

## Zhanhou
## Taiwan Nonghui Yanjiu

程朝云 著

凤凰出版社

图书在版编目（CIP）数据

战后台湾农会研究 ：1945～1975 / 程朝云著. -- 南京 ：凤凰出版社，2014.7
（中国社会科学院台湾史研究中心丛刊）
ISBN 978-7-5506-1497-0

Ⅰ. ①战… Ⅱ. ①程… Ⅲ. ①农民协会－研究－台湾省－1945～1975 Ⅳ. ①D422.858

中国版本图书馆CIP数据核字(2014)第133310号

| | |
|---|---|
| 书　　名 | 战后台湾农会研究(1945-1975) |
| 著　　者 | 程朝云 |
| 责任编辑 | 陈晓清 |
| 出版发行 | 凤凰出版传媒股份有限公司<br>凤凰出版社(原江苏古籍出版社)<br>发行部电话 025-83223462 |
| 出版社地址 | 南京市中央路165号,邮编:210009 |
| 出版社网址 | http://www.fhcbs.com |
| 经　　销 | 凤凰出版传媒股份有限公司 |
| 照　　排 | 南京凯建图文制作有限公司 |
| 印　　刷 | 江苏凤凰通达印刷有限公司<br>南京市六合区冶山镇,邮编:211523 |
| 开　　本 | 718×1005毫米　1/16 |
| 印　　张 | 18.75 |
| 字　　数 | 337千字 |
| 版　　次 | 2014年7月第1版　2014年7月第1次印刷 |
| 标准书号 | ISBN 978-7-5506-1497-0 |
| 定　　价 | 59.00元 |

(本书凡印装错误可向承印厂调换,电话:025-57572508)

# 目　录


**总序** …………………………………………………………………… (001)

**绪　论** ………………………………………………………………… (001)

一　问题与思路 …………………………………………………… (001)

二　现有研究介绍 ………………………………………………… (003)

三　资料运用与研究框架 ………………………………………… (006)

**第一章　日据时期台湾的农民组织** ……………………………… (012)

一　农会 …………………………………………………………… (012)

二　产业组合 ……………………………………………………… (021)

三　农业会 ………………………………………………………… (026)

**第二章　1949 年以前大陆农民组织经验** ……………………… (030)

一　大革命时期的农民协会(1924—1927) ……………………… (030)

二　《农会法》与抗战爆发前的农会(1928—1937) ……………… (034)

三　战时农业推广体系下的农会(1937—1945) ………………… (042)

四　抗战胜利后农会与土改(1945—1949) ……………………… (058)

五　1949 年前大陆农会的两种内涵 ……………………………… (061)

**第三章　光复初期台湾农业会的接收与分合问题** ……………… (063)

一　农业会的接收与组织划分 …………………………………… (063)

二　陈诚主台和农复会合并农会与合作社的建议 ……………… (070)

三　农会与合作社的合并及新农会的初步形成 ………………… (076)

**第四章　战后台湾农会的制度改革** ……………………………… (084)

第一节　"安德生报告"与农复会的立场 ………………………… (084)

第二节 “暂行办法”与国民党的意图 …………………………………… (093)
三 改革的实施与国民党力量的全面进入 ………………………… (101)
四 农会制度性改革的评价 ………………………………………… (108)

**第五章 改革后的农会组织与内外关系** ………………………… (111)
一 农会组织规模的变动 …………………………………………… (111)
二 农会内部机构设置与人事 ……………………………………… (114)
三 农会的外部关系 ………………………………………………… (125)

**第六章 改革后的农会业务与功能** ……………………………… (134)
一 农会经费来源与运用 …………………………………………… (135)
二 农会供销业务与战后台湾粮政 ………………………………… (147)
三 信用业务发展与农村金融 ……………………………………… (158)
四 农会与战后台湾农业推广 ……………………………………… (164)

**第七章 国民党、地方派系和农会:改革后的农会与政治** …… (180)
一 国民党掌控农会的制度方式:总干事负责制 ………………… (180)
二 国民党掌控农会的组织方式:党内提名、辅选与党团 ……… (189)
三 地方派系介入农会选举及与国民党的关系 …………………… (194)
四 派系纠纷及国民党政权对农会再改革的酝酿 ………………… (201)
五 有关国民党掌控农会与向农村基层发展组织的局限 ………… (206)

**第八章 农工转型与农会业务经营的转变** ……………………… (213)
一 农业的结构性转变与当局农业政策的调整 …………………… (213)
二 农会业务经营的转变 …………………………………………… (221)
三 农会业务经营企业化及其影响 ………………………………… (227)

**第九章 修正“农会法”与农会体制的再改革** ………………… (232)
一 修正“农会法”的背景与原因 …………………………………… (232)
二 农会法修正经过:以“立法院”审查为中心 …………………… (238)
三 新农会法下的首次农会合并与改选 …………………………… (247)
四 修改农会法的影响 ……………………………………………… (257)

**结　语** …………………………………………………………………………（261）
一　关于农会与国民党政权 ……………………………………………………（262）
二　有关农会与农民 ……………………………………………………………（264）

**参考文献** ……………………………………………………………………（268）
**附录一:农会法(1948 年修正)** …………………………………………（278）
**附录二** ………………………………………………………………………（283）

**后记** …………………………………………………………………………（287）

# 总　序

台湾是中国不可分割的一部分。在进入21世纪的今天，台湾与大陆的统一问题仍是中国最大的国家安全问题，涉及国家的核心利益。加强中国历史研究中的台湾历史研究、进一步认识台湾历史与中国历史不可分割的关系，认识百多年来台湾人民的苦难、奋斗和牺牲，对于理解台湾人民，进一步认识台湾与祖国大陆不可分离的关系的重要性，促进台湾史研究的学术繁荣，将有所裨益。

为此，中国社会科学院台湾史研究中心于2002年9月成立，意在推动、组织台湾史的学术研究，站在科学的立场上，对台湾历史进行综合研究，发展与台湾、香港、澳门地区和国外学者的合作，推动台湾史学科的建设，为祖国统一和学术进步服务。台湾史研究中心成立伊始，我们就设想为台湾史研究建设一个发表成果的园地。鉴于研究台湾历史的学者队伍状况，建立专业的台湾历史学术刊物的条件尚不够成熟。我们改变主张，决定建设《中国社会科学院台湾史研究中心丛刊》，努力推动台湾史研究，展示台湾史研究成果，使它成为为台湾史研究服务的平台。

《中国社会科学院台湾史研究中心丛刊》是一个公开的学术园地。凡中国社会科学院台湾史研究中心组织的台湾史研究的成果，以及其他学者所撰写的台湾史专著，愿意交由本丛刊发表者，经本丛刊委托的三名资深专家审定，认为达到出版水平者，本丛刊愿意刊载，公诸同好。本丛刊推出的研究成果，以专著为主，亦包括少量国外研究台湾史的译作。遴选纳入丛刊的著译，力求视点独到、资料翔实、方法科学、论证严密，学术上具有开拓性。

中国社会科学院台湾史研究中心为本丛刊组织编辑委员会，组成编辑部，并委托专人负责编务。纳入丛刊作品的体例、观点等，皆由作者文责自负。江苏凤凰出版传媒集团所属凤凰出版社担任出版任务。

中国社会科学院台湾史研究中心是中国社会科学院所属非赢利、非实体的学术社团，我们将一以贯之倡导、推动台湾历史的研究。我们缺乏经费支持，谨在此呼吁有识之士慷慨解囊，提供出版资金，欢迎国内外各界赞助，以共襄台湾史学科繁荣之盛举。

张海鹏

2013年9月

# 绪 论

## 一 问题与思路

农会是战后台湾最大的农民组织，至今还与台湾人民的生活紧密相连，如代表南部农民办理水果及其他农产品外销，广泛设立于乡间和都市的农会信用部为附近居民办理存取款及各种缴费等。台湾选举期间，农会又常以国民党选举“桩脚”的形象出现在报章杂志上。民进党上台后，2002年11月23日，为反对当局撤销农渔会信用部，不少农民走上街头举行大规模抗议活动，农会是这次运动的主角。凡此种种，不禁让人好奇，农会究竟是一个怎样的组织？在战后台湾历史上究竟扮演什么样的角色？

追溯世界范围内农会或类似名称的农民组织的源流，最早出现于19世纪30年代的英国，也就是英国工业革命之后。其出现显然是为了应对工业化可能对农业生产者造成的冲击与压力，农业生产者自发组织起来保护群体的利益。紧随英国之后，法国也开始有农民组织的设立。由于小地主数量更多，法国的农民组织更为兴盛[①]。为应对资本主义大生产对小农经济的冲击，法国的农业公会，即以“保全农利”为宗旨，从事肥料、种子、农机具等农业资材的共同购买，以减低生产成本；代售会员农产品；向会员推广运用肥料、农业机械；推动农学研究；协助农民结社；宣传农业相关法令等[②]。应该说，这样的农会，更像是经济合作组织，正所谓“结同群以保公益，合众智以图改良”[③]。

欧美工业化以后出现的这一农民组织，日本明治维新后由赴欧洲考察的日本精英传入日本，但和欧美国家由农民或农场主自发成立组织不同，日本的农民组织由政府和地主阶级主导，其组织功能也更侧重辅助政府农业政策的实施，成为政府发展农业生产的工具。清末民初，这种类型的农会也曾传入中国，

---

① Frederic Austin Ogg著，李光中译：《近世欧洲经济发达史》，商务印书馆，1924年，第213页。

② 李煜瀛（石曾）译述：《法国各种农会之略说》，商务印书馆，1912年，第6页。

③ 同上，第1页。

和日本类似，清末民初的农会由少数地主阶级主导成立，但因政府的社会动员能力不足，这一组织并没有在全国范围内广泛设立，其影响非常有限，不久就被大革命时期革命动员式的农民协会取代。大革命失败后，国民政府颁布《农会法》，曾试图以这种具有综合性功能的农会取代革命性的农民协会。但因为各种原因，这种农会并没有得到有效推行，其设计旨趣，也未获得普遍认同。大约对近代中国来说，发展的问题总不如革命来得急迫，资本主义大生产和小农经济的矛盾也尚不突出，所以农民组织的经济功能不如其动员功能更多受到关注。

台湾在日据时期由殖民政府主导，开始有农会的设立，尽管有关战后台湾农会的现有研究成果，对战后台湾农会源头的追溯总是到日据时期台湾农会或农业会，笔者访问台湾农会期间，相关工作人员也基本认定战后台湾农会的源头是日据时期台湾农会，但战后台湾农会决非日据时期台湾农会、甚或后来合并各种农村组织而成的农业会的简单延续。战后初期，中美两国联合成立的农村改良机构中国农村复兴联合委员会（简称“农复会”）和国民党政权一起，曾对农会进行了两次重要的改组，这两次改组使战后台湾农会不可避免地受到美国式农民组织“农有、农治、农享”精神的影响，更深深打上大陆农民组织经验的烙印，最后形成了性质与功能都极为特殊的战后台湾农会。一方面，它负有动员农民、伸张农民权利等政治方面的任务；另一方面，它又必须承担农业推广、农村金融和农产品及农业资材的供运销等经济与社会方面的功能。因此，它应该是农民职业团体与农村合作组织的结合体，拥有经济、政治、社会等综合性功能。更有甚者，它还有政府附属机构的影子，曾为战后台湾粮政做出很大贡献。如果一定要为战后台湾农会定性，那将是个复杂的问题。但换个角度来看，战后台湾农会的引人注目之处，也正在于它的复杂性，就像一面多棱镜，既折射出台湾历史的诸多面相，也将光线投射到台湾乡村生活的方方面面。对战后台湾农会的历史进行系统、深入的研究，对于了解战后台湾历史，将大有裨益。

本书以战后台湾农会为研究对象，在时间上则涵盖 1945 年至 1975 年。这 30 年间，台湾农会首先在战后初期经历了一个组织重塑的过程，并在此过程中与国民党的命运紧密联系在了一起，成为国民党政权向农村基层社会动员的一个组织工具。从农会组织体制形成后的 1950 年代中期，到 1960 年代中期，是战后台湾经济发展的一个重要时期，在“农业培养工业”的总体经济政策下，台湾成功实现农工转型。在此过程中，农会以其多种业务经营的特质，对台湾农业与农村发展做出重要贡献，并伴随社会环境的转变，对自身体制有所调整。进入 1970 年代后，国民党政权在台统治转向“本土化”，对因工业化和都市化影响而逐渐衰退的农业，也在政策上进行了调整，为配合新时代政经环境的变化，当局以修改“农会法”的形式，对农会体制再次做出调整。所以战后30年，既是台湾农会组织体制形成与演变的重要时期，也是农业与农村发展变迁的关键时期，更是国民党政权在台湾扎下根并逐步发展调适的时期。以30年间台湾农会组织体制的形成与演变为研究主线，既可对战后台湾农会的性质、功能等有全面、深入的认识，也可通过这背后的各方利益考量以及折射出的台湾政经环境的变迁，对战后台湾历史有多层面的了解。

## 二　现有研究介绍

对台湾农会的研究，较早开始于农复会工作人员在台湾的调查研究工作，而其研究的出发点，主要是为了配合改造或辅导台湾农会的现实需要，因此关注实务是其主要特点。在这些研究当中，郭敏学是佼佼者，并被誉为台湾农会研究的泰斗。他的《多目标功能的台湾农会》（台湾“商务印书馆”，1977年）、《台湾农会发展轨迹》（台湾“商务印书馆”，1984年）两本书，收录了他在农复会农民组织组任职期间的大量文章，涉及农会业务经营、组织演变及农会功能等诸多方面，对于后来的农会研究，这些文章不仅具有借鉴意义，也具备一定的史料价值。另外，他的《合作化农会体制》（台湾“商务印书馆”，1982年）对战后台湾农会体制做了系统介绍，该书强调战后台湾农会作为合作组织的一面，这也代表了农复会对战后台湾农会组织体制的理解。

农复会专家关注现实问题的特点在其后的农会研究中得以继承。到目前为止，从台湾地区的博硕士论文及期刊论文来看，偏重现实问题、偏重农会经济功能仍是农会研究的主流，其研究者也以农业经济、农业推广专业的人士为主，政治学、公共行政学、社会学等方面的研究也有一部分，而历史学界的介入则相当缺乏。目前为止，有关台湾农会的综合性的研究有：陈聪胜的《台湾农会组织之研究》（植根法学丛书编辑室，1979年版），运用团体论、系统论，在大量问卷调查的基础上，探讨台湾农会的沿革、性质、组织及其对人员满足与政治效果等方面的影响。陈淑莉的硕士论文《台湾地区农会之政治经济分析》（东海大学公共行政学系硕士论文，1995年），从政治学角度入手，探讨农会形成与变迁背后各利益群体的互动关系及其所形塑的农会运作功能。李展台的《台湾地区农会之研究》（台湾大学政治研究所硕士论文，1981年），同样是从政治学角度研究农会组织的一篇硕士论文，主要探讨农会与政府农业政策、政党及地方派系之间的关系。颜昆智的硕士论文《战后台湾农会之研究——以台湾省农会为中心》（中兴大学历史系硕士论文，1998年），是一篇历史学领域的战后台湾农会研究著作，该论文主要以战后初期的台湾省农会为研究对象，但也涉及现实中的农会问题。胡盛光的《农会法论》(台北:大伟书局,1985年修订版)是从法学角度对1974年修改完成后的农会法的研究,由于作者曾供职于"内政部"社会司农民团体科,负责农会有关法令的修订与解释工作,所以该书对农会法修正的经过,以及各条文的立法目的与涵义都做了细致说明,并对农会法上较易引起争论的问题和农会法立法之得失、施行结果等,都做了交代,是有关农会立法研究的权威之作,且具备一定的史料价值。

专题研究方面,林宝安《农会改进:战后初期台湾农会体制的建构》(载《人文及社会科学集刊》第21卷第1期,2009年)和笔者的相关研究有相似之处,同样注意到农复会和国民党政权对战后台湾农会组织体制形成的影响。该文尤为关注此次改革对战后台湾农村社会阶层流动的作用,认为此次改革造成旧地主阶级被排除出农会系统,并难以集结新的组织力量,农民阶层的地位则有所上升,从而确保了土地改革的成果。黄仁姿的硕士论文《外来政权与地方菁英——以1950年代农会改组为例》(政治大学台湾史研究所硕士论文,2009年)通过对1949年农会与合作社合并以及1950年代的三次农会改组(1953、1956、1959)的研究,探讨"政权替换与精英流动性"之间的关系,重点通过关注县市层级农会权力人物的新旧交替和连任情况,探讨国民党作为"外来政权"与地方精英结合的问题。该文认为1949年农会与合作社合并以及1953年农会改组曾造成县市农会主要权力人物新旧交替,农会系统内地方精英曾发生相当程度的断裂,因而在县市层级农会,地方派系并不是掌握农会在先,和国民党合作在后,而是两者几乎同时进行。

另外,黄俊杰在其对农复会的研究中,对农复会推动战后台湾农会改革有较翔实的介绍,并认为1950至1960年代台湾各地健全的农会系统,是农复会发挥作用的基层制度基础[①]。King Rong-Yung同样是在对农复会的研究中,涉及战后台湾农会问题,只是因其关注点是农复会作为一个外援机构对战后台湾政治的影响,所以对于战后台湾农会,主要关注农复会对农会的影响和农会在政治方面的意义[②]。龚宜君著《"外来政权"与本土社会——改造后国民党政权社会基础的形成(1950—1969)》(稻乡出版社,1998年)和任育德著《向下扎根:中国国民党与台湾地方政治的发展(1949—1960)》(稻乡出版社,2008年),均将农会置于国民党的基层动员系统中来考察,她们有关国民党与地方派系以及农

① 黄俊杰:《农复会与台湾经验(1949—1979)》,台北:三民书局,1991年。

② King Rong-Yung, How Does Foreign Economic Assistance Influence the Domestic Politics of a Developing Country: the Political Implications of the Joint Commission on Rural Reconstruction in Taiwan, Ph. D. Dissertation of University of South Carolina, 1990.

村基层动员之间关系的探讨，对相关研究非常有启发。

农业经济方面的学者胡忠一的两篇论文：《日据时期台湾农会之研究》和《日据时期台湾产业组合与农业会之研究》（分别载《农民组织学刊》第1期，1996年6月；第2期，1997年6月），对战后台湾农会的源头，也就是日据时期的农民组织演变做了认真细致的梳理。对日据时期台湾农会更为深入的研究，是李力庸的《日治时期台中地区的农会与米作（1902—1945）》（台北：稻乡出版社，2004年）一书，该书以台中州农会为例，从农会与米作关系的角度，检视农会在在来米种改良、蓬莱米种推广、日据后期米谷统制中所扮演的角色与所起的作用，从而探讨日据时期台湾农会的起源、性质、组织及功能。

与台湾学界关于农会研究的大量成果相比，大陆学界对于台湾农会的研究还很缺乏，以笔者目前所见，除农学界有几篇介绍性的文章外，仅见兰世辉以桃园县芦竹乡农会为个案，运用田野调查的方式，对台湾农会组织进行了较为深入的研究[①]。但对于1949年前大陆农会的研究，近几年来在大陆学界有渐热之势。在2003年以前，这方面的研究还仅有朱英与常书红等对清末农会的研究[②]，于建嵘对20世纪以来中国农会制度变迁的介绍[③]，黄冬娅从乡村社会控制角度对解放前农会变迁的研究[④]。从2006年开始，这方面的研究成果明显增多。如学位论文方面，刘妮妮对大革命时期中共领导的农民协会的研究，王国梁对抗战时期国统区农会的研究，程秀梅对1927—1949年间四川农会的研究，以及钱堂容对整个民国时期农会的研究[⑤]。就期刊论文来说，魏文享对南京国民政府时期湖北省农会组织，以及对抗战时期浙江省农会组织的研究，均是其承担的“国民党、农民与农会——近代中国农会组织研究（1924—1949）”项目的阶段性成果，对国民党领导下的农会组织在两省的发展情形，有比较细致深入

---

① 兰世辉：《台湾农会研究——以台湾桃园县芦竹乡农会为例》，中央民族大学人类学系博士论文，2007年。

② 朱英：《辛亥革命前的农会》，(《历史研究》，1991年第5期；常书红、王先明：《清末农会的兴起和士绅权力功能的变化》，《社会科学研究》1999年第2期。

③ 于建嵘：《20世纪中国农会制度的变迁及启迪》，《福建师范大学学报》，2003年第5期。

④ 黄冬娅：《从农会变迁看解放前中国乡村社会控制》，中国人民大学党史系硕士论文，2003年。

⑤ 刘妮妮：《大革命时期中国共产党领导的农民协会问题研究》，江西师范大学中共党史专业硕士论文，2007年；王国梁：《抗战时期国统区的农会与社会动员——以浙、陕两省为中心的历史考察》，华中师范大学中国近现代史专业硕士论文，2007年；程秀梅：《政府控制与四川农会组织的发展——1927—1949年》，四川大学中国近现代史专业硕士论文，2007年；钱堂容：《民国时期农会组织研究》，西北大学中国近现代史专业硕士论文，2006年。

的探讨①。李永芳的《清末民初农会组织述论》(《安徽史学》2007年第3期),对清末民初的农会组织做了介绍。另外还有吴春梅对清末以来农会法规的梳理,以及荆世杰从国民党农运角度对民国时期农会的研究等②。李永芳《近代中国农会研究》(社科文献出版社,2008年)在其博士论文基础上修改而成,该书按时间和性质将清末以来的农会分为清末农业改良性质的农会、民初咨询性质的农会、国民革命时期具有政权性质的农会、国民党控制下作为基层政权补充形式的农会以及革命根据地作为政权执行机关的农会五种类型,从法规和组织体制角度做了详细介绍。魏文享《国民党、农会与农民——近代中国农会组织研究(1924—1949)》(中国社科出版社,2009年)一书,在党农关系或者说国家与乡村关系框架下,对民国时期国民党主导下的农会组织发展和功能等做了细致分析与深入研究。上述研究成果,使从清末以来直至1949年以前的大陆农会组织,已呈现出较为清晰的图像,与之相比较,从历史角度对战后台湾农会进行系统研究,显然还很不足。

综合目前学界的研究状况,笔者认为,对战后台湾农会的研究还有几点不足:一是基于充实可信的文献,结合台湾政治、经济环境的变迁,从历史学角度对战后台湾农会的组织体制形成与演变过程进行系统梳理与分析,目前还很缺乏。农会是具有政治、经济、社会、教育等多种功能于一体的农民组织,其背后涉及的因素也就不仅限于政治或经济某一方面,需要将各种因素综合起来,在具体的时空环境下探讨农会相关问题。二是关于战后台湾农会的组织渊源,大多都归结到日据时期的台湾农会或农业会,对农复会和国民党对战后台湾农会组织体制的影响,对1949年以前大陆农民组织经验在台湾的延续,均关注不足,或没有关注。三是关于农会对战后台湾农业与农村发展的意义,目前的研究还关注不够。四是在农会这一平台,国民党与地方派系的关系,国民党透过农会向农村基层社会的发展效果等问题,目前的相关研究还有可商榷之处。上述不足,正是笔者撰写本书试图解决的问题。

## 三　资料运用与研究框架

本书在研究方法上以文献分析为主,因此对资料的搜集与掌握就显得尤为

① 魏文享:《乡村控制与农业建设——试论南京政府时期湖北省的农会组织》,《中国农史》2006年第4期;《战时秩序下的浙江省农会组织(1937—1945)》,《浙江学刊》2007年第4期。

② 吴春梅:《近代农会功能的嬗变与法律规范的调整——以淮河流域为中心的考察》,《民国档案》2008年第1期;荆世杰:《民国时期农会的历史考察——以1927—1949年的国民党农运为中心》,《辽宁大学学报》(哲学社会科学版)第36卷第1期,2008年。

重要。本书所运用的文献资料，主要来自以下几个方面：

一、农复会的资料。中国农村复兴联合委员会是战后台湾农会的制度设计者之一，由于掌握了美援农林部分资金的审批权，农复会的意见不仅通过以项目支持的方式对农会产生影响，对国民党政权的有关决策也有相当影响力，虽然 1965 年美援停止后，这种影响力有所降低，但农复会仍从理论与技术角度，参与对农会的辅导。在农复会的资料中，台北“国史馆”馆藏的农复会档案，对理解农复会的农民组织观念，以及其着力扶持台湾农会的主要意图，会有直接帮助。另外，在该批档案中，有大量农复会工作人员对全台各地乡镇农会的现场调查资料，对战后台湾农会运营中存在的问题，有最直观的反映，且往往配有第一手的数据。由于农复会为中美联合机构，其公文往来主要使用英文，因此农复会档案也以英文文件为主。就笔者目前有限的了解，尚未在农会研究中见到有人运用该部分档案①。农复会资料的另一部分来自其编印的有关出版品，如按每个财务年度编印的工作报告，对农复会每年主要的农民组织工作都有交代。

二、台湾省议会（含参议会和临时省议会时期）的资料，其出版形式有公报和议事录两种，其内容大致相同，均收录有省议员针对省政问题所做的质询，在其中的农林类质询中，农会问题有较多的反映。由于省议会为民意机关，这些质询颇能代表社会舆论对农会的关注所在。同时，省议员大多涉及派系政治，从他们的质询中，也很能看出农会中的派系之争。这部分资料，现有农会研究也很少用到，目前笔者仅见到黄俊杰在研究农民对农会的态度时，用到省议会资料。

三、农会主管机关台湾省农林厅的有关出版品，其中比较突出的有历届农会改选资料，从 1949 年农会与合作社合并，直至 1965 年的农会改组，对每次改选情形，不仅有文字介绍，更配以详细的统计数据。另外从 1959 年开始编辑出版的农会业务年报，其形式也是统计资料，对农会历年举办的各种业务情形，其财务收支状况等，有非常详细的统计数字。

四、国民党中央委员会和台湾省委员会的有关出版品，对了解国民党对农会的立场有很大帮助。

---

① 由于台北“国史馆”后来对档案的目录编排方式有所调整，笔者 2005 年赴台时，农复会档案的大分类名称即是“农复会”；2009 年再赴台，这批资料已全部归入“农委会”名下，但档案目录与案卷名称未变；2011 年笔者至“国史馆”查阅农复会档案，则发现档案的编号也发生了变化，仅案卷名称未变。本书引用的农复会档案主要是 2005 年赴台时搜集所得，在名称上均改为“农委会档案”，档案编号方面，因有些案卷原为一个档号，现被拆分为多个，如原档号 12—313—1128，案卷名仍为 Farmers' Organization Division.，但对应的档号则变成 3 个：034000004874A ～ 034000004876A，所以无法一一修改，本书将保留使用原档号，仅将对应的现档号范围标出。

五、台湾省农会的出版品，主要涉及农会业务与经营方面。

六、“立法院”公报之农会法修正案，包括“立法院”内政、经济两委员会联席会议以及“院会”审查农会法修正草案的所有会议纪录，对了解当局修改农会法的意图以及各方对农会体制再改造的认识与影响，非常有帮助。

七、与农会有关的著作，台湾省农会主办的《农友》、台湾省政府农林厅主办的《台湾农林》、《台湾农业》等期刊杂志。有些是关于农会的研究成果，但大多也具有资料价值。

以上述史料为基础，本书以时间为脉络，大致将战后台湾农会划分为三个时期：其一为战后初期，从 1945 年到 1954 年，是战后台湾农会组织体制形成的时期。其二为过渡时期，从 1954 年农会改革后到 1960 年代末，这一时期虽无明显的制度方面的变化，但战后台湾农会的特点与价值在此时期的运营中得到展现，并为下一轮制度改革积聚了内部因素。最后是 1970 年代上半期，是当局决定修改“农会法”，并对农会体制再次进行改革的时期。全文在总体架构上，除绪论、结论外，共分九章来进行论述：

第一章对日据时期的台湾农民组织做了回顾。严格地说，战后台湾农会是在接收日据时期台湾农业会的基础上发展而成，而农业会又是殖民政府在殖民统治末期合并农会、产业组合及其他农村组织而形成。农会在台湾的出现较早，早期农会由殖民政府的官僚结合地主发起成立。数年后殖民政府将农会制度化，与行政体系连结在一起，形成半官方的组织，其主要功能是协助殖民政府进行稻米生产和流通领域的技术改良与推广。产业组合的设立稍晚，是经济性团体，主要办理信用、购买、贩卖、利用等经济业务，其成立与后来的运营，也受到殖民政府的强力干预。农会与产业组合均协助殖民政府的农林资源汲取政策，重点在调整稻米生产与流通领域的生产关系，以取代台湾本土地主阶层对该领域的掌控。二战末期成立的农业会，资源统制的成分更加赤裸，殖民政府对组织的干预也更加直接。

第二章对 1949 年以前大陆的农民组织经验进行了梳理，以便对战后台湾农会的制度设计有背景性的了解。国民党主导下的大陆农会在法规层面大概经历了四个主要阶段：一是大革命时期革命动员式的农民协会；二是大革命失败后，至抗日战争爆发前的过渡性农会，以《农会法》的颁布为主要标志：三是抗战期间的综合性农会；四是内战时期与土改联系到一起的农会。1949 年以前的大陆农会在现实运作中形成了两大内涵：一是与合作社相比较，农会是政治性的农民团体，合作社是经济性的合作组织，所谓“农会政治、合作社经济”原则；二是抗战期间农业推广组织曾将农会纳入农业推广体系，作为农业推广的基层组织，对于新农会，农业推广方面的专家延续了民国乡村建设运动改良乡村社会的精神，将农会也设计成全面改造农村的重要组织。这两大内涵都对战后台湾农会产生深刻影响。

第三章尽量还原光复初期台湾农民组织的遭遇。光复初期，台湾省政当局对农民组织的重要性显然认识不足，所以在接收日据时期台湾农业会不久，就按大陆的“农会政治，合作社经济”原则对农业会进行了划分，加上当局对分割后的农会与合作社的日常运营缺乏关注与支持，导致光复初期台湾农民组织在运营方面出现严重困难，组织方面则为地主阶级和非农民所掌控。1949 年陈诚奉命主政台湾，开始在台湾推行土地改革，在此期间，陈诚还接受来台考察的农复会的建议，将农会与合作社重新合并，使其成为农村极为重要的组织。

第四章重点考察 1950—1954 年间由农复会和国民党政权共同主导的农会体制改革。这场改革仍由农复会倡导发起，而农复会的主要意图是将战后台湾农会改造成农民自己的组织，使其在农民与政府之间充当桥梁角色，并为农复会改良农业与农村的相关项目扮演基层辅助与执行的角色。国民党则借助农复会改造农会的机会，为农复会打造的农会添上政治功能，并在具体推行改革的过程中，通过对地方派系的打压与笼络，将其力量深入农会体系，从而通过掌握农会权力阶层，进而掌握农会这一行政体系之外的又一个从上到下的动员体系。

第五章是对改革后农会组织发展情形、农会内部组织架构、农会外部关系的介绍。重点介绍农会内部采取的权能划分制度，农会各选用和聘用职员，以及上下级农会之间、农会与各级行政机关之间的关系等。

第六章结合农会经费收支安排情况，考察改革后至 1960 年代中期农会三大业务部门：供销部、信用部和推广部门的主要业务经营情况，从而了解农会在战后台湾经济发展过程中扮演的角色和发挥的功能。改革后的台湾农会以供销部门和信用部门的盈余，提供给公益性的推广部门作为其重要的经费来源，是战后台湾农会的一大特色。农会为争取自身财务独立，供销部门长期以承办粮食局委托业务为主，从而成为战后台湾粮政的重要一环；信用部门办理存放款业务和各项农贷，对调剂农村金融、加强农业投资，也做出了重要贡献。公益性的推广部门，所推行的四健会、农事、家政等教育性推广内容，更对台湾农业与农村现代化，发挥了重要的推动作用。

第七章重点考察国民党与农会的关系以及围绕农会国民党与地方派系的关系，从而了解改革后的农会与政治的关联。自农会改革以来，在制度方面，国民党通过权能划分制度下的总干事负责制，将总干事推到农会权力阶层中的最高位置，试图将总干事作为国民党掌握农会系统的基点。组织方面，则通过党内提名和辅选作业，掌握了农会的权力阶层，并透过农会内的党团组织，在非选举时期对农会人事和组织管理及业务运营发生影响。但尽管掌握了农会的权力阶层,国民党在乡镇理监事和会员代表以及基层会员中的组织发展情况并不乐观,显然国民党对农会体系的掌控主要透过农会权力阶层,也很依赖权力阶层。在地方派系自改革之始就介入农会选举,并占据农会权力阶层的情况下,国民党与农会权力阶层相互依存的关系其实就是国民党与地方派系相互依存的关系。通过占据农会权力阶层,地方派系和国民党实现利益交换。从1960年代后期的农会选举来看,地方派系甚至拥有了更多反制国民党的力量,国民党最为重视的总干事一职的人选,就常常受到地方派系的干扰,国民党对总干事的辅选工作因此大打折扣。农会中的日益激烈的派系纠纷,使国民党政权的名誉大为受损,也促使国民党考虑对农会制度做出调整。结合国民党基层党组织和基层政权的发展状况,本章最后认为国民党在对农村基层社会的动员中无法突破地方派系的阻隔,长期以来国民党自上而下的组织发展模式和农村动员模式才是问题的根源,而这种情形国民党政权在迁台前即已存在,因此国民党对台湾农村基层社会的动员不足,不宜仅归结为"外来政权"或"移入政府"与本土社会的隔膜甚至对立,而更应将其理解为一个社会动员能力不足的政府在深入民间社会时所面临的难题。

第八章为下一章的农会法修改及农会体制调整做铺垫。1960年代中期,台湾实现农工转型,农业发生一系列结构性变化,与工业化和都市化进程相对照,农业与农村都面临发展迟缓甚至衰退的困境,当局不得不修改其农业政策,改变压挤的农业政策,而以工业反哺农业为农业施政的重点。在新的经济环境下,台湾农会在业务经营方面也在悄然发生改变,1960年代末还在经营方式上做了很大调整,倡导企业化经营模式。农会在实际运营中自身业务经营重心和模式的调整,使战后台湾农会日益偏向经济性组织的一面,并为进入1970年代后当局修改农会法并再次改革农会体制准备了条件。

第九章的内容有关修改农会法与农会体制再改革。首先根据"立法院"审查农会法修正草案的会议纪录,通过各方在审议农会法修正草案期间争论的几大焦点,对当局修改农会法的意图与重心以及修法的效果做了梳理与分析。而修改农会法背后,是农会体制的再次调整,为了解此次调整的效果,本章接下来通过新农会法下的首次农会合并与改选,来考察当局的意图是否得到落实及农会的实际运营又受到怎样的影响。并在最后部分对此次农会体制再改革的影响和局限进行了综合评述。

最后,是结语部分,主要围绕农会与国民党政权、农会和农民的关系进行了分析。认为战后台湾农会在协助国民党政权进行政治与经济动员方面,均有积极意义,农会举办的各项业务,也对农民发展农业生产、提高生活水平等有积极贡献。但国民党政权透过农会权力阶层及其背后的地方派系来掌控农会,使国民党和农会的关系很大程度上依赖于国民党与地方派系的关系,也使普通农民对农会会务的参与性不够。而农会最足以影响与农民之间关系的各项业务,也存在一定的弊端,如偏重经济性工作,在业务举办方面缺乏主动性等等。在新的政经形势下,如果农会在业务经营方面仍缺乏对农民利益和需求的主动关注,那么必然会影响到农会和农民之间的关系,进而影响到国民党在农村基层社会的动员能力。

# 第一章　日据时期台湾的农民组织

日本殖民者于1895年侵占台湾，在经过数年的军事行动后，殖民政府镇压了岛内的反抗斗争，之后在台湾推行一系列经济基础工程建设，如展开土地、林野调查，重新厘定租佃关系，统一币制、度量衡等，为在台湾建立新的经济秩序奠定基础。殖民政府在台湾推行的是"工业日本，农业台湾"的殖民地经济政策，"殖民策略是发展台湾，补给日本；……简单地说，台湾成为日本的农产附庸，帮助日本满足其不断增长的工业人口的食粮需要"①。在此政策指导下，殖民政府推动了台湾的农业发展，建立起以米糖为主的经济体系，而农会、产业组合等农民组织，作为辅助农政推行的工具，也在殖民政府积极主导下成立。日据末期，为适应战时统制经济的需要，殖民政府又将农会、产业组合及其他农业组织合并成立农业会。由于战后台湾农会即在接收日据时期台湾农业会的基础上发展而来，对日据时期的台湾农会、产业组合、农业会等农民组织进行简单梳理，有利于加深对战后台湾农会的了解。

## 一　农　会

台湾地区最早的农会诞生于台北县三角涌。1900年9月，三角涌办务署署长、日本人里见义政召集当地地主士绅华钧、陈种玉、陈加猷等人，组织设置了三角涌农会，以协助征收地租、改良耕地、奖励养猪养鱼等为组织的目标。在三角涌农会的影响下，1901年3月在台北县新竹，5月在台北县和尚洲，也分别由所属办务署主导设立了农会②。

上述台湾早期三个农会，均由殖民政府的日人官僚联合台湾本土乡绅发起成立，成立的动机显然并非"纯系佃农自动团结，对地主实行一种土地改革的革命行动"③。事实上，日据时期的台湾农会从未表达和实践维护农民权益的内

---

① Samuel P. S. Ho, *Economic Development of Taiwan, 1860—1970*, Yale University Press, 1978, pp. 29.

② 胡忠一：《日据时期台湾农会之研究》，《农民组织学刊》第1期，1996年。

③ 郭敏学：《合作化农会体制》，台湾"商务印书馆"，1982年版，第23页。

容。殖民官员发动地主阶层成立农会组织，一方面应是受到日本农会发展的影响，试图将日本的农会经验移植到台湾；另一方面，当时殖民政府的统治重心由占领之初的军事镇压，转向以恢复秩序、争取财政独立为主要目标，需要台湾本土地主阶层配合来安抚地方、发展生产①。

日本自明治维新后，积极向欧美资本主义国家学习，在农业领域，引进西方的农学经验，注重农业技术改良，以增加农业生产。当时日本农村的领导阶层是“豪农”、“手作地主”（自耕农）和“老农”，他们同时也是推动农业发展的基础力量。1870 年代以来，日本各地逐渐出现农谈会、农事会等各种农业团体，这些团体一般由贵族、议员和“豪农”、“手作地主”、“老农”等地主阶层发起设立，以有组织的集会方式交流农技方面的知识和信息。1881 年 5 月，大日本农会正式成立，其宗旨为“以改良进步为目的，交换农事经验知识”，该会除由北白川宫能久亲王担任会长外，还有很多政府高官兼任名誉委员，是政府支持的团体，并成为农商务省的外援组织。1888 年，日本农会形成市町村郡、道府县、帝国三级制。次年 6 月 8 日，日本政府以法律第 103 号通过农会法，以法律形式将既存的农谈会、农事会等农业团体的名称统一为“农会”，并明定农会为公法人，全国农业经营者和拥有农地者须强制入会。日本农会的业务包括举行农事讲谈会、共进会、品评会，从事种苗、种畜、肥料、农具等的分配或中介购买，举办农事试验，以及有关农事的通讯、报告、统计，回答官厅询问等②。根据农会法，“农会具有行政官署的协助机构的性格，并带有代表地主阶层利益机关的特质”③。由于当时作为殖民地的台湾适用的法律体系与日本本土不同，日本政府公布的农会法并不适用于台湾，但殖民政府的官吏们鉴于日本本土农会在发动地主阶层、辅助政府农林施政、推动农业改良方面的作用，显然有意图将本国的农会制度移植台湾，尤其此时殖民政府的统治策略和重心正发生转变。

日本通过《马关条约》占领台湾后，遭到台湾人民的激烈反抗，在殖民统治初年，不得不忙于军事镇压台湾人民的武装抗日斗争。军事占领不仅需要大量的军费开支，对日本国库造成沉重负担；常年的武力冲突，使台湾社会动乱不安，导致殖民政府税收不足，财政赤字严重，台湾总督府的财政支出因此严重依赖日本政府的补助。1895 年，也就是日本占领台湾的第一年，台湾总督府岁入的 72%由日本政府补助；从 1895 年到 1902 年，日本政府对总督府的补助金总

---

① 胡忠一：《日据时期台湾农会之研究》；李力庸：《日治时期台中地区的农会与米作（1902—1945）》，台北：稻乡出版社，2004 年版，第 39 页。

② 参见李力庸：《日治时期台中地区的农会与米作（1902—1945）》，第 31—32 页。

③ 胡忠一：《日据时期台湾农会之研究》。

计占到国库支出的7%[1]。日本国内因此有舆论认为,台湾之于日本,是一种"奢侈",甚而有人主张以一亿元卖掉台湾[2]。在此舆论压力下,1898年新上任的第四任总督儿玉源太郎及民政长官后藤新平,开始寻求殖民统治台湾的新路径。一方面,着力恢复社会秩序,建立殖民统治的政治基础。针对台湾人民的武力反抗,颁布了《匪徒刑罚令》和《土匪招降策》,前者以重刑"法办"抗日台人,后者则以怀柔政策对抗日运动进行分化瓦解,通过这种软硬兼施的方式,平定"匪乱",使殖民统治渐趋稳定。1898年,后藤新平提出将警察与行政合而为一,日据时期台湾特有的警察制度逐渐形成。在总督府各单位中,警务署为各机关之首;在地方厅,厅长虽由文官担任,但大半事务则归警务课执掌;至于支厅长,则通常由警部担任,其下的官吏全部为巡查。1898年8月,总督府又颁布保甲条例,在恢复清代保甲制度的基础上,去其"自主性、自卫性",将其作为行政体系的最基层单位。保正、甲长直接受警察的指挥监督,一保、一甲之内的人民且负有连坐责任。保甲制度成为警察制度的辅助工具,总督府对台湾社会的控制因此直达个人。另一方面,儿玉、后藤政府提出以"殖产兴业"为中心的20年财政计划,逐渐建立殖民统治的经济基础。总督府以发行事业公债的方式,自日本政府获得资金,在台湾推行一系列经济计划,进行土地整理,修建铁路、港口,整理币制、设立台湾银行,统一度量衡等,从而为日本官、民营企业进入台湾、参与台湾开发铺平道路。为偿还债务,增加财政收入,以便到1909年实现台湾财政独立,总督府规定鸦片、樟脑专卖,同时改革土地制度,增加土地税收。针对清代台湾土地制度中因大小租权而造成的地权混乱问题,总督府在此前的人口与土地调查基础上,以补偿金的方式,从大租户手中买断大租权,在大租权废除后,小租户成为真正的业主,台湾地权关系得以厘清,土地得以安全地买卖,从而为日本资本进入台湾,投资土地和设立企业扫清了障碍。大租权废除后,小租户的地租负担相对减轻,可以直接向总督府缴纳较高税率的土地税,之前的土地调查清理出大量隐田,也使总督府的土地税收大为增加。藉由税收增加,加上鸦片、樟脑专卖的收入,总督府于1905年提前实现财政独立,不再需要日本政府补助行政费用。在殖民当局建立台湾政治、经济秩序的过程中,显然需要台湾本土势力的配合。地主乡绅自清代以来就是台湾社会的主导力量,在当时的土地制度下,又是主要的纳税义务人,因此将地主阶层以农会的形式组织

① 柯志明:《米糖相克——日本殖民主义下台湾的发展与从属》,台北:群学出版有限公司,2003年版,第31页。

② 矢内原忠雄著、周宪文译:《日本帝国主义下之台湾》,台北:帕米尔书店,1987年版,第9页。

起来，既有利于税收政策的执行，对于引导台湾社会走向发展生产之路，无疑也有很大便利[①]。三角涌自台湾民主国之后，一直是“匪徒”窝藏之地[②]，在此地产生台湾第一家农会组织，倡办者的用心自不难窥见。

到1902年，殖民当局针对台湾人民抗日斗争的两手对策逐渐生效，各地抗日运动均被镇压和破坏，殖民统治进入相对稳定的阶段。为发展农业生产，设立农业团体、协助推动农业政策显得日渐重要。从1902年开始，至1908年10月当局整理农会之前，台湾相继成立了彰化、凤山、台南、阿猴、深坑、台北、桃园、台中、恒春、嘉义、斗六、宜兰、番薯寮、苗栗、盐水港等厅农会，加上此前成立的新竹厅农会，共有16个厅农会[③]。“这些农会悉以协助推动农政及维护地主为中心的农民利益为目的，由各厅统治当局主导设立的农业团体”[④]。

早期农会采取自由入会制，由于缺乏法律依据，并不能强制农民入会。农会经费来自会费、杂收入、捐款和政府补助，同样因为无法可依，会费征收相对困难，农民也因须缴纳会费等原因，对加入农会并不积极，早期农会因此经费短绌，业务开展困难。1907年1月，彰化农会首先在殖产局技师东乡实辅导下修改规约，规定彰化厅内从事农业者全部加入农会为会员，并规定有业主、典主身份者，按土地税的1/30(第二年提高到1/20)缴纳会费，会费征收工作则委托给厅税务课。通过这一改革，彰化农会经费充裕，会务得以发展，从而成为其他地方农会效仿的对象，并为之后不久的农会法制化提供实践经验[⑤]。

为解决农会发展中的缺乏法律依据、会费征收不易等问题，台湾总督府殖产局命东乡实研拟有关法规，使台湾农会法制化。1908年12月，台湾总督府颁布《台湾农会规则》和《台湾农会规则施行规则》，对台湾农会组织等各方面做了统一规定。依据农会规则及其施行规则，台湾农会的目标是图谋农林业的改良与发展；农会为一级制，以地方行政单位“厅”的行政管辖区域为组织区域(后随着台湾行政区划的改变而变为“州/厅”一级制)，由厅长禀请台湾总督裁设；农会会员为强制加入，凡组织区域内的耕地、牧场、森林及原野所有者，以及经营农林业者，都必须加入农会为会员；会费亦为强制征收，一般标准为地租额的

---

① 胡忠一:《日据时期台湾农会之研究》。

② 李力庸:《日治时期台中地区的农会与米作(1902—1945)》，第39页。

③ 同上，第35—36页。1901年11月，台湾行政机构调整，由之前的总督府、县厅、办务署三级制，改为府、厅二级制，最末端的行政机关“办务署”全部废除，由办务署主导设立的三角涌农会与和尚洲农会因而随之消失，仅新竹农会因新竹厅接替了此前的新竹办务署而延续下来。改制后台湾共有20厅，其他四厅，即南投、基隆、澎湖、台东农会在1908、1909年也相继成立。

④ 胡忠一:《日据时期台湾农会之研究》。

⑤ 李力庸:《日治时期台中地区的农会与米作(1902—1945)》，第50页。

7%(后调整为10%)以内;农会设立之时,厅长应从会员中选任5名委员,议定农会章程等,然后禀请台湾总督认可;农会每年召开代表大会,代表依据章程规定从会员中选出,其决议权一律平等,但其决议后的众多事项最后仍须禀请台湾总督认可;农会设会长、副会长、评议员等干部,会长、副会长和评议员由会员代表大会自代表中选举产生,其他则按各厅章程从代表中选任;农会承总督监督,由厅长管理,农会会长须听命于厅长,农会主管机关为台湾总督府殖产局农务课,等等①。从以上的规定中不难看出,日据时期台湾农会的官方统制色彩相当浓厚,在组织成立及其后的运营、管理方面都受到台湾总督府的强力干涉。农会被赋予"公法人"资格,成为半官方半民间性质的组织,既使农会较之"私法人"拥有更多的公权,从而使农会能够更好地替殖民政府农业施政服务,同时,农会不以政府机构的名义存在,无疑使殖民政府节省了部分行政经费支出②。

在人事方面,农会会长、副会长等较上层的职位一般都由日本人官吏出任。1920年前,一些任厅参事的台人士绅还曾出任评议员,此后随着参事制度的取消,台人没有再担任这一职务。地方委员作为直接接触农民的农会基层职位,台人士绅出任者较多,他们一般身兼街庄役长或保甲等地方行政的中、基层职务,并多主持产业组合,"是地方上有力的产业人士及地主阶级"。农会上自会长副会长,下至地方委员,均与地方政治组织密切配合,"这样的设计不仅使地方行政与农业团体合而为一,地方政府能灵活指挥调度殖产事业;还能充分运用地方名望者及产业人士的影响力,让他们顶着某些荣誉官衔来推动农业政策"③。农会与警察制度也相互配合,1903年,后藤新平曾下令各厅挑选数名警官担任农会技术员,法制化后,农会更入驻了相当警力,一些农会较高层职位还由警务官员直接充任④。农会与地方行政、警察制度的合作,既使农会征收会费、推广业务更为有效,也使殖民政府对台湾社会有了另一条掌控渠道,有利于农业政策的推行。和日本本土农会一样,日据时期台湾农会无疑也是政府、特别是农林行政机构的基层组织⑤。

台湾农会以配合总督府的农业施政、执行农业推广工作为其中心事业,办理诸如稻种改良、蔗作改良及肥料共同采购等工作,以促进台湾的农林增产。

① 胡忠一:《日据时期台湾农会之研究》。

② 李力庸:《日治时期台中地区的农会与米作(1902—1945)》,第45页。

③ 同上,第62页、第72页。

④ 同上,第152—153页。

⑤ 林宝树:《论农业方面权能区分——农会与农政机关本质之考察兼谈与合作社分合的问题》(原载台湾省立农学院编印《农林学报》第11辑,1952年),载林宝树著:《比较合作论文集》,台湾:树德工业专科学校,1986年,第24页。

事实上，甘蔗种植领域，农会未有多大作为，发展稻米生产，才是日据时期台湾农会的主要目标①。

米、糖是日据时期台湾最为重要的两项农产出品，但两者的发展路径有所差异。由于日本国内砂糖消费严重依赖进口，在占领台湾之初，日本政府就注意到台湾的砂糖，1896年即已着手进行甘蔗品种改良。在儿玉总督和后藤新平的殖产兴业计划中，奖励糖业是产业振兴的重要内容②。在殖民当局的大力扶持下，日人资本进入并掌控了台湾糖业，使其完成了资本主义化的过程，并独占了糖业的利润。甘蔗的种植因此也被纳入由日人资本主导的资本主义生产体系，“就蔗作来说，资本是以生产手段(土地)支配者的资格出现，或者是以直接的农业经营担任者或多少负有这种机能的地主的姿态出现”，无论是在新式制糖公司直接支配的土地上，还是在不直接隶属于制糖公司的土地上，甘蔗自种植至施肥、收获，都完全受到制糖公司的指挥监督，“在蔗作方面资本就是以这样最直接的形态把握农业，积极地指挥农业的开发”③。米业的情形则有很大不同。日据初期，台湾的米对日本的重要性尚未凸显，日人资本并未进入稻米生产领域，稻米生产因此延续了传统的地主、农民主导的分散经营模式，如此，稻米生产领域的改良，即不能采取蔗作领域由制糖公司直接到蔗农的推广模式，而需要农会这样的中介角色。在1920年代中期以前，台湾的米业改良集中于在来米的品种改良，从去除赤米，到限定品种和纯系育种，目的在从众多的在来米种中选出粒形与日本米近似的品种，和易于种植、产量高的品种，再辅以奖励绿肥、病虫害防除、堆肥奖励、密植奖励等一系列鼓励耕作技术进步的政策。在来米改良的相关事业推行，均以各厅农会为主体④。从1920年代中期开始，台湾稻米生产进入蓬莱米时代，而无论蓬莱米栽培方法的试验，还是有关蓬莱米原种的配给，化肥、堆肥的奖励，设置农业仓库等事业，也都成为各厅农会的重要业务内容，总督府的相关补助金，亦发放给农会或产业组合⑤。

在稻米生产改良领域，农会扮演试验研究—教育—推广三位一体的角色⑥，农会地方试验场是在来米品种改良试验的主体，蓬莱米新品种也由总督府中央研究所交由农会试种，再由农会将新品种和新的耕作方法教给农民。化肥的大

---

① 李力庸：《日治时期台中地区的农会与米作(1902—1945)》，第47页。

② 矢内原忠雄著、周宪文译：《日本帝国主义下之台湾》，第199—200页。

③ 川野重任著、林英彦译：《日据时代台湾米谷经济论》，台湾银行经济研究室，1969年版，第11页。

④ 同上，第8页。

⑤ 同上，第14页，第30页。

⑥ 李力庸：《日治时期台中地区的农会与米作(1902—1945)》，第132页。

量施用是日据时期台湾农业的重要进步之一,在1920年代中期以前,化肥主要用于甘蔗种植;1924年以后,由于蓬莱米对化肥施用的依赖①,稻米生产中肥料——主要是化肥的施用量大为增加,四种主要肥料:豆饼、氢硫化铵、过磷酸钙和混合化肥的施用量几乎翻了一番②。1930年代,台湾农作物化肥施用量每年都在30万吨以上③,台湾农民对化肥的施用,已非常接受。由于蓬莱米的广泛种植,以及化肥的大量施用等农业技术领域的改进,台湾稻米生产在1938年达到日据时期的顶峰,该年米的收获量约达138.8万公吨④。而在稻米增产的过程中,农会的推广作用功不可没。

日据时期台湾生产的稻米,特别是蓬莱米,主要销往日本。1910年代前后,台米输日年均约为6、7万石,到1918年超过了100万石,1938年则接近500万石⑤,台湾稻米生产因此商品化程度极高。在稻米流通领域,农会也扮演重要角色,成为遂行总督府相关政策的工具之一,这集中表现在农会农仓业务的开办。台湾的农仓制度也由日本引进,而日本推行的是适应小农经营的德式公益性农仓⑥,通过替农家保管农产物,达到调节米谷供需关系,从而调节米价的目的⑦。台湾总督府在1920年一度对农业仓库的设置给予补助金,奖励全岛主要米产地建设仓库,以改善米的干燥和调制,便利长期储藏,之后不久总督府将农仓交给农会独力经营。1922年,高雄州农会和台中州农会经营的农业仓库分别开始营业。根据1923年开始实行的《农业仓库业法》,农仓业务包括农产物的加工、包装、运输及销售中介等,还可以发给农业仓库券作为农民贷款的担保⑧。整个1920年代,全台维持经营的11个农业仓库中,仅一家非农会经营。主要由农会经营农业仓库的情况一直持续到1934年,之后产业组合取代农会,成为农仓业务的主要经营者⑨。尽管台湾的农仓制度从日本引进,但和日本的农业仓库不

---

① 实验证明,如果没有化肥的施用,蓬莱米的产量将不如在来米:如果将肥料施用量从零提高到差不多正常的水平,前者的产量会提高30%,而后者仅提高12%;如果肥料施用量再加倍,蓬莱米的产量会再提高14%,而在来米仅能再提高6%。参见矢内原忠雄著、周宪文译《日本帝国主义下之台湾》,第60页。

② 同上,第60—61页。

③ 《台湾肥料有限公司暨所属各厂概况(1948年8月)》,陈云林主编:《馆藏民国台湾档案汇编》,第269卷,九州出版社,2007年版,第83页。

④ 台湾省政府农林处统计室:《台湾农业年报》1947年版,第20页。

⑤ 川野重任著、林英彦译:《日据时代台湾米谷经济论》,第8—9页。

⑥ 另外还有营利性农仓,如美国等大农制国家采用,一般由私人经营。参见《日治时期台中地区的农会与米作(1902—1945)》,第174页。

⑦ 刘翠溶:《日治后期台湾合作农仓功能试探》,《台湾史研究》第7卷第1期,2001年。

⑧ 同上。

⑨ 同上。

同，台湾农仓在稳定米价方面的作用非常有限，在改善台湾米输出的品质方面，则效果比较显著[①]。台湾农仓的另一个作用，体现在对土垄间功能的取代。如前所述，同日本资本全面掌控糖业不同，稻米生产领域维持了本地地主和小农生产的传统模式，在稻米流通领域，也主要由本地资本——土垄间掌握。土垄间是台湾本地人碾米业的统称，通常具有碾米业者和米商的双重身份。土垄间经营者凭藉个人的人际网络和市场知识，从农民及地主处取得稻谷，然后加工碾制出售。土垄间并不依靠碾米手续费挣钱，由于竞争激烈，他们反而情愿在加工方面亏本经营，其收益主要来自米谷交易的买卖差价，以及通过买青形式放债给农民的利息收入。土垄间经营的米谷数量，在 1933 年占到总数的 73.38%。由于土垄间的这一能力，垄断台湾米出口的日本大商社不得不委托各地的土垄间来处理稻谷收购和加工事宜，以避免直接和几十万的稻作小农打交道[②]。以土垄间为代表的本土资本对稻米流通领域的掌控能力，让殖民政府很难介入，自然使土垄间难以获得殖民政府的好感，土垄间的青苗买卖让农民利益受损，也成为殖民政府对其进行打压的理由。1920 年代以来农业仓库的发展，不无取代土垄间在稻谷储存、加工，以及中介交易方面功能的意图。尽管农会农仓业务经营并不成功，产业组合成为农仓经营主体后，农仓业务有更快的发展，但农会举办农仓业务，更大的价值在于其"示范"作用[③]，也就是在农仓业务方面，农会仍主要发挥其推广功能。

台米的大量输日，使台米追随日本本地产米的价格，呈现价格上升趋势，从事稻米生产的地主和农民因而从中获利。米业的发展对糖业资本造成双重压力，一是部分蔗农鉴于米作的收益较高，转而种植稻米，糖业所需的原料供给受到影响；另一方面，糖业资本为了垄断糖业的利润，当初在甘蔗定价机制方面，采取向米价看齐的方式，因较长一段时间，台湾米价低且稳定，蔗农因此被排除在糖业利润之外。台米输日后的米价上扬，对向米价看齐的甘蔗价格造成上涨压力，糖业资本的剩余价值剥削机制受到影响。这即形成日据时期所谓的"米糖相克"问题。在这一问题背后，是糖业领域的日人资本，和稻米生产领域本土资本之间的矛盾；以及民族冲突之下更深层的农民与资本间的矛盾[④]。为缓解米业对糖业的压力，保护糖业资本的利益，加之由于殖民地的米大量输入，日本市场供过于求，米价下跌，日本本土稻农利益受损，对殖民地米谷进口非常不

① 刘翠溶：《日治后期台湾合作农仓功能试探》，《台湾史研究》第 7 卷第 1 期，2001 年。

② 参见柯志明：《米糖相克——日本殖民主义下台湾的发展与从属》，第 184—188 页。

③ 李力庸：《日治时期台中地区的农会与米作（1902—1945）》，第 194 页。

④ 柯志明：《米糖相克——日本殖民主义下台湾的发展与从属》，第 160 页。

满，殖民政府于是采取米谷抑制政策，对台湾稻米生产和输出实行限制。从1934年以来，殖民政府以支付奖金的方式，奖励水田改种其他替代作物①。1936年，日本正式通过《米谷自治管理法》，强制规定日本、朝鲜、台湾三地的稻米减产配额，其中作为殖民地的朝鲜、台湾被迫承担了80%的配额。从1934年到1937年间，台湾总督府用于劝诱稻米减产的经费支出达110万日元；而从1906年到1937年间，总督府用于米谷增产的经费总共才68万日元②。在抑制米谷政策下，农会的工作由稻米改良转向甘薯、黄麻、苎麻等特用作物的推广，“因此农会的任务除了调节蓬莱米产量外，尚负责将原来生产蓬莱米的部分土地、劳力、资本转至其他替代作物”③。农会辅助政府农林施政的特质于此可见一斑。

日据后期，日本逐步陷入对中国的侵略战争，对农林资源的需求加大。同时鉴于一级制时代，各农会间的事业联络相当不便，台湾总督府酝酿修改农会法令，计划增设一全岛性的农会组织，以统筹联系各州厅农会。1937年12月21日，台湾总督府以律令第23号公布“台湾农会令”，又于次年的3月16日以府令第24号公布“台湾农会令施行规则”。依据新的农会法令，台湾农会为非营利性机构；分州厅农会和台湾农会两级制，台湾农会以州厅农会为会员；州厅农会会员资格除台湾农会规则及其施行细则所规定的内容外，新增州知事或厅长有特别事由可加入农会为会员。1938年8月21日，台湾农会正式成立，时任台湾总督府总务长官的森冈二郎被台湾总督任命兼任台湾农会会长，副会长则由总督府殖产局长田端幸三郎兼任，台湾农会下设之各部门干部与职员，也均由总督府各相关部门职员兼任。台湾农会的官方色彩更加赤裸裸地显现出来④。

在农会组织体制调整之时，台湾被纳入日本战时经济体制，殖民政府推行经济统制政策，农会的功能也有所变化，已不单纯是农业推广组织，而是和当时的产业组合一样，具有很强的统治当局物资统制的下属机构性质⑤。1939年，总督府公布《台湾米谷移出管理令》，规定由台湾总督府按各年期生产成本等资料订定价格，收购民间生产的稻米，统一输往日本。日、台间的米谷贸易由总督府垄断，其价格也由总督府和日本农林省协定。藉由对米价的控制，总督府进

---

① 川野重任著、林英彦译：《日据时代台湾米谷经济论》，第9页。

② 柯志明：《米糖相克——日本殖民主义下台湾的发展与从属》，第193、194页。

③ 李力庸：《日治时期台中地区的农会与米作(1902—1945)》，第57页。

④ 胡忠一：《日据时期台湾农会之研究》。

⑤ 同上。

而得以影响稻米产量[①]。在米谷统制政策下，台湾各级农会除奖励与推广各种粮食作物的种植外，还积极推广各种可充作军事原料的农作物的种植，并协助总督府的米谷统制政策。1937 年 9 月后，农会负责统筹全岛的肥料配给；1939 年 6 月，总督府公布《肥料配给统制规则》，标准肥料的调配工作也完全交由各州厅农会处理。除肥料外，其他农业资材如农机具、农药等的配给统筹也由农会承担[②]。农会这种物资统制工具的功能一直持续到 1943 年被并入农业会。

## 二　产业组合

产业组合是日据时期台湾的合作组织，即合作社。同农会一样，日据时期的产业组合也自日本引进，而日本的合作思想与合作制度，则是明治维新后由留欧学生传入。由于合作运动的提倡者后来成为该方面的高级官员，加上明治维新后日本产业发展，日本社会对合作组织的成立比较容易接受，合作组织得以顺利地在日本落地生根。1900 年帝国议会通过《产业组合法》之后，在政府积极推动下，经由农村居民自动组织、学者及知识分子积极研究支持的合作运动顺利展开[③]。1913 年 2 月，台湾总督府颁布《台湾产业组合规则》，将日本的合作组织引入台湾，开始在台湾奖励设置产业组合。此时正是日本进入大正时代不久，在此之前，台湾完成了一系列经济基础工程建设，迈入“农业开发”阶段，殖民政府成功地实现了糖业领域的资本主义化，并形成日本资本对糖业利润的独占，但接下来主要农业生产者——小农的经济困窘与金融需求，成为农业资本主义化面临的一个问题，农村传统的地主高利贷金融体系显然也对殖民政府掌控小农不利。同时，从 1906 年以来，殖民政府鼓励日本移民在台湾长期居住，为解决在台日本人的资金和生活日用品等物资的消费购买需求，合作组织的发展也成为必要。因此有学者总结当时殖民当局奖励设置产业组合，其目的有二：“(1) 为达成日本独占资本的资本主义化殖民政策目标，协助原料生产的主干——‘小农’组设产业组合以适应新的资本主义秩序。(2) 设立信用或购买组合以安住来自日本内地的薪水和劳动阶级移民。”[④]

按照产业组合规则，台湾的产业组合“系中小业者基于相互扶助之精神，共同组织金融机构以融通产业资金，并促进产品之共同贩卖及生产资材与生活物

---

① 柯志明：《米糖相克——日本殖民主义下台湾的发展与从属》，第 198 页。

② 李力庸：《日治时期台中地区的农会与米作(1902—1945)》，第 58 页。

③ 林宝树：《台湾合作事业之过去与将来》，台湾：树德工业专科学校，1991 年，第 11—12 页。

④ 胡忠一：《日据时期台湾产业组合与农业会之研究》，《农民组织学刊》第 2 期，1997 年。

资之共同购买，以减少中间剥削，增加生产收益，更生农村经济之发展为目标”[①]。产业组合以市街庄行政区域为组织范围，以一户一社员为原则，社员交纳股金，并可享受盈余分配。产业组合的主管机关为总督府殖产局商工课。为扶持产业组合的发展，政府对产业组合采取低利率的资金融通特别保护措施。组合本身设社员代表大会和理事会、监事会三种机构，分别作为组合的权力机关、执行机关和监督机关。和日本本土的产业组合不同，台湾产业组合理事、监事的选任、解任都需要经过州知事或厅长的许可，也就是采取“主管机关认可制”。殖民政府对台湾产业组合的差别待遇还表现在：取消了日本产业组合法中，有关设置联合会及中央会的条款，使台湾各产业组合只能各自独立经营，缺乏组合间的业务统筹联系；限制每一社员出资股数，规定除非获得台湾总督府许可，否则不得超过 30 股，社员的盈余分配比率也与日本本土不同[②]。台湾产业组合法规与日本本土的种种不同，使台湾产业组合的自主精神大打折扣，成为主管机关直接干预的“官制团体”[③]。

台湾产业组合规则公布之初，台湾一般人民对合作精神并不了解，当时产业组合多半由日本人领导，台湾人和其语言习惯不同，也加深了对产业组合的隔膜，而农村居民更有“银币死存”的习惯，拒绝将现金存入产业组合，所以产业组合无论组织与业务，均发展困难，截止 1913 年底，台湾共设立了 18 个产业组合，其中信用组合 14 单位，购买组合 2 单位，信用贩卖组合 2 单位，组合员仅 2,760人，事业资金不过 72 万余日元[④]。这些组合除法规颁布前已经成立的外，其余都是经由殖民当局奖励设立，自动自发设立的几乎没有，而且早期的法制化购买组合均以日本人官吏和日资公司职员为对象[⑤]。截止 1915 年，台湾设立的组合仍仅有 66 单位。台湾产业组合的勃兴始于 1916 年，由于一战爆发，日本经济形势大好，台湾以糖业为主的各项产业也得到较大发展。经济的发展，加上殖民政府一直按“一市街庄，一产业组合”的原则，在台湾着力推广奖励产业组合的设立，从 1916 年到 1920 年间，台湾产业组合有如雨后春笋般迅猛发展，到 1920 年末，台湾共有组合 251 单位，组合员 116，316 人，事业资金 1,961.6万余日元[⑥]。合作组织的发展，与经济、金融形势的变化息息相关，一战结束后日本的经济危机、1923 年日本关东大地震，对日本经济造成重创，也使台

---

① 胡忠一：《日据时期台湾产业组合与农业会之研究》，《农民组织学刊》第 2 期，1997 年。

② 同上。

③ 同上。

④ 台湾省政府社会处编印：《合作事业与合作农场》，1949 年版，第 4—5 页。

⑤ 胡忠一：《日据时期台湾产业组合与农业会之研究》。

⑥ 台湾省政府社会处编印：《合作事业与合作农场》，第 5 页。

湾的产业组合在直接间接的影响下濒临险境。殖民政府鉴于产业组合对产业经济影响甚大，于是一方面促进组合的整顿与奖励设立，给予资金支援，另一方面加强合作组织的教育与指导。从 1921 年起，殖民政府陆续于台北州各地设立产业组合研究会，1923 年 7 月 7 日又设立台湾产业组合协会，由台湾总督府总务长官任会长，殖产、财务两局长任副会长。该会每年举行全岛产业组合大会，研究各地遇到的困难问题，并表彰优良产业组合①。在殖民政府的扶持下，台湾产业组合继续发展，到 1932 年，组合数增加到 494 个，组合员增至 52 万人，其中农业人员占 32 万余人②。

台湾产业组合的种类包括信用、贩卖、购买、利用等四种单营组合，以及由这四种事业组合而成的各种兼营组合。在各种组合中，又以办理信用事业的组合数量最多。1927 年，经办信用业务的产业组合数量即已超过当时的市街庄总数，显示当时台湾各市街庄已都有信用组合的设立。购买组合的数量仅次于信用组合，大约在 1933 年，台湾各市街庄都已有购买组合的设立。信用组合的快速发展，显然受到日本产业组合模式发展的影响，而购买组合的发达，则与进入蓬莱米时代后，农村地区对肥料以及其他生产资材的需求增长有关③。进入 20 世纪 30 年代后，日本受世界经济危机的影响，国内军国主义抬头，试图通过对外侵略来摆脱危机。1931 年日本在中国东北发动九一八事变，开始逐渐陷入战争的泥沼。为了掌握粮食、安定农村经济，日本政府逐渐加强了对农村生产与生活的全方位掌控，产业组合因此被赋予更多的任务，在农村社会的重要性进一步提高。1932 年 4 月日本本土召开的全国产业组合大会，将农村产业组合必须兼营信用、购买、贩卖、利用等四种事业作为产业组合发展的目标。受此次会议影响，台湾的产业组合中单营，或兼营两种、三种事业的组合逐渐兼营其他事业，兼营信用、贩卖、购买、利用四种事业的产业组合逐渐成为台湾农村产业组合的主流④，并深刻影响到战后台湾乡镇农会的事业内容。

进入 1930 年代以来台湾产业组合的发展不仅体现在事业内容的扩张，由于殖民当局极力促使全体农家加入产业组合，其组织也继续扩张。1933 年 3 月 11 日，台湾总督府修改《台湾产业组合规则》，规定得以部落（光复后的村里）为组织区域设立“农事实行组合”，并可以加入所属市街庄产业组合为组合员。农事实行组合以邻里之间相互扶助、共存共荣的精神为基础，以发展农村经济、增

---

① 台湾省政府社会处编印：《合作事业与合作农场》，第 6 页。

② 台湾省农林厅编印：《台湾省农会之改组》，1950 年版，第 6 页。

③ 胡忠一：《日据时期台湾产业组合与农业会之研究》。

④ 同上。

进共同福利为目的。农事实行组合同样被赋予法人地位。自此规定公布后,各市街庄以部落为单位,普遍有农事实行组合的设立,产业组合的会员数量因此更进一步增加①。

抛开为日本移民设立的产业组合和市镇区域的产业组合不谈,日据时期台湾农村产业组合的设立和发展,是针对传统小农制度下分散经营的特点,为满足殖民政府经济动员和农民管控的需要。而且糖业与米业领域的区别对待,同样体现于产业组合的设置上面。对台湾糖业发展起到至关重要作用的新渡户稻造,曾在其拟定的《糖业改良意见书》中建议台湾总督府设立蔗农合作社,尽管该意见书的大部分建议被殖民政府采纳,但蔗农合作社因糖业资本的抵制,未能实施。日据时期台湾的合作社运动在总督府的推动下,更多在稻米生产领域展开,显然是考虑到产业组合的发展不能损及日本资本的利益,与之相反,产业组合整合产、销、信贷,不仅有助于稻作小农免受高利贷和商业资本等的侵害,其对传统的占据稻米生产与流通领域的土砻间资本和本地地主资本的削弱,更对殖民政府的总体利益大有裨益②。从1934年开始,产业组合取代农会,成为农业仓库的主要经营者,农业仓库逐渐侵蚀土砻间对稻米流通领域的掌控,1934年日人米商出口的米谷仅2.66%由合作农仓提供,到1938年,这一数字提升为22.9%③。在农村金融方面,从1933年到1940年,农民借债来源中,来自民间借贷者的比率下降了30%,来自银行和产业组合的比率,分别提高了15%和9%④。显示产业组合在取代本土商人、地主资本,进而改变农村经济结构方面,发挥越来越重要的作用。

七七事变以后,1938年3月31日日本公布国家总动员法令,同年5月,国家总动员法适用于台湾,台湾经济正式进入战时统制阶段,包括糖、米在内的所有农工产品以及劳动力市场都在严格的战时统制之下。总督府颁布了各种统制法令,将物资、金融、贸易、劳力等,都纳入经济统制范围内。自1939年对稻米外销正式实施专卖后,同年10月,台湾总督府又发布《米谷配给统制规则》,规定从次年第一期稻作起,实施粮食"总收购总配给",对稻米的生产、储存、加工、运输、分配至销售等阶段,都进行严格的统制,农民所生产的粮食,除保留规定数量的自食粮和种子外,全部交给总督府指定的收购碾米加工业者,由总督府按规定价格强制收购,这其中产业组合是总督府指定的经办粮食收购

① 胡忠一:《日据时期台湾产业组合与农业会之研究》。

② 参见柯志明:《米糖相克——日本殖民主义下台湾的发展与从属》,第211—212页。

③ 同上,第212页

④ 同上,第213—214页。

工作的单位之一[①]。在总收购总配给制度下，不仅粮食交易被取消，农民的纳租形式也由实物租改为现金租，地主被排除在米谷征购过程之外，其经济权力进一步被削弱[②]。统制经济体制之下，产业组合也被编为物资调度和配给机关，稻谷征收与配给、农产品集出货、生产资料贩卖与配给等均由产业组合办理[③]，产业组合的合作组织特性几乎荡然无存。由于统制经济涉及农民经济生活的方方面面，作为统制工具的产业组合因此也与农民息息相关，更多的农家加入产业组合，到 1940 年底，加入产业组合的农家约占当时农户数的九成[④]。

随着各地产业组合的普遍设置，为了加强各产业组合间的事业联系，特别是在战时经济统制下，便利总督府对产业组合的管理，1941 年 9 月台湾产业组合规则进行了修正，增加了设立台湾产业组合联合会的条款。次年 7 月 1 日，台湾产业组合联合会正式成立。联合会除了办理指导奖励组合事业之外，也办理信用、购买、贩卖、利用以及农业仓库等经济事业，并办理监察事业。联合会以各产业组合为会员，会址设于台北市，并于各州厅所在地设立支部，台湾产业组合进入二级制时期。联合会自会长以下重要职员的选任，皆受到政府干涉，会长与理事更由台湾总督直接任命，产业组合的"官制"色彩进一步加深[⑤]。

日据时期台湾产业组合是由当局以行政力量奖励推广设置的团体，其运营也受到殖民当局的干预，在被纳入战时统制经济之前，就欠缺合作精神，殖民当局曾总结："本岛产业组合的缺陷主要是经营上的偏差，即过度偏重在经济业务贩卖，而合作运动的共存共荣、团结一致的合作精神，自始以来则极为欠缺……"[⑥]在殖民当局推广设置产业组合的背后，有打压台湾本土地主和商人势力，加强殖民政府对台湾农村社会控制、特别是对米业生产和流通领域控制的意图。进入战时统制经济时期后，产业组合更沦为殖民当局的统制工具，完全服务于当局的经济统制政策，产业组合的"官制"色彩也更加浓厚。可以说日据时期的台湾产业组合虚有合作组织之名，实则和农会一样，同样是殖民行政机关的外围组织，为殖民当局的经济政策服务。不过，虽然产业组合也受到当局控制，但产业组合经办的信用业务，以及后来超越农会的农仓业务、肥料购买业务等，与农民的生活或生产，关系日渐密切，而农民与农会的关系，则相对疏远。同时，日据时期，政府及大企业的中上层职位都尽用日本人，台湾人精英大多只

---

① 黄登忠主编：《台湾百年粮政资料汇编》（第一篇 一百年来台湾粮政之演变），台湾省粮食局，1997 年，第 2 章第 9 页。

② 柯志明：《米糖相克——日本殖民主义下台湾的发展与从属》，第 214—215 页。

③④⑤ 胡忠一：《日据时期台湾产业组合与农业会之研究》。

⑥ 台湾总督府殖产局：《台湾产业组合要览》，1931 年版，第 1 页。转引自胡忠一《日据时期台湾产业组合与农业会之研究》。

好进入产业组合系统,这也使台湾产业组合与农民的关系更为贴近一些[①]。

## 三　农业会

随着日军在太平洋战场的失利,日本在台湾实施更加严厉的经济统制政策。以重要的农产品粮食来说,日本实行了更为严厉的粮食统制政策,将对粮食的统制扩大到农地管理、地价、佃租、工资、水利等各个方面,农民种植何种作物、以及种植面积的多少,也由政府按需要情形进行管控。为满足日渐扩大的战争环境下对粮食的需求,1941 年 12 月,总督府公布《台湾米谷等应急措置令》,规定政府可以收购、配售米谷和米谷之外的粮食类农产品及其加工品[②]。

为了更好地协调、管理台湾的农民组织,以便更有效地榨取粮食等农林资源供应战争需要,台湾总督府于 1943 年 12 月颁布《台湾农业会令》,将农会与产业组合及其他各种农业团体合并,成立一元化的农业组织——农业会,经办农技推广、农产供销以及强制储蓄等有关农业的一切事宜,农业会彻底成为总督府确保战时粮食的物资统制与配给机关[③]。对应于台湾总督府、州厅、市街庄三级行政体系,农业会在组织架构上采取三级制(参见图 1—1),由此奠定了战后台湾农会三级制的基础。

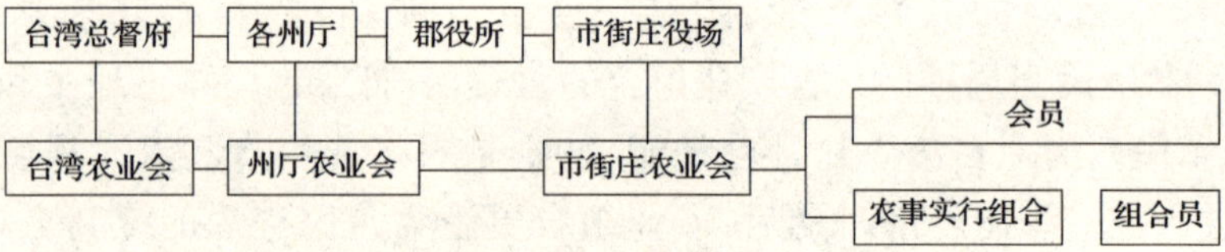


**图 1—1　各级农业会与各级行政系统对应图**

(资料来源:台湾省农林厅编印:《台湾农业组织调查报告》,油印未刊本,1950 年,第 3 章第 4 页,在该报告中“农事实行组合”被称为“农业实行组合”。)

台湾农业会系统包括台湾农业会 1 单位,州厅农业会 8 单位,市街庄农业会 314 单位。农业会的官办色彩更加浓厚,各级农业会的正副会长均由各级行政首长兼任,如台湾农业会长由总督府总务长官兼任,副会长由总督府农商局长兼任;州厅农业会长由州知事或厅长兼任,副会长由州产业部长或厅劝业课长兼任;市街庄农业会长由市街庄长兼任,副会长由副市街庄长(助役)兼任。

① 台湾省农林厅编印:《台湾省农会之改组》,第 7 页。

② 黄登忠主编:《台湾百年粮政资料汇编》(第一篇　一百年来台湾粮政之演变),第 2 章第 9 页。

③ 胡忠一:《日据时期台湾产业组合与农业会之研究》。

各级农业会的理事也分别由各级农业会会长荐请各级行政长官任命或派任，会员的选举权被全面剥夺，选任人员的解任、章程的修改、决议案的取消、事业的实施，以及停止权、解散权等，都受到行政机关的监督管理。农业会会员包括一般会员和农事实行组合，会员并无加入或退出农业会的自由，农业会所合并的原各农业团体的会员，均为农业会会员，这造成光复初期台湾农会会员成分复杂的问题①。光复前夕，台湾农业会拥有一般会员 56 万余人，农事实行组合 4,303单位（存在于今日台湾村里一级）②。农业会的经费来源除继承原产业组合的股金以及由会员重新认购的股金外，尚包括按田赋 20%征收的地租金等各种会费收入，以及总督府每年拨予的巨额补助收入、事业收入、其他收入等。以 1945 年台湾农业会的收入预算为例，在总数 917 万余日元中，总督府补助金 773 万余日元③，显示农业会的经费主要依赖于总督府补助，而其事业运营也必将围绕殖民当局的政策，并为其服务。

农业会经办业务涵盖有关农林一切事宜，诸如会员所需物资的购买，会员产品的贩卖，农产品加工，会员所需资金贷放，有关农业的调查研究，以及增进农民福利等事业，均由农业会办理。由于 1944 年 2 月殖民当局为加强金融统制的需要，将原产业组合联合会的信用部从农业会剥离出来，另外成立台湾产业金库，并在各州厅设立台湾产业金库支店，和市街庄农业会信用部门的存、放款业务形成直接隶属关系，所以各级农业会的业务略有差异，州厅农业会和台湾农业会并不办理信用业务，这一情形也延续到了光复后的台湾农会。州厅农业会因不办理信用业务，其经营重点即放在米谷保管和供销，农仓业务成为州厅农业会的特色事业；而台湾农业会则专门经办会员贩卖物资的销售、会员加工利用生产设施等的统制、指导农业调查研究、增进从事农业者的福利设施等事业④。由于农业会业务内容庞杂，各级农业会的工作人员数量非常庞大，特别是技术工作人员为数众多。在最基层的组织农事实行组合中，共有农事指导员男 4,695 人，女 4,758 人，平均每个组合有男、女农事指导员各 1 人以上。街庄役场内服务于街庄农业会的工作人员，平均每一街庄有 30 人。整个农业会系统内的农业技术人员和市街庄以下农业会工作人员，总数达 2 万人以上⑤。

较之农会和产业组合，农业会的行政机关附属单位性质更加明显，“其内涵

---

① 胡忠一：《日据时期台湾产业组合与农业会之研究》。

② 台湾省农林厅编印：《台湾农业组织调查报告》，油印未刊本，1950 年，第 3 章第 13 页。

③ 台湾省农林厅编印：《台湾农业组织调查报告》，油印未刊本，1950 年，第 3 章第 11 页。

④ 胡忠一：《日据时期台湾产业组合与农业会之研究》。

⑤ 《台湾农业组织调查报告》，第 3 章第 14 页。

已完全变质为仅具有总督府的强力统制机关性格罢了”①。在日本深陷战争泥沼的情况下,汲取台湾的农林资源供应战争需要,成为殖民当局农林施政的重点,农业会即扮演总督府强力统制机关的角色,成为日本殖民政府汲取台湾农林资源的有效工具。

农会与产业组合,是日据时期台湾非常重要的农民组织,它们一个主要以州厅的行政区域为其组织范围,一个主要以市街庄为其发展组织的区域;一个为非营利的农业改良团体,办理稻米生产与流通领域的农业技术推广工作,一个是经济性团体,办理信用、购买、贩卖、利用等经济业务;一个与政府关系密切,一个较贴近农民阶层。这是日据时期两个最主要的农民团体的大致形象,它们一上一下,辅助着殖民政府的农林施政,在日据时期台湾米糖二元经济体系下,在糖业完成资本主义化、并由日本资本独占糖业的利润后,又尤重米业领域的技术改良和生产关系调整。这两个组织的成立,都受到殖民政府的推动与鼓励,其后的运营当中也或多或少受到政府的行政力量干预,在殖民政府扶持这两大组织的背后,除了有农业与农村现代化方面的需求外,由两大组织辅助殖民政府掌控农业与农村,消除稻米生产和流通领域本地地主和商人力量的支配性影响,以更好地汲取台湾农林资源,满足日本本土工业化、都市化过程中对粮食等廉价农产品的需要,是更为直接的需求。1937 年以后,台湾被纳入战时经济体制,农会与产业组合都逐渐被编为总督府的经济统制工具,殖民当局对其行政干预力量更强,原本就缺乏自发和独立精神的两大组织,更加向行政机关附属机构的性质靠拢。到 1943 年殖民当局将两大组织和其他农业团体合并为一元化的农业会之后,它们的农民组织特性进一步丧失,已与政府行政机构无多大差异,农业会的功能也更加明显地以统制农村各项物资、资金为主要目标。从农会、产业组合到农业会,日据时期台湾的农民组织可以说仅有农民组织其名,其内涵或多或少有“官办”性质,殖民政府赋予它们的主要职责在于农业经济建设和资源汲取方面,对农民利益并未关注。所以 1949 年由农复会专家和台湾省工作人员组成的农民组织考察团在其报告中将这些组织称为“农业组织”,或许更为恰当。

合并农会、产业组合等组织成立的农业会,因其主要目标在于汲取农村资源,所以尽管被合并的组织各有其功能特点,如农会的农业推广功能、产业组合的经济合作功能,但农业会将其杂糅在一起,在当时并无组织定性方面的问题,因这些组织的原有功能,均让位于殖民当局统制农村资源的需要。但农业会杂

① 胡忠一:《日据时期台湾产业组合与农业会之研究》。

糅多种组织特性于一体，对光复后的台湾农民组织却产生很大影响，如农会和合作社的分合之争，农会功能的复杂性，以及农会究竟是何种农民组织的角色定位困境等。尤其是战后台湾农会还受到 1949 年以前国民党政权在大陆主导的农会经验的影响，农会的功能与角色定位因此更加复杂。

# 第二章　1949 年以前大陆农民组织经验

对于战后台湾农会的组织渊源，目前普遍的思路是上溯至日据时期的台湾农会，而对其另一重要来源，也就是 1949 年以前大陆的农民组织经验，很少注意。事实上，台湾光复以后，从日本殖民体系重新回到祖国怀抱，其农民组织也必然受到大陆农民组织经验的影响，1949 年国民党政权播迁台湾，更是将相关农民组织经验与观念，运用到对战后台湾农会的组织设计上。同样对战后台湾农会组织设计发挥重要作用的中国农村复兴联合委员会，在迁台之前曾在大陆工作一年多，也或多或少受到大陆农民组织发展经验的影响。因此对 1949 年以前大陆农民组织经验、主要是国民党主导下的农会经验进行梳理，对理解战后台湾农会组织体制非常必要。

我国农会的出现，始于清末。清末民初的农会影响较小，并在国民党改组后被革命动员式的农民协会取代，尽管农民协会在南京国民政府成立后被国民党政权抛弃，但农民协会的动员功能对其后的农会组织有深远影响。南京国民政府成立后，以农会取代了农民协会，并根据不同时期的需要，从法规等层面对农会组织与功能进行修正。在 1949 年以前，国民党主导下的大陆农会组织发展因此大致经历了四个时期，即：大革命时期的农民协会、战前的过渡性农会、抗战时期的综合性农会以及解放战争时期以配合土改为主要目标的农会等。

## 一　大革命时期的农民协会(1924—1927)

农会在清末出现于我国。1898 年，在康有为、张謇等人的大力倡导和影响下，清光绪帝发布上谕，在各省府州县广开农会。1907 年清政府实施新政期间，农工商部制定和颁布《农会简明章程》，规定各省于省垣所在地设立农务总会，府厅州县酌设分会，其余乡镇、村落、市集等处，次第酌设分所。清末农会和日本农会类似，由地主和士绅倡导设立，以农业改良为主要工作[①]。如直隶农会，即由直隶农务局联合官绅倡办，“以译书、编报，筹办森林、蚕桑，仿造农具、肥料

① 朱英：《辛亥革命前的农会》，《历史研究》1991 年第 5 期。

为入手之方，开智合群，此为先导”[1]。民初，农业改良式的农会组织延续下来。清末民初的农会，一般为学者名流、地主官吏等非农民发起与操纵[2]，其影响比较有限。进入大革命时代后，旧农会的活动逐渐终止，并被农运核心组织农民协会取代[3]。

同清末民初由士绅、名流等自上而下发起的旧农会截然不同，1920 年 9 月，沈定一、李成虎等在浙江萧山县衙前村成立的第一个农民协会，1923 年初由彭湃等人在广东发起的海丰农民协会，均是由富裕的乡绅子弟，结合部分底层农民，自下而上发起的农民组织，其主要工作均为组织统一的交租成数，领导农民进行减租斗争。但两者也有不同之处，如海丰农会还具有基层政权的组织方式[4]。

1924 年 1 月，在苏俄与共产国际的帮助下，孙中山着手改组国民党，并与中国共产党实现首次合作。在国民党“一大”上，扶助农民运动被确定作为国民党的政纲之一。同年 1 月 31 日，孙中山亲自主持国民党中央执行委员会第一次会议，决定在中央党部设立“一处八部”，即秘书处、组织部、宣传部、工人部、农民部、青年部、妇女部、调查部、军事部，其中农民部为全国农民运动的最高领导机关。3 月 19 日，国民党中央执行委员会第十五次会议通过了由农民部提出的“农民运动计划案”，国民党自此将农民运动正式纳入其工作之中，由县以下党部分工负责，从组织农民协会入手。关于全国农民运动的进行策略，则由中央农民部及各省农民部，组织农民运动委员会，负责规划指导。1924 年 6 月，孙中山批准施行由农民部起草的《农民协会章程》，使各地正在建立的农民协会有了一个可资遵循的规则。同时，为了养成农民运动人才、扩大宣传与组织，国民党中央农民部又从同年 7 月起办理农民运动讲习所，其毕业学生或由中央农民部分派广东各地为特派员，或分遣回籍从事地方农运工作。

在农民运动讲习所第一届毕业典礼上，孙中山先生所做的一番讲话，颇能看出他对当时农民问题以及农民运动的理解。在讲话中，孙中山首先肯定了占人口绝大多数的农民对于国民党的重要性，提出农民是“本党革命的基础”，为了让农民参加到国民革命中来，改组后的国民党，必须进行农民运动。其次，关于一般农民的处境，孙中山认为，在中国农村，尽管没有大地主，只有小地主和

---

① 中国第一历史档案馆：《清末各省设立农会史料》，《历史档案》1998 年第 2 期。

② 《台湾农会委托业务盈亏问题》，中国国民党中央委员会第六组编印，1956 年，第 31－32 页。

③ 于建嵘：《20 世纪中国农会制度的变迁及启迪》，《福建师范大学学报》2003 年第 5 期。

④ 黄冬娅：《从农会变迁看解放前中国乡村社会控制》，中国人民大学党史系 2003 级硕士论文，第 13－15 页。

农民,但小地主对农民的剥削更重,中国的农民,比从前俄国农奴制下的农奴,痛苦更深,是中国负担最重的阶层。为了解除农民的痛苦,最终的途径是实现耕者有其田,使农民只向国家纳税,而不必再向地主交租。至于如何实现耕者有其田,孙中山认为苏俄革命中将地主土地直接充公的方式过于急进,他主张在中国农村只有小地主与农民的情况下,应先发动农民组织起来,结成团体,再以团体形式与政府(国民党)合作。有农民的合作为基础,政府要求地主照地价抽税,如地主拒绝纳税,再将其田地拿来充公,使耕者有其田。因此,发动农民结成团体,就成为农民运动的重要内容①。这种观念在之前革命政府对农民运动所做的第一次宣言中,已经有具体的体现。该宣言就农民运动所做的几点规定,完全是农民协会的组织内容,概括起来,有以下几点:

一、农民协会的性质,是“不受任何拘束完全独立”的团体。

二、农民协会在战争过渡期间,可以组织农民自卫军,以防御土匪兵灾,仅农民协会会员才可加入,并须受政府“绝对的监督”。

三、各级农民协会均有警告、控告,以及代理地税征收和解决地税问题之权,但无直接行政之权。各级农民协会在提出控告时,必须向对应层级的政府机关提出。

四、乡级农民协会为基本组织。每一乡农民协会须有16岁以上的会员20人以上,才能成立。但有下列条款之一者,可以拒绝其入会:(一)有田地百亩以上者,(二)以重利盘剥农民者,(三)为宗教宣教者如神甫、牧师、僧道尼巫等类,(四)受帝国主义操纵者,(五)吸食鸦片及嗜赌者。

五、农民协会对于横暴官吏,有请求罢免的特权。但这一请求,如反抗行政官、司法官或军官个人等,必须经过会员全体大会四分之三通过,以及地方或中央审查委员审查后,才能执行。审查委员会主席为检察官,委员为农民协会代表二人,工会、教育会、商会、国民党代表各一人。审查委员会的判决,由政府机关执行。

六、农民协会可以派代表参加地方或中央机关的农务会议,讨论各种农业问题,如整理水利、救济灾荒、信托贷款及农民教育等②。

从上述规定来看,国民党虽然重视农民运动,重视组织农民,但同时又正如有研究者所说,对农民运动有三大限制:其一,允许组织农民协会,但不能干涉司法,更不能代替政府。其二,特准组织农民自卫军,但只限于本村防御兵匪,

---

① 《向农民宣传要真为他们谋幸福——民国十三年八月二十三日在农民运动讲习所训词》,《孙中山全集》(第三集),上海三民图书公司1936年版,第472—478页。

② 《广东农民运动资料选编》,人民出版社1986年版,第145—147页。

供自卫之用，并受政府监督。其三，可以发动减租，但不能自下而上用暴力没收地主土地①。这种限制为以后国共两党的分道扬镳，以及国民党放弃自下而上的农运方式，埋下了伏笔。

改组之初的国民党对农民运动相当重视。在国民党中央分配各省区党部的党务经常费中，农民运动费往往超过省党部费、补助县市党部费及宣传费等其他项目，成为数额最高的一项，有些省区甚至占经常费总额的一半左右②。在国民党的政策支持，以及以个人身份加入国民党的中共党员的积极努力下，全国掀起了一次农民运动的高潮，由国民党中央派遣出去的特派员在农村基层发动农民，成立农民协会，组织农民武装，等等。农民运动首先在国民革命的发源地广东积极开展，自国民党"一大"确定农民运动的政纲后 7 个多月间，广东全省有 37 县组织起农民协会，会员达 62 万人，广东省农民协会也于 1925 年五一节宣告成立。1926 年召开的国民党"二大"，对于农民运动，有更具体的决议案，明白规定："本党无论何时何地，皆当以农民运动为基础，无论政治的、或经济的运动，亦应以农民运动为基础。党的政策，首须着眼于农民利益之本身，政府之行动，亦须基于农民利益，而谋其解放"。农民运动自此开始由广东省向全国其他省区扩展，至 1927 年 1 月，全国发动农民运动的省区，除广东省外，还有广西、湖南、湖北、河南、四川、山东、直隶、江西、安徽、江苏、浙江、福建、陕西、热河、察哈尔等省③。农民协会也在各地迅速建立起来，到 1926 年 6 月，全国计有县、区、乡各级农民协会 5,353 个，会员 981,442 人，广东、广西、河南、湖北四省设有省农民协会。到 1927 年 6 月，在陕西等省区还有村一级农民协会的设立，全国农民协会总数发展到 2 万多个，会员总数达 900 多万④。

国民党对农民运动的扶助，换来了农民对国民党及革命政权的大力支持。孙中山誓师北伐，平定商团叛乱等，都曾得到农会的协助，第一次东征，农民对革命军的援助尤为努力。后又参与"驱逐反革命派之刘杨；参加援助'五卅'惨案大示威；援助省港大罢工；协助政府，肃清反动叛徒，解散不法军队；参加第二次东江战事，参加南路战争；统一广东；参加北上外交代表团，无役而不有农民参加"⑤。而"一年来革命势力所以能统一两广，急速发展至于湘鄂，其基础完全

---

① 梁尚贤：《国民党与广东农民运动》，广东人民出版社 2004 年版，第 939 页。

② 《财务审查委员报告支配各地党部经费数目案》(1926 年 1 月 25 日通过)，秦孝仪主编：《革命文献》第 79 辑，台北，中国国民党中央委员会党史会，1979 年，第 36—45 页。

③ 《全国农民运动概观》，载《第一次国内革命战争时期的农民运动》，人民出版社 1953 年版，第 7—8 页。

④ 《第一次国内革命战争时期的农民运动》，第 17—19 页。

⑤ 《广东的农民运动》，载《第一次国内革命战争时期的农民运动》，第 36—37 页。

在于农工群众之上"[1]。国民党在农民的支持下,统一了广东,促成了北伐,进而夺取了全国政权,可以说,国民党在扶助农民运动中获益匪浅。

然而,此次农运的核心组织农民协会,除率领农民参加各种政治斗争外,凡是有关农民本身利益的活动,如减租运动,反抗民团苛抽,反抗高利贷,维持地方治安,抗捐,筑路,兴办农民学校等,也都努力倡导[2]。因而对乡村旧的统治秩序造成强烈冲击,严重危及地主阶级的利益,也造成地主阶级的强烈反弹。加上由于农运的基层人员几乎都由以个人身份加入国民党的中共党员充任,农运的扩大,农会组织力量的增强,都增加了部分国民党人对中共力量扩张的疑虑。同时,农运在实际执行中,不可避免受到中共阶级斗争路线的影响,在国民党人看来,广东农运的进行,已远远超越了当初孙中山、廖仲恺等人的设想,"国民党人所主张的全民政治、全民革命被阶级斗争所取代,和平手段被武装冲突所淹没。……农运不但损害了地主士绅的利益,也损害了国民党内与地主士绅关系密切的派系和集团的利益"[3]。在国民党内部不久就出现了分化,右派掌权,嗣后国民党进行"清党",对共产党及共产党主导的农民运动,都进行了残酷镇压,农民协会作为一种农民组织形式,也逐渐被国民党所放弃。

## 二 《农会法》与抗战爆发前的农会(1928—1937)

### 一 国民党对农运的"清理"与《农会法》的出台

"清党"后的国民党,对于共产党所主导的农民运动也进行了"清理"。国民党首先批评中共领导的农民运动有五宗罪,即:(1) 利用阶级斗争的方法,想使中国农村形成经济的分化;(2) 以佃农为农协之主要成分,而实权又操之于无业的农民;(3) 以农协的独裁,代替了绅士的独裁,结果造成新土劣阶级;(4) 不注意生产的激励;(5) 不完成自治的机关。其中又以第二条导致农协组织上的错误,因其将佃农作为农民的主要成分,而国民党则主张农协组织应当以自耕农为中心。对过去农协将拥有土地百亩以上的地主排除在外的做法,国民党认为很有弊端,应当予以取消,"今后的农协应为从事农业劳动的农民集团,无论所

① 《全国农民运动概观》,载《第一次国内革命战争时期的农民运动》,第16页。

② 同上,第37页。

③ 梁尚贤:《国民党与广东农民运动》,第940页。

享有的土地若干，只要本人从事于农业劳动便得加入农协”[①]，试图消除中共阶级斗争思路对农民协会的影响。与此同时，对于农民协会的性质与功能，国民党也试图予以修改。在 1928 年 7 月制定的“国民党民众训练计划大纲”中，国民党提出要健全农会组织，不仅要使其成为领导农民参与政治的机关，还要使其成为发达农业的指导机关[②]。同年 10 月，在由国民党中央民众训练部制定的民众团体组织原则及系统中，国民党强调：“训政时期开始后，民众团体除向帝国主义在中国的势力仍取破坏的态度外，其使命应趋重于建设工作”[③]。在 1930 年初制定的农民运动方案中，国民党再次提出，此后的农民运动，“不在打倒某土劣就算完事，尤在训练农民帮同国家作种种的建设，这便是最近作农民运动的一个最重要的信条”[④]。显示国民党试图将农民组织打造成一个“建设性的”、而非“破坏性”的组织，以使其与大革命时代那种激烈的农民运动方式剥离。

1930 年 12 月，国民政府制定并颁布了《农会法》。这一法案可以说表明了国民党在农民组织方面，要与过去的农民协会彻底切割的决心。它首先在组织名称上就舍弃了大革命时代的农民协会之称，以与其相区别。同时，根据该法，农会是农民职业团体，会员无阶级之分，由包括地主、自耕农和部分佃农(耕作农地面积在 10 亩以上或园地面积在 3 亩以上)在内的农业从业人员构成。该法还规定，农会的宗旨是发展农民经济，增进农民智识，改善农民生活，以图农业的发达；农会所办事业则包括农业改良、农村文化教育、农民福利等农村非营利性事业，以及生产、消费、信用、仓库等合作事业[⑤]。从上述宗旨与任务来看，农会是偏重经济、教育与社会功能的综合性农民组织，与此前偏重政治功能的农民协会截然不同。

然而，《农会法》所勾勒的虽是一个与之前农民协会截然不同的农民组织形象，但直至抗战爆发前，农会的经济、教育等功能并未真正得到注意。究其原因，农民协会虽然存在时间不长，对民国时期农会组织的影响却极其深远，此后农会很难摆脱外在赋予的政治性功能。《农会法》出台后，国民党仍然通过党部推广并指导农会，显然也是重视农会的政治功能，并希望通过将广大农民纳入

---

① 《国民党中央民众训练部制定之民众团体组织原则及系统》(1928 年 10 月)，中国第二历史档案馆编：《中华民国史档案资料汇编》第 5 辑第 1 编，“政治”(3)，江苏古籍出版社 1994 年版，第 5 页。

② 《国民党民众训练计划大纲》(1928 年 7 月 9 日)，同上，第 13—14 页。

③ 《国民党中央民众训练部制定之民众团体组织原则及系统》，同上，第 3 页。

④ 《国民党中央民众训练部制定之农民运动方案》(1930 年 1 月 27 日)，同上，第 487 页。

⑤ “中研院”近史所档案馆馆藏国民政府实业部农业司档案，17/21/068(001)，《农会法》。

农会组织，从而防止其受到共产党的“诱惑”。1933年10月，实业部交立法院秘书处修正农会法意见中，建议将农会会员资格中第二项“耕作农地面积在十亩以上或园地面积在三亩以上之佃农”，修改为一般佃农，并将雇农增入会员资格范围，其重要用意即是要将佃、雇农也纳入农会组织之内，以免其被“奸人诱惑误入歧途”①。1936年5月21日修正公布的《农会法》即依此建议做了修改。

农民协会对战前农会发展的另一重要影响，是国民党对农会参与阶级斗争的戒惧，以致国民党对有一点点阶级斗争苗头的农会即进行打压。1934年3月，浙江省平阳县第四区协和等乡的乡长们呈控该县农会“不谋农产生殖，专为阶级斗争”，该县县长和温州警备司令也都支持这一呈控，并证明其所说情况属实，蒋介石因此命令解散浙江省平阳县各农会，并拿办为首分子。尽管之后国民党中央民众训练部派员调查认为，此为当地士绅反对二五减租，迁怒于农会，而“该县县长张玉麟接事未久，以该区税收为全县冠，士绅势力又大，深恐有所开罪，发生抗赋等情事，不免有迁就业主之要求，故有查复属实情事”。但蒋介石最后还是维持原判，将平阳县各农会解散重组②。这一事例一方面说明，国民党在面对农村中的矛盾纠纷时，更多地偏向于农村中的上层人士；另一方面，更可看出国民党对农民运动的警惕与防范。事实上，“清党”之后的国民党未再开展真正意义上的、自下而上的农民运动：

> 年来本党对于农民运动，实等于完全停顿，以致农村中传统的剥削体系，不惟依旧存在，且益形猖獗。他们这种封建式的旧军阀、贪污的官吏、豪强的地主绅士们所构成的剥削阶级，都是由上而下，层层相因地来榨取农民的血汗，摧残农村中的生产份子，促成全国农业生产的崩溃，使占全国人口百分之八十的农民们生机断绝。③

国民党对农会动员功能的既看重又戒惧，使战前农会难以准确定位，《农会法》的各项规定形同虚设，农会组织发展因此受到极大影响。《农会法》颁布实施后，国民党虽在各地进行了所谓的农会重建工作，农会在数量上有所发展，据国民党中央民众训练部的调查，1935年，全国有省农会2个（浙江、贵州），甲种

---

① “中研院”近史所档案馆馆藏国民政府实业部农业司档案，17－21－068－001号，《农会法》。

② 《蒋介石饬解散浙江平阳农民会并拿办为首分子有关令文》（1934年3－12月），《中华民国史档案资料汇编》第5辑第1编，“政治”（3），第524－532页。

③ 《调查皖北宿县灵璧县农民暴动报告书》（1932年11月），《中华民国史档案资料汇编》第5辑第1编，“政治”（3），第586页。

市农会 4 个（南京、上海、广州、北平），县市农会 692 个，区农会 3,508 个，乡农会 28,330 个，基本会员 3,361,420 人[①]，但这些农会只是“为国民会议的选举而速成的”，实际上徒具形式，并未真正与农民发生关系，很多农民甚至连农会这个名字都未听过[②]。农会的负责人则往往由“具有土地及智识”的农民担任，其“态度从违，均系为其本身利害之计，以言代表农民及谓党的力量已透入民众下层未免过分矣”[③]。

农会组织的薄弱以及与农民的脱节，造成国民党与农村基层社会的脱节，当农村社会爆发危机时，国民党缺乏柔性应对的能力。国民党民众训练部在调查 1932 年安徽省宿县的农民暴动后就发现，由于该县党员 90%以上都是公务人员与教育界人士，农民、工人非常少，加之农会组织薄弱，导致该县党部对于农民暴动在事前一无所知[④]。无独有偶，民众训练部在调查同年 10 月江苏省江都县爆发的农民反抗清查田赋风潮后，也认为“农会组织不健全，徒有虚名，未能与农民发生关系，以致事变发生，无法应付”是事件发生的原因之一，调查人员并因此建议：“此后各地党部对于农会之组织，应予严密之注意，务使农会能与农民打成一片，农民痛苦能由农会代为解除；即使偶有意外发生，农会若得农民信仰，亦可从中调解，使风潮不致扩大，似此‘本党为人民利益而奋斗一语’，方不致成为空谈。”[⑤]但直至抗战爆发，国民党仍未跳出对农民组织的动员功能既期待又戒惧的矛盾心理，对农会组织的重视程度一直非常有限。

## 二　美国农民组织经验的影响与金陵大学农学院的农会实验

战前农会现实层面与法规层面严重脱节的情形，使《农会法》的出台在当时的历史情境中显得颇为突兀。诚然，《农会法》的出台，有一个重要的原因，即国民党要在农民组织方面与大革命时代的农民协会彻底切割，但从内容上讲，《农会法》勾勒的农会不仅与革命动员式的农民协会迥异，和清末民初源自日本的农业改良式的农会也并不相同。那么该法源自何处？有研究指出，从 1920 年

---

① 《国民党中央民众训练部调查各省市农会及会员数目统计表（1935 年 3 月）》，《中华民国史档案资料汇编》第 5 辑第 1 编，“政治”(3)，第 496 页。

② 《调查皖北宿县灵璧县农民暴动报告书（1932 年 11 月）》，《中华民国史档案资料汇编》第 5 辑第 1 编，“政治”(3)，第 595 页。

③ 《北平市农会概况调查报告》(1932 年 3 月 1 日)，《中华民国史档案资料汇编》第 5 辑第 1 编，“政治”(3)，第 626 页。

④ 《调查皖北宿县灵璧县农民暴动报告书》，《中华民国史档案资料汇编》第 5 辑第 1 编，“政治”(3)，第 595 页。

⑤ 《江苏省长顾祝同镇压江都东乡农民抗清查田赋暴动经过有关文件》(1932 年 10 月)，《中华民国史档案资料汇编》第 5 辑第 1 编，“政治”(3)，第 565－566 页。

代一些留美学农的知识分子将美国农法带回国以来，中国的农业推广制度越来越受到美国的影响[①]，那么情况到底如何？

美国在工商业发达的同时，也是很重要的农业国家，进入20世纪以来，为配合农业推广体系的建设，美国政府曾将农民组织一元化，并将其纳入农业推广体系。美国早期的农民组织相对民间，政府对其并不重视，农民组织的成员构成与功能也比较有局限[②]。1914年，美国政府颁布了合作推广法，规定将国家、州和地方的农业投资合并使用，并规定国内农业推广工作应在美国农业部领导下进行[③]。该法也最终确立了以州立大学农学院为依托、联邦推广站为枢纽、州推广站为核心、县推广站为基础的教育、科研、推广"三位一体"农业推广模式[④]。新的农业推广模式强调通过教育手段开展农业推广工作，从而促使农民主动追求农业革新，与传统的借助行政法规或行政命令、农民完全被动接受的农业推广模式有显著不同[⑤]。为此，设立涵盖全体农民的农民组织非常必要。一战期间，美国政府开始倡导农会(Farm Bureau)，并授予其法律地位。农会会员涵盖全体农民，无阶级之分。农会适应全体农民的兴趣及需要，并与各州大学农学院及联邦政府农业部直接发生关系，以促进农业发展、改善农民家庭及社会生活为职志。自此美国其他农民组织逐渐消沉，农会则普遍发展[⑥]。

通过以上所述不难发现，30年代国民政府出台的《农会法》与美国农会的某些特质相同，如强调会员的职业属性，在农会功能与业务方面，不仅重视农业改良工作，还关注农民生活改善与农村文化教育的发展等[⑦]。另外还需要注意的是，在战前农会现实层面与法规层面严重脱节、农会组织发展未受足够重视和扶助的总体形势下，金陵大学农学院农业经济系主任乔启明等人在乌江及其周边地区所进行的乡村建设实验，曾运用《农会法》规定的综合性农会，并将其作

---

① 李力庸：《走出实验室——抗战时期农产促进委员会的农业推广事业(1938－1944)》，台湾《两岸发展史研究》第6期，2008年。

② 乔启明：《中国农村社会经济学》，商务印书馆1947年版，第446页。该书是作者在金陵大学农学院教授中国农村社会经济学课程时的讲义，1945年4月在重庆首次出版。

③ 斯旺森等著、许无惧等译：《世界农业推广》，四川科学技术出版社1989年版，第10页。

④ 安杰、孙镜鸿、刘顺：《美国农业推广发展及启示》，《商业经济》2010年第7期。

⑤ Y. Baron Goto, Observation & Suggestions on Extension Work in Formosa, 1954年11月2日，台北"国史馆"馆藏"农委会"档案，034000005075A，Agricultural Extension (Pope).

⑥ 乔启明：《中国农村社会经济学》，第446页。

⑦ 近代中国农会大致有两个输入渠道：一为日本，一为美国。二战结束前日本农会可以说是"农业本位"的，重视农业领域的技术改良与资源汲取，强调对政府相关政策的服从与配合，清末民初的农会即源于此；美国农会则可以说是"农民本位"的，不仅要求农会由"农民自有自治自享"，且在农会功能与业务方面，非常关注农民生活改善与农村整体环境的现代化。国民政府1930年颁布的《农会法》，多少展现出美国农会"农民本位"的特点。

为乡村建设的中心组织。而有证据显示乔启明等人的上述做法受到了美国农民组织经验的影响，抗战爆发后，由此获得的经验则成为促成农会被纳入农业推广体系的重要因素。

乔启明（1897—1970）毕业于金陵大学农业经济系，后留校任教，1932年赴美国康奈尔大学进修，获农业经济学硕士学位，1934年起任金陵大学农经系主任[①]。在他的教育与工作背景中，美国的影响非常显著，不仅有留美学农的经历，他学习与工作的金陵大学农学院也是美国农业制度影响中国的一个重要渠道。金陵大学是由美国教会捐资创办的一所教会大学，该校农学院（前身为农林科）效仿美国康奈尔大学农学院教学、科研、推广三结合的办学模式[②]，师资主要包括美国农业专家、留美归来的农学生和该院毕业生等[③]。乔启明曾明确提出美国的农民组织"可供吾人之借镜"[④]，并致力于倡导以一元化的农会组织作为乡村建设或农业推广的下层机构。从美国留学回来不久，他就在金陵大学农学院主办的乌江农业推广实验区开展以农会为中心的乡村建设实验。

1930年，金大农学院与中央农业推广委员会在安徽和县乌江合作成立了乌江农业推广实验区，一方面推广金大农学院研发的农作物新品种，另一方面进行乡村社会改良工作[⑤]。该实验区是1920年代末、1930年代初民国乡村建设运动的一个典型。民国乡村建设运动基本上代表的是乡村改良路线，即在维护现存社会制度和秩序的前提下，用和平方式，通过具体的兴办教育、改良农业、流通金融、提倡合作、办理地方自治与自卫、建立公共卫生保健制度、移风易俗等工作，复兴农村经济，建设国家[⑥]。

由于乡村建设工作的终极对象是个体的农民，要使工作真正深入农民中间，需要利用乡村基层组织。战前的乡村基层组织大概有四种：保甲、学校、合作社、农会，保甲属行政体系，学校是教育机构，合作社与农会则都属于农民组织。

相比较农会而言，合作制度在中国的出现较晚。直到五四运动前后，一些热心于合作事业的知识分子才开始在国内宣传倡导合作运动，在他们当中最为

① 参见中国科学技术协会编：《中国科学技术专家传略》（农学编综合卷1），中国农业科技出版社1996年版，第217页。

② 张宪文主编：《金陵大学史》，南京大学出版社2002年版，第306页。

③ 沈宗瀚：《中年自述》，第2—3页，《沈宗瀚自述》，台北：传记文学出版社1975年版；张剑：《金陵大学农学院与中国农业近代化》，《史林》1998年第3期。

④ 乔启明：《中国农村社会经济学》，第446页。

⑤ 参见蒋杰编著：《乌江乡村建设研究》，南京中央日报馆发行课1935年版，第100—147页。

⑥ 郑大华：《民国乡村建设运动》，社会科学文献出版社2000年版，第473页。

著名的是薛仙舟。他曾留学欧美,对合作制度很有研究。鉴于国内商业凋敝,农村经济衰败,广大工农大众深受地主、资本家剥削的社会现实,他主张以合作制度作为立国的经济基础,即以国家的权力,在全国范围内大规模地推行合作社,实行全国合作共和,最终实现民生主义。1927年6月,应国民政府要员陈果夫之请,薛仙舟拟订了《全国合作化方案》,该方案强调三民主义的重心是民生主义,而实现民生主义的最好办法就是推行合作运动,要在全国范围内实行合作化,必须依靠国家政权的力量。薛仙舟的思想对国民党有很深影响。由于合作思潮具有反资本主义的特点,同时又不同于激进的共产主义,“可以说是经济的自由主义和社会全体主义,在新民主思潮的巨浪中,它更是实现新民主思潮的一支生力军;它是改造现行社会经济制度,促进经济民主的最合理的制度”[①]。非常契合孙中山民生主义的理想,因而受到很多国民党人的喜爱,廖仲恺、戴季陶、陈果夫等国民党的重要人物都对合作运动相当推崇[②]。南京国民政府成立后,连年不断的内战与自然灾害,加上资本主义世界经济危机的冲击,中国农村经济衰败不堪。为了复苏农村经济,以确保新政权的重要税收来源,同时也是为了安抚农民,稳定农村社会,中国国民党大力提倡并推动农村合作运动。1934年2月6日,国民政府颁布《合作社法》,规定合作社为“依平等原则,在互助组织之基础上,以共同经营方法,谋社员经济之利益,与生活之改善,而其社员人数及股金总额,均可变动之团体”[③]。次年8月19日,实业部公布《合作社法施行细则》。按照合作社法及其实施细则,合作社的设立,以社员能实行合作的范围为准。合作社联合社的成立,也不仅限于同一区域,可以同一业务为准。从法令角度看,中国大陆的合作组织,和日据时期台湾的产业组合相比,较无官方统制的色彩,而更合乎合作组织的原意。

中国的合作社实践经验则主要来自于1920年代华洋义赈会在河北创办的合作组织。1923年6月,中国华洋义赈救灾总会在河北香河创办中国第一个农村信用合作社,以后又在河北省内设立了多个合作社。华洋义赈会创办的合作社,以经济互利为目的,多由当地农民自动组织而成,利用赈灾余款以及更多由银行提供的资金,向社员提供低利贷款。华洋义赈总会在河北省农村创办的信用合作社,是中国近代农村合作运动史上第一次有一定规模的实践活动,开中国农村合作之先河[④]。在国民政府倡导合作运动的1930年代至抗战时期,各地

① 袁少卿:《合作运动与民主运动》,《新社会》第1卷第3期,1948年4月15日。

② 张士杰:《国民政府推行农村合作运动的原因与理论阐释》,《民国档案》2001年第1期。

③ 《合作社法》,《台湾省行政长官公署公报》1946年春字第9期,第147页。

④ 傅宏:《民国时期农村合作运动述评》,《徐州师范大学学报》2000年第4期。

组织的各类合作社中，信用合作社一直是整个合作事业的主流，其他如运销、生产、消费等也占有相当比例[①]。

在民国乡村建设运动中，各实验区有选择与保甲合作的，也有选择合作社，甚至中心学校的[②]，其中，以选择合作社作为基层组织的为数最多。为了组织农民，各实验区和乡建团体不惜大力倡导合作事业，将组织农民成立合作社作为乡建的主要内容之一，战前全国合作组织的迅猛发展，与乡村建设运动的推动即大有关联[③]。而农会，大多数实验区都避而不用，“揆其原因，仍有‘趋吉避凶’之成训作祟，懼遭政府之白眼故也”[④]。在民国乡村建设运动中，运用农会组织推行乡村建设工作的几乎只有金陵大学农学院主办的乌江农业推广实验区。

乌江实验区早期成立的农会，职能仍以动员农民进行政治活动为主，“不知不觉就走上与政治相逢的路上去”[⑤]。农会特殊的发展状况引起了金大农学院章之汶、乔启明、周明懿等几位学者的注意，1931 年，他们在乌江实验区辅导农民成立了 1 所乡农会，尝试探索农会的性质与功能[⑥]。从实验区 1934 年制定的“第二区农村建设事业推动系统”来看，农会在业务方面主要负责农业生产；在地位上，区农会与区公所同为区级重要推动单位，在基层的保一级，农会组长则与保长的地位相当，显示农会系统已与行政系统并驾齐驱[⑦]。

1935 年，从美国留学归来的乔启明在乌江附近区域内进一步实验透过农会从事乡村建设，先后成立了香泉、张家集、卜家集、绰庙等乡农会，并在香泉成立各乡农会联合办事处，以加强四农会之间的联络。香泉等农会根据《农会法》次第举办经济、生产、教育等事业。为谋农会自立，乔启明等人辅导农会先从经济业务入手，重视充实农会业务内容，如推动组织合作社，办理简易农仓，指导合作社办理稻谷储押业务，举办会员农场与消费合作等。香泉等地农会于是很快得以经济自立，且比较容易地取得了会员的认同[⑧]。每逢开会训练，会员都非常

---

① 伍福莲：《试论南京国民政府的农村合作运动》，《四川大学学报》（哲学社会科学版），2004 年增刊。

② 施中一：《农业推广实验过去与现在之比较》，《农业推广通讯》第 2 卷第 7 期，1940 年 7 月。

③ 郑大华：《民国乡村建设运动》，第 503、506 页。

④ 孙友农：《对于办理农会及乡村建设运动之管见》，蒋杰编著：《乌江乡村建设研究》，第 332 页。

⑤ 孙友农：《安徽和县乌江村建设事业概况》，章元善、许士廉编：《乡村建设实验》（第一集），中华书局 1934 年版，第 107 页。

⑥ 任碧瑰：《农贷机关辅助农会贷款之实例》，《农业推广通讯》第 2 卷第 4 期，1940 年 4 月。

⑦ 蒋杰编著：《乌江乡村建设研究》，第 299－300 页。

⑧ 参见任碧瑰《农贷机关辅助农会贷款之实例》；乔启明：《农会经济自立之途径》，《农业推广通讯》第 2 卷第 9 期，1940 年 9 月。

积极地参加，农会的推广工作也相应易于进行，“如果有好材料推广，只要一个通知，立刻按着计划分散完毕，从未感到推广不出去的困难”①。在香泉等地的实验中，农会的经济与教育功能更为突出，地位也进一步提高，实际上成为“促进乡村建设之中心”②。

金大农学院在乌江附近区域以农会为中心的乡村建设实验进行未久，就因日本侵华战争的步步深入而不得不停顿，但透过农会推行乡村建设的思路则延续下来，并经由乔启明等人的倡导，在战时促使农会被纳入新树立的农业推广体系，从而对战时农会的发展产生了深远的影响。

## 三 战时农业推广体系下的农会(1937—1945)

抗战时期，我国农会发展经历了一段相对特殊的时期，其最突出的特点就是由战时农业推广部门将其正式纳入农业推广体系，成为战时新打造的农业推广体系的下层机构。《农会法》所规定的农会的经济、教育、社会等综合性功能在现实层面得到一定的认可，进而促使当局在抗战中后期将农会作为农村社会最重要的农民组织，在法规层面实现美国式的农民组织一元化。

### 一 战时农促会的成立与农会被纳入农业推广体系

全面抗战爆发后，我国富庶的东南地区相继沦陷，国民政府不得不一迁再迁，最后以川、陕、桂、滇、黔等西部省份为抗战的基地。为持久抗战，亟须增加后方工农业生产，在当时中国尚以农立国的情况下，增加农业生产的重要性尤为突出。“在此非常时期，前方抗战所需，后方生活所资，均将取给于此。是以农民农事，在经济上之地位，较平时尤为重要”③。有鉴于此，1938 年 4 月，行政院院长孔祥熙电邀前工商部次长穆藕初到武汉，商讨设立推动农业增产的中央机构④。考虑到当时农业行政方面已有经济部农林司，农业金融方面有中国农民银行、农本局等机关，农业技术方面已有中央农业实验所，为避免工作重复，穆藕初决定以农业推广作为新机构的工作重心。同年 5 月，农产促进委员会在

① 任碧瑰：《农贷机关辅助农会贷款之实例》。

② 蒋杰编著：《乌江乡村建设研究》，第 311 页。

③ 《非常时期经济方案》(1938 年 3 月 30 日国民党临时全国代表大会第二次会议通过)，秦孝仪主编：《革命文献》第 102 辑，台北，中国国民党党史会 1985 年版，第 198 页。

④ 同时还设立了推动工业发展的中国工业合作协会，参见穆藕初：《全国生产会议的展望(1939 年 5 月)》，赵靖主编：《穆藕初文集》，北京大学出版社 1995 年版，第 507 页。

武汉成立，穆藕初任主任委员①。

农促会以统筹战时全国的农业推广事业为主要使命，以便为战时增加农业生产、发展农村经济创造条件。农业推广是现代农业发展过程中的一个重要部分，旨在使农业由传统的生产方式转变到新的科学的生产方式②。金陵大学农学院教授章之汶、李醒愚曾将农业推广分为狭义和广义两种：狭义的农业推广是指将农科大学和农事试验场所等农业学术机关的研究改良结果，用适当的方法介绍给农民，使农民获得农业新知识、新技术，从而增加其经济收入；广义的农业推广，则除了将农事方面的改良成绩推广给农民外，还要教育农民，组织农民，培养农村领袖，改善农民生活，实施农政等。受美国农业推广的影响，章之汶、李醒愚认为农业推广的理想目标是改善农民的实际生活，也就是说理想的农业推广应为广义范畴，与战前乡村建设运动的内容接近③。而美国农业之所以发达，农业推广居功至伟④。在战时农促会的机关刊物《农业推广通讯》上，农业推广与乡村建设常常交互使用，可见战时农促会接受的农业推广的概念也属广义范畴。穆藕初就曾强调农业推广的使命："在辅导农民组织，发展农村经济，促进农业生产，增高农民知识，改善农民生活。"⑤

由于战前的农业推广机构存在"机关骈枝，系统紊乱"的缺点⑥，农促会首先致力于整理、打造从中央到地方的农业推广机构。受美国农业推广制度中强调多部门间合作的影响，在横向方面，农促会重视与农业行政、农业金融和农业技术等其他部门的合作，并在省县层级设立农业推广协进会组织，以加强与相关部门以及农林院校、地方法团和农民团体等的合作⑦。纵向方面，农促会重视从省县到乡村的一整套农业推广机构的设立，"特重省县以下机构之健全"⑧。在

① 编者：《三年来的农产促进委员会——〈三年来农产促进委员会工作概况〉述要》，《农业推广通讯》第3卷第11期，1941年11月；穆藕初：《将来之农业(1941年1月)》，赵靖主编：《穆藕初文集》，第551页。

② 斯旺森等著、许无惧等译：《世界农业推广》，第3页。

③ 章之汶、李醒愚：《农业推广》(金陵大学农学院丛书，教本)，商务印书馆1936年5月再版，第16—17页。

④ 章之汶、李醒愚：《序》，第3页，《农业推广》。

⑤ 穆藕初：《〈农业推广通讯〉创刊词(1939年8月)》，赵靖主编：《穆藕初文集》，第519页。

⑥ 乔启明：《战时农业推广》，《农业推广通讯》第1卷第1期，1939年8月；李力庸：《走出实验室——抗战时期农产促进委员会的农业推广事业(1938—1944)》，《两岸发展史研究》第6期，2008年。

⑦ 《全国农业推广实施计划纲要》(1939年5月行政院核准备案)，《革命文献》第103辑，第141—146页。

⑧ 编者：《三年来的农产促进委员会——〈三年来农产促进委员会工作概况〉述要》，《农业推广通讯》第3卷第11期，1941年11月。

省一级,从1939年到1944年底,农促会指导、推动桂、陕、川、黔、甘、闽、鄂、豫、浙、宁、湘、赣、粤等13省相继建立了省级农业推广机构,只有安徽和西康2省没有设立专门的省级农业推广部门。省级推广机构之下,县级推广机构是农业推广体系的重心。农促会一方面协助省方遍设县农业推广所,一方面与各县政府或金陵大学农学院等合办农业推广实验县。各县农业推广机构一般设于县政府建设科之下,截至1944年,国统区已设县推广所的,总计有13省的592个县份[①],超过各该省所有县数的53%,约占全国县数的25%。农促会在其存在的6年间,还分别在后方10省的25县设立农业推广实验县,试验哪种推广制度更适合当地的农业情况[②]。

在农促会打造的农业推广体系中,县农业推广所已是基层推广机构。但在县农业推广所与农民之间,还需要一个联系的纽带,因为现代农业推广的实施,不能直接以单个农家为对象,"必须组织农民,集成团体,始见宏效"[③]。何种组织可以担当这一任务?农促会成立之初显然没有统一的意见。1938年8月,穆藕初召集农业界人士开会,研究制定《全国农业推广实施计划纲要》,作为今后农业推广事业的准绳。在这次会上,关于农业推广下层机构,有人主张采取学校方式,有人主张运用合作社,乔启明则提出应利用农会组织[④]。乔启明认为,作为农业推广承接单位的农民组织,必须符合下列各项条件,即:组织的范围或业务区域应以农村社会自然界限为标准;要以改善整个农民生活为组织的目标;组织要能容纳从地主到佃农等的所有农民,尽量大众化;经费自给,等等。而符合上述条件的农民组织正是农会。根据金陵大学农学院从乡村建设实验中获得的经验,乔启明认为以农会为农业推广下层组织,拥有众多优点,而且"农会与农业推广是不能分开的,农会如无农业推广,则空泛而无内容,农业推广无农会,则工作失所凭借,成效无从发挥"[⑤]。乔启明的上述主张背后,可以清晰地看到美国农业推广制度下农民组织的影子。

在众多意见中,穆藕初慎重考虑后采纳了乔启明的意见。乔、穆二人原是

---

① 原文为14省592县,但从文中附表"各省成立县农业推广所之进度"来看,应为13省592县,且此13省中,安徽不在上面提到的已建立省级推广机构的省份中,宁夏虽有省级推广机构建立,但未见县级推广机构设立的数字。参见:编者:《三年来的农产促进委员会——〈三年来农产促进委员会工作概况〉述要》,《农业推广通讯》第3卷第11期,1941年11月。

② 以上省县推广机构设立情况,参见编者:《三年来的农产促进委员会——〈三年来农产促进委员会工作概况〉述要》,《农业推广通讯》第3卷第11期,1941年11月;吴华宝、朱甸余:《农业推广机构之回顾与前瞻》,《农业推广通讯》第7卷第5期,1945年5月。

③ 《农产促进委员会工作实施方案》,《革命文献》第103辑,第156页。

④ 乔启明:《悼念穆藕初先生》,赵靖主编:《穆藕初文集》,第615页。

⑤ 乔启明:《农会与农业推广》,《农业推广通讯》第1卷第4期,1939年10月。

旧识，战前曾在卜凯的寓所会过面。穆藕初同样拥有留美学农的经历，1930 年代初国民政府筹备成立中央农业实验所时，穆藕初曾任筹备主任①，该所在人员方面与金陵大学农学院有甚多交集②。不过穆藕初在农业方面的专长是棉业，所以农促会成立不久，穆藕初急需找到一位农业推广方面的专家襄助其工作。其时乔启明正好应邹秉文之邀，由成都至武汉，商讨贸易委员会调查各省特产生产成本事宜。在武汉期间，乔启明拜访穆藕初，交谈中两人对农业前途的看法多有契合之处。在此之前，乔启明还曾草拟过一个从省县至乡村的一整套农业建设促进计划，穆藕初对此也颇为赞许。由于当时乔启明随金大农学院迁至成都，农促会的办公地点则还在武汉，所以仅商定由乔启明以四川推广联络专员名义，返川后在后方开展工作。1938 年 6 月底，金陵大学农学院与四川省温江县政府合办的温江乡村建设实验区开始筹备工作，应该与两人的这次会面大有渊源。该实验区工作计划由乔启明拟定，延续了战前在香泉等地的工作思路，即"第一、乡村建设应促进农民自动组织；第二、农民自动组织应以农会为核心"③。在 1938 年 8 月农促会迁渝后召开的那次会议之后，穆藕初不仅采纳乔启明的意见，以农会为农业推广的下层机构，并聘请乔启明出任农促会技术组主任这一关键职位④。

农会于是正式成为农业推广体系的下层机构，在农促会拟定的《全国农业推广实施计划纲要》和《全国农业推广实施办法大纲》中，均规定县级农业推广机构应辅导农民组织乡农会，作为农业推广的下层机构，在农会未正式成立以前，则以其他健全的农民组织暂代⑤。

以农会为农业推广的下层机构，重点要解决的是县农业推广机构与农民之间的联系沟通问题，所以基层农会组织对农业推广体系来说至关重要。但当时并没有现成的乡农会可资运用，一方面各省农会组织并未普遍设立；另一方面即便有农会存在，如前所述，也只是徒有虚名，大多只是挂个牌子而已，并无实质内容。农促会希望作为农业推广下层机构的显然不是这样的农民组织，而是

---

① 毕云程：《穆藕初先生传略》，赵靖主编：《穆藕初文集》，第 606 页。

② 沈宗瀚：《中年自述》，第 40—42 页，载《沈宗瀚自述》。

③ 乔启明：《今后县农业推广之展望》，《农业推广通讯》第 2 卷第 8 期，1940 年 8 月。

④ 关于乔启明出任农促会技术组主任以及农促会采纳乔启明的意见、以农会为农业推广下层组织的前因后果，参见乔启明《悼念穆藕初先生》，《穆藕初文集》，第 615 页；和穆藕初《将来之农业(1941 年 1 月)》，《穆藕初文集》，第 551 页。农促会下设总务和技术两组，总务组负责会内行政工作，各项事业的设计与推行则全由技术组负责。

⑤ 秦孝仪主编：《革命文献》第 103 辑，第 143 页，第 151 页。

业务充实的"农民自有自治自享之农会组织"①。为完善农业推广体系,使农业推广工作真正惠及农民,辅导乡农会设立并开展业务,成为战时基层农业推广机构的一项重要工作。在农促会设立的农业推广实验县,联络党政及农业有关机关,辅导农民成立乡农会,更是大多数实验县农业推广机构着力推行的首要工作。截止1941年底,在农促会当时的15个实验县下面,共辅导成立127个乡农会,会员43,785人②。在随后陆续设立的农业推广实验县,也多从辅导成立乡农会入手,1943年底,各实验县设立的农会计有228个③。在农促会建立下属机构的一般县份,也大致执行相似的路径。

农促会基本上在《农会法》的框架下组设乡农会④,乡农会的区域范围配合联保,在乡农会之下,有的再按保的区域分组。这样一种区域划分方式,有助于在乡村基层社会形成行政方面有保甲系统、农民自动组织方面有农会系统的局面,便于农会与行政体系的配合⑤。在辅导成立农会过程中,农促会努力改变人们对农会的既有印象,同时试图将其打造成农民自有自治自享的中立性组织。在一些农业推广实验县,农业推广人员在发起成立农会之前,即进入乡村进行调查访问,通过村街民大会以及个别拜访等方式,向农民宣传农会,使农民了解农会并非完全从事政治运动,也不是土豪劣绅操纵乡村的工具。同时借机了解当地民情,进而确定农会发起人人选。在之后的农会筹备及成立过程中,农业推广人员都积极参与,既要保证农会能够在复杂的乡村环境里建立起来,同时也力求让农会主管人员及其他职员由乡村中的"好人"、"热诚分子"担任⑥。为防止农会被土豪劣绅掌控,农促会下属农业推广机构注意青年领袖的培养,希望由"有前进思想的青年"⑦、"真正热心农会事业的农民"⑧来领导农会。同时为避免与地方上产生冲突,影响工作进行,对于地方上的权势人物又有所笼络、妥协,或者在第一年选择"那些地方上的公务人员与各种组织的领袖或具有特殊势力的士绅"做农会领导,以资过渡,之后再行调整,但调整时亦先征询其理

---

① 《三年来农产促进委员会工作概况》,农产促进委员会编印,1941年版,第10页。

② 编者:《三年来的农产促进委员会——〈三年来农产促进委员会工作概况〉述要》,《农业推广通讯》第3卷第11期,1941年11月。

③ 《民国三十二年至三十三年之农林工作》,秦孝仪主编:《革命文献》第102辑,第172页。

④ 吴华宝、朱甸余:《农业推广机构之回顾与前瞻》,《农业推广通讯》第7卷第5期,1945年5月。

⑤ 乔启明:《农业推广与新县制》,《农业推广通讯》第2卷第7期,1940年7月。

⑥ 周林伟:《农会在广西是怎样入手去组织的》,《农业推广通讯》第2卷第1期,1940年11月。

⑦ 沈曾侃:《怎样辅导农民组织乡农会》,《农业推广通讯》第1卷第4期,1939年11月。

⑧ 夏文华:《一年一度的乡农会改选》,《农业推广通讯》第2卷第11期,1940年11月。

想人选，并给予其名誉头衔[①]；或者在农会选举前预先布置，将当地“几个有钱有势的乡绅”，聘请作为农会的顾问，使会员不致因畏势而选举他们[②]。农促会的上述做法，是用一种审慎而温和的方式，试图改变乡村社会的权力结构，说明农促会的农业推广事业与战前的乡村建设运动之间有一种延续性，同样有改良乡村社会的意图。

农促会对于辅导农会组织还有一个很明确的目标，就是希望通过前期的外力扶持与指导，促使各农会自立，成为农民自己的组织，进而促使农业推广工作从以前的完全依赖外力，达到由农民主动推动的地步。要达成农会自立的目标，有充实的业务内容极为重要，如此农会在经营业务过程中可以获得运营的经济基础。鉴于此，农促会对于辅导成立的农会，非常重视充实其业务内容，力图改变农会以往业务空虚的状况。如陕西省农业改进所在陕南城固、关中兴平，陕北米脂等县辅导成立的乡农会，其下均设有农业经济、农业生产、农村社会、农村教育等股，并规划了相应的业务，最终目标，一方面使各农会累积资金，减少对外依赖，从而一切开支费用，均能自给；另一方面，经过数年的农事训练，充实农民知识技能，使其由扶助而互助，以至自助，从而奠定整个农村建设的基础[③]。又如在广西柳城农业推广实验县，各农会在县农业推广机构辅导下，生产事业方面，推广优良稻种与植棉、造林与植树、实行公耕等；经济事业方面，提倡农家副业、举办副业生产贷款、办理简易农仓、辅导组织合作社等；乡村教育事业方面，设立农民书报阅览处、协助训练少年生产训练班、筹备出版壁报、会员冬季训练；社会事业方面，则协助应征筑路农友家属耕作、军民合作驱除稻苞虫、设立招待抗战将士及被难义民茶水站、宣传卫生、举行大扫除等[④]。

温江实验县[⑤]的工作计划是由乔启明亲自制定的，在温江乡建会的辅导下，温江各乡农会的业务内容也涵盖生产、经济、社会和教育诸方面，其具体推行的工作包括：

一、生产事业方面：推广金大 2905 号小麦种子，共计推广 13,600 斤，领种会员 605 户；举办金大 332 号大豆、1386 号水稻及四川农改所川检 1 号水稻区域试验；举行猪丹毒预防注射；办理猪牛连锁推广实验；推广骨粉肥料及元平菌

---

① 夏文华：《一年一度的乡农会改选》，《农业推广通讯》第 2 卷第 11 期，1940 年 11 月。

② 胡笃冲：《沙埔乡农会的组织》，《农业推广通讯》第 2 卷第 2 期，1940 年 2 月。

③ 曾启宏：《陕西省农业改进所办理农业推广实验工作概略》，《农业推广通讯》第 1 卷第 5 期，1939 年 12 月。

④ 王维祺：《一年来柳城之农会事业》，《农业推广通讯》第 3 卷第 2 期，1941 年 2 月。

⑤ 温江实验县原为金大农学院和温江县政府合办的实验区，后成为农促会农业推广实验县。

速效性堆肥等。

二、经济事业方面:其一,办理储押业务。1939年春,各乡农会在乡建会经济组辅导下,办理简易仓库9所,办理小春储押贷款60,315元;同年秋,各该简易仓库办理大春储押,截止1939年10月底止,共贷款104,300余元。办理储押业务不仅为国家和地方存储了粮食,对平衡市价、调节后方民食不无贡献;对于消灭青苗买卖,加惠佃农,也有很大帮助,因储押业务的举办,尤其是小春储押业务的举办,使农民可以将农产品储存到市价较高时再出售,而不必在收获季节以低价售出①。其二,协助提倡合作事业。在当时,信用贷款和运销业务等,仍由农会协助倡导合作组织,以合作社直接办理②。其三,辅导成立农家记账团。温江乡建会1938年春得金大农业经济系的协助,在各乡农会内倡议农家记账团组织,并由该系供给材料,派员指导③。

三、社会事业方面:辅导会员共同组织乡村剧社,以提倡乡村正当娱乐,激发抗战情绪;协办乡村卫生事业,为方便农民看病,县诊疗所与各乡农会合作,在区署所在地的乡农会设置分诊疗所,并由各农会选派优秀青年到县诊疗所学习,然后分发各分诊疗所工作。温江农会的卫生事业还曾尽量利用本地中医和药铺,每到夏季,即自购大批时药,分组均摊,并采取释放形式,很切合农民需要,并甚得农民好感④。

四、教育事业方面:乡农会举办农业补习学校,以青年农民为主要训练对象,对那些粗识文字,并在家中务农,年龄在15至20岁之间的农家子弟,施以选种、施肥、病虫害防除以及农场经营等农业课程方面的教育,并辅以珠算和公民常识等课题,从而培养乡村领袖的储备力量;辅导特约农事讲习班,以温江县各完全小学的学生为对象,和学校合作,计划每周由乡建会派人讲授农业常识1小时,以便扩大宣传农业推广意识,充实农业改良力量,但因限于各种原因,该项计划未收效果即不得不停办;训练会员,其训练方式包括家庭访问、实地参观、作物竞赛、巡回辅导、集团讨论等,以实施组织生计和精神教育。“农闲之

---

① 据调查,温江农民80%以上为佃农,一般来说,大春收入仅够付佃租,佃农收入主要依赖小春之小麦、油菜籽、麻与烟叶。当1939年春季举办小春储押时,小麦每石约15元,油菜籽28元,麻每百斤70元,烟叶30余元;到了秋天,则小麦每石涨至27元,油菜籽64元,麻每百斤值140元,大烟叶每百斤值70余元,由此可见佃农从小春储押中获惠良多。参见李惠谦:《温江乡建会一年来辅导农会推进农业推广之检讨》,《农业推广通讯》第1卷第4期,1939年11月。

② 李惠谦:《温江乡建会一年来辅导农会推进农业推广之检讨》,《农业推广通讯》第1卷第4期,1939年11月。

③ 陈锦余:《农家记账团在温江》,《农业推广通讯》第2卷第8期,1940年8月。

④ 克烈:《乡村卫生事业推进的途径——介绍温江农会的卫生工作》,《农业推广通讯》第2卷第8期,1940年8月。

期，则集中力量，普设座谈会，提示会员增加生产，改善生活等方法。农忙时则从事农村实际事业之协助，使工作与事业互相调和，以事业维系农民心理，以期训练与教育不致落空”①。

由于重视农会业务的举办，农促会辅导成立的农会比较能够与农民的日常生活发生关联，并可承担农政实施的辅助角色，改变了以往农会徒有其名、内部空虚的缺点。如温江农会成立以后，对政府推行政令、宣传兵役、解释土地陈报等，都有显著功用，尤其在执行战时国家生产政策，如油菜及大麻的推广方面，贡献突出。因农业推广机构重视将农会打造为农民自己的组织，所以农会在提高农民经济收入，增进农民教育程度，奠定民智基础，遏制农村恶势力等方面，也有相当的影响②。

## 二　抗战中后期农会组织功能与地位的强化

战时农促会辅导成立农会，是在《农会法》颁布多年之后真正将相关规定付诸实施。这些新成立的农会可以说是一个全新的农会组织，既不同于大革命时期农民协会的偏重政治，也不似战前农会的徒有虚名。新打造而成的农会更强调经济、教育、社会等方面的功能，不仅办理农作物新品种和农业新技术的推广工作，还成为农政实施的基层辅助者和乡村社会改良的推动者；不仅有助于促进农业生产，还可承担乡村社会动员的功能。这样的农会不仅是农业推广合适的下层机构，也符合国民党在农村的整体利益。

农会被纳入农业推广体系，主要是农业推广部门在推动，但抗战爆发后，国民党对农会功能的需求显然也发生了改变。抗战时期，动员农民对国民党政权来说极为重要，而动员农民的关键，却不再仅是单纯地动员农民参加政治性活动。由于战时对各种物资的迫切需要，动员农民的目的更趋向于生产性与建设性内容，“应使其增加农产，储蓄物品，保护道路、森林、交通、工具、公用材料，练习防空技能，救护灾变，并开发交通，建筑防御工事，办理自卫，参加兵役，侦察敌情，防止汉奸等”③。为动员农民参加抗战建国工作，1938 年 10 月，社会部④制定了《各级农会调整办法》，希望对战前“虽多依法组织，而实质极为空虚，工

---

① 李惠谦:《温江乡建会一年来辅导农会推进农业推广之检讨》,《农业推广通讯》第 1 卷第 4 期,1939 年 11 月。

② 任碧瑰:《两年来工作观感》,《农业推广通讯》第 2 卷第 8 期,1940 年 8 月。

③ 《国家总动员设计委员会关于制定战时民众团体工作指导纲要草案密函(1937 年 8 月 13 日)》,中国第二历史档案馆编:《中华民国史档案资料汇编》(第 5 辑第 2 编),“政治”(5),江苏古籍出版社 1998 年版,第 3 页。

④ 根据相关法规,农会是农民职业团体,属社会部管辖范畴。

作几近废弛"的各级农会进行调整,"使其组织臻于健全"。社会部提出此次农会调整须遵循三大方针,即:农民运动须以抗战建国纲领为一般工作的准绳;农会组织须于短期内完成其法定系统;各级农会须达到农会为农民之组织,绝对防止土劣的操纵。同时,又规定农会工作应包括以下方面:按期举行各级农会例会;各区、乡农会的小组训练,应以讨论时事、日常生活、农村改善、农业改良等为主题;农会法第四条所规定的事项,应参照当地情形择要举办;积极推行合作事业;积极推行义务或补习教育,以识字运动为原则;根据当地情形,详加研究农村经济发展、粮食调节、荒地开垦、水利疏通等事宜;施行会员政治训练,以巩固抗战时期政治社会的基础;凡市、县以下之各级农会,须与壮丁训练工作及地方自卫组织取得密切联系;协助政府密查侦缉隐匿乡中的汉奸,对来乡的难民协助政府妥为安抚,并协助政府推行兵役;对于农村中之较大集会,区乡农会均须积极参加,期能取得领导地位,并于定期市集中,开展宣传教育活动等①。从这份调整办法来看,战前国民党对农会极为矛盾的态度开始转变,对农会的重视程度大为提升;同时,有关农会的业务与功能设定,不再局限于政治方面,而是包含了经济、教育、社会等诸多内容,这与农业推广体系下的农会功能与业务的规定是契合的。

由于符合国民党战时对农民进行全面动员的需求,农会被纳入农业推广体系后,不仅使农业推广体系得到完善,也对农会组织的发展产生积极影响。抗战中后期,农会获得了更多政府政策等方面的支持,并最终在法规层面实现美国式的农民组织一元化,成为农村社会最重要的农民组织。

国民政府对农会的支持一开始是偏于经济的、局部的。1939 年 10 月,当时还是农促会上级机构的行政院在第 434 次会议上通过 1940 年度"中央补助农会事业费概算草案",拟选择后方组织较为健全的 129 个县市农会及游击战区的 10 个县市农会,予以每月 300 元的经费补助。该草案对于受补助县市农会有如下要求:一,有工作成绩表现,且经过合法手续登记备案;二,农会所在的县份,其环境对改良农业的发展性较大,且交通也较便利;三,会员当中真正的农民应占到半数以上,且其思想纯正,无反动嫌疑;四,职员应是真正农民,或热心改良农业,或对于农业改良有经验而无反动嫌疑者;五,能与政府设立的农业技术机关及农业推广机关密切合作。对于补助费的用途,则规定限于:举办示范农田;推广及改良种子农具肥料;防治农作物病虫害及兽疫;繁殖优良种子种畜

① 《社会部制订各级农会调整办法稿(1938 年 10 月 31 日)》,中国第二历史档案馆编:《中华民国史档案资料汇编》(第 5 辑第 2 编),"政治"(5),第 136—137 页。

及树苗；举行农业调查及统计；举行农业讲习会，农产展览会，或农产比赛会；倡导农仓及促进合作事业；农业技术推广人员薪水旅费；其他经中央主管部核定的事项[①]。这份草案等于为农业推广体系下的农会组织发展提供经费补助，鼓励农会加强农业推广功能。

1940 年 1 月，四行联合总处通过 1940 年度中央信托局，中国、交通、农民三银行及农本局农贷办法纲要，首次将农会列为农业金融机关农贷的直接承办对象[②]。该纲要规定的农业贷款共有八类，即：农业生产贷款、农业供销贷款、农业储押贷款、农田水利贷款、农村运输工具贷款、佃农购置耕地贷款、农村副业贷款、农业推广贷款。上述各种农贷的对象包括农民团体、农民个人和农业改进机关，至于农民团体，按规定是："凡依法登记之合作社，互助组，借款协会，农会以及供销代营等组织属之。"[③]将农会列入金融机关农贷的直接承办对象，对农会发展农贷业务，进而获得经济自立有很大帮助。根据金陵大学农学院战前在乌江和战时在温江办理实验工作的经验，承办农业金融机关的农贷，是农会获得经费盈余最有效的手段。在 1940 年之前，农会在农业推广机关指导下，也曾举办仓库储押、小本借贷、母猪连锁推广、耕牛连锁推广、肥料贷放、优良种籽贷放等贷放事业，其中储押与实物贷放占多数，现金贷放较少。但农会的农贷业务，通常需要通过辅导合作社或其他经济性组织去办理，农会从法律上来说不能直接承办农贷业务，这对农会农贷业务的举办自然造成很大阻碍，而金融机关对农贷对象的新规定，无疑有积极的意义。

随着基层农会的设立与业务推行，国民党越来越意识到农会的价值，并给予农会更多的政策支持。如何将力量深入农村，如何掌握农村与农民，这在国民党政权存续期间一直是个问题，这一问题在战时越来越迫切。抗战初期，国民党更多还是从战时财政经济与兵役工役的需求出发，对农会组织有所重视。到 1939 年 7 月，国民政府为加强对基层的控制，颁布了《县各级组织纲要》，开始推行新县制和所谓的地方自治。新县制的一大特色，是各级民意机构——保民大会、乡镇民代表会、县临时参议会及县参议会的设置[④]，这对国民党在基层的影响力再次提出要求。通过何种方式能更有效地动员农民参加地方自治，并

---

① 《中央补助农会事业费办法草案》(1939 年 10 月 6 日)，台湾"中研院"近史所档案馆馆藏"经济部"农林司档案，18/21/12(1)，《经费补助办法及补助各案》。

② 毕云程：《农业推广与推广农贷——论乡农会为农业贷款之细胞组织》，《农业推广通讯》第 2 卷第 4 期，1940 年 4 月。

③ 中国第二历史档案馆编：《中华民国史档案资料汇编》(第 5 辑第 2 编)，"财政经济"(8)，江苏古籍出版社 1997 年版，第 64 页。

④ 曹成建：《地方自治与县政改革(1920—1949)》，四川人民出版社 2005 年版，第 220 页。

能代表国民党的利益？有人后来建议，透过合作社将国民党的力量深入到农村基层[①]。但合作社除了是专业性经济组织，不似农会为农民职业团体，在组织特性上有局限外，在实际推行当中，由于农村社会情形特殊，社员彼此须负无限责任等原因，贫农一般无能力参与到合作组织中来，能得到利益的都是些中上阶层的农民，有不少合作组织甚至被地主豪绅操纵利用[②]。不仅支持农会者对合作社有这样的观感，在以学校方式推行乡村建设的四川仁寿实验区，农业推广人员也感到合作社有这样的弊端："贫农智识低，自动力弱，不知组织合作利益，合作指导的上层机构组织未臻健全，富农地主商人保甲长操纵，贫农被拒门外。"[③]这样的合作社组织，要达到国民党政权的目标，将农民纳入抗战动员体系，使其配合战时农业生产政策与兵役工役，推行地方自治，显然有相当大难度。

同合作社的种种局限性相比，农业推广机构打造的新型农会有更多优势。如前所述，农业推广体系下的农会覆盖全体农民，并有意识远离农运，淡化了过去农民组织激进的一面；同时又以谨慎、和平的方式，避免农会被土豪劣绅掌控，强调农会是农民自己的组织。另外，农业推广机构打造的农会在区划上与基层行政体系是相配合的，而新县制下国民党非常重视从县到乡镇再到保甲的自治机构的树立。乔启明曾撰文指出农民自动组织的乡农会，可与乡镇以下行政系统构成双轨制，乡农会"一方面监督乡镇保甲执行事务，一方面养成民主习惯，培养农民参政力量，俾达真正的地方自治之实现"[④]。

不仅新县制和地方自治的推行需要农会，抗战中期，国民政府试图解决土地问题，开始推行"扶植自耕农"政策，福建龙岩就计划利用农会组织，来辅助这一政策的执行[⑤]，农会的重要性进一步提升。随后不久，国民政府相继出台了一系列有关农会发展的政策。首先是1941年2月23日，国防最高会议通过"加紧农会组织，动员民众，增进生产，推进兵役"一案，并令行政院转饬各省切实倡导推行。继而国民政府又公布《非常时期职业团体会员强制入会与限制退会办法》，规定农民必须加入农会。同时社会部也通令各级党部、各县县农会，应普

① 《发展农业金融业务完成农村经济组织以达成经济管制并奠定本党基础案(1942年11月27日修正通过)》(萧铮等六人提)，秦孝仪主编：《革命文献》第80辑，台北：中国国民党党史会1979年版，第317页。

② 朱晋卿：《为农会贷款问题进一言》，《农业推广通讯》第2卷第10期，1940年10月。

③ 林庆森：《在仁寿农业推广实验区一年来工作困难心得与改进建议》，《农业推广通讯》第1卷第5期，1939年12月。

④ 乔启明：《农业推广与新县制》，《农业推广通讯》第2卷第7期，1940年7月。

⑤ 沁青：《农会组织的活跃姿态——最近有关农会新闻零辑》，《农业推广通讯》第1卷第11期，1940年11月。

遍策动组织乡农会，使与乡镇相配合，以乡镇公所及乡镇民代表大会为对象，并于乡农会之下编制会员小组，与保相配合，以保办公处及保民大会为对象①。上述政策说明，国民党政权更倾向于以农会作为向乡村基层社会拓展影响力的工具。

1942 年 2 月 10 日，国民政府公布《非常时期人民团体组织法》，为配合该法及抗战期间对农会组织的新需要，国民政府于 1943 年 6 月 14 日修正公布了新的《农会法》。新《农会法》的修正要点包括：在会员资格方面，将拥有土地，但不实际从事耕作的地主排除在农会之外，以防止农会被地主操纵；对会员入会方式，要求自耕农、半自耕农、佃农和一年以上的雇农等都必须强制入会；农会任务方面，增加了推行农贷、经营农场、垦荒造林、制造农具和肥料等内容，以扩充农会的事业；关于农会经费，规定最高数额，由省级主管官署按照地方情形拟定，并呈报社会部备案，以使其较具弹性，至于事业费部分，则增列农会所办经济事业盈余部分提拨，或商请农会协助推行的农贷机关团体，就所获利益中拨给一部分，以鼓励农会注意开展经济事业；农会监管方面，规定农会主管官署为社会部及省、市、县主管社会行政官署，而其目的事业依法应受农林部或其他目的事业主管官署及省、市、县目的事业主管官署的指挥监督，同时将农会的处分权全部收归主管官署，以加强政府对农会指导监督的权力②。

从农会法的修改来看，原由党部推动的农会正式由政府机关监管，会员必须强制入会等等，表明农会对国民党政权的重要性日渐提升。农会任务中增加有关经济方面的内容，农会经费中的新规定以及增加农林部为农会目的事业主管机关，则显示了农会被纳入农业推广体系后，农会业务内容与功能的变化。

1944 年 8 月，国民政府又颁布《加强农会基层组织及业务办法》，进一步确立农会为农民中心组织的地位。该办法规定："凡参加依农会法组织之乡或市区农会之农民，在同一区域内不得再组织与农会法规定宗旨相同之团体，但为发展会员专营业务，得分别组织事业团体，隶属于乡或市区农会。"使农村合作社成为农会的下属组织。农会业务部分，规定应尽量以乡或市区农会为农业推广机构；农贷及土地金融贷款，也应以乡或市区农会为其对象；而农村中的合作

---

① 夏文华：《一年来之农会组织》，《农业推广通讯》第 3 卷第 1 期，1941 年 1 月.

② 汪磊：《现行农会修正要旨》，《革命文献》第 99 辑，台北：中国国民党中央委员会党史会 1984 年版，第 68—72 页；《农会法（1943 年 6 月 14 日国民政府修正公布）》，《中华民国史档案资料汇编》（第 5 辑第 2 编），"政治"（5），第 153—160 页。

事业以及福利事业等,也都应在农会之下来配合发展[①]。在法规层面,农会成为农村最为重要的农民组织。

《加强农会基层组织及业务办法》的出台,标志着农业推广界期待的美国式的农民组织一元化取得重要成果。在农民组织一元化背后,一方面是农会在乡村社会地位的提高;另一方面,在政治功能之外,农会的经济、教育等功能得到认可。当时领导全国人民团体组训工作的主管人员,也开始在公开场合强调土地、农贷、农业推广、农村合作、农田水利等是农会业务的中心,并在集中有关机关的人力财力、共同从事农会事业方面,不遗余力地提倡[②]。到抗战胜利前夕,国民党第六次全国代表大会做出"确认农会为农民中心组织并扶助其发展"[③]决定,农会的地位进一步明确。就农会功能来说,"除领导农民行使四权,推进农村自治,并保障农民权益外,更为农业推广,农贷及土地金融贷款之中介机构,农业合作及乡镇造产之推动核心,故简括说明农会的功能实兼具政治、经济与教育三方面的意义"[④]。至此,农会真正发展为具有政治、经济、教育、社会等多种功能于一体的综合性乡村社会组织,并被置于农民中心组织的地位。在相关政策推动下,农会在数量上也有很大发展,截止1945年底,后方共计有省市农会17单位,县市农会560单位,乡区农会7,323单位,基层会员3,013,451人[⑤]。战时农会功能的增多与地位的提高,既有新形势下国民党对农会各项功能的需求,战时农业推广界将农会纳入农业推广体系的种种实践及舆论宣传,显然也极为关键,起到了积极的示范与推动作用。

## 三　农业推广体系下农会发展面临的困难与不足

农会被纳入农业推广体系后,经由农促会及其下属农业推广机构的努力,农会在国统区有了一定的实质性发展,部分农会的业务内容得到充实,农会组织的功能日渐多样化,地位日渐提高,在抗战中后期于法规层面实现农民组织一元化,成为农村最重要的农民组织。然而,农会在现实层面具体成效如何,由于相关资料缺乏,尚不能细述。从现有材料来看,战时农业推广机关在辅导农

① 行政院致农林部第17585号训令(1944年8月18日),台湾"中研院"近史所档案馆馆藏国民政府农林部档案,20/00/00/017(9),《乡农会章则法规》;谷正纲:《社会部施政要点报告》(1945年7月12日),秦孝仪主编:《革命文献》第99辑,第23页。

② 林平:《农会组织之新展望——读〈加强农会基层组织及业务办法〉后》,《农业推广通讯》第6卷第10期,1944年10月。

③ 《谷部长出席中央农会工作会报主席致词》(1945年6月28日),载《第六次农会工作会报纪录》,台湾"中研院"近史所档案馆馆藏农林部档案,20/00/21(3),《农会工作会报纪录》。

④ 谷正纲:《一年来农运的检讨》,《农业推广通讯》第8卷第2期,1946年2月。

⑤ 同上。

会组织过程中，曾遇到不少困难和阻力，以致农会发展并未尽如人意。

首先是农会与合作社的矛盾。尽管乔启明曾强调农会绝对不能同其他农民组织冲突，相反，还应协助农民会员等组织各种特种目的的团体①，但扶持农会进入农业推广体系，无疑会对乡村社会的其他组织形成一定的冲击。保甲与学校一个属于行政体系，一个属于教育体系，相对来说与农会的竞争关系不算突出，合作社同样作为社会团体，又是乡村社会农业贷款、农产运销的主要承办者，当农业推广体系下的农会承担起更多的经济功能时，农会与合作社的矛盾自然难以避免，这在农会争取成为农业金融机关农贷承办单位后，矛盾更加激化。1940 年度中央信托局，中国、交通、农民三银行及农本局农贷办法纲要公布后，一般经济学者和合作界人士对此颇多批评，或以为农贷事业只有合作社可以办理，农会办理亦多遭失败；或以为农会既办理农业生产技术改良、农业教育、乡村社会等事业，若再兼办农贷等经济事业，声势过分浩大，会将合作社完全掩盖，影响合作社业务发展；或者以为乡村农贷事业既由合作社主办，农会无须再办，否则会造成乡村金融紊乱、农会与合作社业务重复的问题②。对于合作界的诸多顾虑与戒备，倡导农会的一方不得不一再解释农会与合作社是相辅相成的关系，并非无法相容，"合作社不能解决农村内所有问题，所以需要农会；同样的，农会也不能离开合作社，另辟蹊径解决农民经济问题"③。

然而，农会与合作社的矛盾还是集中爆发了出来。在上述农贷纲要颁发后不久，广西柳城的农会经广西省政府农业管理处同意，与中国银行订定副业生产贷款和举办简易农仓的办法，当各农会已经调查完毕会员需要，并评定了会员的信用程度，正式向中国银行申请贷款，并经县政府允予担保时，该县的合作指导机关却以妨碍合作社发展为由，呈请省府明令停止农会贷款④。广西省政府于是以建字第 717 号代电知会各有关机关，规定该省农贷"以合作组织为对象，不应有其他团体组织参杂其间，致妨碍事业之进行，故农会副业贷款实无举办之必要"，同时，"为免除合作社与农会同时同地举办副业贷款等，彼此业务发生竞争弊病，特规定应行注意事项三点"：

> (一) 凡各县农会会员或贫苦农民需要副业贷款者，应由县合作指导人员指导其参加合作社为社员，如无合作组织之乡村，仍应由县派合作指导

---

① 乔启明：《县单位农业推广制度之实验》，《农业推广通讯》第 1 卷第 5 期，1939 年 12 月。

② 夏文华：《农会与合作社贷款方式的比较》，《农业推广通讯》第 3 卷第 1 期，1941 年 1 月。

③ 朱晋卿：《为农会贷款问题进一言》，《农业推广通讯》第 2 卷第 10 期，1940 年 10 月。

④ 王维祺：《一年来柳城之农会事业》，《农业推广通讯》第 3 卷第 2 期，1941 年 2 月。

> 人员前往指导组织合作社,以融通其需要之资金。(二)凡有合作社组织之乡村,应由县合作指导人员,指导其经营农业仓库,其无合作社组织之乡村,亦应迅速指导其组织合作社,同时兼营农业仓库。(三)在不能组织合作社之乡村,如有农会设立者,欲经营农业仓库时,亦应由县派合作指导人员前往指导组织,以专责成。[①]

广西省政府的这一举措,引起农业推广界及支持农会人士的极大不满,广西省政府不得不稍作让步,于同年10月颁发农业生产贷款办法,对于农会贷款有一定的变通:"凡农会所在地之村街已有合作社之组织者,所有农会会员均应加入合作社,会员所需之生产资金由合作社供给;农会所在地无合作社组织者,所有农会会员之农业生产资金由农会办理贷款。"但就这样一个变通办法,仍有附加条件,即该项办法仅"适用于本省之农业推广实验县"[②],可见当时合作社的"势力"远大于农会。虽然农会通过农贷纲要,在农贷经营中取得一席之地,但现实层面来自合作界的阻力,使各地农业推广人士在协助农会申请贷款时,颇感困难,"有再三交涉,未邀允准者,有允之在先而推诿于后者,以致从事推广人员,莫不焦头烂额,叫苦连天。既失农民信仰,复陷事业于不举",只好寄希望于乔启明转任中国农民银行农贷处处长后,情形能有所好转[③]。但从次年国民党方面有人希望运用合作社方式,配合农业金融业务,使国民党基层组织深入农村,使农民经济生活实际受国民党领导来看[④],农会与合作社在农村经济版图中的位置,并未发生改变,这对农会业务举办乃至组织发展势必有所阻碍。

1944年,国民政府虽在法规层面实现农民组织一元化,将农村合作社放在农会组织之内发展,并规定农贷对象为农会,但从光复后台湾省政当局仍按照"农会政治、合作社经济"的原则将台湾原有农民组织划分为农会与合作社来看[⑤],农会与合作社的关系并未真正厘清,农会的部分经济功能未真正获得认同。

农促会下属农业推广机构在辅导农会组织过程中,感受到的另一重困难来自国民党县党部的不能配合。在农会法修改之前,从制度上来说,基层农会的

---

① 朱晋卿:《为农会贷款问题进一言》,《农业推广通讯》第2卷第10期,1940年10月。

② 沁青:《农会组织的活跃姿态——最近有关农会新闻零辑》,《农业推广通讯》第1卷第11期,1940年11月。

③ 《农会贷款》,《农业推广通讯》第3卷第11期,1941年11月。

④ 《发展农业金融业务完成农村经济组织以达成经济管制并奠定本党基础案(1942年11月27日修正通过)》(萧铮等六人提),《革命文献》第80辑,第317页。

⑤ 参见程朝云《光复初期台湾农会与合作社分合问题》,《台湾研究集刊》2006年第2期。

指导权属县党部，行政监督权归县政府，农业推广机构对农会仅处于辅导地位，农会组织的成立必须得到县党部的许可，农会职员、会员等的训练也需要县党部的参与，因此，“要想农会组织顺利开展，一定要县党部在积极的协同推进，尽量给予进行的便利，消极的不加牵制阻碍才行”①。但就算在相对“样板”的温江乡村建设实验区，农业推广机关也深感在扶持、辅导农会方面，县党部不能配合②。广西柳城实验县的农业推广人员，同样感觉其农会方面的工作，“没有充分得到党的领导和辅助”，其下属东泉乡农会的人民团体许可证，曾因县党部延搁甚久，农会定下了成立日期，须县党部派员指导工作，县党部也多有留难③。乔启明因此曾建议：“党政的领导与技术的辅导应更求彼此协调互进，相得益彰。今后县农业推广所须以技术力量辅导农会，建立农业推广下层机构，而地方党政方面务应多方予以组织的便利，除严予监督外，尤应积极协助促成。”同时指出：“农业推广的对象是农民，农民运动的开展，可以加速实现农业推广的理想目标，奠定农业建设永恒不拔的基础，保证抗战建国的胜利和成功。”④

《农会法》修改后，农会由社会部及各级社政部门主管，又增列农林部门为农会目的事业主管机关，农业推广机构辅导农会组织有了法理上的依据，上述情形会有所好转，但以国民党政权的党政关系，国民党党部的支持对农会组织发展仍然极为重要。而在国民党党部不能配合背后，其实反映了两个方面的问题：一是基层党部对发展农会组织并不积极；二是在关系战时农会组织发展的各部门中，农业推广机构是关键部门，却也恰恰是“弱势”部门，仅能从技术角度着力，缺乏相应的行政效力。这对农业推广体系下的农会组织发展有相当大制约。

影响战时农会组织发展成效的又一重因素，是农会所置于的农业推广体系，延续了战前民国乡村建设运动的乡村改良路线，无意改变乡村社会土地关系，对乡村中的权力阶层，采取的也主要是妥协乃至依赖的态度，这使各农会的事业有时虽想惠及乡村底层农民却不可得。如温江农会举办的经济业务虽然很发达，但贫农难获利益，富农得到的实惠却较多。温江农会曾办理简易仓库资金供给，贫农就因无物可押而不能享受，富农则可在最高限额内从事储押。因此，如何使多数小农广获利益是农业推广界苦恼的问题⑤。农业推广体系下

① 乔启明：《今后县农业推广之展望》，《农业推广通讯》第 2 卷第 8 期，1940 年 8 月。

② 乔启明：《今后县农业推广之展望》，《农业推广通讯》第 2 卷第 8 期，1940 年 8 月；任碧瑰：《两年来工作观感》，《农业推广通讯》第 2 卷第 8 期，1940 年 8 月。

③ 王维祺：《一年来柳城之农会事业》，《农业推广通讯》第 3 卷第 2 期，1941 年 2 月。

④ 乔启明：《今后县农业推广之展望》，《农业推广通讯》第 2 卷第 8 期，1940 年 8 月。

⑤ 朱晋卿：《关于农会事业辅导的检讨》，《农业推广通讯》第 2 卷第 8 期，1940 年 8 月。

农会组织的这一局限,说明如果不改变乡村的土地关系,仅从技术角度入手改良乡村,将不可避免遭遇瓶颈。

最后,战时农业推广体系下农会组织的发展,主要由农促会及其下属机构负责推动,因此也受制于农业推广机构的经费、人才等条件。战时农促会在后方基本树立起从上到下的农业推广机构,但农业推广界自我检讨,这项工作也只是"初具端倪","组织未臻统一,人事不够健全,经费仍感支绌,业务还嫌空虚,一切有待于我们继续努力者尚多"。由于人才、经费等原因,农促会打造的推广体系,呈现头重脚轻的特点:"人才愈在上层愈齐备,愈到下层愈空虚;工作愈在上层愈和谐,愈到下层愈多摩擦。"在至关重要的县级推广机构,有的仅设一人,有的职员仅初级职校程度,学识经验都无法担当重任。经费方面也是如此,虽然农促会的经费年有增加,但相对于要做的工作来说,仍严重不足,如1944年度县级推广机构经费,平均每单位仅3万元,连支付员工薪资尚且困难,事业就更无从谈起①。乡农会辅导工作的承担者正是县级推广机构,在乡村从无到有地打造一个全新的农会组织,无疑需要大量人力、财力的投入,县级机构不健全自然直接影响辅导乡农会的成效。各农业推广实验县因为人才、经费方面稍有优势,辅导乡农会还稍有成果,一般县份,农会有名无实的情况依然严重。即便大致健全的农会,业务方面,"对于指导农民,协助政府的推广工作,还能量力以赴,自身办理的事业,目前还谈不到"②。

1945年初,农促会和粮食增产委员会合并改组为农业推广委员会,该会的工作以粮棉及蔬菜增产为中心,地方各级推广机构的工作,也以增加生产为主,对农会的辅导相对减弱③。农业推广机关工作中心的改变,对农业推广体系下的农会组织来说,无疑会产生极大的负面影响。

## 四 抗战胜利后农会与土改(1945—1949)

战时由农业推广机构发展起来的偏重经济、社会、教育功能的综合性农会在战后的影响并不显著,除了由于农业推广体系下的农会在发展过程中遭遇各种困难,其成效大打折扣外,还有一个很重要的原因,即战后国民党对农会功能

---

① 参见吴华宝、朱甸余《农业推广机构之回顾与前瞻》,《农业推广通讯》第7卷第5期,1945年5月。

② 吴华宝、朱甸余:《农业推广机构之回顾与前瞻》,《农业推广通讯》第7卷第5期,1945年5月。

③ 朱晋卿、黄景洛:《泛论宪政实施前的农民问题》,《农业推广通讯》第7卷第5期,1945年5月。

的需求再次发生了改变，农会动员农民的政治性功能再次占据主要位置，其他功能则相对被忽视。

抗战胜利后，国民党为表示“与民更始”，决定缓役免赋一年，于 1945 年 9 月、10 月，先后公布了《豁免田赋实施办法》和《二五减租办法》，决定于 1945 和 1946 年度，各省市分期豁免田赋一年和减租 1/4。按减租办法第二条的规定：“地主与佃农间如遇租佃纠纷，得由任何一方报告当地乡镇长为之调解，不决者呈请县政府处理，县政府于必要时，得会同有关机关团体，组织租佃委员会裁决强制执行之。”[①]减租政策的推行受地方政权影响甚巨，由于中央政府缺乏强有力的经济和组织手段，国民党的地方政权难以割断和地主阶级的利害关系，对于减租政策多未认真执行[②]，致使减租政策收效甚微。

> 近据报有若干省份，自公布实施二五减租办法后，一般地主、土豪群谋抵制，迫令佃农更换佃约，实行增加租额或押金及规定其他苛例，如有不从，即藉口撤佃，而地方调解租佃纠纷之机构，又多为地主豪绅所把持，农民痛苦，无法申诉。故农民对此减租措施，多未获实惠，且反先蒙其害。[③]

为使减租政策能够顺利进行，蒋介石下令，要求“各级社会行政机关，应协同党部、团部，切实健全充实各地农会组织，限期大量征收佃农、雇农为会员，俾将来以农会为推进减租运动之后盾”[④]。农会因此被赋予新的任务。为贯彻蒋介石这一指令，社会部随即拟订了“健全农会组织以推行二五减租办法”，即：(一) 各级农会应以推行二五减租为中心工作，社政主管机关并以此为考核标准，其负责人执行不力者，应迅即依法予以调整。(二) 发动各乡(区)农会厉行督导农民入会，并切实注意佃农雇农成份所占比例的增加。(三) 今后乡农会理事至少应有佃农一人充任，并由其代表农会，参加乡镇调解委员会。(四) 各县社政人员中至少应指定一人专任农会指导工作，并经常前往农村督导。(五) 各省政府应分区派员督导各地农会，推行二五减租工作。(六) 各级社会行政机

① 《行政院二五减租办法》(1945 年 10 月 23 日，经二平台字第 23334 号训令)，载侯坤宏编《土地改革史料》，台北："国史馆"1988 年版，第 129 页。

② 朱宗震：《抗战后国民党对中共土改政策的回应》，载朱宗震著《孤独集》，上海书店 2001 年版，第 270 页。

③ 《转饬各省市政府，切实实施二五减租二项指示办法》(1946 年 11 月 8 日)，载侯坤宏编《土地改革史料》，第 144 页。

④ 同上。

关,应宽订预算,补助农会经费[①]。

经第二次修订、并于1948年公布的《农会法》,体现了上述思路对农会组织功能的影响。此次修订去除了之前农会宗旨中配合抗战建国的要求,另增入“保障农民权益”的内容,并将其置于首要位置;又以“自耕农之扶植,佃农雇农权益之保障及调解农事纠纷,证明租佃契约”,作为农会任务的第一项;另外,关于会员资格部分,将原规定之“一年以上之雇农”,修改为“雇农”,以使更多的底层农民被纳入农会组织[②]。农会的政治性功能再次跃升到第一位,其他功能则被忽视。

在农会组织功能的这一调整背后,是国民党对动员农民、以取得农民支持的期盼。由于内战的爆发,农民的支持,对国共两党都变得极为重要;而解决土地问题,又成为动员农民的主要手段。中共自下而上发动农民,在解放区成功地进行了土地改革,使其对农民拥有强大的号召力,这对国民党无疑造成相当大压力,迫使其在土地政策方面必须有所表现。蒋介石曾经手令行政院:“匪军以土地革命来号召农民参加叛乱战争,致兵员的补充容易,与官兵政治观念相接近。吾人必须打破其优点,而争取民众,为尔后发挥战力之要着;其对策应考虑土地政策,实行耕者有其田,并于收复区已分配之土地,承认其所有权,以争取农民,以使我剿匪战事之容易成功。”[③]然而,国民党的耕者有其田政策,是通过照价赎买的方式,将土地自地主手中移转给农民,在连年争战的情况下,国民政府根本没有财力来做这样的工作,最多只能在个别实验区稍做尝试(如甘肃湟惠渠灌溉区,重庆北碚区和福建龙岩县三个实验区)。而且,如前所述,减租政策即已招致地主阶层的抵制,要实行耕者有其田,只会导致地主阶层更强烈的反对,国民政府实际上也没有从事这项工作的能力,因其政权与地主阶层有着千丝万缕的联系,其基层政权更是完全控制在地主乡绅的手里。萧铮就曾指出:“我们20年来的政治基础,是建筑在地主身上的。”[④]这种情形下,要让其剥夺地主的土地,对地权重新进行分配,几乎是难以想象的。即便是国民党高层意识到这个问题的迫切性,也很难将其推行下去。

被地主阶层掌控的农会,自然也很难担负被赋予的这一新任务,当时忙于

---

① 《奉主席蒋电令,健全农会组织,以彻底推行二五减租,谨遵拟订办法六点案》(1946年12月18日),载侯坤宏编《土地改革史料》,第146页。

② 《农会法令汇编》(第一辑),台北,“中国农业出版社”1954年版,第1页。

③ 《为复知总统手令,指示土地政策之原因由》(1948年8月31日),载侯坤宏编《土地改革史料》,第187—188页。

④ 萧铮:《我们抽出社会革命的旗帜——创造新中国的前途》,《土地改革》第1卷第1期,1948年4月。

内战的国民党政权，无力改变对基层社会缺乏有效控制的局面，要想使农会掌控权自地主阶层转到佃、雇农手里，并进而成为推动土地改革的基层组织，这样的愿望只能流于一纸命令。

除保障农民权益之外，在制度设计层面，战后农会虽然仍要承担农业推广、农民福利、农业贷款等方面的工作①，但诚如当时湖北省农会所反映的情形，因为经费不足以及农会得不到广大农民的认同，农会的这些活动大多停留于计划及宣传，很少能真正落到实处②。农复会曾评价战后大陆农会的真正用意是为了农渔民代表和参议员的选举，不是完全没有根据③。

## 五 1949 年前大陆农会的两种内涵

从法规层面来说，1949 年以前的大陆农会，经历了一个从革命动员式的农民协会，向具有综合性功能的农会的转变，以综合性的农会来说，其具体内容也随着国民党在不同时期的政治需要而不断进行修正。农民协会存在的时间虽然不长，但对民国时期农民组织的影响却极为深远，即使在法规层面农会被塑造成更具“建设性的”农民组织，但无论战前的配合“剿匪清乡”，战时的配合粮食与兵役，还是战后的配合土改、“保障农民权益”，农会最为国民党看重的，仍然是其动员功能，影响到社会对农会的认知，也是政治性的农民团体，特别是相对于民国农村另一重要的组织合作社而言，农会是政治性的，而合作社则是经济性的，这就是影响到光复初期台湾农民组织发展的所谓的“农会政治、合作社经济”原则。

农会被定位为政治性团体，主要受关注的是动员农民的功能，这和近代中国的大环境是分不开的。近代中国处于新旧交替转型期，在现代国家的构建过程中，由于外有帝国主义入侵，内部旧势力、旧秩序强大，发展经常让位于革命的主题。在农村社会，中国共产党通过土地改革改变了农村的地权关系和阶级结构，并取得农民的支持，在战时敌后根据地和战后解放区，有些地方成立农

① 《三十六年度各省(市)推行农会示范工作要点》，社会部、农林部致各省市政府公函，京组一021483 号，1947 年 1 月，台湾“中研院”近史所档案馆馆藏农林部档案，20—00—00—17(14)，《乡农会章则法规》。

② 魏文享：《乡村控制与农业建设——试论南京政府时期湖北省的农会组织》，《中国农史》2006 年第 4 期。

③ “Farmers’ Organizations on the China Mainland”, M. L. Chiang to Dr. Daniel H. Lew, “农委会”档案，12－313－1128（对应新档号：034000004874A～034000004876A），Farmers’ Organization Division.

会,作为发动农民进行土改等农村社会改造的基层组织。这对国民党政权来说,无疑形成相当大压力。但大革命失败以来国民党的农民政策是非常矛盾的,一方面希望党和政权的力量能够深入农村,直接动员农村的人力、物力和财力;另一方面,国民党放弃了自下而上的农民运动路线,选择和地主阶级结盟,农村社会旧秩序、旧势力得以保留,国民党向基层社会的发展实际上受阻。这种矛盾的状态不仅使国民党的土改政策难以推行,也使其对农会的态度处于矛盾之中,既希望农会承担起动员农民的功能,又赋予农会“建设性”的外貌,以避免引起地主阶级的反感。在现实运作层面,由于国民党对农村基层社会缺乏掌控力,农会也成为地主阶级的地盘,这就使农会的“政治性”很难发挥,而“建设性”的一面,又因大多数农会实质空虚,而徒有虚名。国民党 1949 年在大陆的失败,虽有多方面的原因,但失去农民的支持无疑是最重要的原因之一,在这背后,有土地政策方面的责任,也有农民政策方面的责任。国民党从大陆败退台湾后很多年间,仍将农会的动员功能放在首要地位,与其在大陆的这样一种经验是分不开的。

除了强调农会的动员功能外,1949 年前大陆农会在发展过程中还形成了一重内涵,那就是抗战时期农业推广机构将农会纳入农业推广体系的举措,使农会成为农业推广、或者说乡村建设的基层组织。战时的这种尝试,使“建设性”的农会在后方部分地区真正有了具体的业务内容。通过延续民国乡村建设运动的改良路线,农业推广体系下的农会还试图改变农村社会权力关系,这与国民党的农村政策非常契合,促使国民党在抗战胜利前夕将农会定位为农民的中心组织,在法规层面实现农民组织一元化。尽管由于各种原因,作为农业推广或者说乡村建设基层组织的农会,在大陆没有得到真正发展,却通过农复会和国民党,对战后台湾农民组织一元化、农会多目标功能的形成以及农会在乡村社会的定位产生重大影响。

# 第三章　光复初期台湾农业会的接收与分合问题

1945年8月，日本战败投降，被日本殖民统治50年的台湾得以重回祖国怀抱。同年10月，国民政府开始对台湾的各项接收工作，台湾的农民组织也成为接收工作的一部分。由于日据时期台湾的农民组织和大陆的农民组织有很大不同，光复初期台湾农民组织面临两种不同的农民组织经验交集问题。台湾省政当局先是按照大陆的农民组织经验，对台湾的农民组织进行改组，将接收过来的台湾农业会，依据大陆的"农会政治，合作社经济"原则，划分为农会与合作社。此后数年间，台湾的农民组织陷入分分合合的纠葛之中，直至1949年，台湾在国民党的政治版图中日渐重要起来，农民组织的作用也日益受到重视，台湾省政府接受农复会的建议，将农会与合作社重新合并，建立起一元化的新农会，从而初步确立战后台湾农会的组织基础。

## 一　农业会的接收与组织划分

1945年8月15日，日本战败投降，8月29日，蒋介石特任陈仪为台湾省行政长官，兼任台湾警备司令，9月1日，台湾省行政长官公署和警备总司令部临时办事处在重庆成立，开始具体筹划赴台受降接收事宜。10月24日，陈仪从重庆飞抵台北，次日，中国战区台湾省受降典礼在台北市中山堂举行，日本前台湾总督兼第十方面军司令官安藤利吉等5人代表驻台日军向中国方面投降，林献堂、林茂生、杜聪明作为台湾人民代表也参加了受降仪式。当日陈仪发表声明，宣布从即日起，台湾及澎湖列岛正式重入中国版图，所有一切土地、人民、政事都已置于中华民国国民政府主权之下。这一重要的日子，经翌年8月台湾省行政长官公署颁布命令，成为台湾"光复节"。

受降仪式结束后，台湾省行政长官公署在台北宣告正式成立，各项接收工作也从11月1日起正式展开。日据时期与农林渔牧有关的行政、试验机构、企业机构和农林团体,除原总督府农商局商政课,均由行政长官公署农林处接收[①],农业会的接收工作也由农林处负责。接收之初,农业会较之于纺织厂、橡胶厂,显然不那么吸引一般官员的注意[②],因而确立的原则是保存农业会组织,农林处因此致电各州厅接管委员会,指示:

> 查本省各级农业会之组织,原为协助政府,推进农业工作而设。贵会于接收地方行政机关时,应同时接收各级农业会。各州厅农业会会长一职,由各州厅接管委员会主任委员兼任,副会长由产业部部长兼任。州厅农业会市郡支部及市街庄农业会,由郡守及街庄长分别兼任会长,即日接收就职。按照粮食管理临时办法,办理米谷征购事宜,并积极推进农业会应办理之业务。[③]

显然在接收之初,台湾省政当局是将农业会作为行政机关的辅助系统,和行政机关一起进行接收,而日据末期农业会的功能也被延续下来。1945 年 10 月 31 日,台湾省行政长官公署以署农字第一号布告公布《台湾省行政长官公署管理粮食临时办法》,继续日据末期的“总收购总配给制度”,对米谷流通实行管制,规定农民和地主自用以外的米谷都应卖给政府,“政府委托市街庄农业会办理米谷收购业务”[④],于是配合行政长官公署的粮食政策,办理米谷征购又成为光复初期台湾农业会的主要工作。

1945 年 12 月 16 日,农林处组织成立全省各级农业会研究整理委员会,廖学义被指定为召集人,着手研究诸如财产整理、人事整理、必要业务的开办、经费预算的编成、系统组织的研究与整理等具体接收事宜。农业会接收工作进展相当顺利,1946 年 1 月 21 日,全省农业会会长会议召开;2 月 5 日至 7 日,农业会指导会议召开,各级农业会共推选出 9 名代表出席会议,行政长官公署秘书长葛敬恩、农林处长赵连芳亦列席会议,会议确定农业会在原则上,一方面必须协助国家政策的推行,另一方面必须顺应民意。秉此原则,1946 年 2 月底,全省乡镇农业会宣告成立;3 月 12 日,县市农业会改组,以台中市农业会为先声,至

① 《台湾省行政长官公署农林施政报告》,载陈鸣钟、陈兴唐主编《台湾光复和光复后五年省情》(下),南京出版社,1989 年版,第 252 页。

② 陈世璨:《农会与合作社》,《农友》第 1 卷第 3 期,1951 年 8 月 1 日。

③ 《希接收各级农会管理米谷经济及推进农业业务并饬属遵照》,《台湾省行政长官公署公报》第 1 卷第 8 期,台湾省行政长官公署秘书处编印,1945 年,第 7 页。

④ 《台湾省行政长官公署管理粮食临时办法》,《台湾省行政长官公署公报》第 1 卷第 6 期,1945 年,第 1 页。

4月14日，花莲县农业会殿后，均改组成立。下级农业会均告成立之后，省农业会筹备工作，即开始进行。至4月20日，台湾省农业会第一届第一次代表大会在台北市中山堂召开，各县市代表出席者36名，会议审核了该会章程，选举理事监事，审查1945年度决算并编成1946年度预算，制定事业经营方针等，代表大会于当日成立省农业会理事及监事会，并选举产生理事长与常务理事①。

至此，农业会接收工作应算大致完成。然而，在省农业会改组之前，即有部分人士对此提出反对意见，认为沿用日据时期的农业会旧型态，与当时中国政府的法令不合。台湾省行政长官公署民政处因此以致寅删民二字第1573号电，将台湾省农业会改为农会。中国国民党中央社会部继而以组一寅养电指示台湾省民政、农林两处："该行政区原有之农业会，准予改组为农会，仰即依照农会法规办理，报陈本部备查。"台湾省行政长官公署也于4月15日发布训令，抄发省、县(市)和区(乡)农会章程三种，作为农业会进一步改组的依据。1946年4月26日，台湾省农业会奉令改称农会，各级农业会组织依据大陆的"农会政治、合作社经济"原则划分为农会与合作社两种组织。到8月29日，各级农会首先依法改组成立②，并遵民政处指示继承原农业会财产③。

行政长官公署曾解释划分的原则：

> 查我国合作社与农会组织，虽同为人民组织之重要一环，但其构成方式既不尽同，而其目的亦有差异，盖前者系经济团体，后者为职业团体，其主要任务，合作社在于经营合作社法第三条规定之各种业务，依平等原则，在互助组织之基础上，以共同经营方法，谋社员经济之利益，与生活之改善，并普遍发展国民经济为目的。农会以农会法第四条之规定，其任务在于指导农民，并协助政府或自治机关，藉以组训农民，促进农业发展为目的。④

然而，决策者对台湾的农民组织现实显然缺乏了解。日据时期台湾的乡镇，原未设农会，所以当1944年殖民政府合并成立农业会时，"乡镇农业会"即为乡镇合作社的改称，并无农会与之合并；在县市原本没有合作社联合社，"县

---

① 《省农会接办一年　招待各界告近情》，《大明报·晚刊》，1946年12月25日，第2版。

② 同上。

③ 《电知前农业会财产权应分别日台股依法清算希转饬遵照》，《台湾省行政长官公署公报》1947年春字第30期，第472页。

④ 《电知合作社与农会财产划分原则希遵照》，《台湾省行政长官公署公报》1946年冬字第4期，1946年10月4日，第58页。

市农业会”即为县市农会的改称;“省农业会”名为省农会与省合作社联合社的合并,但实际上省联合社成立仅有年余,且仅办理信用业务,而信用部门,又于当时单独设立“产业金库”,所谓“省农业会”,即以省农会为基础而改称。且未等各级农业会全部改组完成,日本即于次年无条件投降[①]。台湾省行政长官公署将其接收后不久,即将其划分为农会与合作社,这在组织上势必是要在乡镇重新打造一个农会,而在省和县市另造一个合作社联合社。划分之后,各级农会率先改组完成,并接收了日据时期农业会的财产,按照民政处公布的农会与合作社财产划分原则,原属农业会成立前之农会的财产归农会,原属合作社(各种组合)的财产归合作社[②],当各级合作社改组成立时,财产的纠纷将很难避免。各县市农会主席即强调:“现农会继承之前农业会财产,已混合为一,分离整理困难。”[③]一些合作社在改组成立过程中,不得不采取折中的办法,即名义上分离,而实际上并未划分的办法。花莲县的合作社改组即为例证,主管当局因“最感头痛的是农业会的财产清算,何者应划归分立后的农会,何者应划归分立后的合作社,着实费人心思”,所以就本着农会与合作社应相辅相成互取联系的宗旨,决定改组后分立的农会和合作社的主持人暂不分开,由一人彼此互兼,依这个原则先选出理监事,然后进行财产划分,因此避免了合作社与农会财产划分的纠纷,改组工作得以顺利进行[④]。

鉴于观念与现实的矛盾,省政当局亦采取折中办法,如“农会渔会与合作社之间,仍可互为会员与社员,并得互兼职员”[⑤]。为协调划分原农业会财产,使各级农会与合作社之间人事配合,台湾省社会处于1948年2月16日召集各县市农会理事长及合作社联合社理事长举行座谈会,协议达成双方人事配合三原则:“(一)农会与合作社遵照中央法令规定制度组织,仍各分立,但为顾及本省实际情形,双方仍以人事配合为原则,至人事业经分立并已划分财产者,不受此约束。(二)双方人事配合,原则上则应从基层做起,各级农会与合作社应配合区域同时推选代表,并同时集会产生双方负责人,财产划分问题,于人事配合妥当后,由双方自行商决报省核备。(三)筹备省联社,即由各县市合作社联合社理事主席及省农会理事长殷占魁等为筹备员,并由社会处召集第一次筹备会议。”并依

① 正知:《我国合作事业的检讨与展望》(上),《新社会》第11卷第1期,1959年。

② 《电知合作社与农会财产划分原则希遵照》,《台湾省行政长官公署公报》1946年冬字第4期,第58页。

③ 《二十三个主席的意见 农会与事业一体》,《大明报·晚刊》,1946年9月14日,第一版。

④ 郭苑芳:《花莲县合作事业概述》,《新社会》第1卷第2期,1948年。

⑤ 《电知合作社与农会财产划分原则希遵照》,《台湾省行政长官公署公报》1946年冬字第4期,第58页。

据上述三项原则，订定“台湾省各级农会与合作社人事配合注意事项”[1]。

农会与合作社折中分立后的结果，是在乡镇实际上仍是原来的合作社在经办相关经济业务，乡镇农会仅为虚设；而在县市和省，则是农会在支撑，尤其是县市合作社联合社，完全是虚设。

尽管决策者的观念与台湾现实之间有差距，但如果政策能真正得以执行，政府管理能够到位，则结果可能会有所不同。针对农会与合作社须分立的政策，殷占魁、马有岳等台湾农会组织的领导人曾向政府提议，因“本省过去农会与合作社原系同一机构，其工作或业务得以互相为用而并进。今两者分立，双方内容均较差，亟待加以充实”，所以请政府对各级农会与合作社应加以扶植。一方面由政府补助各级农会足以开展继续办理农业指导工作的经费。另一方面，将农用物资分配交由各级合作社转发；由政府以最低利息贷放各级合作社足以经营业务的资金；各种公营事业的物品也尽量交由各级合作社经售[2]。但当时省政当局未能采纳执行，财政困难或许是其原因。缺乏财政支持的结果，是农会与合作社在事业与职能上也不能按“农会政治、合作社经济”的原则截然划开。尤其是农会原非营利机构，其经费部分来自会费，部分来自政府补助，但此时因政府补助跟不上，农会财政因而陷入困境，不得不依靠农村必需品，如肥料、布料及农机具的配销，作为农会的财源[3]，并引用《农会法》相关条文，争办农场农仓、垦荒造林等合作事业及制造农具、肥料等经济事业[4]。这使一般民众对农会与合作社的职权划分相当疑惑，社会部合作事业管理局不得不出面做出解释：“农会法第五条所称农会得办理合作事业，应指辅导会员组织或参加当地合作社而言，非进行办理之意”，再次强调“农会事业应偏重政治之活动，合作事业应偏重经济之活动。”[5]

台湾省农林厅后来总结，按照农会法和合作社法将农会和合作社划分后，原来官民互相呼应，官厅为推行政策，民间为图得私利而发达的台湾农民组织，划分后，合作社完全变而为人民图得私利的机构，农会变而为向地主、向政府作政治斗争的团体。使前者沦为民间的商店，后者则有如政治团体。这样的强行

---

① 《电颁本省各级农会与合作社人事配合注意事项希遵照切实妥为指导办理》，《台湾省政府公报》1948 年春字第 70 期，第 1108—1109 页。

② 《拟请政府切实扶植各级农会及合作社请公决案》，台湾省参议会秘书处编印：《台湾省参议会第一届第二次大会特辑》，1946 年 12 月，第 45 页。

③ 《省农会经营困难 财政来源尚无着》，《民报·晨刊》1946 年 7 月 12 日，第二版。

④ 《二十三个主席的意见　农会与事业一体》，《大明报·晚刊》，1946 年 9 月 14 日，第一版。

⑤ 《农会与合作社职权划分问题已有解释》，《民报》1946 年 10 月 26 日，第三版。

划分，是患了时代错误症[①]。这样的评价不免有“以成败论英雄”的意思。事实上光复初期农民组织众多问题的出现，原因并不完全在于农会与合作社的划分，省政当局对分合政策没有彻底执行，且对农民组织未加积极的指导和扶助，也是根本性的原因之一[②]。而这背后，则是当局对农民组织的重要性尚无足够的认识。尽管光复初期农业会仍被定义为粮食征购委托机关，但行政长官公署的粮食“总收购总配给制度”因难以推行，在1946年初就被废止，农业会的上述功能也随之丧失，此后农业会及由其划分而成的农会与合作社均无明确的组织功能定位，有3年多的时间里，台湾的农民组织实际上处于被漠视的地位。

省政当局的漠视与缺乏了解，不仅导致光复初期台湾农民组织面临分合的困扰，更使日据时期由政府大力扶持的农民组织在运营方面大受影响。

光复初期台湾农民组织延续了日据时期的三级制特点，并对应于省、县市政府和乡镇公所三级行政机构。全省计有省级1单位，县市级17单位，乡镇、县辖市和区级305单位，总计323单位。在当时台湾292个乡镇中，有263个乡镇设有农会或合作社，约占总数的九成以上。农会和合作社的会员总数计有573,098人，占农业总人口的16.3%，约九成成年农民加入农会或合作社为会员[③]。由于日据时期农业会的权力掌握于正副会长之手，光复后，按照国民政府制定的《农会法》和《合作社法》，会员代表大会成为最高权力机构，在一年一度的会员代表大会闭幕期间，由理事会代表执行日常业务，并有权聘任业务职员，理事会取代日据时期的正副会长，成为光复初期农民组织的实权人物。各级农民组织还设有监事会，作为监督机关。由于当局对农民组织放任不管，光复初期台湾农民组织的理监事主要由地主和自耕农以及其他具有商人、公教人员等身份的非农民担任，如乡一级的理事当中，有39.7%是地主，34.9%是自耕农；监事当中，地主占36.7%，自耕农占37.8%，无论是理事还是监事，由佃农充任的，比例都很低，分别为13.9%和8.4%[④]。这导致产生了光复初期台湾农民组织被地主阶级和非农民把持的现象。

因为当局的不够重视，光复初期台湾农民组织还面临经费短绌和技术工作人员缺乏的问题。日据时期台湾农业会的经费主要依赖总督府补助，光复后，

---

① 台湾省农林厅编印：《台湾省农会之改组》，1950，第11页。

② 王益滔：《新农会之性质及其使命》，《台湾农林》第3卷第11期，1949年。

③ 以上数字均来自或依据台湾省农林厅编印：《台湾农业组织调查报告》，第4章第1—3页。该调查将农会和合作社合并一起，作为“农会”，因当时农会与合作社虽然组织上分立，但实际上仍属一体。

④ 参见《台湾省各乡农会理监事分类百分比》，第4章第9页。

政府将其当做民间团体，其经费几乎全部来自经济业务的收入和原有财产的生息[①]。同时由于光复后日人遣返，原农业会大量日籍管理人员和农业技术人员离开，光复后农民组织工作人员数量大减，1948 年仅有工作人员 2,832 人[②]，与日据时期台湾农业会 2 万多的工作人员数量相比，差距非常大，平均每一单位工作人员数量 7.5 人，仅及日据时期的四分之一。且工作人员学历大多较低，小学毕业者占到总数的 68.3%，职业学校毕业者 15.2%，专科以上毕业者仅 1.4%[③]。政府派往农会的辅导人员数量和日据时期相比也是天壤之别。光复初期农业会原由行政长官公署农林处接收，1947 年社会处成立后，农会改隶社会处主管，农林处则按照大陆农会体制，成为辅导机关。当时农林处派往各县实际担任辅导工作的人员仅 6 名，而日据时期指导农会工作的农业技术人员有 1 万多名[④]。

经费和职员的不足，政府相关辅导工作的缺失，使光复初期台湾农民组织运营受到相当大影响，有些基层单位甚至终年不开理监事会，业务方面，各乡农会或合作社大多以分配配售物资如肥料、糖、盐等为主，依赖收取手续费来维持开支[⑤]。以 1948 年为例，在农民组织收益方面，供销和信用业务的利息收入两项最高，办理配售物资的手续费次之。支出方面，76.4%为管理费用，业务费支出仅占 22.9%[⑥]，可见当时农民组织在业务举办方面相当消极，不仅农业推广工作几乎不再办理，日据时期遗留下来的为数可观的仓库、设备也大多弃之不用，光复初期农民组织农业仓库的利用量仅为库容量的 14%，碾米机也仅利用极小部分，仅以代农民零星碾米来收取利用费，其他如豆饼粉碎机、搓绳机等，则大多闲置[⑦]。光复初期农民组织业务荒废、功能瘫痪的状况，直到陈诚主台、台湾在国民党政治版图中的地位日渐重要后，来台考察的农复会发现了日据时期存留下来的这一组织，进而建议台湾省政府将农会与合作社重行合并，才有所改变。

---

① 参见《台湾省各乡农会理监事分类百分比》，第 3 章第 20 页。

② 参见《台湾省各乡农会理监事分类百分比》，第 3 章第 21 页。

③ 参见《台湾省各乡农会理监事分类百分比》，第 4 章第 6 页。

④ 参见《台湾省各乡农会理监事分类百分比》，第 4 章第 20 页。

⑤ 参见《台湾省各乡农会理监事分类百分比》，第 4 章第 5 页。

⑥ 参见《台湾省各乡农会理监事分类百分比》，第 4 章第 7 页。

⑦ 参见《台湾省各乡农会理监事分类百分比》，第 4 章第 8 页。

## 二 陈诚主台和农复会合并农会与合作社的建议

1948年底,国民党在大陆的政权已经大厦将倾,台湾成为国民党政权最后一条"救生艇"①,不少国民党党政要员已前来台湾,大量物资也开始调运来台。为了保持台湾这条"救生艇"的稳定,蒋介石在下野前夕,任命亲信陈诚为台湾省主席兼警备司令,接替魏道明主持台政。1949年1月5日,原本在台养病的陈诚正式就任台湾省主席一职。陈诚上台后,首先实施入境限制,以防止中共地下党人进入台湾。1949年5月,陈诚更在台湾颁布戒严法令,封锁港口,实施宵禁,居民外出必须携带身份证备查,否则一律逮捕,至于人民的言论、集会、结社等自由,更是严格禁止。除了政治上的严格管控外,陈诚还推行了一系列措施,着力经营台湾,确保台湾的稳定。为防止大陆国统区的通货膨胀进一步传导到台湾,台湾省政府于1949年6月实行币制改革,宣布以旧台币4万元兑换新台币1元,并停止与大陆货币的汇兑,从而将台湾与大陆国统区的恶性通胀切割,使台湾市场渐趋稳定②。为发展工业生产,陈诚对公营事业进行了整顿,在接任省主席一职后,筹划成立了"台湾区生产事业管理委员会",将台湾光复后由资源委员会和台湾省政府合营的事业以及省营事业,全部收归该委员会统一管理,无论生产计划的拟定、生产贷款的核定以及生产机构的调整,均经生产管理委员会决定。通过统筹规划、统一管理的方式,将资金优先投向能够创造外汇,或者台湾省内最急需的部门③。为解决已迁台和即将迁台的大量人口的粮食问题,陈诚更将主要精力放在发展农业生产方面。1949年3月,台湾省政府召开第一次全省行政会议,会上完成1949年施政计划,确定以"三七五减租"和粮食增产为该年的中心工作④。

日据时期台湾农业生产曾有很大发展,日本殖民政府为了更好地掠夺台湾农林资源,供应本土工业化和都市化的需要,着力推动了以米、糖为主的台湾农林发展,藉由土地制度的调整,大规模的水利建设,农作物新品种的研发和推广,化学肥料的大量施用,以及农会、合作社等新型农民组织的配合等,台湾农业生产在1937、1938年达到战前最高水平。然而,太平洋战争爆发后,台湾农业逐渐式微,无论作物栽培面积,还是总收获量和平均收获量都呈下降趋势。

---

① 陈诚著,薛月顺编:《陈诚回忆录——建设台湾(上)》,台北"国史馆",2005年版,第21页。

② 《陈诚回忆录——建设台湾(上)》,第63—65页。

③ 《陈诚回忆录——建设台湾(上)》,第46—52页。

④ 《陈诚回忆录——建设台湾(上)》,第28页。

这种下降势头在1941—1944年间还比较轻微，到1945年则猛然跌到谷底。米的总收获量仅有上年的一半稍多，单位面积产量也比上年下降了35%[①]。粮食减产的原因有很多，如战时化肥输入减少，一些水利工程因疏于维护而失去灌溉排水功能，部分农田受盟军飞机轰炸而遭损坏，以及日本征召台湾青壮年上前线、致使农业劳动人口减少等，都对此有很大影响，再加上该年6月、9月均出现大范围暴风雨天气，全省水稻受灾面积将近两万公顷[②]。

由于1945年的粮食减产，光复之初的台湾省面临严重的"粮荒"[③]，省政当局即将恢复农业生产、增产粮食作为农林施政的首要目标。1946年，台湾省行政长官公署农林处提出的农林施政有三个大目标："第一，在恢复原有之农产水准，第二，在促进现代农村文化，第三，在培养新兴农业基础。"但根据当时粮食供应紧张、经济凋敝的情况，农林处权衡缓急，确定的近期目标（五年建设计划）是恢复战前生产水准[④]，此后数年间的农业施政主要朝这一方向前进，努力增产粮食，满足岛内需要，并进而有余粮出口以换取经济建设所需资源。光复初期农业生产恢复面临较多困难，台湾农业发展离不开水利、肥料以及市场、交通、水利工程的兴建、维修需要大量资金，需要政府财政的支持；肥料，特别是化学肥料，日据时期台湾因为工业不发达，基本上都有赖于从日本进口，战时日本的肥料生产即已受到影响，输入台湾的数量在逐年下降，而战后欧、日等世界各地都面临经济恢复、重建的局面，化肥短缺几乎是一个世界性现象；市场，光复前台湾最主要的贸易对象——日本——无论农产品出口，还是肥料等生产资料的进口，两条线都在光复后断裂；而交通在战时的被破坏，又是市场恢复的一个瓶颈。同时，和其他方面的复兴工作一样，农业的恢复也面临技术人才缺乏的问题。日据时期，负责到各地从事指导农业工作的农业指导员有两万名之多，光

① 1945年台湾米的收获量由上一年的1,060,476公吨下降到584,973公吨，单位面积产量则由上一年的每公顷1,778公斤，降至1,273公斤，甘蔗的情形也是如此，总收获量不及上一年的一半，单位面积产量降幅非常大。参见台湾省政府农林处统计室编印：《台湾农业年报》，1947年版，第20页、第49页的数字。

② 参见《民国三十四年农作物被害情形》，台湾省政府农林处统计室编印：《台湾农业年报》，1946年版，第200—202页。

③ 台湾人民以米为主要食粮，1945年米的产量仅及上年的一半，粮食产量的大幅降低，加上长官公署的粮食统制政策未能有效实施，后来还被迫废止该政策，改而采取自由市场制度（有学者认为，行政长官公署粮食政策的失败才是导致粮荒的主因，参见刘志伟、柯志明《战后粮政体制的建立与土地制度转型过程中的国家、地主与农民（1945—1953）》，《台湾史研究》第9卷第1期，2002年），从1946年初粮食青黄不接开始，台湾市场上米价大幅上扬，1946年的平均米价比1944年上涨了100倍（米价根据《台湾农业年报》1947年版，第20页）。

④ 《台湾省行政长官公署农林施政报告》，《台湾光复和光复后五年省情》（下），第251页。

复后虽经多次补充，到1948年仍然只有两千名，完全不敷实际需要[①]。台湾省政当局不得不从修复、新建水利工程，以及增加化肥进口等多方面进行努力，使光复初期的农业生产逐渐处于恢复之中，并通过增加粮食作物种植面积，提高复种指数来增加粮食生产，到1948年，台湾农作物总指数和粮食作物指数约恢复到战前最高水平的八成[②]。

虽然1946年以来粮食产量不断恢复，粮食问题有所缓解，但陈诚主台后，台湾的粮食供需关系仍然非常紧张[③]，即将到来的大量迁台人口势必加剧这一矛盾。为了解决不断增长的粮食需求，增产粮食仍是根本途径。为增加粮食生产，陈诚选择从改革租佃制度入手，为台湾农业生产发展创造条件。

台湾是个可耕地面积有限、农业人口众多的地区，1940—1943年间，台湾的耕地面积约为88万甲（1甲约等于0.9699公顷），农业人口约为312.8万，每一农业人口的平均耕地占有量约为0.28甲；1947—1949年间，耕地面积未有增加，农业人口却增长到约374.6万，每一农业人口的平均土地占有量因此减少到0.23甲[④]。在地少人多的情况下，台湾存在土地占有不均的情形，日据时期，需要承租土地的农户约占到农户总数的68%，租种的土地则达到耕地总面积的56%，至土改前夕，1947至1949年间，自耕农仍仅占农户总数的31.8%，其余约2/3为半自耕农、佃农和雇农，其佃耕的土地则仍达耕地总面积的一半[⑤]。台湾学者蔡宏进在研究台湾土地改革时，对地主群体的调查抽样，更直观地反映了台湾土地占有的不均情形。他曾以46户地主为样本，考察土改的社会经济影响。这46户地主在土改前共有土地791.73甲，户均土地17.21甲；在这46户中，仅有一户为特大地主，在土改前拥有的水田加旱田共计400甲[⑥]。除了地权分配不均，台湾的租佃制度对佃农、雇农的压迫也很严重。台湾的佃租普遍采取五五分成，在土地肥沃或者人口密集的地区，佃租额高达六成，至于土地最为肥沃的台中，以及人口最为密集的新竹两地，佃租更高达七成。高额佃租之

---

① 徐庆钟：《台湾之农业政策》，《台湾农林月刊》第2卷第7期，1948年7月25日。

② 农村复兴联合委员会农经组提供，转引自 Samuel P. S. Ho, *Economic Development of Taiwan, 1860—1970*, 附表A33，第343页。

③ 1947年和1948年的余粮估计均只有4.6万公吨，粮食供需平衡非常脆弱。参见黄登忠主编《台湾百年粮政资料汇编》（第一篇　一百年来台湾粮政之演变），第6章第13页。

④ 耕地总面积与农业总人口数字均见 Hui-sun Tang, 1954, *Land Reform in "Free China"*, Taipei: Chinese-American Joint Commission on Rural Reconstruction, 第11—12页。

⑤ Hui-sun Tang, *Land Reform in "Free China"*, 第13—14页。

⑥ 蔡宏进：《台湾农地改革对社会经济影响的研究》，嘉新水泥公司文化基金会，1967年版，第22—23页。

外，押租、预缴地租以及无固定租佃合同等不利于佃方的情形，也很大程度上存在[①]。由于光复初期政府对私有地的佃租额、租约期限并无明确的规定[②]，而日据时代用以推广书面租佃契约、调处业佃纠纷的基层组织"业佃会"已无形解散，导致过去普遍的书面定期租约，转变成有利于地主阶级的口头契约，光复初期的地主阶级因此被"松绑"，业佃关系更形恶化，佃租额不降反升[③]。

鉴于日益增加的佃租额，与越来越多的业佃纠纷，二二八事件后，台湾省政当局重新审视土地问题，1947 年 9 月 24 日，台湾省社会处召集各有关机关集会商讨"二五减租"；1947 年 11 月，台北县政府召开代表委员会议，研讨该县农地各等则年收获量标准及其他有关租佃事宜，并根据"三七五减租"标准拟定了"台北县私有耕地最高佃租额拟定表"[④]。"三七五减租"将地租征收额减少到不得超过年主产物收获量的 37.5%，以减轻佃农的负担，改善业佃关系。在 1949 年陈诚接任台湾省主席、正式实施"三七五减租"之前，国民党新竹县县党部主动选择部分地区试办减租，屏东市政府也于 1948 年第二期作开始实施"三七五减租"[⑤]。

然而，减租政策受到来自地主阶层的抵制，地主纷纷撤佃。从 1946 年 11 月开始筹备、二二八事件后正式进行的公有地放租则操纵于显然不太令国民党放心的乡镇长手里，这使国民党试图在农村培植新的配合政府施政的力量，农民组织，尤其是农会的重要性日渐显现出来。在对农会工作人员进行组训时，国民党强调"我们农会的工作，是为着佃农雇农而工作，并非为地主而工作"，要"使每个农民都能了解政府的政策，团结起来组织起来，有组织就有力量，使地主撤佃以后，全体农民都不承耕，逼他仍是归还原佃农耕种，这样地主自然无法随时撤佃"。在公地放租中如有不法情事，农会则应组织农民进行检举，"农会要真正协助政府，才不会给少数人所把持"[⑥]。但当时的农民组织显然未能达到政府与国民党之所愿，光复初期的台湾农民组织基本上处于放任状态，这既是因为省政当局对农民组织的功用尚无更深的认识，也因为政权力量尚未真正进入农村基层。这种放任状态一方面使日据时期台湾农民组织的官方统制色彩

---

① Hui-sun Tang, *Land Reform in "Free China"*，第 27 页。

② 可参见《土地租赁契约书样式》(1946 年 10 月 9 日颁布)，《台湾农林法规辑要》，第 140—141 页。

③ 刘志伟、柯志明：《战后粮政体制的建立与土地制度转型过程中的国家、地主与农民(1945—1953)》。

④ 《土地改革史料》，第 348—351 页。

⑤ 转引自刘志伟、柯志明：《战后粮政体制的建立与土地制度转型过程中的国家、地主与农民(1945—1953)》。

⑥ 李翼中：《农会性质与工作方针——三月十八日对省训团社训班学员讲话》，《新社会》第 1 卷第 4 期，1948 年 5 月 15 日。

大为削弱,另一方面则使基层农民组织多为地主阶层所把持。对于撤佃问题,被地主大户把持的各级农会往往不闻不问[①]。何举帆于1947年屏东市试办"三七五减租"的报告中,曾提到:"各县市虽设立了农会,但很少有健全的、普遍的组织,大多还是为地主阶层的人物所把持,绝难望其能代表农民说话,就本市推行的经验,农会方面非但没有起来协助政府为广大农民争取利益,反而暗中阻挠",因此建议"各级农会必须彻底改组,使真正的农民——自耕农、半自耕农、佃农、雇农——一律加入。"[②]

陈诚主理台政后,将减租作为一项重要的政策推行。土地改革虽然是国民党在大陆一直没有能力完成的事情,但国民党内部有不少人早已意识到土改的重要性,"二战"以后美国为了对抗共产主义,也曾试图在第三世界国家推行土地改革。抗战期间陈诚在任湖北省主席时,曾在湖北推行"二五减租",因此对土地改革一事比较积极。出任台湾省主席后,陈诚争取到农复会的资金和技术支持,更坚定地推行减租政策,在1949年3月的省政府相关会议上,陈诚强调"三七五减租"要贯彻实施,并指示各县市长,一方面明令将对违抗减租政策的地主从严议处;另一方面对于拥护政策的地主,则多方给予奖励。从1949年5月下旬起,到6月中旬止,台湾全省完成更换耕地租约36.8万多件,换约农户29.9万余户,虽然有少数因纠纷或地主住址不明等特殊情形未完成换约,但全省换约工作基本完成,新的租约即按375‰约定佃租率[③]。"三七五减租"对减轻佃农负担,改善佃农生活,从而提高佃农的农业生产兴趣,增加对农业的投资,起到积极的作用。"三七五减租"完成后,各县市耕地单位面积产量和总产量,均有显著增加,这对即将到来的大量迁台人口的粮食问题的解决,有非常重要的意义。减轻占农户比例极高的佃农的租佃负担,对农村社会的稳定,也有一定的作用。

在推行"三七五减租"的同时,陈诚还接受农复会的建议,决定将农会和合作社重新进行合并。

农复会于1948年10月1日成立于南京,由中美两国政府互派农业方面的专家组成,自美援中提供经费,其主要职责在激发农村改革的兴趣并提供经济及技术协助,与政府及私人合作,从事各种计划的设计与执行[④]。农复会由5名委员组成,其中中方委员3人、美方2人,首任委员分别为蒋梦麟、晏阳初、沈宗

---

① 《据报台省农村社会发生严重租佃纠纷,电请参考》,侯坤宏编:《土地改革史料》,第353页。

② 屏东市政府:《屏东市"三七五减租"经过及其成果》,1949年,第45页。转引自陈坤煌:《战后粮政体制建立过程中的国家和农民组织(1945—1954)》,第60页。

③ 《陈诚回忆录——建设台湾(上)》,第57页。

④ 《农复会史料 第一册 组织沿革(一)》,台北:"国史馆",1995年,第2页。

瀚、穆懿尔(Dr. Raymond T. Moyer)、贝克(Dr. John Earl Baker)。蒋梦麟为教育背景,因为擅长和政府部门打交道,被蒋介石任命为主任委员。晏阳初从事平民教育运动多年,是民国乡村建设运动的干将。沈宗瀚则是农作物品种改良专家,曾留学美国康奈尔大学,并在金陵大学农学院从事教学工作多年,后参与筹备中央农业实验所,时任中农所所长。两位美方委员也都是农业方面的专家,并曾有在中国工作的经验。从农复会几位委员的背景可以看出,农复会正如蒋梦麟所说,是个注重技术与实效的组织①。在大陆时期,农复会主要和中农所合作开展工作,其工作人员大多来自中农所②,进一步强化了农复会的这一特质。而来自中农所的这些人不少又有金陵大学农学院的背景,如农业组长钱天鹤曾在金大任教,担任技正的金阳镐、广西工作站主任马保之则是沈宗瀚在金大的学生,任农复会秘书长的蒋彦士也毕业于金大等③。金陵大学农学院战前和战时以农会为乡村建设基层组织的农会实验,以及战时农业推广界将农会纳入农业推广体系的举措,不可能不对这些工作人员、进而对农复会产生影响。

1949 年 2 月,农复会主任委员蒋梦麟等人来台考察,并与陈诚商议帮助台湾推行土改及发展农业等事宜。在台湾省政府招待考察团的茶会上,当陈诚问到考察团对台湾考察印象如何,是否在台设立机构时,蒋梦麟即回复:“复兴农村委员会预备在台设一办事处,尽能力之所及,帮助台湾改进农业。我们注意农会问题,农会与合作社应该归并,由农林处统一指导,将来本会运来的肥料,种籽和血清,可由农林处经农会分配给农民,台湾的稻作物种籽需要改良,牛瘟猪瘟亦须注射血清,本会可派员前来帮忙。”显示出农复会对台湾农会的兴趣,并希望将农会作为农业推广的基层组织,这虽是恢复日据时期台湾农会的农业推广功能,但如果农复会之前不曾对大陆农民组织发展有印象,没有这方面的意识,则不一定会注意到这一点。而陈诚当即答应:“复兴农村委员会可在台设办事处,农会与合作社可以合并。”并随后强调:“有的农会组织很健全,有的却被少数地主把持,被地主把持的农会必须加以改组。”农复会技术专家 Mr. Dauson 也建议:“日治时代,很注重农会,一面帮助农民,一面以抓住农民,今后政府应继续这种政策,帮助农民,而去其剥削农民部分,使农民知道政府确实为自己做事。”对于光复以来形成的地主把持农会的问题,“可教农会与合作社合

① 蒋梦麟:《农复会工作演进原则之检讨》,“行政院农业委员会”编印,1990 年,第 1 页。

② 沈宗瀚:《晚年自述》,第 30 页,收录于《沈宗瀚自述》,台北传记文学出版社,1975 年。

③ 《沈宗瀚自述》,第 30 页。

并的时候,政府帮助农民,将他们排挤出去”①。此次茶会上农复会方面和台湾省政府方面的寥寥数语,不仅确定了农会与合作社的合并方向,也为以后的农会制度改革奠定了基调。

## 三　农会与合作社的合并及新农会的初步形成

在接纳农复会有关合并农会与合作社的意见后,陈诚就将此问题提交省政府会议讨论,经通过后又交农林处拟订办法。3月上旬,陈诚召开全省行政会议,各县市首长与省级各机关学校首长、各级参议会议长,均参加会议。省政府将农林处所拟各级农会与合作社合并办法提交会议讨论,几经研修后通过合并办法,并参酌地方情形决定几点具体意见,由省政府交农林处拟订合并办法实施大纲。3月中旬,农林处拟订的农会与合作社合并办法实施大纲,提交省政府委员会会议审议,并送省参议会就地方实际情形加以研讨,复经省政府委员会,一再研讨。足见省政当局对农会与合作社之合并改组工作,极为重视②。历经数月,至7月20日,省政府正式公布台湾省农会与合作社合并办法及合并办法实施大纲,令各县市政府遵行。合并办法要求“由前各级农业会改组之各级农会与合作社,一律合并改称农会,受农林处之指导监督”。关于农会的组织训练和业务指导,由农林处配合各有关机关负责办理,即以农林处作为合并后的农会主管机关③。合并办法实施大纲则从组织、业务、督导三个方面,对合并后的农会做了相关规定。其主要包括:

一、组织方面,合并后的农会仍为三级制,即省农会、县市农会、乡镇(县)区(市)农会,基层农会之下依村里划分农事小组。各级农会内设理事会和监事会,理事会之下,省农会设总干事,县市农会和基层农会设干事。各级农会业务部门设置方面,省农会设5组。第一组,办理文书总务及不属于其他各组的事项;第二组,办理农用资材和农民生活物资的购入及分配事项;第三组,办理农产品的共同加工、仓贮及运销事项;第四组,办理农业推广及农民组训事项;第五组,办理会计事项。县市农会下设四课,除第一课和第四课分别办理总务和会计事务外,第二课办理经济业务,第三课办理农业推广。基层农会下设五股,第一股和第四股同样分别办理总务和会计事务,第二股办理经济业务,第三股

① 《招待经合中国分署复兴农村委员会农村考察组茶会谈话纪录》(1949年2月24日),台北“国史馆”馆藏陈诚档案,00801030100042016。

② 台湾省农林厅编印:《台湾省农会之改组》,1950年,序言。

③ 《台湾省农会与合作社合并办法》,台湾省政府秘书处编印:《台湾省政府公报》1949年秋字第20期,第295页。

办理农业推广，另第五股办理金融业务。

二、业务方面，合并后的农会办理优良种苗种禽种畜的繁殖推广、肥料和机械推广应用、农业生产技术指导、病虫害防治等农业推广业务，粮食、畜产等农产加工运销业务，肥料、农药、农具等会员生产必需品的供给业务，会员生活必需品的购入加工分配业务，农业仓库业务，为改善会员生活而设置医药卫生服务设施和各种游艺设施，为便利会员生产设置各种利用设施，乡镇区农会办理的信用存放款业务、代理乡镇区公库业务，以及协助政府推行"三七五"地租政令等，涵盖了原农会与原合作社的业务内容，以及农民福利、农村文化和辅助政府推行"三七五减租"等内容，其中经营经济业务应是手段，目的是"宽筹盈余，厚积公财，以加强农业推广力量，达到改良农业增加生产之目的"，并强调为了充实各级农会业务内容，要求政府和公营事业单位等将下列业务尽量交给新农会办理，如农业推广业务、政府和公营事业需要的农产品采购业务、政府和公营事业单位出售的农民需要的物品、政府和金融机构的农业贷款等。

三、督导方面，各级农会领导农民发展农业及经营经济业务，由农林处统筹督导，并由农林处派遣指导人员，分发各县市乡镇区及村里进行指导。同时，"农会为本省推行经济政策机构之一"，经营经济业务还应由各该业务主管机关会同农林处予以督导，如粮食局主管有关粮食业务、农仓及粮食保管加工业务、肥料储运配销、食盐配销等业务的指导，公卖局主管公卖品配销业务指导，建设厅主管工程事业、公私营工厂配合的农会业务、度量衡器推行事项等指导，地政局主管的土地问题指导、关于"三七五减租"和业佃关系指导，财政厅和金融机构主管的贷款运用指导、对外信用指导，以及物资调节委员会和其他政府机关的相关业务指导等[①]。

在农会与合作社合并办法确定后，1949 年 8 月 6—7 日，陈诚又于省政府召集各厅处局长、各市县政府首长以及热心农会之社会人士，举行台湾农会与合作社合并改组座谈会，讨论合并改组工作有关具体问题，各级农会会章，以及将来农会经费与业务资金筹措办法等。会议决定了下列事项，并呈送省政府核定实施，如：各县市农会与合作社合并改组工作限于 1949 年 12 月 10 日前办理完竣；改组事宜应由各县市政府负责执行，并由省农林处指导；农会选举采自下而上方式，先由村里小组正副组长和乡镇农会代表开始选举，一级一级向上，最后至省农会之选举；强制佃农与雇农入会，并规定新选各级农会理监事及会员代

---

① 《台湾省农会与合作社合并办法实施大纲》，台湾省政府秘书处编印：《台湾省政府公报》1949 年秋字第 20 期，第 295—297 页。

表,其佃农与雇农名额登记应各占三分之一以上,如所选出者不足三分之一时,应以得票次多数者递补之;各级农会理事长应为合于会员资格之农业从业人员;会员资格以自耕农、佃农、雇农、农业学校毕业生及公私农场从业人员为限,并设置各乡镇区市农会会员资格审查委员会缜密审查之;在新农会未成立之前,各级农会及合作社对于会、社务与业务,仍须照常推动,在移交于新农会前不得中断有关合并工作的具体事宜[①]。至11月30日,县市以下各级农会陆续成立;12月18日,省农会会员代表大会隆重召开,选举产生理监事;12月27日,第一次理监事会议召开,决议于1950年1月6日,为新的省农会交接日期,全省农会改组工作,遂告完成[②]。

关于此次农会与合作社合并的原因,后来有人将其归纳为是当时一般组织演变的趋势,即由复杂而单纯,趋于一元化。就农村而言,如果组织多了,农民在时间、资金上便要分散,农村人才亦不敷多个组织的需要,因此易使农村力量分散。合并后将农民组织一元化,事业效率可以加强[③]。农民组织一元化的要求,战时在大陆即已提出,并在抗战胜利前夕初步达成目标,将合作社纳入农会之下发展。日据末期为更好地汲取台湾农林资源,更以强有力的行政力量干涉农民组织,以统制手段实现极端的农民组织一元化。这确实是当年考虑农会与合作社合并的出发点,但在组织一元化背后,又是什么样的利益驱动?究竟是为了协助土地改革的推行,还是为了实施肥料换谷制度、使农会成为粮政体制的辅助机关[④]?

王益涛曾总结当时台湾省的农业政策,主要有三个方面:一是粮食增产,为农业生产政策;二是"三七五减租",为农业所得分配政策;三即农会与合作社的合并,属于农业团体政策。三者之间各有其目的,但又互相关联。由于当时国民党政权在大陆的处境已日见困窘,陈诚到台湾任省主席,已暗含经营台湾,使其成为万一情况下国民党政权避难地的目的,因此对粮食的需求在台湾不仅未能缓解,反而日渐紧迫,因此粮食增产是当时台湾农业政策的核心。"三七五减租"是藉改进租佃关系,改善佃农生活,提高佃农的生产积极性,从而达到粮食增产的目的。而农会与合作社的合并,"政府目的之所在,即欲使之推行上述两

---

① 《台湾省农业组织调查报告》,第5章第2—4页。

② 台湾省农林厅编印:《台湾省农会之改组》,1950年,第23页。

③ 雨田:《台湾农民组织的一元化》,《台湾省农林》第7卷第9期,1953年。

④ 前者为陈聪胜、陈淑莉等人的观点;后者是陈坤煌的观点。参见陈聪胜《台湾农会组织之研究》,植根法学丛书编辑室,1979年,第69页;陈淑莉《台湾地区农会之政治经济分析》,东海大学公共行政研究所1995年硕士论文,第39页;陈坤煌《战后粮政体制建立过程中的国家和农民组织(1945—1954)》,台湾大学社会学研究理论组2001年硕士论文,第62页。

政策也”。“三七五减租”虽已实施，并有相当成绩，但更进一步的土改政策，可通过新农会来推行[1]。

陈坤煌对农会与合作社合并的目的是为了辅助与确保土地改革政策推行的说法持怀疑态度，其主要依据有二：其一，如前所述，农会与合作社不能协助“三七五减租”的实行，并成为土地改革的潜在威胁，是由于地主阶级的把持，如果省政当局是为了土地改革考虑，应当将地主阶级排除于农会/合作社的领导阶层外，而不是将农会与合作社合并。其二，土地改革的推行，主要的业务机关是各级政府的地政单位，“三七五”租约的签订与更换，均是透过各地方政府与乡镇公所的地政系统负责，与农会/合作社之间的关系甚微[2]。关于第二点，可以参考前面引用的李翼中在1948年初对省训团社训班学员的讲话，至少在“三七五减租”进行之时，当局曾希望农民组织成为地方基层政权的监督与制衡力量，从而协助土改政策及其他政府政策的推行[3]。台湾省政府委员会在讨论农会与合作社合并事宜时，将地政局列为农会目的业务主管机关之一，主管有关土地分配与主佃关系之指导[4]，也反映出当局对合并后的农会有这方面的期待。至于第一点，确实值得疑问。此次农会与合作社合并，之前规定的会员资格条件实际上沦为一纸空文，所有合作社社员均成为新农会会员，使合并后的农会在数年间都因其中非农民会员的数量庞大而为人诟病。在新农会的领导阶层中，地主阶级也没有被排除出去，不少以前的理事以所谓“农业投资者”这样无法明确界定的身份，进入新的理事会。对这样的结果，积极推动并参与农会改组工作的农复会在事后检讨中认为“这可能是我们能期待的最好结果”，因为如果省政府将那些前农会或合作社的会员排除在新农会会员身份之外，必将引起他们对农会和合作社合并工作的抵制，即便不能使合并工作完全失败，也将导致工作进行非常困难[5]。农会与合作社合并不得不采取向地主阶级妥协的办法，其中很大一部分原因，是台湾的合作组织，在日据时期即汇集了大批台湾人

---

① 王益滔：《新农会之性质及其使命》，《台湾农林》第3卷第11期，1949年。

② 陈坤煌：《战后粮政体制建立过程中的国家与农民组织(1945—1954)》，第62页。

③ 李翼中：《农会性质与工作方针——三月十八日对省训团社训班学员讲话》，《新社会》第1卷第4期，1948年5月15日。

④ 《台湾省各级农会指导办法》，台湾省政府委员会第八十九次会议纪录：讨论事项(六)——台湾省农会与合作社合并办法案，1949年3月11日，附件(二)，“国史馆”馆藏陈诚档案，00801080200012007。

⑤ *Comments on a Preliminary Report for Project Code Number TW-B-2* (*Reorganization of Farmers' Associations and Rural Cooperatives in Taiwan*), the Office Memorandum from Division One to Taiwan Regional Office, January 16, 1950, “国史馆”馆藏“农委会”档案，034000015016A, “*Amalgamation of Farmers' Association and Rural Cooperatives.*”

精英,光复之后,借着国民党政权尚未深入农村基层之际,这部分台湾人精英掌握了农村基层社会的领导权,战后"台湾同胞之参与政府机构或膺选民意代表者,一半以上皆来自合作事业,或直接间接与合作组织发生联系"[①],合作社可说是台湾基层精英的传统地盘,省政当局欲使农民组织一元化,合并农会与合作社(前面说过,在乡镇一级,农会仅为虚设,实际上都是日据时期的产业组合),则不得不与其妥协。

但农会与合作社的合并,曾引起合作界的强烈反对,此后数年间,关于分合问题的论争一直都喋喋不休,其中虽不无观念上的分歧,但利益纠葛则是大部分反对声浪的起因[②]。从合作界的反应来看,他们的利益在合并过程中仍然受到了触动。这种触动从此次农会改组后的选举结果也可看出端倪。以改组后的省农会为例,在理事会 33 名理事当中,仅 9 位为连任,另外 24 人为新当选;5 名常任理事中,新当选的有 3 人(理事长和另一位常任理事为连任)。以其身份来说,33 名理事当中,11 人为佃农身份,5 人为自耕农,4 人农校毕业,另有 13 位代表"前农会会员"[③]身份。监事会成员则全部为新当选,且其中有 6 位是佃农,农校毕业者 3 人,自耕农 1 位,"前农会会员"仅 2 位。在 18 个县市局农会理事长中,1 位为佃农,2 位农校毕业,3 位是自耕农,1 位代表"农业投资者",另有 13 位代表"前农会会员"身份[④]。虽然选举结果显示非农民会员和地主阶层把持农会的情况仍然很严重,但农会的领导阶层还是呈现新旧交替的趋势。1952 年底各级农会聘任职员的服务年资情形也反映了合并以来新农会新旧交替的一面,在各级农会当中,服务年资在 3 年以下的均占到一半以上,县市局农会甚至达到 61.57%,更有宜兰、苗栗、嘉义、台南、阳明山管理局 5 个县市局农会,其聘任职员服务年资 100%在 3 年以下[⑤]。而三年前正是农会合并改组之时。所以此次农会与合作社合并,尽管采取了向地主阶层和非农民妥协的方式,使农会改组结果并不能达成原定的将地主阶级排除出农会的目标,但"无论如何省

---

① 张逵:《从台湾社会经济观点谈合作社与农会的分合》,《中国经济》第 19 期,1952 年。

② 农会与合作社分合之争,从农会与合作社合并开始,一直延续到 1953 年改组。争论双方分别为农业界(包括农政机关、农复会和农会)人士和合作界及部分经济界人士,他们分别在各自的期刊杂志上发表争论性文章,如《台湾农林》、《农友》及《合作界》、《中国经济》、《新社会》等。

③ 即与上述三种资格条件均不符合,应属地主或非农民。

④ *Progress Report on*: 1. *The Completion of the Reorganization and Unification of Farmers' Associations in Taiwan and* 2. *The Election of Results of the New Farmers' Associations*, the Memorandum from Division one to JCRR,"农委会"档案,034000015016A, *Amalgamation of Farmers' Association and Rural Cooperatives*.

⑤ 《各级农会聘任职员服务年资比较》,台湾省农林厅编印:《台湾农会年报》1953 年版,第 30 页。

政府是朝着正确的方向开始，我们对此应该感到满意，并希望两年后各级农会新任理监事选举时，农会的情形得到改善”[1]。农民组织合并与土地改革之间的因果关联，虽相对比较隐蔽，于此仍可见一斑。

在合并之前，农复会对于台湾农会/合作社自日据时期留下来的宏伟建筑和充实设备非常感兴趣，对于当时农会/合作社不能善加利用建筑宏大的仓库，感到非常可惜[2]。有反对农会与合作社合并者认为，合并的原因之一就是要利用合作社的财产，充作业务发展的基础[3]。这对于合并建议的提出者农复会来说，恐怕也算是猜中心思。但如果据此认为，农会与合作社合并的最终目的是为了配合肥料换谷机制的实施[4]，则有些于理不合。因为肥料换谷制度不仅是一种肥料配销方式，更被人认为是政府为了掌握更多粮食、剥削农民的手段。农复会的中美籍专家，希望通过发展农村经济，改善与提高农民生活，使农民免受共产主义的“诱惑”，因此对于损害农民最终利益的肥料换谷制持反对态度，要说他们倡导农民组织合并最终是为了配合肥料换谷制的实施，显然难以令人信服。农复会重视农会的建筑和设备，更多地是希望通过对这些建筑和设备善加利用，使农会获得财源，进而达到组织自立和承办农业推广工作的目标。但善用农会/合作社的仓储加工设备，客观上对于粮食局的粮食征集与仓储、加工工作，有很大的辅助意义。事实上，在合并后很多年，办理粮食局委托业务手续费是台湾农会的主要收入来源。

1949 年农会与合作社合并，所传达出的一个重要信息是农民组织在省政当局心目中的地位日渐重要，这背后伴随着的是台湾对于国民党政权的重要性大大提高。在此次合并工作中，台湾省党部派遣三名委员，负责全部六个督导区中三个区的合并督导工作[5]。至于合并的目的，重新发挥农业会在日据末期所扮演的农政辅助角色及资源统制功能自是其中之一，所以，协助土地改革推行、辅助粮政，都在其目的之内。有论者指出，合并后的农会是前台湾“农业会”的复活[6]。至此，台湾农民组织似乎回到日据时期的传统上，大陆的农民组织经验在台湾的移植似乎以失败而告终。然而，时人曾指出新农会的时代使命有四：第一，促进地方自治；第二，推行“三七五减租”；第三，推行粮食增产；第

---

① *Comments on a Preliminary Report for Project Code Number TW-B-2* (*Reorganization of Farmers' Associations and Rural Cooperatives in Taiwan*).

② 《台湾农业组织调查报告》，第 4 章第 7 页。

③ 鲁镇湘：《农会与合作社分合的检讨与今后应有的政策》，《中国经济》第 19 期，1952 年。

④ 陈坤煌：《战后粮政体制建立过程中的国家与农民组织（1945—1954）》，第 62 页。

⑤ 台湾省农林厅编印：《台湾省农会之改组》，1950 年，第 24 页。

⑥ 鲁镇湘：《农会与合作社分合的检讨与今后应有的政策》，《中国经济》第 19 期，1952 年。

四,实施农民组训[①]。合并后的农会的工作,"一方面固然在推广农业,改良农业生产,发展农村经济,改善农民生活;但另一方面,应该是提高农民的政治认识,并训练农民行使四权,以农民来领导农民,选拔并培养优秀农民成为农村自治干部充实农村领导力量,以使其充分发挥三民主义的政治性能"。特别是当时台湾已决定接下来实行地方自治,"此一农会应有政治性的课题,显得更其重要"[②]。而蒋介石在1956年的农民节训词中更强调农会的任务在于:(一)教育与团结;(二)组织与动员农民;(三)训练农民行使四权,培养民主力量;(四)提高农民爱国观念[③]。深刻反映出大陆时期农民组织经验,尤其是农会经验对合并后的台湾农会性质的影响。应该说,合并后的台湾农民组织以"农会"为名,并不仅仅是词汇上的简单借用,正如不少合作界人士所质疑的:为何不将其称作合作社,而单单称作农会?尽管王益滔曾解释为:"盖以农会一名词,以通俗意思解析之,实即农民或农业者之公会。不论其性质如何,业务如何,一见即知其为农民或农业者所结合之团体。同时亦最足以表示其真意义,且又为世人之所熟知。况今后之农会,如本文所述,乃以真正农民为中心之组织,为本省唯一之农业推广机构,归农林处指挥监督,为农业谋改良,为农民谋福利,为农村谋繁荣。故以农会名之,名实相符,殊未可厚非也。"因而此次合并"既非合作社之被并于农会,亦非农会之被并于合作社[④]。但不免有欲盖弥彰之嫌。在此次的农会与合作社合并背后,省政当局显然有其深层次的考量。

1949年当局采纳农复会建议,合并农会与合作社,显然并非日据时期台湾农民组织经验的简单复辟,相反,合并建议的提出者农复会和战时大陆农业推广界一样,希望农会成为行政体系之外的农业推广和乡村建设的基层组织,而不仅仅是日据时期汲取农林资源的工具。台湾省政当局则在接受农复会意见、试图恢复台湾农会的农业推广功能和合作社的经济功能的同时,更希望合并后的农会能担当起协助土地改革政策推行、发动底层农民的任务,使其具有政治、经济等综合性功能,而这也是当时大陆农会法规层面的形象。可以说,合并后的台湾农会糅合了日据台湾和大陆农民组织的两种经验,并在此基础上形成了新的农民组织。在光复之初农会与合作社分分合合的历史背后,显然有两种不同的组织经验的冲击与融合问题。

---

① 罗次卿:《农会与合作社合并的时代使命及其特质》,台湾省农林厅编印:《台湾省农会与合作社合并文汇》,1949年12月,第72—73页。

② 河洛:《农会与合作社合并工作的筹备经过》,台湾省农林厅编印:《台湾省农会与合作社合并文汇》,1949年12月,第70页。

③ 宋增蕖等主编:《农民组织改进论丛》,台湾省农会印行,1956年,卷首。

④ 王益滔:《新农会之性质及其使命》,《台湾农林》第3卷第11期,1949。

由农会与合作社合并而成的新农会，应当兼具农民职业团体、农业改良团体与农村合作组织的特性，但这一点在当时似乎尚未得到广泛的认同。郭敏学1952 年调查台湾 30 个乡镇农会后即发现，农会负责人员大多不知道农会存在的目标何在，因此对农会该做什么工作缺乏想法，往往仅以承办政府委托业务挣一点手续费为其主要工作[①]。新农会多目标功能的特点，还需要经过进一步的制度设计，来加以确定。而农复会和省政当局改革农会权力阶层，将地主阶级和非农民排除出农会组织的想法，自此次农会改组开始有所尝试，并期待通过下一届的农会改组真正达成这一目标。

① M. H. Kwoh to Mr. W. H. Fippin, Chief, FOD, Report on visiting and investigating the FA activities in 30 FAs. August 7, 1952. “农委会”档案，12—313—1128，*Farmers' Organization Division*.

# 第四章　战后台湾农会的制度改革

1949 年，国民党将农会与合作社合并，奠定战后台湾农会发展的第一步。此次合并，不仅延续了日据时期台湾农会的经济功能，国民党且试图将大陆农会的政治功能，纳入合并后的农会组织之中，从而使合并后的农会初具政治、经济、社会等多功能的特点。但战后台湾农会体制的真正成形，则是在经历 1953 年 7 月至 1954 年 2 月间进行的农会再次改组之后，此次改组，确立了战后台湾农会的几个主要原则，如正式会员与赞助会员的区别、理事会与总干事权能划分等等，因此更可以将之视为战后台湾农会的一次制度改革。这一次的改革，几乎自农会与合作社合并之时即已开始酝酿，但迁延数年才付诸实施，其间各利益群体，如农复会、国民党政权和地方势力的纠葛，颇耐人寻味；其中处于执政地位的国民党，其意图又尤为关键。

## 第一节　“安德生报告”与农复会的立场

### 一　农复会与台湾农会

农复会不仅是农会与合作社合并的建议者，也是对农会进一步进行改革的最早倡议者，而这与农复会对日据时期台湾农会的认识，以及本身的工作思路与方法有关。

农复会自 1948 年 10 月在南京成立后，因当时战争环境及其他因素的影响，在大陆的工作并不尽如人意，成立仅两个月，即因国民党军队在淮海战役中的失利，而不得不迁至广州。次年 8 月，更因国民党军队在大陆的节节败退，而在国民党政权退台前迁至台北。因这一特殊情势的影响，自 1949 年初开始，农复会即将不少精力投入台湾的农业发展。是年 2 月，农复会首任主任委员蒋梦麟，率该会中美委员及技术专家多人，自广州抵台视察。此行当中，蒋梦麟等人对日据时期遗留下来的农会组织印象颇佳，认为“台湾省各级农会普遍设立，规模宏大，实为农业改进工作最重要之基层组织”[①]。在与台湾省主席陈诚的会谈中，蒋梦麟强调农复会的工作方针好比一把双刃剑，一面用之于社会，以推行公平分配；一面则运用近代的科学方法来增加农业生产[②]。就公平分配来说，最要紧的是土地改革，实行减租乃至耕者有其田；而增产，则必须运用近代的科学方法，但要达到增加农业生产的目的，“单靠技术和物质是不够的，组织农民也是不能忽视的一件事”[③]。蒋梦麟因此向陈诚建议，将农会与合作社进行合并。这一建议为台湾省政当局所采纳，1949 年夏天，陈诚致函农复会，请其派遣专家来台，对农民组织进行研究，以提供改进建议。农复会因而派遣自力启发组组长章之汶等来台，会同台湾省政府有关厅处，进行调查研究，并提出了一份农业组织调查报告。该报告认为，农业会这一机构健全、运作灵活的组织，“实为今世不可多得之农业组织，台湾农业能有今日之发达，实得力于农业会之制度”。农复会专家因此建议，应当保持该组织的原有事业基础，同时注入民主精神，将其改造成为农民自己的组织[④]。

在大陆的一年多时间里，农复会也关注大陆农会组织的发展，“协助政府加强并改组各省农会，使成为地方农民为谋自己福利的一个合作组织”，成为农复会的五项重要工作之一[⑤]。截至迁台之前，有关农民组织的计划有 16 个[⑥]。1949 年 6 月，农复会进行机构调整，首次设立了农民组织组，以向农民组织——主要是农会——提供加强组织与改进运营等方面的支持与帮助。迁台之后，农复会与美国经济合作总署帮助台湾农会推行了多种经济业务，如供应肥料、修理仓库及设备、改良作物与种畜、建设灌溉工程等。使经历了战火摧残及多年不景气的台湾农会，得以重新开展业务[⑦]。而农复会对于台湾农会的着力扶持态度，自此几乎从未改变过。

农复会对于台湾农会的态度，与“二战”后美国占领当局对日本农会的态度，迥然相异，是颇耐人寻味的，因为日据时期的台湾农会与日本农会并无太大不同，均是政府严格统制下的半官方组织。日本战败投降后，美国占领当局因日本农会的过分统制色彩，完全为政府政策服务，而较少关注农民的利益，认为

---

① 《台湾农业组织调查报告》，前言。

② 蒋梦麟：《西潮·新潮》，岳麓书社，2000 年版，第 277 页。

③ 蒋梦麟：《西潮·新潮》，岳麓书社，2000 年版，第 278 页。

④ 《台湾农业组织调查报告》，第 3 章第 15—16 页。

⑤ 沈宗瀚：《晚年自述》，第 30 页，收录于《沈宗瀚自述》。

⑥ 沈宗瀚：《晚年自述》，第 31 页。

⑦ 安德生著，夏之骅、蔡文希、龚弼译：《台湾之农会》，《“中国农村复兴联合委员会”特刊》第一号，1951 年，第 41 页。

有必要将这一组织解散,代之以有利于民主发展、更多表达农民利益、合作社性质的农业协会。对于农会在战后台湾与日本的不同命运,农复会曾解释是当时两地的形势有相当大不同。在日本,同盟国军最高司令官(SCAP)面临的问题,是打破日本政府建立的、阻碍人民行动自由与个体主动性的严密控制体系,工商与金融领域的财阀(Zaibatsu),以及农业领域的农会组织,作为政府的控制工具,因而都必须被解散。但在作为“自由中国据点”的台湾,当时沉重的军事负担,以及民生所需,都必须深入动员所有生产手段。鼓励农民积极发展农业生产尤为重要,因为这不仅能满足一般人口之所需,还能帮助政府平衡外汇账目。基于增加农业生产的考虑,一个全岛性的农会组织——这个组织既能有效地分配日用品与农业物资予农民,又能自农民手中收集农产品,同时还能使农民注意到政府在农业生产方面的利益所需的存在,就显得相当必要,农复会并因此希望将其扶持为平衡农民与政府利益的工具①。而在农复会的这一考量背后,颇可显示其对国民党在台统治的支持。

农复会着力扶持台湾农会,除了要在国民党政权利益与农民利益之间,打造一个中间组织,以支持国民党在台统治外,还有一个原因,则与其工作思路有关。有研究者认为,由于农复会的出资方美国政府,对于国民党官僚体系在大陆时期的普遍缺乏效率以及贪污盛行印象深刻,影响到在政府与民间之间较具技术与中立色彩的农复会,更倾向于选择政府机构之外的民间组织,来办理有关的补助与贷款项目,这样农复会既可以直接负责计划的推行与资金的运用,也可以使援助能直接到达草根阶层的使用者②。曾任农复会中方主委的沈宗瀚则指出:“委员会最重要的决定为选择优良机关合作,该机关须人事健全,热诚服务,在地方负有声望,本会与其合作一方可加强扩大其工作,一方亦可鼓励其他机关加强工作,希与本会合作,以提高其声望,本会工作亦可因此而得当地人民之信任。”③拥有全岛性基层组织的农会,显然暗合了农复会的这一策略与理想。按照中美双方的协议,农复会是美援农林部分资金与项目的运用者,这一援助在1950年朝鲜战争爆发后,随着美国对台政策的改变,重新源源而来。农复会多次强调农会在美援物资分配过程中的作用,声明组织良好的农民组织是

---

① Chiang Mon-lin to K. C. Wu, the Governor of Taiwan Provincial Government, June 19, 1951,“农委会”档案,12—313—1128,*Farmers' Organization Division*.

② King, Rong-Yung, *How does Foreign Economic Assistance Influence the Domestic Politics of a Developing Country: the Political Implications of the Joint Commission on Rural Reconstruction (JCRR) in Taiwan*, Ph. D Dissertation of University of South Carolina, 1990, pp. 76.

③ 沈宗瀚:《农复会与“我国”农业建设》,台湾“商务印书馆”,1972年,第10页。

农村复兴的基础，而“农会为分配美援农业物资予农民提供了一个稳定而有效的管道”①。

## 二　安德生报告与农会制度设计

但要使日据时代遗留下来的台湾农会为我所用，农复会必须达成两项目标，即 1949 年农业组织调查报告所提出的：其一，恢复并保持日据时期台湾农会的事业基础，其二，在此基础上对其进行改造，注入民主精神，使其具有美国式的草根组织的特点。1949 年将农会与合作社重新合并，确定农会为农村中一元化的农民组织，可以说是达成此两项目标的第一步，但这并未解决光复以来台湾农会所面临的诸多问题。1949 年农民组织调查中发现的很多问题，如地主阶层及非农业会员把持农会，以及在业务方面，大部分农会为维持开支，大都依赖分配肥料、糖、盐等配售物资来赚取手续费，农会本身所需承担的推广事业与经济业务则多荒废等②，在农会与合作社合并之后，不仅未改观，有的甚至有愈演愈烈之势。如合并后有不少农会出现非农业会员多于农业会员的情况。据台湾省农会改进委员会 1951 年的一份资料显示，在全省乡镇区农会中，其农业会员数不足 50%者，占农会总数的 29.2%，在 40%以下者占 20%，在 30%以下者占 13.4%。农业会员太少的农会，很难真正代表农民利益，不但其农业会员很少有主持此一组织的机会，其实际业务也会着重于非农业会员③。即便是在农业会员占多数的农会，其权力核心也多掌握在地主阶层和少数自耕农手里，佃农与雇农鲜少能进入农会领导阶层④。“因使有关措施，未必尽能适合农民之要求，农会本身之任务，则无从完成”⑤。有鉴于此，1950 年 9 月，农复会特聘请美国康奈尔大学农村社会学教授安德生博士(Dr. W. A. Anderson)来台，考察农会问题。从 9 月到 12 月，安德生博士共历时 4 个月，在实地调查研究的基础上，提出了一份调查报告，对台湾农会的现状、问题，以及如何予以改进提出了一系列建议，其中重要者有如下几点：

---

① *Distribution of ECA financed materials*, Executive Office of JCRR to Mr. James E. Auburn, the chief of Commodity Distribution Section of ECA, April 12, 1951, “农委会”档案，12—313—1128, *Farmers' Organization Division*. .

② 《台湾省农业组织调查报告》，第四章，第 4—6 页。

③ W. H. Fippin to Mr. R. Y. Yin, chairman of Taiwan provincial production board , July 15,1951，附件：《台湾农会与合作社分合问题》，“农委会”档案，12—313—1128, *Farmers' Organization Division*.

④ 《台湾省农业组织调查报告》，第 4 章，第 5 页。这一调查虽是在农会与合作社尚分立时进行的，但其对象却是将农会与合作社作为一体，因此该调查结果也反映合并后的农会情形。

⑤ 《台湾农会改进组织统计》，台湾省农林厅编印，1954 年，第 8 页。

一、组织型态方面。有鉴于现有农会中理事长(常务理事)与总干事权责不分,容易导致相互推诿现象,以及理事往往兼任农会职员,影响农会各项政策偏向于其自身利益等问题,安德生建议省、县(市)及乡(镇)农会会员代表,于每年会务大会中,选出与现时人数相近的理事若干人,组织理事会,作为专门的监督管理组织。各理事均不支薪,仅于集会期间,按日支取合理的车马费。理事会的主要任务,是任用总干事一名,作为农会的执行首长,负责处理农会各种业务。理事会决定各该农会的营运方针,与应该举办的业务,交由总干事遵照施行。总干事必须至少每月一次,向理事会提出详细的业务报告,征求理事会的同意与认可;至少每季度一次,向理事会提出财务及其他业务的详细书面报告。理事会则须每年就总干事所送的账册及其应用凭证,做详细的审核查账。理事会有任命或解雇总干事的全权。这即后来所说的权能划分制度。由于理事会已负有监督之责,因此安德生还建议,将现有的监事会取消。

二、会员资格方面。由于非农业会员人数日增,将危害到原为服务农业而设的农会组织,而非农业会员最能危害农会的,在于农会政策的决定和工作计划的抉择[①],因此有必要将其排除在农会的权力机构之外。安德生博士的建议是,将农会会员分为两类,即正会员与副会员。正会员每户仅限一人,其收入的70%以上必须是来自农业生产,并必须限于积极耕种者,至于其是自耕农、佃农、或者雇农,则可以不论。正会员可以享有会员之一切权利,包括选举权、出席会议权及利用农会各种设施的权利。副会员有参加集会的权利,对于会务的发言权及利用农会各项设施的权利,但不得有选举权与被选举权,不得当选为农会理事或代表。

三、农会与政治。建议各级农会宣布并执行一项不参加政治活动的明确政策,任何农会都不得支持任何政治候选人。农会的职员,均不得以农会的名义,支持某个候选人。农会职员的个人政治活动,应当避免涉及利用农会名义进行政治活动的嫌疑。全省各级农会均应于常年会务大会中,以通过议案方式,规定并宣布农会并非政治机构,不许从事政治活动。

安德生所以有上项建议,是因为在从1950年开始的地方自治选举中,农会因其自日据时期以来在农村社会的特殊地位,成为一个重要的动员系统。“在当时农业社会,农会是一个接近选民的重要据点,候选人到每一个乡镇时,一定先拜会该乡镇的农会理事长”[②]。安德生博士于1950年秋访问若干农会时,即

---

① 安德生:《台湾之农会》,第20页。

② 王静仪:《台中县地方派系发展史——以县长及省议员选举分析为例(1951—1987)》,台湾师范大学历史研究所硕士论文,1994年,第49页。

发现各农会的总干事与常务理事，都在忙着为若干候选人进行竞选工作，对农会应办的工作则弃之不顾。有些农会因其职员支持的候选人不同，甚而造成内部裂痕。安德生认为参加这样的竞选活动只会使农会受到损害，“所有农会之中，似未有因卷入政治漩涡而能长久生存者”①。因此建议农会远离政治活动。

除以上三点涉及农会体制的建议外，安德生还建议农复会对农会仓库的修理与建筑，予以拨款补助，省农会应调查各地农会仓库被利用的情况及其损害程度，并协助其取得赔偿费用，以弥补其损失。另外，诸如加强农会领导人才培养，利用广播、报刊杂志及影音等工具向农民进行宣传教育，重振农事小组的活动，扩展并加强农业指导员工作的方法与经费，加强农业推广工作，加强日用必需品与消费品的供销业务，建立一个农会货品批发系统，加强省、县市、乡镇三级农会间的联系，注意家庭改良与青少年工作等。最后，安德生建议农复会，对农会不应仅限于经济援助，还应在农会的人事问题与管理问题及教导农民使其认识农会的目的、组织及会员关系等方面，有所作为②。

从安德生提交的报告来看，其对农会组织的基本看法，与农复会非常相近，他同样认可农会组织的重要性，认为农会是改进台湾农业经济与乡村生活成功与否的关键③。事实上，安德生在台调查农会组织期间，与农复会的工作人员多有交流，其对农会组织的设计，早已得到农复会的共鸣。安德生曾指出，台湾农会应该提供更多的服务，而不是将其活动仅限于经济领域，他因此建议农复会帮助农会拓展业务范围，使其业务涵盖经济、教育、社会以及公共卫生等所有可以提高农民生活水平的领域，从而向农民提供更多的服务。对此，农复会方面表示赞同，并提出：“从现在开始，我们的关注点应有所调整，转而帮助农会发展经济业务之外的工作。”④从安德生与农复会的互动来看，其报告书所勾勒出的农会形象，代表了农复会对战后台湾农会的制度设想，即将战后台湾农会打造为在政府与农民之间处于中立地位、由农民自己管理、有效率的民间组织，该组织以推广事业与经济业务为主，从业务方面来讲，是侧重经济的一个组织，但其活动却又并不局限于经济领域，而是涵盖了农民经济社会生活的方方面面。按照安德生的建议与农复会的想法，农会组织必须远离政治活动，以保持中立立场与运营的正常，但这并不表示它在政治方面毫无追求。对于农会在政治方面

---

① 安德生：《台湾之农会》，第 20 页。

② 这些建议均参见安德生著《台湾之农会》。

③ 安德生：《台湾之农会》，第 41 页。

④ “*Women's and Youth Auxiliaries*”, From T. H. Chien (Farmers' Organization Division) to Dr. John E. Baker, Commissioner of JCRR, October 2, 1950.“农委会”档案，12—313—1128, *Farmers' Organization Division*.

的潜在意义，农复会有其深层次的考虑，这可以从1954年美国国会外交委员会《国家安全法案》(Mutual Security Act)的有关纪录中反映出来："农复会工作成绩，不能仅以增加农业生产的统计数字表示，最重要的而常不被人注意的为训练农民领袖提倡农村民主制度，这与台湾基层组织及政治革新，有莫大帮助。"①农复会对战后台湾农会的制度设计，和抗战时期国统区农业推广界打造的农会一样，都是从技术角度入手对乡村社会进行整体改良的组织工具，在其背后同样有民国乡村建设运动及乡村改良路线的影子。

## 三　农会改革方案的制订与农复会的立场

安德生的这份报告很快由农复会提交台湾省政府，1951年1月，由台湾省政府农林厅、农复会、省农会三方各由三人组成的"台湾省农会改进委员会"(又称九人委员会)正式成立，在参考安德生建议的基础上，着手研究农会的改进工作，涉及农会制度的更深层次的一次改革由此开始。由于这次改革由农复会促成启动，而农复会因掌握了美援农林部分资金的审批权，使其必然对此次改革有着很强的影响力，所以这次改革是在农复会的设想，也就是安德生报告的基础上展开的。

然而，农复会毕竟不是行政机构，除了能掌握资金的运用，以及具体项目的选择与运作外，对于全省性的农会组织的改革，农复会缺乏最终决策权以及执行力。事实上，在其存在的三十多年中，农复会一直凭借它的人才、专业知识以及丰沛的经费，努力保持技术官僚中立性的立场，避免介入权力斗争或利益争执。在利益冲突中，往往扮演润滑剂的角色，只提供建议，而不做最终决策②。这就使农会改革正式启动时，农复会将无法阻止改革偏离它理想的轨道。这一点在九人委员会着手研拟农会改革法令时，即开始显现出来。

九人委员会在安德生报告基础上研拟农会改进方案，然而，该委员会第一次呈交省府委员会(1951年4月6日召开)的报告书，就表现出对安德生报告中最重要的一个目标的背离。安德生要使农会成为农民会员所主持的农会，因此在报告书中建议，将农会会员划分为正会员、副会员，副会员是不享有选举权与被选举权的，不能当选为农会理事或会员代表，这就将非农民会员排除在农会权力阶层之外。但九人委员会提出的第一次报告，在其建议修改现行农会法部分，虽按照安德生的建议，禁止农会参加政治活动，并同意取消监事会，将监事

① 沈宗瀚：《农复会与"我国"农业建设》，第25页。

② 黄俊杰：《农复会与台湾经验(1949—1979)》，台北：三民书局，1991年版，第105、279页。

会的职责并入理事会，新设一监理会。但在会员的权利义务部分，提出的意见则是：将基层会员划分为农业会员与一般会员（又称赞助会员），农业会员与一般会员均有被选举权，只是一般会员的当选比例，不得超过会员代表及监理名额的四分之一，但一般会员占会员总数三分之二以上时，其当选为会员代表及监理的名额，可以提高到全额的二分之一以内。对一般会员被选举权的赋予，使所谓对其选举权的限制成为虚设，因为一般会员虽没有选举权，“但一般会员（赞助会员）当选为会员代表出席会员代表大会或当选为监理出席监理会时，不在此限”[①]。

第一次报告书对安德生报告的部分背离，反映出现实当中农会非农民会员势力的强大及改革之初农复会对这种势力采取了部分的妥协。这些非农民会员当中的很多人，正是农会的当权人物，同时又在地方选举与派系活动中占据重要地位，他们显然不愿接受安德生报告那样的改革建议。而他们最可能采取的反制手段，就是分裂现农会，削弱现农会的基础，而这是农复会所不乐见的。要将农会与合作社分离的意见，在安德生报告公开后再度甚嚣尘上，甚至还有将现农会改为农村合作社的建议[②]，而这一建议似乎还得到时任台湾省主席的吴国桢的支持[③]。在台湾省农会主办的杂志《农友》上，反对将农会与合作社分裂的态度仍一如既往，但对于将非农民排除在农会之外，显然也持反对态度，认为这将造成以下问题：一，农会失去农民以外农村居民的协助；二，非农民在现实社会中，无论政治的或经济的，均较农民有力，农会失去非农民的合作，实无健全存在的可能；三，若将非农民排斥于农民组织之外，他们势将另组团体，由于双方业务之冲突，往往互相激烈竞争，结果两败俱伤，徒然浪费人力、物力，实为农村中莫大损失；四，农民与非农民分别组织对立团体，使工商业者、地主与农民间划分鸿沟，往往引起地方不能协调，发生种种纠纷，非农村之福。“故农村中最理想的组织，是一个全面参加而能调和各阶层利益的组织”[④]。在农会改革法令最终确定前不久，台湾县市局农会理事长还发表宣言，希望政府对于非农民会员与农民会员的差别待遇，不要程度过深，因为“农会中的非农民会员虽占较少数额，但是他们在农会以外，掌握着政治经济的大权，比较农民会员对于

① 《台湾省农会改进委员会第一次报告——修改现行农会法及改进农会业务管理之意见》，《台湾农林》第5卷第5期，1951年。

② 中国合作事业协会台中市支会致农复会合协中市总字第38号代电，1951年12月20日，“农委会”档案，12—313—1128，*Farmers' Organization Division*.

③ 鲁镇湘：《农会与合作社分合的检讨与今后应有的政策》，《中国经济》第19期，1952年。

④ 赵清源：《新农会绝对不允许分化》，《农友》第1卷第4期，1951年8月16日。

农会,对于社会国家有较多的服务机会”,所以“希望政府能够考虑到过去农民和非农民团结无间的长久历史,使差别待遇的程度不至于到达了排斥非农民会员的境界,而止于代表和理事名额的最小数额比例”[①]。足可显示限制非农民会员权利的改革建议,遭遇到巨大阻力。

1951 年 8 月下旬,台湾省农会改进委员会形成一份“台湾省各级农会组织办法草案”,由农林厅呈报省政府审议,这份草案基本延续了第一次报告书中的意见内容[②],并被该委员会认为是“一较稳健且适于目前实施的折衷办法”[③]。而农复会对于这样一份草案,也仍表现出积极支持的态度,蒋梦麟还曾为了让草案在省府早日通过,致函台湾省政府财政厅长任显群,希望他在该草案审查时全力支持[④]。同年 10 月,该草案由省政府呈报“行政院”,而“‘中央’以农会之改进,事关重大,又召集省政府、‘内政部’、‘经济部’等,‘中央’及地方有关机关再行研议”[⑤]。这一“再行研议”,时间持续了将近一年,农会改革的内容再次生变,而这一变化仍集中在两种会员的差别待遇方面。1952 年 7 月,农复会对农会改革草案提出修改意见,建议接纳“内政部”和台湾省社会处所提方案,在农会内设置信用消费合作社,承办信用消费业务,会计独立,采取有限责任制,合作社设委员会,协助农会理监事办理有关信用消费业务之决策及监察事项,该委员会委员中的三分之一由赞助会员担任。除可以被选举为该委员会委员外,赞助会员不再拥有任何选举权和被选举权[⑥]。这种设置虽与农会法中农会之下设合作社开展经济业务的规定相合,但其背后还是农会的权力分配问题。在农复会的上项修改意见中,赞助会员仍然所得丰厚,因为信用消费业务掌握农会大量财源,且信用消费合作社原本就是大多数乡镇农会的前身。如按农复会的这一建议实行,赞助会员的既得利益受损较小。然而,这一建议并没有被采纳,对于赞助会员的权利限制,不久后正式形成的农会改革法令走得更远。

---

① 《台湾省县市局农会理事长共同宣言》,《农友》第 2 卷第 12 期,1952 年 6 月 16 日。

② 该草案的内容可参见鲁镇湘:《农会与合作社分合的检讨与今后应有的政策》,从该文引用草案中的部分条文,如会员权利义务、监理会的设置等等,与第一次报告书中的意见完全相同。

③ W. H. Fippin to Mr. R. Y. Yin, chairman of Taiwan provincial production board, July 15, 1951, 附件:《台湾农会与合作社分合问题》,“农委会”档案,12—313—1128, *Farmers' Organization Division*.

④ 蒋梦麟 1951 年 4 月 13 日致台湾省财政厅长任显群函,“农委会”档案,12—313—1128, *Farmers' Organization Division*.

⑤ 农林厅农民组织科:《台湾省各级农会改进工作的筹备经过》,《台湾农林》第 7 卷第 9 期,1953 年。

⑥ 《台湾省改进各级农会暂行办法草案修正意见》,中国农村复兴联合委员会提,1952 年 7 月 18 日,“农委会”档案,12—313—1128, *Farmers' Organization Division*.

## 第二节 “暂行办法”与国民党的意图

### 一 “暂行办法”的主要内容与特点

1952 年 8 月下旬，“行政院”以“院令”颁发《改进台湾省各级农会暂行办法》，其后，由于尚存在一些细节问题，如正式会员与赞助会员的划分标准仍有歧义，其所依据的会员农事从业收益的范围及计算比较不易操作；农会与青果合作社的业务划分问题，近几年间，为争夺水果出口这一收益颇丰的业务，双方曾纠纷不断；以及总干事的权限问题等，需要对农会改革法令再做增订。10 月 1 日，台湾省政府将增订后的《改进台湾省各级农会暂行办法》再呈“行政院”核示。12 月上旬，“行政院”的指复命令到省政府，改革农会的基本法令《改进台湾省各级农会暂行办法》（以下简称“暂行办法”）至此确定下来。

“暂行办法”的内容主要包括以下几个方面：

一、农会的宗旨是增进农民利益，促进农民知识技能，增加生产，改善农民生活，发展农村经济。农会为法人，其主管官署，在省为省政府，在县（市）为县（市）政府，暂以各该政府的农林行政部门为主办机关，但关于农会的设立许可登记及改组改选等备案事项，仍应与社会行政部门密切联系办理。

二、农会“依会员之需要，配合政府政策”所举办之事业多达二十几项，涉及农业推广，农产品运销、仓储、加工制造，农业生产必需品与会员生活必需品配售与加工制造，农业金融，农业保险，以及政府委托办理事业等。对农会与合作社的业务亦做了划分。

三、农会分乡（镇、区、县辖市）、县（市）和省农会三级，以行政区域、或自治区域为组织区域，并应设立于对应的各级政府所在地。乡（镇、区、县辖市）内，具有农会会员资格者满 50 人时，应即发起组织乡（镇、区、县辖市）农会。下级农会成立过半数时，应即组织上级农会。

四、会员资格。凡居住在农会组织区域内的公民，年满 20 周岁，合于农会法第十三条规定资格之一，而其农事从业之所得收益，占其个人总收入二分之一以上者，经严格审查后，得加入乡（镇、区、县辖市）农会为会员。凡不合于上项规定，而居住农会组织区域内的非农民，得加入农会为赞助会员。赞助会员除在不超过农会监事三分之一的限度内，得当选为监事外，无选举权及被选举权，但其他应享的权利与会员相同。正式会员与赞助会员均以一户一人为限，不限于户长。

五、农会设理事会、监事会，理事、监事由会员选任，均为无给职，并不得兼任农会业务部门任何有给之职务,或与农会业务有竞争关系的其他公私团体的职务。农会另设总干事一名,由理事会遴聘,向理事会负责农会具体业务之执行。

六、农会除依法办理本身之规定选举外,其选任及聘任职员,不得以其农会的职称,或农会的名义与关系,支持或反对任何政治候选人,以及参与公开的竞选活动。

七、农会经费来源包括股金,会员入会费与常年会费,农会经济事业及金融事业纯盈余,委托事业收入,政府补助费,农业金融机关拨补收入及事业费等。

八、农会的运营受主管官署监督,上级农会对于下级农会,有指导与监督稽核权①。

从上述这些内容来看,"暂行办法"在将农会会员区分为一般会员与赞助会员方面,在限制赞助会员权利方面,以及在农会远离竞选活动方面,与安德生报告更为接近,只是为了安抚赞助会员,保留了监事会,使赞助会员在监事会拥有三分之一席位。然而相较于理事会,作为监督机构的监事会权力要弱得多。"暂行办法"在赞助会员的权利限制方面走得如此之远,一方面或可从其母法《农会法》中找到依据,1948 年 12 月底修正公布的《农会法》,对会员资格的限定条件如下:

> 第十三条　凡中华民国人民居住该区域内,年满二十岁具有左列资格之一者,均有加入乡(镇)农会或市区农会为会员之权利与义务:
>
> 一　自耕农;
>
> 二　佃农;
>
> 三　雇农;
>
> 四　农业学校毕业或有农业专著或发明,并现在从事农业改良工作者;
>
> 五　服务于依法登记之农场员工。②

除此之外,农会法对非农民并无会员身份的认定,因此赞助会员的出现是对台湾农村现状的妥协,让赞助会员有机会担任监事,已可算是"法外施恩"。九人委员会最初修改农会法的建议既未被采纳,"暂行办法"对赞助会员的权利

① 以上内容参见《改进台湾省各级农会暂行办法》,《农会法令汇编(第一辑)》,台北:"中国农业出版社",1954 年版,第 5—12 页。

② 《农会法》,《农会法令汇编(第一辑)》,台北:"中国农业出版社",1954 年版,第 2 页。

大加限制也就有其法理上的依据。然而，这显然不是“暂行办法”与之前的草案相较，一下子走得如此之远的主要原因。“暂行办法”在对现状有所妥协之余，对赞助会员的权利限制几近严苛，在其背后，当政者国民党的意愿显然产生了举足轻重的影响。

## 二　国民党改革农会的政治意图

国民党于 1949 年下半年播迁台湾，在局势稍稍稳定之后，即开始反省在大陆失败的原因，除对党组织本身进行改造，并将一些在大陆实施不彻底的政策，如土地改革、地方自治选举，在台湾付诸实施，试图将台湾建设成“三民主义模范省”。国民党首先意识到，党组织本身的组织涣散、纪律不严、派系纷争、群众基础缺乏，是其被“组织严密、纪律残酷、控制彻底”的中共政权战胜的主要原因[①]，因此在 1950 年 8 月至 1952 年 10 月间，对党组织进行了改造，试图将国民党建设成一个战斗力健全的革命民主政党。此次改造，国民党强调其社会基础是青年、知识分子及农工生产者等广大劳动民众，并将党的基层组织由以前的区分部改为小组[②]，力图使党的社会基础向基层延伸。但此时国民党在台湾的统治力量还相对薄弱，所以在社会基层势力的扩展上较为艰难，这在农村尤为显著。如在当时的台湾农村，国民党注意到一个特别现象，“即台湾一般农民的国家民族观念，殊为淡漠。在农民政治认识如此浅薄之情况下，匪谍及不法之徒，遂以各种灰色组织吸收农民以扩展并掩护其活动(如兴农会、贫农会、青年同盟、‘三七五’党等)”。根据 1953 年 1 月台湾省情报委员会肃谍工作总检讨会议纪录，从 1952 年 9 月到 12 月间，646 名自首分子中，农民居第一位，其数量达 204 人之多[③]。

土地改革是一项比较能收拢农民人心的举措。在土地问题上，国民党可以说有切肤之痛，其丧失大陆政权的一个很重要的原因，就是在与中共争取占人口绝大多数的农民的支持中失败，而其中土地政策又是关键。因为有在大陆的深刻教训，自 1949 年开始，在以美援为后盾的农复会的金钱与技术协助下，国民党将其土地改革主张在台湾逐步付诸实施。台湾的土改分三个步骤进行：第一步，“三七五减租”，即政府规定农地地租额不得超过该地上正产物年收获量

---

① 许福明：《中国国民党的改造(1950—1952)——兼论其对“中华民国”政治发展的影响》，台北：正中书局，1986 年版，第 46 页。

② 谷正纲：《对于总章审查报告之说明》，秦孝仪主编：《革命文献》(第 77 辑)，中国国民党党史委员会，1978 年，第 45 页。

③ 《加强农民政治认识　中央策动宣传下乡》，载《党的社会调查　重要问题之报告与处理》，中国国民党中央委员会第六组编印，1953 年，第 70 页。

的375‰,这在1949年4月陈诚任台湾省主席后开始全面实施。第二步,公地放领。所谓公地,是指光复后国民党政权自日据时代各级政府从日本人手中接收的土地,除台糖公司及其他机关、学校占用的外,其余农耕地于1951年开始正式大规模地放领给农民,截至1961年共放领了五次,放领公地98,004公顷,承领农户165,443户①。放领的地价,为按照该土地等则,以全年正产物收获量的两倍半,折成实物计算,分十年摊还。第三步,实施耕者有其田,自1953年1月开始施行,10月中旬完成。根据该年颁发的实施耕者有其田条例,规定每户地主得保留中等水田3甲,或其他等则的水田及旱田若干,超出规定的出租耕地由政府强制征收,转放给佃、雇农承领。征收耕地地价,依水田及旱地,分别按照"三七五减租"时评定的标准收获量,以该地上主要作物正产物全年收获量的二倍半为征收价格,政府照价将七成给以实物土地债券,三成给以水泥、纸业、农林、工矿四大公司的股券。承领地价与征收地价相同,连同固定附着物及基地价额,并按年利率4%加收利息,分10年、20期,以现金偿付,但每年的缴付额以不超过"三七五减租"后的负担为准。实施耕者有其田,共放领耕地139,249公顷,承领农户194,823户,平均每户承领耕地0.7147公顷②。

土地改革使台湾的自耕农占总农户的百分比,由改革前的57%增加到86%,自耕地面积占耕地面积的百分比,由改革前的57%增加到90%。因为获得耕地,农民生产的积极性和改良农事的积极性都大大提高,农民收益因此大为增加,1949年较改革前增加48%,1953年增加90%,1962年增加168%。全省农产品产量,以糙米为例,1962年比1948年增加了103%。农村儿童就学率也由改革前的77%增至96%,农民在社会地位、政治认识等方面有很大提高③。而农民由以前的向地主缴租,转而向政府纳税,也使政府对农村基层社会的控制力增强。

然而,尽管在实施耕者有其田过程中,国民党曾吸收地政人员442人、农民7,538人加入国民党(占原有农民党员30%强),但在农村并未出现一个人人心向国民党的大好局面,国民党不得不再次感叹其在农村基础薄弱,需要继续吸收、训练农民党员,通过农民组织在农村扩大影响④。何以出现这样的局面?这与土改并未使农村的权力结构发生根本变化有关。在土地改革之前,台湾乡村

---

① 沈时可:《台湾土地改革文集》,台北"内政部",2000年,第77页。

② 沈时可:《台湾土地改革文集》,台北"内政部",2000年,第79页。

③ 沈时可:《台湾土地改革文集》,台北"内政部",2000年,第73页。

④ 《中国国民党土地政策与台湾省实施耕者有其田》,国民党中央委员会第五组编印,1954年,第52页。

如大部分中国传统乡村社会一样，地主富户在乡村中不但握有经济力量，并掌握了各种社会活动的领导权，在地方上成为领袖，在各种有形无形的社会组织中位居核心地位。1952年土改进行当中，美国农业专家雷柏尔(Arthur Raper)对台湾16个乡镇的调查仍显示："农村领导地位大部操于各地大户。乡镇长常出身于当地富商。乡镇民代表会长，农会理事长及妇女会会长亦均为当地大户人物。"[①]土地改革虽使地主阶层在乡村中的领导地位受到一定程度的影响，一部分大地主因此转往都市发展，其在乡村社会的控制力自然消失；一部分仍居住在乡村的地主，则因土地财产减少，经济状况大不如前，渐无心也无力去做好公共关系，对公益事业的热心程度也逐渐降低，其领导地位因此逐渐丧失[②]。但由于台湾的土改是一场自上而下的温和的变革，地主阶层的利益在土改中虽受到一定程度的削损，但其根基并未受到动摇，当局不仅保留了地主的一部分土地，对其多出部分也是通过赎买的方式移走。所以，同原佃农及原半自耕农比较，原地主有更好的条件参与政治活动，其政治意识仍然较高，并对参与各种竞选活动有更多的兴趣。他们只是逐渐让出地方的基层职位，如邻里长、租佃委员、乡镇民代表、农会理事等，这些职位改由新自耕农来担任，原地主则转而向更高层级的职位发展，地方上较高阶层的行政干部，如乡镇长、县市议员、县市长等，大多由原地主把持[③]。

乡村社会的领导权仍然掌控在地主富户手里。由于当局于1950年开始开放地方自治选举，这些农村中的实权阶层更集合起来，形成政治上的小集团——地方派系。据统计，在台湾省16个县中，有14个县存在派系对立的现象[④]。而在300多个乡镇中，几乎每个乡镇都至少有两个派系：一个是代表行政系统的"公所派"，另一个是代表经济系统(主要是农业经济)的"农会派"[⑤]。地方派系的存在，地方原有势力的强大，对国民党政权来说，是一柄双刃剑，一方面可以借助其延展在台湾的统治，并为国民党在历次选举中汇集选票；另一方面，地方派系携其在地方社会的影响力，在与国民党的合作中拥有较大的自主

---

① 雷柏尔：《台湾目前之农村问题与其将来之展望》，中国农村复兴联合委员会特刊第六号，1953年，第169页。

② 蔡宏进：《台湾农地改革对社会经济影响的研究》，第55页。

③ 李宪文：《农地改革后地方权力分配之变化》，载李登辉《台湾农地改革对乡村社会贡献之研究：三民主义在台湾的见证》，自印稿，1985年，第47—53页。

④ 廖忠俊：《台湾地方派系的形成发展与质变》，台北：允晨文化实业股份有限公司，1997年，第13页。

⑤ 陈明通：《派系政治与台湾政治变迁》，台北：新自然主义股份有限公司，2001年版，第254页。

性,对于国民党控制基层社会的目标,有时又是一种阻碍。两者的关系,可谓相当微妙。国民党在政权偏安台湾之初根基尚不稳固的情况下,不得不更多地依赖与利用这些地方上的原有力量,但同时从其长远的统治目标着眼,又要对地方势力有所打击与控制。如何对地方原有势力既打击又笼络,既控制又依赖?农会改革或许提供了一个很好的例证。

国民党曾解释迁台之初的农村政治政策,为"要提高农民的知识水平,抑制土豪劣绅等恶势力,扶植农民力量,使农民成为农村的主人"[①]。具体到农会改革问题上,很多国民党官僚都将"地方恶势力"作为改革的对象。时任台湾省主席的俞鸿钧曾提到:"台湾的农会,过去有为地方的某种势力所把持,这种现象,要彻底改进。……改进农会工作,将来恐怕要遭遇到若干困难,尤其是地方的某种势力是将来推行工作的一大障碍。"[②]"行政院长"陈诚也在农会改进工作讲习会上,强调要彻底铲除农会中的恶势力:"在过去有些人曾冒充佃农来渗入农会,这些人怎么能对农民来谋利益呢?他们把农会当作了自私自利的发财工具……我相信农会里面,大多数的人都是好的,但是坏人一定也有,如果他们还不改过自新,我们绝对要严办。……本省的地区,有些是很好的,他们近年来对国家很有贡献,我们奋斗的对象,不是这些善良的地主,而是那些坏人恶势力。"[③]而国民党政权改组农会的用意,也就被定义为使农会脱离地方恶势力的掌握[④]。这个所谓的地方恶势力,应该是大陆时期"土豪劣绅"概念的变异,落实到台湾社会,其所指应属国民党政权在深入农村基层社会时,所遭遇到的重大阻碍——地方派系的一部分。

借着改革,国民党自然希望将基础庞大、普遍的农会组织彻底加以掌控。由农复会所倡导的这场农会改革,为国民党提供了一次绝好的机会,使得它在农复会的理论与资金支持下,顺理成章地将其触角延伸至农会组织。但在此过程中,农会的原有权力阶层,携其在地方上的影响力,成为国民党向基层发展的一大障碍。如何使农会脱离所谓的地方恶势力而为国民党所掌握?农会体制设计相当关键。"暂行办法"首先限制赞助会员的选举权与被选举权,将非农民会员排除在农会权力阶层之外;又通过实行权能划分制度,对总干事的角色重新定位,使其不仅负有农会实际营运之责,并因掌握了农会职员的聘用权,极易在理事会以外,形成新的权力核心。农会的原有权力结构因此被打散,从而为

---

① 《台湾省各级农会改进工作讲习会纪要》,《台湾农林》第7卷第9期。

② 《俞"主席"训话》,《台湾农林》第7卷第9期。

③ 《陈"院长"训词》及《台湾省各级农会改进工作讲习会纪要》,《台湾农林》第7卷第9期。

④ 《莫让农会被腐蚀》,《农友》第5卷第10期,1954年。

国民党掌控农会组织留下了空间。自此次改革开始，国民党对总干事一职着力经营，即显示出国民党重建农会权力结构的意图。

在打击农会原有权力阶层的背后，也可以发现国民党妥协性的一面。例如“暂行办法”对赞助会员的权利限制虽很严格，但在一般会员与赞助会员的划分标准上，与安德生的建议相比又宽松很多。在安德生报告中，对正会员(一般会员)资格的要求，是其农事从业收入占总收入的70%以上。而在“暂行办法”中，该比率变成了1/2，也就是降低了20个百分点，这就将一部分农村居民，重新纳入了农会正式会员的行列。国民党的这种妥协性，还表现在未将原有权力阶层，全然排除在农会改革之外。这固然是由于一般农民因知识与经验上的不足，尚无法担当农会的管理责任；“况且现在许多乡镇农会中，已经缺乏基层干部了，设再令此有技术有经验的人员退出农会，对于会务的推行，不无重大影响”①。另一方面，则期望将原有权力阶层打散之后，再以农会权力分配为饵，使地方精英加入党的组织或向党的力量靠拢，以换取对政权的支持，从而达到控制与利用地方精英的目的。这正是国民党笼络地方派系的手段之一②，并在农会改革实施过程中充分体现出来。

## 三　对农会经济功能的期待

除了在政治上有上述意图外，对于农会的经济功能，国民党也有其考虑，这主要表现在当局对农会改组与土地改革关系的界定上。蒋介石曾多次强调农会改革与实施耕者有其田的关系：“农会改组与实施耕者有其田政策之推行有密切关系，为使耕者有其田政策顺利推行，彻底改组农会，自属必要……”③对于实施耕者有其田，这次的农会改革为什么那么重要？除了需要农会来组织农民，继续扩展国民党对农村的影响力之外，国民党对于农会，还有以下几点期望：

一、在农民取得自耕农地之后，要确保永久保持，不再丧失，需要农民的收益能够维持一家的支出。为达到这个目标，必须增加农业生产。而增加农业生产，必然会牵涉到农田水利、种子肥料、耕作技术、灾害防治、农业金融等方面，农民必须与各部门发生密切关系，因此需要农会这一中间组织，来替农民向各

---

① 马有岳：《台湾农会的演变与特质》，《农友》第2卷第12期，1952年。

② 台湾学者朱云汉指出，国民党主要是以四种经济特权来笼络地方派系，其中之一便是农会(主要是其中的信用部门)，参见朱云汉《寡占经济与威权政治体制》，《垄断与剥削——威权主义的政治经济分析》，台北：台湾研究基金会，1989年版，第151页。

③ 蒋介石在国民党中央常务委员会第48次会议上的讲话(1953年7月2日)，《中国国民党农民运动与台湾省各级农会改进》，国民党中央委员会编印，1954年，第34页。

部门洽商。

二、农民承领土地，其地价要分十年、每年两次来还清，如何确保农民按期缴纳地价，需要农会站在农民团体的立场，来做监督与催缴的角色[①]。

三、实施耕者有其田后，一般承领农户的负担，反较以前平均增加了3%—4%，有些高的甚至增加了5%—6%，增加的原因，主要是水费与户税。水费从前是业佃双方负担各半，土改后全由承领农民负担，而户税则因农民取得耕地，致其资产及收益部分户税均有增加[②]。农民负担增加，必然影响到农业生产资金的投入。承领农户不能像过去那样再向地主贷款，因此需要农会信用部承担起更多的融通农民生产资金的责任[③]。

另外，为争取美援，"美援会"于1952年提出四年经济自给自足计划，为台湾往后近20年的经济成长奠定基调，那就是"以农业培养工业，以工业发展农业"，而现实政策又以前半部分为主[④]。在以农业发展剩余滋养工业的过程中，农业部门主要承担的任务是：使粮食及主要农作物增产，以充裕军需民食，稳定价格，藉以减少输入，节省外汇，并设法增加输出，以增加外汇收入[⑤]。农会作为综合性的农民团体，在农业四年计划实施当中，也需要扮演配合农业施政、组织农民的角色。

为了使党内对此次农会改革的意义有更明确的认识，国民党中央曾颁发改进台湾省各级农会宣传方案，其中所列几点，颇可显示国民党对此次农会改革的基本意图：

第一、改进农会是社会改造之一，只有占人民绝大多数的农民组织，趋于健全与合乎理想，社会改造运动才可以达到预期的目标。

第二、台湾作为反共抗俄的基地，需要发展工业，增进农产，并健全民众组织，充分动员民众。改进农会并非单纯为了农民本身着眼，更是为了有效地配合实行经建计划着眼，这是国民党为完成"反攻大陆，驱逐俄寇，消灭匪帮"之一切人力物力的准备要项之一。

第三、由组织健全的农会来领导农民，提高其对民权的运用与服务的观念，

---

① 以上两点参见洪瑞坚：《农会改进与耕者有其田》，《台湾农林》第7卷第9期，1953年9月。

② 《中国国民党农民政策与台湾农村现况》，国民党中央委员会第五组编印，1955年，第15页。

③ 《中国农村复兴联合委员会工作报告》第4期，1952年7月1日—1953年6月30日，第14页。

④ 廖正宏、黄俊杰、萧新煌：《光复后台湾农业政策的演变：历史与社会的分析》，台北："中央研究院"民族学研究所，1986年，第6页。

⑤ 《中国国民党农民政策与台湾农村现况》，第17页。

对于推行地方自治，也大有裨益。即可以利用农会对农民施行政治教育，使农民因为参加了农会，对政治发生浓厚的兴趣，并获得充分的经验，足以担负起地方行政的工作。

第四、为了贯彻国民党的农民政策，以扩大党的社会基础，对于台湾省各级农会的改进，是国民党领导农民发展组织，吸收优秀农民党员的良好机会[①]。

很显然，对于此次农会改革的政治意义，国民党有更多的期待；至于农会的经济功能，国民党更关注其对土地改革后续工作的配合。

## 三　改革的实施与国民党力量的全面进入

### 一　农会改革的各项筹备工作

继农会改革的基本法令“暂行办法”颁发之后，台湾省农林厅于 1952 年 9 月下旬起，由副厅长陈世璨主持，邀请台湾大学教授王益涛等专家学者，经半个多月的研究讨论，拟定了《改进台湾省各级农会暂行办法实施细则》、《台湾省乡(镇、区、县辖市)农会会员资格审查规则》、《台湾省各级农会选举规则》、《台湾省及县市农会章程准则》、《台湾省乡(镇、区、县辖市)农会章程准则》、《台湾省农会办事细则准则》、《台湾省各县市农会办事细则准则》及《台湾省乡(镇、区、县辖市)农会办事细则准则》等八种补充法规草案，并由台湾省政府交付指定的研拟小组加以审议。1953 年 6 月底，这些补充法规由台湾省政府公布施行。农会改革的法规制订工作至此基本完成。

对于此次改革，国民党极为重视。蒋介石曾指示：“凡党员参加农会工作，台湾省党部应先予组训，俾使参加者明了改组后工作之技术与方法，如尚无准备，宁可暂缓改组。”[②]为做好相关准备工作，从 1952 年 10 月起，台湾省政府主管官厅的从政党员，即邀请国民党中央及台湾省党部主管业务人士，共同拟定各项办法方案不下十余种[③]。而国民党台湾省委员会更将农会改革，作为其 1953 年下半年度的中心工作，拟定了《各级党部推行改进台湾省各级农会工作纲要》、《台湾省委员会对改进各级农会工作指示要点》等相关文件，对各级党部的配合作了具体的规划。首先，由国民党中央党部召集中央第一、第四、第五三个组，加上台湾省党部、“内政部”、农复会及台湾省农林厅主管业务人士，成立

---

① 《中国国民党农民运动与台湾省各级农会改进》，第 51—53 页。

② 同上，第 34 页。

③ 王承彬：《土地改革与农会改进》，台北：“中国农民服务社”，1955 年，第 36 页。

改进农会工作会报，以加强党政工作的配合，解决实际困难问题。在县市（局）党部成立改进农会工作指导小组，由县市（局）党部主任委员、书记，民运工作委员会农运小组召集委员，第二、第四两组组长，暨县市（局）政府农林、社政、地政与耕地租佃委员会农民委员代表和其他有关单位主管人士组成，由县市党部召集，相互报导上级指示，并共同规划有关工作的联系配合，督导各乡镇（区、县辖市）改进农会工作辅导小组，展开有关工作。在各乡镇（区、县辖市），由县市局党部指定所在地的区党部常务委员、委员、专任书记或专任干事及乡镇（区、县辖市）长、耕地租佃委员会农民委员代表，暨主管农林、社政、地政及其他有关单位主管同志，成立改进农会工作辅导小组，由区党部召集，相互报导上级指示，共同规划有关工作的联系配合，并督率所属展开工作[①]。为使改革工作彻底完成，还将全省划分为六个督导区，每区设正副组长各一人，由国民党中央及台湾省党部高层人士担任组长，省政府高层人士担任副组长，并由省政府派督导员48人配属六个督导区，长期驻在指定地区，负责具体督导工作[②]。

在改革工作具体执行之前，首先举办了省及各县市改进工作讲习会。省级讲习会从7月13日开始，至19日结束，计调集各县（市）政府建设局（科）长、农林科（股）长、主办农会业务人员等计85人，省农会督导员16人，台湾省农林厅工作人员48人，共计149人。讲习课程，分政治教育及精神讲话17小时，法规讲解12小时，各项专题讨论23小时。县（市）级讲习会自9月18日至23日举行，规定乡（镇、县辖市）长，同级农会理事长、总干事，乡（镇、区、市）公所财政课长，县（市）政府农会业务主办人员等共同参加，以让有关工作人员对于农会改革均有深切了解与认识[③]。

## 二 改革的实施

从1953年10月开始，农会改革进入具体实施阶段，而其第一步，为基层农会会员资格审查，这是此次农会改革的重心之一。

会员资格审查是一项非常复杂的工作。按“暂行办法”与其实施细则的规定，凡合于农会法第十三条五款资格（即自耕农、佃农、雇农、农校毕业者以及农场员工）之一，且其农事从业之所得收益超过其个人总收入1/2以上者，才可以为会员，否则，凡缺少上述两项条件之一，即只能为赞助会员。所以对于会员资

---

① 《各级党部推行改进台湾省各级农会工作纲要》，《台湾省委员会对改进各级农会工作资料》，中国国民党台湾省委员会第二组编印，1953年，第2页。

② 王承彬：《土地改革与农会改进》，第37页。

③ 《台湾省各级农会改进工作的筹备经过》，《台湾农林》第7卷第9期。

格审查,分两阶段进行:第一、审查其是否合于五款资格之一,第二、审查其农业收入是否占其总收入的 1/2 以上。在具体审查中,第一阶段的审查乃根据税务部门的土地投资材料,而会员个人总收入和农事从业所得收益的审查依据,均以户税调查资料卡为准。1953 年 10 月 12 日,台湾省农林厅召开了一个特别监察会议,通过并要求强制执行一个方案,那就是如果会员本人不从事农耕工作,或者花在农耕上面的时间太少,即使他的家庭农事从业所得收益,符合会员资格审查规则的规定,超过了 1/2,也不能定为农民会员。然而,关于农耕时间并没有一个详细的评判标准,在审查期间也没有其他材料可以依据,这就在审查过程中造成很多纠纷,尤其有的地方掺入了派系因素,当时几乎所有的农会都面临因所谓的"农耕时间"而引起的问题①。

因为有关于农耕时间的硬性规定(每日不得少于 8 小时),一些过去曾担任农会理事长等职务者很易受到冲击,因其往往将大量时间花在农会办公,导致了其"自身从事耕作时间极少"。如从 1950 年 8 月起任高雄市三民区区农会理事长的黄正忠,在会员资格审查中即因此而被定为赞助会员②。由于改革之后农会理事长必须由具备正式会员资格者担任,农耕时间的硬性规定,也使今后理事长不能经常到会办公,使其直接干预农会经营的机会减少,从而为总干事留下了更大的权力空间。

会员资格审查工作从 1953 年 10 月开始,至 11 月 15 日结束,审查结果:全省基层农会原有会员 768,057 人中,计合格会员 395,087 人,占原有会员 51.44%;赞助会员 194,212 人,占原有会员 25.29%;不合格者 178,758 人(主要是政府公务人员、不足龄或死亡者等),占原有会员 23.27%。在合格会员当中,计自耕农 286,532 人,佃农 86,326 人,雇农 21,826 人,农校毕业 331 人,农场员工 72 人,其所占百分比分别为 72.52%、21.85%、5.53%、0.08%、0.02%③。

在会员资格审查期间,国民党于组织会员资格审查委员会的时候,指派干员担任委员,并召集委员中的党员成立党团干事会,由县市委员会就干事中指派一人担任书记,努力在会员资格审查中发挥领导作用。同时,在审查过程中,随时随地注意所谓优秀农民的家庭环境、耕作能力、经济情形、学识程度及其他

---

① *"Report on continued inspection of FA reorganization program (Inspection period: November 16 to 21, 1953)"*, From M. H. Kwoh to Mr. P. W. Voltz, Chief of FOD, November *24, 1953*."农委会"档案,*12—313—1128*, *Farmers' Organization Division*.

② 高雄市三民区区农会理事长黄正忠呈农复会农民组织组文,1953 年 10 月 26 日,"农委会"档案,12—313—1128, *Farmers' Organization Division*.

③ 《台湾农会改进组织统计》,第 12—15 页。

种种条件,主动将其吸收到党组织里来。“因平时很不容易找到此种详细的数据,所以大多数审查会在党的领导下发生了很大的作用,不仅消弭争执与纠纷,同时吸收了很多农民党员,这个收获是很大的”①。

在会员资格审查工作结束后,即为农事小组会员大会的召开。该大会是最基层的重要会议,但凡农事小组的正、副组长,乡(镇、区、县辖市)农会的理事、监事候选人,以及该小组出席乡(镇、区、县辖市)农会会员代表大会的会员代表等,都由此会议产生,因此也是此次改革的重心之一。此项工作,自 11 月 1 日开始,陆续于 12 月 20 日前完成。会员及赞助会员出席情形:计应出席会员 395,087 人,其中亲自出席者 260,992,占应出席人数 66.06%;委托出席者 38,904,占应出席人数 9.85%;缺席者 95,191,占应出席人数 24.09%。应出席赞助会员 194,212 人,其中亲自出席者 41,014,占应出席人数 21.12%;委托出席者 373,占应出席人数 0.19%;缺席者 152,825,占应出席人数 78.69%。从这些数字中可以看出,该级会议的出席率相对偏低,而赞助会员因为在改革中权利受到限制,积极性降低,其出席率尤低于会员。

在农事小组会员大会之后,为召开各级农会会员代表大会。

首先是乡镇区市农会会员代表大会,于所辖农事小组会员大会举行完毕后,订期召开,各该农会理事监事,上级农会理事监事候选人,以及出席上级农会的会员代表等,都由此会议产生。农会政策方针等要案,也由此会议议定。根据相关法规,会员代表与理事均得由会员中选举产生,且自耕农、佃农和雇农必须占到 2/3 以上;监事由会员与赞助会员中产生,赞助会员不得超过 1/3。大会举行时,由省派及县派人员列席指导监选。此项工作于 1953 年 12 月 31 日以前先后完成。

接下来是县市局农会会员代表大会,自 1954 年 1 月 8 日开始,至 20 日陆续完毕。会议分别选出理事监事,出席省农会会员代表大会之会员代表,并提荐上级农会理事监事候选人等。

最后是省农会会员代表大会,于 1954 年 2 月 17—18 日,在省农会会议厅举行,由省政府令派农林厅厅长,担任指导及监选。计选出该会理事 33 人,监事 11 人,所有当选人的资格,都符合有关规定之保障名额。至此,全省各级农会改进工作,名义上已告全部完成②。

在农事小组会员大会与各级农会会员代表大会召开期间,国民党动员各级

---

① 王承彬:《土地改革与农会改进》,第 37 页。

② 农事小组会员大会及各级农会会员代表大会的情况,参见《台湾农会改进组织统计》第 10—11 页;《中国国民党农民运动与台湾省各级农会改进》,第 43—44 页。

党组织,积极参与农会改革工作,努力提荐本党籍候选人竞选各项职位。在没有适合的党籍人士可以提名时,则支持社会中的优秀分子当选,然后再吸收入党。具体提荐办法,首先是由县市党部督饬各区党部、小组,荐举各项候选人,提经县市指导小组审定后,督饬所属党部依照提名竞选名单,保证其当选。在选举农事小组正副组长、出席乡镇区县辖市农会会员代表大会代表及提荐乡镇区县辖市农会理监事候选人时,由国民党各小组,召开小组会议或小组长联席会议,依照县市指导小组审定的提名名单,运用各种力量及方法,透过会员以口头提荐、口头附议、举手表决等方式,支持其取得候选人资格,再以票选或表决,支持其当选。当选举乡镇区县辖市农会理监事、理事长,出席县市农会会员代表大会代表及提荐乡镇级农会总干事和县市农会理监事候选人;以及选举县市农会理监事、理事长,出席省农会会员代表大会代表,提荐县市农会总干事和省农会理监事候选人时,分别由区党部和县市党部,运用各该级农会的会员代表大会临时党团,由两名代表书面举荐提名人选,使其为出席上级农会会员代表大会代表及担任上级农会理监事。当这些提名人选取得候选人资格后,再运用党团力量,通过会员代表,支持其当选。待各级农会理监事选出后,再分别召集各该级理事中的党员成立党团,支持提名人选当选理事长,并聘任提荐人选为总干事①。

经过农会改革,全省农会依法调整为乡镇农会 317 单位,县市农会 22 单位,省农会 1 单位,农事小组 4,875 个,据报选出及就职者,计小组长 4,760 人,其中属于自耕农、佃农、雇农之资格者占 99.94%,属于农校毕业者,占 0.04%,属于农场员工者,占 0.02%。副组长 4,762 人,其中属于自耕农、佃农、雇农之资格者,占 99.96%,属于农校毕业及农场员工者,各占 0.02%。各级农会会员代表共 18,354 人,其中具有自耕农佃农雇农之资格者,平均占 93.95%。各级农会理事共 4,224 人,其中具有自耕农、佃农、雇农之资格者,平均占 95.58%。监事共 1,221 人,具有上项资格者,平均占 74.64%②。国民党在此次农会改革中,可谓收获颇丰,全省各县市计新征农民党员 16,315 人,正在征求中的 16,093人,优秀农民调查结果共计 39,995 人③。而各级农会干部与会员代表的提名及当选结果,以及当选后征求入党人数,详见下表:

---

① 《各级党部对改进各级农会工作及实施方式对照表》,《台湾省委员会对改进各级农会工作资料》,第 8—11 页。

② 《中央委员会四十三年年终工作检讨报告》,国民党中央委员会秘书处编印,1954 年,第 38—40 页。

③ 《中国国民党农民运动与台湾省各级农会改进》,第 58—59 页。

**表 4—1　各级农会干部与会员代表提名及当选结果**

| 农会别 | 类别 | 法定名额 | 提名人数 | 当选人数 | 当选党员人数 | 当选后征求入党人数 |
|---|---|---|---|---|---|---|
| 农事小组 | 正组长 | 4,875 | 4,626 | 3,731 | 1,939 | 1,642 |
| | 副组长 | 4,875 | 4,384 | 3,146 | 1,456 | 1,603 |
| 乡镇(区、县辖市)农会 | 会员代表 | 16,916 | 15,558 | 12,155 | 6,421 | 4,141 |
| | 理事 | 3,805 | 3,776 | 3,150 | 2,193 | 862 |
| | 监事 | 1,086 | 1,071 | 830 | 617 | 242 |
| 县市局农会 | 会员代表 | 1,349 | 1,332 | 988 | 782 | 351 |
| | 理事 | 386 | 384 | 347 | 287 | 62 |
| | 监事 | 124 | 120 | 109 | 82 | 27 |
| 省农会 | 会员代表 | 89 | 89 | 76 | 69 | |
| | 理事 | 33 | 33 | 33 | 33 | |
| | 监事 | 11 | 11 | 10 | 11 | |

资料来源:根据国民党中央委员会编印:《中国国民党农民运动与台湾省各级农会改进》,1954 年,第 58—60 页的资料编制而成。

## 三　总干事遴聘工作

总干事遴聘工作可谓是农会改革过程中最重要的一环,因此需要专门予以探讨。虽然各级农会总干事的提名与聘任工作,在各级农会会员代表大会召开期间已经展开,但因其涉及的层面更复杂,拖延的时间往往比较长,在有些派系斗争激烈的农会,如台中县清水镇农会,甚至在农会改革工作完成半年之后,仍无法产生。对于各级农会总干事人选,国民党的重视程度,显然超过了对理事长人选的关注。这固然是因为改革后的农会实行权能划分制度,总干事人选对于今后农会会务的推展,关系最大,但最关键者,恐怕还是在改革后的农会体制中,总干事将会掌握更多的权力,有望继理事长之后成为新的权力核心。

按相关法规的规定,总干事由理事会遴聘,并须有经理事会同意的三个以上保证人的保证,其保证人,负连带赔偿责任。对于总干事的遴选范围与遴选程序,改进台湾省各级农会工作会报又作了详细规定。

首先关于总干事的遴选范围,规定为以下四条:

一、曾在经教育机关立案或认可的高级以上农业学校毕业,从事农业有关工作三年以上,品行端正,成绩优异,而有事实可考者。

二、现在或曾任农会理事长、常务理事,或获有台湾省农会人员讲习所总干事班结业证书，并曾在农会服务二年以上，品行端正，成绩优异，而有事实可考者。

三、曾经高等考试及格，或与高等考试相当之特种考试及格，或教育部门认可的国内外专科以上学校毕业，从事农业有关工作二年以上，品行端正，成绩优异，而有事实可考者。

四、曾在中等以上学校毕业，担任农会股长以上职务三年，或从事农业改良工作，或合作金融事业，或乡村教育文化事业，或乡镇地方自治工作，或农村有关工作五年以上，品行端正，成绩优良，有事实可考者。

关于总干事的遴选程序，规定如下：

一、总干事由理事二人以上之联署书面提荐，提荐及联署各以一次为限；

二、提荐后由理事会以无记名投票法，特别决议表决之；

三、总干事人选经表决决定后，应即呈报主管官署核办。

在遴选范围与程序都确定后，为使党政配合，更好地把握总干事遴聘工作的实施，改进台湾省各级农会工作会报又就总干事提名人选及提名程序，作了以下规定：

一、省县级农会总干事国民党提名候选人，由台湾省党部与农林厅主管同志会商决定，并提交政治综合小组会议决定后，一致予以支持。

二、乡（镇、区、县辖市）农会总干事国民党提名候选人，由县市党部与县市农林行政主管同志会商决定，并提交政治综合小组会议决定后，一致予以支持。

三、总干事人选必须党性坚强，立场公正，懂得农业技术，尤其注重其能力足以领导开展会务，可获得理事会三分之二通过，并符合政府规定之遴选范围者。

四、省派督导组长、副组长，应随时了解各地总干事遴选情形，并得向当地党政主管同志提供意见。

五、当地政治综合小组商讨农会总干事提名人选时，得邀请建设局（科）长之本党同志及省督导组正副组长列席①。

根据上述各项原则，国民党在改革农会过程当中，运用党团力量，通过提名及支持其竞选的方式，切实掌握了改革后的农会总干事人选问题。除有 37 个农会，因地方情形复杂及提名人选不当等原因，未按预定进度遴聘，后经国民党派人指导督促后，始完成遴聘工作，其人选未能完全符合国民党的理想外，其余

① 《中国国民党农民运动与台湾省各级农会改进》，第 56—58 页。

均能顺利完成,且所有遴聘的总干事都是国民党党员[①]。

从上述农会改革的实施过程来看,此次农会改革更多地表现为一场人事变动,而其背后,正是农会制度性的变革。非农民会员被清理出农会,或被边缘化为赞助会员,使改革后的农会从制度层面来说,成为农民自己的组织。而权力阶层的被打乱与再分配,也为国民党进入农会组织,进而更深入地进入农村基层社会,创造了良好机会。理事会与总干事权能划分制度,貌似吸收了现代企业的经营方式,理事会是代农民拥有最高权力的机构(相当于企业的董事会),而总干事因其经营能力为理事会所聘,担负农会组织的日常运营责任(相当于企业的总经理),而事实上在国民党的有意打造下,这一制度成为一场权力核心移转的开始:理事长与理事们的到会时间受到自身资格条件的限制,使其事实上对农会的干预能力受限;而总干事成为国民党着力经营的一个职位,这从其当选者全部为国民党员也可以看出来。

## 四　农会制度性改革的评价

战后台湾农会的制度设计者有二:农复会与国民党政权,在农会改革问题上,两者的立场有相似之处,但也有貌合神离的地方。

首先来看农会改革蓝图的规划者农复会的立场。陈淑莉认为安德生报告反映出美方的一贯立场,是“尽其所能的扩大小农阶层的利益,以确保农民的忠诚度及支持度,如此将更有利于其用以对抗共产势力的围堵政策”[②]。这也是农复会在改革中的基本立场之一,即要将农会改组为真正农民“自有、自治、自享”的组织。但在此原则之外,农复会同样有它的目的性:其一,使农会成为协调政府与农民间利益的中间组织,从而既能支持国民党的在台统治,又能兼顾到小农的利益;其二,使改造后的农会组织可以为我所用,成为推行其农村改造计划的工具。也因此,农复会的最初愿望与国民党一样,要通过改革将控制农会的地方势力,排除出农会权力阶层之外,并在获得政权力量的支持以前,对地方势力采取妥协态度。

同样参与改革设计的国民党,因为有政权力量作后盾,更具备执行力,所以对这次改革的影响更深远。在法规制定与制度设计方面,国民党接收了或者说利用了农复会的成果,顺理成章地将农会的原有权力阶层作为改革的主要对象,在这一点上,国民党与农复会似乎站在了同一立场。但从后来的实施过程

① 《中央委员会四十三年年终工作检讨报告》,第41—42页。

② 陈淑莉:《台湾地区农会之政治经济分析》,第58页。

来看，这种立场对国民党来说，更多地是一种策略，即先占据农会权力阶层分配的主导权，然后用以笼络想分享这些权力的地方力量，从而达到控制农会组织，进而动员与控制乡村社会的目的。

农复会在改革法令设计之初对非农民的妥协，以及国民党将对农会原有权力阶层的打击当成一种策略，都导源于此次改革的主要对象——地方派系，并非与普通农民一样，缺乏对社会、对政策的影响力，相反，在政权力量可以深入基层社会之前，他们是乡村社会的实权阶层，对乡村社会具有动员与控制能力。因此，在国民党试图以和平的方式，动员与控制乡村社会时，不得不在打击与压制之余，又依赖与利用他们的力量。国民党与地方派系之间的复杂关系，从改革之后农会权力阶层主要成员的主要经历中可以反映出来：在全省 340 名理事长当中，曾任民意代表者 105 人，曾任公务员者 24 人，曾任地方自治人员者 58 人，曾任农会理监事者 61 人，曾任农事小组长者 21 人，农家出身 40 人，农校教员 2 人，其他 29 人；常务监事 340 人当中，曾任民意代表者 36 人，曾任公务员者 54 人，曾任农会理监事者 100 人，曾任地方自治人员者 14 人，其他 86 人；总干事 340 人当中，曾任农会总干事者 83 人，曾任农会理事长者 44 人，曾任农会理监事者 91 人，曾任民意代表者 24 人，曾任公务员者 69 人，其他 22 人①。显然，国民党未能通过改革将地方派系的力量排除于农会之外，农会的权力阶层仍然由地方的有力分子担任，而在国民党试图将其扶植为农会新的权力核心——总干事群体中，有不少就是从以前的农会理事长身份转化而来，更可以看出国民党对农会中原有权力阶层的笼络与妥协。

对地方势力的打击与压制，演变为后来的笼络与妥协，为战后很多农会被地方派系困扰埋下伏笔。而从此次农会改革来看，国民党延续了其在大陆的组织动员路线，“不是培养党员成为社会各界的楷模，以赢得民众的信仰和拥护；而是网罗原有的社会权势人物或具有权势潜能的人加入国民党后，达到渗透和控制社会各阶层民众的目的”②，即依然依赖社会精英阶层来延展其统治。

农复会与国民党的另一个貌合神离之处，在于对农会性质与主要功能的认定。农复会强调农会是经济性的团体，目的在发展农村经济，增加生产③。为使农会保持立场中立和良好的工作效率，在安德生的建议中，要求农会远离政治活动。然而，关于农会的政治性，国民党及其官僚显然有不同的认识。有人就认为，安德生的这项建议有违美国的传统精神，而台湾正在实施的土地改革与

---

① 《台湾农会改进组织统计》(1954 年)，第 35、37、39 页。

② 王奇生：《清党以后国民党的组织蜕变》，《近代史研究》2003 年第 5 期。

③ 《蒋主任委员演讲词》，《台湾农林》第 7 卷第 9 期。

地方自治,都需要农民利用农会这一组织,运用政治力量来达到目标[①]。更有人断言:"如果说农会没有政治性,那简直是违心之言,农会是农民的组织,对内要使农民行使四权,对外要维护农民权益,其本身即为政治性团体,本法所显示于第三十条中的不作政治活动者,仅指农会不得为地方势力所利用而已,并不是湮没了农会的政治性,许多人因此断定的说是'确定了农会是经济性而非政治性的'看法,无疑地未曾认清楚农会的基本任务。"[②]而政府官员的说法相对圆融,但对农会的政治性却依然坚持,如时任台湾省政府农林厅厅长的徐庆钟就提到台湾农会的性质,是兼具政治性、技术性和经济性,而以经济性为中心。但就其政治性来说,是农会组织自然发生的结果。因为宪法明定由农会选出职业性代表和委员参加民意机构,如"国民大会"代表、"立法委员"等;且农民若在政治方面有所要求,也须透过农会向政府反映[③]。

农复会与国民党在农会性质与功能方面的分歧,也可从其对农会主管官署的不同意见中反映出来。国民党中央委员会第五组主任上官业佑曾致函蒋梦麟,咨询如按"民众运动统一领导实施纲要"的规定,人民团体组训业务依法应由社政机关主管,因此要将农会的主管官署予以更改。而蒋梦麟在复函中强调农会在经济方面的功能,即"台湾农会组织与本省农业建设工作关系密切,农会对于增加农业生产之协助贡献甚大,今后如欲完成四年经建计划,必须藉农会组织力量之推动,始能达到预定目标"。主张农会仍归农林厅主管指导[④]。尽管国民党后来依从农复会的意见,未将农会的主管机关予以更改,但这种分歧仍然延续下来。到后来,农复会强调农会是农民的合作组织,将其等同于合作社;但大多数政府官员,仍将农会看做农民职业团体,注重其政治性,而忽视其经济功能[⑤]。

两个制度设计者在农会性质与功能方面的分歧,必然会对战后台湾农会的运营产生影响,并使其形成了多目标功能的特点,其业务范围涵盖了信用、供销、推广,可谓涉及农村经济生活的方方面面。同时农会被赋予政治性内涵,使其在地方政治中日益成为举足轻重的角色。经过此次改革,战后台湾农会被塑造为一个特殊的农民组织,成为职业团体、合作组织及政府附属机构等几种特质的集合体,在台湾农村社会发挥着独特的作用。

---

① 洪瑞坚:《农会改进与耕者有其田》,《台湾农林》第7卷第9期。

② 刘世昌:《我对"改进农会暂行办法"的看法》,《农友》第3卷第6期,1952年9月16日。

③ 徐庆钟:《改进台湾省农会的意义》,《台湾农林》第7卷第9期。

④ 国民党中央委员会第五组主任上官业佑1954年6月14日致蒋梦麟函及蒋梦麟1954年6月22日的复函,"农委会"档案,12—313—1128,*Farmers' Organization Division*.

⑤ 杨玉昆(时任农复会农民辅导组组长):《如何领导农会发展事业》,《农友》第18卷第7期,1967年。

# 第五章　改革后的农会组织与内外关系

1953—1954 年的农会改组及其背后的农会制度改革，确立了战后台湾农会的组织结构，并为此后的农会组织发展奠定基础。直至 1970 年代初农会再次面临制度性改革，台湾农会组织未有太大变化。本章主要介绍改革后农会的组织构成与内外关系，从而对改革后的台湾农会组织有全面的了解。

## 一　农会组织规模的变动

从 1949 年当局将农会与合作社予以合并以来，当局对农村两种组织的态度可以说正如有人所批评的，是“重视了农会，忽略了合作社”[①]，即在农村实行着力扶持农会，而相对来说限制合作社的政策，规定凡是农会已经举办的业务，都不得再组织合作社办理[②]。这种明显的政策倾斜，使农会在台湾大多数农村可谓是独领风骚，其组织发展拥有了相当优越的政策环境。

由于战后台湾农会基本已普设于各县市、乡镇，改革后多年间台湾农会仍然保持改革时的规模，即省农会 1 单位，县市局农会 22 单位和乡镇（县辖市、区）农会 317 单位，总计台湾共有农会 340 单位。从 1961 年开始，国民党政权为实现山地平地化政策，决定将全省 30 个山地乡物资供销会，在六年内分期改组为农会，基层农会数量因此有所增加。该年 12 月，新竹县五峰乡、南投县信义乡、屏东县牡丹乡、台东县海端乡及花莲县秀林乡等五单位农会，首先按照预定进度完成组设工作；1962 年底，宜兰县南澳乡、台东县延平乡、花莲县万荣乡和苗栗县泰安乡等五个单位农会，也按进度组设完成。到 1963 年，黄杰就任台湾省主席，为表示对山地工作的重视，要求山地乡农会组设工作提早完成。1964 年，国民党政权又完成了 7 个农会的改制工作，其余 13 个山地乡镇供销会，也于 1965 年陆续改组为 11 家山地乡镇农会（其中屏东县的三地、玛家、雾

---

① 省议员刘传来在台湾省临时省议会第二届第三次大会上的质询，《台湾省临时省议会第二届第三次大会专辑》，1955 年，第 1698 页。

② 农林厅厅长金阳镐在台湾省议会第一届第二次大会上答复省议员朱万成质询，《台湾省议会公报》第 2 卷第 17 期，1960 年，第 726 页。

台等三个供销会联合组设一个农会)。至此组设山地乡农会工作全部完成,共计组设山地乡农会 28 单位,拥有会员 13,573 人,赞助会员 1,940 人[①]。由于山地乡农会的陆续组设,台湾基层农会数量有所变更。在 1962 年农会改选时,基层农会数增加至 324 单位(新增山地乡农会 10 单位,但因台南市东、南、北区三个区农会合并为一个东南北区联合农会,基隆市信义区农会因会员过少被撤销,所以基层农会数一共增加了 7 单位)。至 1965 年改选时,全省基层农会数增至 341 单位(又增加山地农会 18 单位,同时期高雄市前金区农会因会员资格审查结果不及 50 人被解散,所以该年全省基层农会数共增加 17 单位)。

1967 年 7 月 1 日,国民党政权将台北市升格为"直辖市",次年又将邻近台北市,但分属台北县及阳明山管理局的六个乡镇(景美、木栅、南港、内湖、士林、北投),划归台北市管辖,使该 6 单位农会与原属台北市的 6 个区农会,以及台北市农会从台湾省所辖农会系统中独立出来,加上基隆市暖暖区农会被撤销,到 1969 年农会改选时,台湾地区农会组织规模变为:台湾省有省农会 1 单位,县市农会 20 单位(除台北市农会独立为与台湾省农会平级外,阳明山管理局撤销),基层农会 328 单位;台北市则有市农会 1 单位,基层的区农会 12 单位[②]。

相较于农会单位数量的变动,农会基层会员数量的变动情形更值得关注,因为会员是农会的基础,而且,既然国民党政权要借农会来加强对台湾农村的动员与控制,则农会会员数量的增长情形,将是一项重要指标,从中可以看出农民对农会的向心力。1953 年当局在对农会体制进行改造时,首先按正式会员与赞助会员的资格限定,对总数 768,057 名会员进行了资格审查,结果剔除不合格会员 178,758 人,使改革后的农会基层会员总数为 589,299 人。与同时期全省农户数比较,基层会员占全省农户的百分比约为 83.91%。考虑到赞助会员既包括了不合于正式会员资格条件的农民,也包括居住于农会组织区域内的非农民,所以如果全省农民都按一户一人的原则加入农会,则会员总数当超过全省农户数。但从上面的数字来看,显然有为数甚多的农户未纳入农会组织内。根据 1948 年修正的《农会法》和《改进台湾省各级农会暂行条例》的规定,加入农会对于农民来说既是权利,也是义务,即凡符合条件的农民都应加入农会,因此,对于改制后的台湾农会来说,扩大征求会员是其面临的议题之一。

---

① 台湾省政府农林厅长张宪秋在台湾省议会第三届第五次大会上的工作报告(1965 年 5 月 11 日),《台湾省议会公报》第 13 卷第 2 期,1965 年,第 50 页。

② 农会组织变动情形根据台湾省农林厅编印的《1959 年台湾农会改选结果统计》、《1972 年台湾农会改选结果统计》、《1965 年台湾农会改选结果统计》、《台湾农会业务统计年报》(1971 年版)中统计资料比对而来。

如何让未入会的农民加入农会组织？首要工作是扩大宣传，但如仅以文告的方式，很难使农民了解农会是怎样的组织，了解如何加入农会。因此，有人建议，可以利用乡村旧有的集会，如土地会、牛王会、妈祖会等等民间集会的机会，向农民宣传农会的内容与事业；或者利用各乡镇每月都会举行的动员月会或里民大会，在其会前或会后的时间里，劝导农民入会；再或者，借家庭访问之机征求会员①。然而，由于农会并非农民自发的组织，而是政府在其中处于相对主导的地位，这使农民缺乏入会的自觉。真正能促使农民入会的，应该还是取决于现实的利益，也就是农民可以从农会获得其需要的服务，如物资配售、资金贷放等等②。基于这样的认识，当局从反方向入手，不惜使用行政手段促使农民加入农会。1949 年 8 月，台湾省政府农林处在回答如何使不愿参加农会的会员加入农会时，即提出三点办法：其一，用劝导宣传办法；其二，订定“三七五减租”租约的佃农，和承领放领公地的农户，由乡镇及村里长按户通知加入；其三，在劝导后仍不愿加入的，则呈请主管官署核准，停止物资配给及设施利用③。相同的思路在 1956 年 3 月 30 日通过的“农会对会员与非会员差别待遇要点”中，更加完整地体现出来，该要点内容如下：

一、农会自营事业，应限以会员（包括赞助会员，下同）为服务对象。

二、尚未加入农会之农民，由农会会同地方有关机关劝导限期入会，如逾期不加入时，得视其情节，依据左列差别待遇方式办理：

（一）农会受政府委托代办配售物资，如肥料、饲料、食品、布匹及其他资料，凡以全部农民为对象者，应予农会会员优先配售，次及非会员。

（二）农会受政府委托代办生产贷款等项资金，应优先贷给会员。

（三）农会代办政府各项奖励补助事项，应优先给予会员。

三、农会对非会员办理前条（一）至（三）各项业务，得呈经各该业务主管官署核准后酌收手续费。

四、农会凡奉政府委托办理包括非会员在内之其他各项业务，均得比照上列二及三点要点处理。④

① 《台湾农会组织概要》（无出版信息），第 18 页。

② 周金声：《台湾农会进入新时代》，台北：改造出版社，1953 年版，第 28 页。

③ 《台湾农会组织概要》，第 18 页。

④ 《台湾省乡（镇、区、县辖市）农会对会员非会员差别待遇要点》，台湾省农林厅编印：《农会法令汇编》，1972 年，第 40 页。

采取这种差别待遇措施来促使农民入会,一方面显示出国民党政权要将所有农民纳入农会组织系统的决心;另一方面,说明农会的扩大征求会员工作在进行中曾遇到困难。不过,从表5—1可以看出,上述方法还是起到了一定的作用,在“农会对会员与非会员差别待遇要点”出台后不久的1959年,会员数量增长幅度明显超过了其他各届。从1953年到1965年间,基层农会会员数量共计约增长了40%(1969年改选时的数字,因台北市农会系统独立出去,与之前几年的数字比较缺乏可比性),是其间全省农户增长数(约20%)的两倍,除了因组设山地乡农会而增加的15,513名山地乡农会会员外,新入会的会员共计20余万。会员占全省农户的百分比也在不断增加中,到1960年代中期,全省农民90%以上已加入农会[①],农会组织规模有所扩增。(参见表5—1)

**表5—1　台湾省基层农会数与基层农会会员数变动情形**

| 年份 | 全省基层农会数 | 基层农会会员数 | | | | 全省农户数 | 基层会员占全省农户百分比(%) |
|---|---|---|---|---|---|---|---|
| | | 农民会员 | 赞助会员 | 合计 | 增长情形(以1953年为基期) | | |
| 1953 | 317 | 395,087 | 194,212 | 589,299 | 100.00 | 702,325 | 83.91 |
| 1956 | 317 | 448,123 | 203,989 | 652,112 | 110.66 | 746,318 | 87.38 |
| 1959 | 317 | 491,689 | 243,967 | 735,656 | 124.84 | 780,402 | 94.27 |
| 1962 | 324 | 519,112 | 251,062 | 770,174 | 130.69 | 844,510 | 91.20 |
| 1965 | 341 | 556,379 | 270,119 | 826,498① | 140.25 | 847,242 | 97.55 |
| 1969 | 328 | 588,977 | 285,469 | 874,446 | 148.39 | 887,112 | 98.57 |

注①　该年数字不包含高雄县桥头乡农会会员数;

资料来源:台湾省农林厅编印:《台湾农会改进组织统计》,1954年;《台湾农会改选结果统计》(1956年度、1959年度、1962年度、1965年度);台湾省农林厅编印:《台湾农会业务统计年报》(1963年版),1964年,第3页;《台湾农会业务统计年报》(1970年版),1971年,第3页。

## 二　农会内部机构设置与人事

### 一　农会内部机构设置

改革后的农会仍然实行省、县市(局)、乡镇(区、县辖市)三级制。在各级农

① 农复会:《台湾农会现况简报》,1966年2月,“农委会”档案,12.2—313—1146(对应新档号:034000004946A~034000004950A),*Farmer's Associations*。

会内部，其机构设置按权能划分制度，可分为两个部分：在“权”的部分，设有会员代表大会、理事会、监事会。“能”的部分，则以理事会遴聘的总干事为首，其下省农会设总务组、会计组、推广组、督导组和供销部；县市农会设总务课、会计课、推广课及供销部；乡镇基层农会则设总务股、会计股、推广股及供销、信用两部，较之县市农会和省农会多一个信用部门。总务部门辅助总干事，办理农会日常行政事务。会计部门顾名思义，负责农会财务方面事宜。供销部门办理农用资材和生活物资的购入、分配，以及农产品共同加工、仓储和运销。推广部门乡镇农会和省、县市级农会略有不同，省、县市级农会推广部门办理生产指导事业、文化福利事业和农业保险事业；乡镇农会推广股则仅办理前两项事业，农业保险事业以及金融事业均由信用部办理。自 1963 年开始，各农会又增设保险部，办理家畜保险业务。（参见图 5—1）

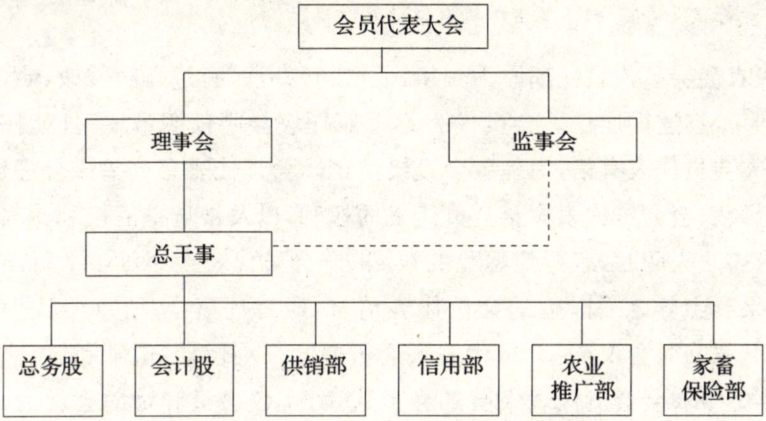


**图 5—1　农会内部机构设置（乡镇农会）**

（参见郭敏学：《多目标功能的台湾农会》，第 24 页。）

## 二　农会“权”的部门和选任人员

会员代表大会是各级农会最高权力机关。乡、镇、区、县辖市农会会员代表大会由所属村里农事小组会员大会选举的会员代表组成；县市农会和省农会会员代表大会则由下级农会会员代表大会选举的会员代表组成。各级农会会员代表，必须具备“农会法”第十三条各款资格之一，而且会员代表中必须有三分之一以上为自耕农和佃农。从历次农会改选会员代表的资格来看，自耕农均占到 80%以上，且截至 1962 年农会改选，会员代表人数和具有自耕农资格者的代表比例都处于不断增加中。从 1965 年农会改选开始，受到农工转型的影响，这种趋势有所改变。（参见表 5—2）

表5—2 历次农会改选会员代表人数与资格

| 年次 | 合计 | | 自耕农 | | 佃农 | | 雇农 | | 农校毕业 | | 农场员工 | |
|---|---|---|---|---|---|---|---|---|---|---|---|---|
| | 人数 | 百分比 | 人数 | 百分比 | 人数 | 百分比 | 人数 | 百分比 | 人数 | 百分比 | 人数 | 百分比 |
| 1953 | 18,354 | 100 | 14,773 | 80.49 | 3,150 | 17.16 | 234 | 1.27 | 188 | 1.03 | 9 | 0.05 |
| 1956 | 19,502 | 100 | 16,048 | 82.29 | 3,072 | 15.75 | 260 | 1.33 | 111 | 0.57 | 11 | 0.06 |
| 1959 | 21,465 | 100 | 18,149 | 84.55 | 2,665 | 12.42 | 595 | 2.77 | 30 | 0.14 | 26 | 0.12 |
| 1962 | 22,509 | 100 | 19,720 | 87.61 | 1,941 | 8.62 | 808 | 3.59 | 16 | 0.07 | 24 | 0.11 |
| 1965 | 17,100 | 100 | 14,966 | 87.52 | 1,334 | 7.80 | 750 | 4.39 | 26 | 0.15 | 24 | 0.14 |
| 1969 | 16,517 | 100 | 14,343 | 86.84 | 1,070 | 6.48 | 1,056 | 6.39 | 23 | 0.14 | 25 | 0.15 |

资料来源:台湾省农林厅编印《台湾农会改进组织统计》,1954年,第18—19页;台湾省农林厅编印《台湾农会业务统计年报》,1964年版,第4页;1971年版,第4页。1956、1959、1962年的资料里没有百分比,笔者根据人数计算所得。

各级农会会员代表任期原为一年,后"暂行办法"有过几次修改,到1965年调整为四年,连选得连任。会员代表不得兼任农会聘任职员,一旦就任聘任职员,即丧失会员代表资格,由理事会直接注销。会员代表有选举该会理事、监事和出席上级农会会员代表大会会员代表的权利,以及被选举的权利。当被选出的人员有违法失职时,有行使罢免的权利①。会员代表大会每年举行定期会议一次,如果有十分之一以上的会员代表请求,或者理事会、监事会认为有必要时,可以召开临时会议②。会员代表大会行使的权利包括:选举和罢免理事、监事及出席上级农会会员代表大会的会员代表;审议会员和赞助会员的入会、出会以及除名的报告;提荐上级农会理事和监事候选人;审核并接受会务报告、事业报告,以及各种事业总报告书;审议各种章程规则;选举本会各种专门委员会委员;审核年度经费收支预算、决算、事业损益预算和决算;审核并接受监事会所提交的稽核报告;审核年度事业计划及各种事业总说明书;议定常年会费的额度;审核会员及赞助会员的存款最高额度(限于乡镇农会会员代表);审核本会的借款最高额度;处理理事会、监事会、会员和赞助会员(限于乡镇农会)的提议事项;议定本会出席上级农会会员代表提出上级农会会员代表大会的事项等③。

会员代表大会在现实层面运作如何?陈聪胜通过对包括农事小组长、农会

① 《农会业务经营要览》(第二篇 农会组织),台湾省农林厅编印,1965年,第61—62页。
② 同上,第165页。
③ 同上,第178—179页。

业务部门主管、理事长、常务监事、总干事、政府工作人员、党部人员、乡镇长和乡镇民代表会主席等在内的1000多人的问卷调查显示，有17.5%的人认为会员大会和会员代表大会组织功能尚可，但更多的人认为会员代表大会存在代表素质过低(约27.5%)和代表人数过多(约19.9%)的问题。还有不少人认为会员代表大会存在派系纷争(11.2%)，开会费用大(7.6%)，开会次数太少(7.3%)，会议徒具形式(4.3%)，代表权力小、无作用(4.2%)等问题[①]。从上述这些看法中，可以看出直到1970年代末，由于会员代表必须由纯农民担任，加上会员代表人数较多，农会会员代表大会在现实运作中仍有不少不尽理想的地方。

会员代表大会之下设理事会与监事会，在会员代表大会闭会期间，依照会员代表大会的意旨或授权，前者处理会务，凡属重要的事项，均须透过理事会的决议，确定决策；后者执行农会财务状况与会计报告的稽核工作，并向会员代表大会负其责任[②]。根据"暂行办法"的规定，各级农会理事名额略有不同，乡、镇、县辖市、区农会为11人至21人，县市农会为15至25人，省农会为23至33人。理事必须具有基层会员资格，并且属于自耕农、佃农、雇农三项资格的，不得少于所设名额的三分之二，属于农校毕业、农场员工两项资格的，不得多于所设名额的三分之一。从表5—3可以看出，农会理事80%以上由自耕农充任，且自耕农的比例不断提升，到1969年改选时，具有自耕农资格者几乎占到理事人数的九成。

**表5—3　历次农会改选理事人数与资格**

| 年次 | 合计 | | 自耕农 | | 佃农 | | 雇农 | | 农校毕业 | | 农场员工 | |
|---|---|---|---|---|---|---|---|---|---|---|---|---|
| | 人数 | 百分比 | 人数 | 百分比 | 人数 | 百分比 | 人数 | 百分比 | 人数 | 百分比 | 人数 | 百分比 |
| 1953 | 4,224 | 100 | 3,436 | 81.34 | 708 | 16.76 | 43 | 1.02 | 33 | 0.78 | 4 | 0.09 |
| 1956 | 4,153 | 100 | 3,462 | 83.36 | 614 | 14.78 | 49 | 1.18 | 24 | 0.58 | 4 | 0.10 |
| 1959 | 4,205 | 100 | 3,618 | 86.04 | 513 | 12.20 | 58 | 1.38 | 12 | 0.29 | 4 | 0.09 |
| 1962 | 4,260 | 100 | 3,767 | 88.43 | 402 | 9.44 | 83 | 1.95 | 4 | 0.09 | 4 | 0.09 |
| 1965 | 4,293 | 100 | 3,802 | 88.56 | 365 | 8.50 | 108 | 2.52 | 16 | 0.37 | 2 | 0.05 |
| 1969 | 3,933 | 100 | 3,502 | 89.04 | 235 | 5.98 | 185 | 4.70 | 9 | 0.23 | 2 | 0.05 |

资料来源：台湾省农林厅编印《台湾农会改进组织统计》，1954年，第24—25页；台湾省农林厅编印《台湾农会业务统计年报》，1964年版，第4页；1971年版，第4页。1953、1956、1959、1962年的资料里没有百分比，由笔者根据人数计算所得。

---

① 陈聪胜:《台湾农会组织之研究》，第182—183页。

② 《农会业务经营要览》(第二篇 农会组织)，第73页和109页。

各级农会理事由各级农会会员代表大会选举产生,任期二年,期满后必须办理改选,如资格审查通过可以连选连任,但连任三届期满后,必须停任一届。理事任期在1965年修改“暂行办法”后,也被调整为四年。和会员代表一样,理事行使权利仅限于理事会召开期间。各级理事会的定期会议为省农会每三个月召开一次,县市(局)农会每两个月一次,乡、镇(县辖市、区)农会每个月一次,必要时可以召开临时会议。理事会由理事互选出的理事长负责召集。各级理事会的权限包括:审查会员资格;审议会员及赞助会员的入会、出会和除名;遴聘或解聘总干事;审议各种章程规则;审议总干事提出的年度事业计划和各种事业总说明书;审议总干事提出的年度经费收支预算案及各种事业损益预算案;审议总干事提出的年度事业报告及各种事业总报告书;对总干事提出的年度经费收支决算案和各种事业损益决算案进行初审;审议总干事提出的每月事业预定进度案;审议总干事提出的每月事业报告和会计报告;核定总干事编制的、提交会员代表大会的会议报告;处理会员代表大会决议及交办的事项;召集会员代表大会;审议财产的处分,等。根据相关法规,理事会在会员代表大会闭会期间,有限度地代行会员代表大会的职权,对于法规、章程明定由会员代表大会拥有的权限,理事会不得代为决议,其主要权限是监督总干事贯彻执行会员代表大会的议决事项①。在现实运作当中,由于会员代表大会定期会议每年仅举行一次,加上在光复初期以理事长为首的理事会掌握了农会,所以尽管理事会的权力在农会制度改革当中受到很大削弱,不再居于农会权力阶层的核心,但理事会仍成为农会“权”的代表。

由于理事也要求由纯农民担任,理事素质低也成为各方对理事会的普遍观感,其次尚有不少人认为派系纷争严重,缺乏专责观念,是理事会存在的突出问题之一。但相对而言,各方对理事会组织功能的肯定,较之会员代表大会要高,在陈聪胜所做的问卷调查中,约33.1%的人认为理事会组织功能尚佳②。

各级农会监事名额不得超过该农会理事名额的三分之一。监事除了由具备会员资格者担任外,赞助会员也可担任,只是不得超过监事名额的三分之一。监事的任期和理事相同,一开始是两年,1965年调整为四年,并且不得兼任上下级农会监事,或者农会其他选任职务。各级农会监事拥有选举常务监事、审议监事会议案和稽核案件、执行监事会稽查农会财务,以及农会对外业务保证等

① 《农会业务经营要览》(第二篇 农会组织),第183页、第188—189页。

② 同样来自陈聪胜所做的1000多份问卷调查,参见陈聪胜:《台湾农会组织之研究》,第188—189页。

权利①。监事会定期每三个月召开一次，必要时可召开临时会议，监事会由监事互选出的常务监事召集。监事会的权限主要包括：稽核理事会送审的年度经费收支决算案和各种事业损益决算案，并向会员代表大会报告；稽核理事会送审的月份事业报告和会计报告；定期稽核本会财务状况；编制提出会员代表大会的稽核报告；代表农会和理事订立契约或处理诉讼事宜；必要时可以按规定程序召开临时会员代表大会，等②。

从表5—4来看，赞助会员担任监事的比例在1956年改选时为数最高，之后逐渐下降；会员中自耕农担任监事的比例，在经历1956年的低谷后，则逐渐处于上升之中。不过就算赞助会员比例最高的1956年，也没有超过三分之一的法规限制，且监事总数也严格处于法规要求的理事人数的三分之一以下。由于监事人数不多，工作相对单纯，受外来干扰较小，各方对监事会的工作效果认可度较高，陈聪胜所做的问卷调查显示，有35.8%的人认为监事会组织功能尚佳，超过对理事会的认可度。但认为监事素质低的比例依然很高，达30.5%，位居监事会各项问题的首位③。改革后农会选任人员要求尽量由农民会员担任，而农村受教育水平的限制，导致各方对会员代表、理事和监事群体的素质普遍不看好，并不免影响到农会“权”的部门的运作。

**表5—4　历次农会改选监事人数与资格**

| 年次 | 合计 | | 自耕农 | | 佃农 | | 雇农 | | 农校毕业 | | 农场员工 | | 赞助会员 | |
|---|---|---|---|---|---|---|---|---|---|---|---|---|---|---|
| | 人数 | 百分比 | 人数 | 百分比 | 人数 | 百分比 | 人数 | 百分比 | 人数 | 百分比 | 人数 | 百分比 | 人数 | 百分比 |
| 1953 | 1,221 | 100 | 739 | 60.52 | 144 | 11.79 | 14 | 1.15 | 4 | 0.33 | 1 | 0.08 | 319 | 26.13 |
| 1956 | 1,289 | 100 | 743 | 57.64 | 133 | 10.32 | 19 | 1.47 | 2 | 0.16 | 1 | 0.08 | 391 | 30.33 |
| 1959 | 1,211 | 100 | 797 | 65.81 | 136 | 11.23 | 20 | 1.65 | 4 | 0.33 | 2 | 0.17 | 252 | 20.81 |
| 1962 | 1,228 | 100 | 888 | 72.31 | 86 | 7.00 | 30 | 2.44 | 4 | 0.33 | 2 | 0.16 | 218 | 17.75 |
| 1965 | 1,219 | 100 | 983 | 76.54 | 92 | 7.55 | 30 | 2.46 | 1 | 0.98 | 2 | 0.16 | 161 | 13.21 |
| 1969 | 1,108 | 100 | 844 | 76.17 | 79 | 7.13 | 46 | 4.15 | 5 | 0.45 | 3 | 0.27 | 131 | 11.83 |

资料来源：台湾省农林厅编印《台湾农会改进组织统计》，1954年，第25页；台湾省农林厅编印《台湾农会业务统计年报》，1964年版，第5页；1971年版，第5页。1953、1956、1959、1962年的资料里没有百分比，笔者根据人数计算所得。

## 3　农会“能”的部门和聘任职员

从会员代表大会到理事会、监事会，其成员均由选举产生，属农会选任人

① 《农会业务经营要览》(第二篇 农会组织)，第110—111页。

② 同上，第215页。

③ 陈聪胜：《台湾农会组织之研究》，第191页、第194—195页。

员。在理事会之下,从总干事开始,包括各部门职员在内,为农会的聘任人员。农会日常运营,即由总干事率领各部门聘任职员进行。总干事由理事会遴聘,负责农会业务的运营,并向理事会负责。总干事的资格与遴聘、解聘程序,已如第四章所述。总干事除了依据农会章则,会员代表大会和理事会的决议,以及其他有关法令办理事务,并负其责任外,还担负农会业务推行的全责,以及农会各业务部门职员和技术人员的聘任、解聘及监督指挥等人事权。总干事每年还须编制并提交理事会有关农会事业运营的各种计划书、事业报告、年度岁出入预决算等,办理所在农会各种法定会议的一切事务①。

总干事之下,农会事务与业务部门职员大致包括四类:其一为辅助人员,如秘书、专员;其二为技术人员,含技师、技术员、技术助理员、工厂技术人员;其三为业务人员,包括督导员及供销、信用、会计等部门人员;其四为文书、出纳、庶务、人事等事务人员②。上述职员的人事权主要归于总干事,并在总干事领导下办理相关事务:“总干事得依照编制预算并视事业需要,聘用事务及技术人员,报告理事会备案,解聘时亦同。所聘职员,均由总干事指挥监督之。”③由于总干事垄断农会人事权曾造成不少反对意见,1961 年新修正的农会人事管理规程要求这些职员的聘任、解聘、调任、成绩考核、薪级拟定、退休、退职及抚恤等事宜,都必须由总干事按程序报经上级农会人事审议委员会审议后才可确定④。1963 年当局修订“暂行办法”,对农会人事权又稍做调整,规定农会的业务部门及会计主管人员遴解聘必须提报理事会通过。但到 1969 年,在新实施的人事管理办法中,以及同年再次修订的“暂行办法”中,当局又将此项权力再次交给总干事,总干事聘用职员,不必再经由理事会通过,仅须报由理事长转报理事会备案即可⑤。

至于农会各类职员的选拔标准,1961 年修订的农会人事管理规程做了如下规定:

一、辅助人员:高中以上学校毕业或高普考及格并具有辅助总干事推行会务业务之能力。

二、技术人员:技师、技术员、技术助理员等均应具有农业有关学历或

---

① 《农会业务经营要览》(第二篇 农会组织),第 242 页。

② 《台湾省各级农会人事管理规程》(农林厅 1961 年 8 月 24 日农组字第 30195 号函修订),《农会业务经营要览》(法规汇编——附录),台湾省农林厅编印,1965 年,第 85 页。

③ 《改进台湾省各级农会暂行办法》(第 26 条),《农会法令汇编》,第 9 页。

④ 《台湾省各级农会人事管理规程》,《农会业务经营要览》(法规汇编——附录),第 83 页。

⑤ 有关总干事的用人权,详见第七章第一节。

经高普考农业各科及格为基本条件，其经历均应以曾任农业有关机关团体技术职务者为限，各工厂职员应具有与担任工作性质相同之学经历者为限。

三、业务人员：除省农会督导员应具有专科以上学校毕业，并熟谙农会业务情形为取用标准外，其他业务人员均应具有农业、商业、经济等科系或初中以上农业商业职业学校毕业或经高普考有关各类科人员考试及格者为限，但会计人员必须具有商业会计有关之学经历。

四、事务人员：初中以上学校毕业，或经高普考及格或曾在政府机关、农业团体任职之经历。[①]

上述对农会职员的资格要求，“其主要精神是学识与经验并重，亦即学历与经历兼顾”。在现实运作中，农会职员的聘用标准比法规内容更为宽松，“旨在鼓励人才下乡吸取优秀人才为农会服务”[②]。对农会职员的资格限制，没有会员或非会员，以及正式会员或赞助会员的区别，而且更倾向于有农业团体工作经验者，这无疑为赞助会员进入农会职员系统创造了条件。农会聘用职员的学历情况，最初是国民学校毕业者最多，职业学校和中等学校毕业者次之，具有小学（国民学校）和中学（含中等学校和职业学校，中等学校包括初中、高中，职业学校则相当于高中，即高职）程度者，占农会职员的绝大多数。在改革后的十几年间，农会职员总体来说仍以具有小学和中学程度者为主，专科以上毕业者的比例鲜有增加，反而多次出现减少的情形，这和受高等教育的人才仍倾向于进入都市和企业，对下乡并不积极有很大关系。更细致地来看，农会聘用职员的学历水平仍呈现上升趋势，最突出的表现就是具有小学程度者的比例逐渐降低，职业学校毕业者逐渐超越国民学校毕业者，成为农会职员中比例最高的群体，如果加上中等学校毕业者，则 1959 年具有中学程度者即占到农会职员的一半以上；到 1960 年代中期，这一比例增加至约 60％；到 1969 年，继续攀升至约 70％，其中职业学校毕业者占职员总数的近一半。（参见表 5—5）农会聘任职员的受教育水平不断提升，和当时台湾社会、特别是乡村社会的总体受教育水平是相适应的。

---

① 《台湾省各级农会各级农会人事管理规程》，《农会业务经营要览》（法规汇编——附录），第 85—86 页。

② 《农会业务经营要览》（第六篇　经营管理），第 59 页。

表5—5　各级农会聘任职员学历情况

| 年次 | 合计 | | 专科以上% | 中等学校% | 职业学校% | 国民学校% | 补习学校% | 训练班% | 其他% |
|---|---|---|---|---|---|---|---|---|---|
| | 人数 | 百分比% | | | | | | | |
| 1954 | 6,781 | 100 | 2.59 | 18.50 | 26.69 | 44.45 | 3.55 | 2.77 | 1.45 |
| 1955 | 6,447 | 100 | 2.29 | 18.47 | 27.84 | 43.42 | 3.42 | 3.23 | 1.33 |
| 1956 | 6,506 | 100 | 2.55 | 19.67 | 28.22 | 41.82 | 2.95 | 3.46 | 1.33 |
| 1957 | 6,724 | 100 | 2.70 | 20.18 | 28.96 | 40.94 | 2.57 | 3.21 | 1.44 |
| 1958 | 6,682 | 100 | 2.62 | 19.35 | 30.22 | 40.33 | 2.84 | 3.05 | 1.59 |
| 1959 | 7,271 | 100 | 2.68 | 19.52 | 32.29 | 38.65 | 2.86 | 2.78 | 1.62 |
| 1960 | 7,892 | 100 | 2.18 | 20.49 | 33.08 | 37.09 | 3.38 | 2.22 | 1.56 |
| 1961 | 8,098 | 100 | 1.98 | 21.09 | 34.85 | 35.64 | 2.96 | 2.21 | 1.27 |
| 1962 | 8,518 | 100 | 2.04 | 21.84 | 35.38 | 34.92 | 2.79 | 1.87 | 1.16 |
| 1963 | 8,781 | 100 | 1.90 | 23.04 | 36.19 | 33.43 | 2.62 | 1.92 | 1.10 |
| 1964 | 8,880 | 100 | 1.87 | 21.84 | 38.24 | 32.87 | 2.56 | 1.36 | 1.26 |
| 1965 | 9,373 | 100 | 2.08 | 23.10 | 40.43 | 29.81 | 2.22 | 1.26 | 1.10 |
| 1966 | 8,696 | 100 | 1.84 | 23.61 | 41.39 | 28.77 | 2.35 | 1.13 | 0.91 |
| 1967 | 9,215 | 100 | 1.94 | 23.82 | 43.83 | 27.03 | 1.54 | 0.88 | 0.96 |
| 1968 | 9,288 | 100 | 2.36 | 24.79 | 42.68 | 26.83 | 1.42 | 0.79 | 1.13 |
| 1969 | 11.051 | 100 | 2.21 | 24.81 | 44.06 | 24.87 | 1.94 | 0.90 | 1.21 |

资料来源:台湾省农林厅编印:《台湾农会业务统计年报》,1964年版,第6—7页;1971年版,第6—7页。

自农会组织体制改革以后,农会职员数量总体处于增加之中,1954至1969年间,职员总数增加了近63%,这背后凸显的是农会规模和农会业务的扩展。以农会各部门职员配置情况来看,供销部门一直是农会员额配置比例最高的部门,信用部门次之,推广部门又次之,显示这三个部门在农会日常运营中的重要性。供销部和信用部职员数量合计占到农会职员总数的一半以上,更凸显这两个业务部门的突出位置。在这两个部门中,供销部门员额比例总体呈现出下降的趋势,信用部门则呈现上升的趋势,这种员额配置不同的发展趋势背后,是两个部门业务成长情形的不同,即长时间以来农会虽然供销业务占据最重要位置,但相对而言其地位是逐渐下降的,而信用部门则处于持续成长中,渐渐有超越供销部门之势。(参见表5—6)

**表 5—6　各级农会聘任职员员额配置情况**

| 年次 | 合计 | | 总干事室% | 总务股% | 推广股% | 供销部% | 信用部% | 保险部% | 会计股% | 其他% |
|---|---|---|---|---|---|---|---|---|---|---|
| | 人数 | 百分比% | | | | | | | | |
| 1954 | 6,781 | 100 | 6.43 | 12.54 | 13.26 | 37.37 | 17.08 | — | 8.04 | 5.28 |
| 1955 | 6,447 | 100 | 6.87 | 12.10 | 12.70 | 36.71 | 17.70 | — | 8.21 | 5.71 |
| 1956 | 6,506 | 100 | 6.80 | 12.32 | 12.89 | 36.61 | 17.33 | — | 8.07 | 5.98 |
| 1957 | 6,724 | 100 | 6.79 | 12.00 | 14.16 | 35.70 | 17.26 | — | 7.70 | 6.39 |
| 1958 | 6,682 | 100 | 6.81 | 11.71 | 15.01 | 35.33 | 17.99 | — | 7.57 | 5.58 |
| 1959 | 7,271 | 100 | 6.23 | 11.48 | 16.53 | 34.08 | 18.74 | — | 7.19 | 5.75 |
| 1960 | 7,892 | 100 | 6.07 | 10.64 | 17.22 | 32.93 | 20.00 | — | 7.17 | 5.97 |
| 1961 | 8,098 | 100 | 6.03 | 10.51 | 17.55 | 32.23 | 21.68 | — | 6.86 | 5.14 |
| 1962 | 8,518 | 100 | 5.59 | 10.80 | 17.21 | 30.89 | 22.40 | — | 6.95 | 6.16 |
| 1963 | 8,781 | 100 | 5.38 | 10.55 | 15.94 | 30.79 | 24.70 | — | 6.53 | 6.11 |
| 1964 | 8,880 | 100 | 5.24 | 10.44 | 14.76 | 30.99 | 26.52 | 1.89 | 6.67 | 3.49 |
| 1965 | 9,373 | 100 | 4.90 | 10.43 | 14.29 | 30.17 | 26.53 | 2.28 | 6.59 | 4.81 |
| 1966 | 8,696 | 100 | 5.39 | 10.22 | 14.59 | 30.51 | 26.29 | 2.62 | 6.62 | 3.76 |
| 1967 | 9,215 | 100 | 5.13 | 10.06 | 14.28 | 30.24 | 27.24 | 2.71 | 6.77 | 3.57 |
| 1968 | 9,288 | 100 | 4.99 | 10.03 | 14.32 | 30.47 | 27.15 | 2.77 | 6.58 | 3.69 |
| 1969 | 11,051 | 100 | 4.58 | 11.84 | 12.90 | 29.26 | 28.41 | 2.72 | 6.22 | 4.07 |

资料来源：台湾省农林厅编印：《台湾农会业务统计年报》，1964 年版，第 6 页；1971 年版，第 6 页。

## 四　农会评议委员会

安德生在其考察报告《台湾之农会》中曾建议在各级农会设置评议委员会，专门研究对于台湾农业、农会、农民有利的农业与农村方面的政策或工作计划，提供各级农会参考。评议委员会仅为农会商定可以采取的政策，自身不能采取行动。如某个研讨结果被农会接受，可在农会全体会务大会中提出。涉及要推动政府拟定或通过某项政策的，也由农会通过适当途径向政府表达意见。所以评议委员会的设置，是为了给农民一个能充分发表意见的机构，旨在增强农民对政府农业决策的影响力，避免政府各项政策均由上到下决定[①]。

改革后，各级农会按安德生的建议设置了评议委员会。该委员会在省农会

① 安德生：《台湾之农会》，第 30—31 页。

一般由15至21人组成,县市农会则由9至15人组成,乡镇基层农会由5至11人组成。各级农会评议委员由各该农会理事会从符合下列条件的人员中聘任:

一、曾任各该农会理事监事会员代表的赞助会员,在任期间成绩显著或者有重大贡献;

二、曾任该农会课股长以上职务的赞助会员,在职期间成绩显著;

三、曾对农会会务有重大贡献的赞助会员①。

概括言之,评议委员职位主要为那些在原农会中有一定影响力、监事会或农会职员岗位无法容纳的赞助会员而设置。评议委员会每三个月由理事长召集开会一次,委员为无给职,但在委员会开会期间,可以比照理事、监事支给旅费和出席费。评议委员会并无实权,其任务主要是关于农会会务管理和农会业务管理经营的改进建议事项,农会会员教育研究设计及协助推行事项,其他有关农会应予兴革的建议事项等②。但在其后农会的实际运营中,甚少看到该委员会的作用。

## 5 农会"权""能"部门的关系

在农会内部机构设置中,尽管从法规层面来说,会员代表大会是最高权力机关,但因会员代表人数众多、会员代表素质不高、开会次数过少等原因,在实际运作中,会员代表大会的决策作用非常有限,农会"权"的部门中,代表会员代表大会行使有关权利的理事会实际上成为最重要的部门。而农会"能"的部门中,最为重要的自然是总揽农会事务执行权和业务经营权的总干事,两者构成农会"权""能"部门的两端。农会"权""能"部门的关系,即集中体现于理事会和总干事的关系。

由于权能划分制度在有意解决真正的农民掌握农会权力、却又缺乏管理农会的能力这一矛盾的同时,更被国民党政权作为农会权力核心移转的重要手段,农会由改革前的偏重理事长一变而为偏重总干事,总干事与理事会的关系因此相当微妙,"虚设之理事长若不为总干事操纵盲目盖章,则百般设计欲解聘总干事,制造纠纷"③。台湾省党部和台湾省政府农林厅相关工作人员后来也总结,总干事和理事会的关系可能存在四种不和谐现象:其一,总干事和理事会属

---

① 《台湾省各级农会评议委员会设置办法》(农林厅1954年4月1日农组字第9199号),《农会业务经营要览》(法规汇编——附录),第111页。

② 同上,第112页。

③ 省议员许新枝在台湾省议会第三届第一次大会上的质询,《台湾省议会公报》第9卷第21期,1963年,第1048页。

同一派系，则相互勾结，图谋不当利益，彼此之间不能监督；其二，两者若不属同一派系，则相互对立，彼此杯葛；其三，理事长或理事在理事会会议之外，以个别身份干涉总干事或农会业务部门；其四，总干事或其他员工不按照会员代表大会或理事会的决议行事，专断独行①。之所以造成这些现象，总干事和理事会的权责划分不清，地方派系作祟等，都是重要原因②。理事会和总干事的权力分配及协调合作问题，因而成为改革后农会人事方面的中心议题。国民党为了掌控农会，则一直将天平向总干事倾斜，使代表“能”的总干事实际上成为农会最有“权”的职位③。

## 三　农会的外部关系

改革后的台湾农会，其外部关系主要包括：农会之间的关系，农会与各级行政机关之间的关系，农会举办经济、金融事业时和目的事业主管机关之间的关系，以及与对战后台湾农会发展至关重要的国民党、农复会的关系。农会与国民党的关系将另章论述，本节将分别讨论农会与其他单位的关系，进而了解农会的外部关系网络。

### 一　农会之间的关系

根据 1948 年修正的《农会法》和 1952 年公布的《改进台湾省各级农会暂行办法》，台湾农会为法人，这意味着全台 300 多个农会均为相对独立的单位，各农会日常运营拥有相当大独立性。尽管安德生在调查台湾农会之后，曾提醒要注意各农会之间“各自为政”的问题，建议各级农会之间在业务等方面加强联系，④但改革后农会之间的关系并未有效改善，平级农会之间甚少见到业务往来和其他联系，农会之间的联系，主要存在于上下级农会之间，但这种联系也很松散。

根据相关法规，上级农会以下级农会为会员，上级农会对下级农会负有监督、指导和稽核权，这些权利具体来说包括以下几方面：

一、一般的监督。“暂行办法”第 54 条规定，上级农会对下级农会有指导稽核之权。下级农会要求政府或其他有关农业机关补助事业费用的计划，应经过

---

① 陈聪胜 1976 年 7 月 12 日至 14 日访问台湾省党部干事曹达甫、视导张正义，台湾省政府农林厅科长夏维平、专员蒋书诰、视察林振，台湾省农会组长叶捷新所得，参见陈聪胜《台湾农会组织之研究》，第 200 页。

② 同上。

③ 有关国民党对农会总干事一职所做的种种保障，详见第七章。

④ 参见安德生《台湾之农会》，第 34—38 页。

上级农会核准。

二、举办事业的同意。"暂行办法"第 9 条规定,农会办理各种事业,应经上级农会同意,才可以举办。

三、募集事业费的核议。"暂行办法"第 41 条规定,乡镇区市农会募集事业费,应将募集数额标准方法及其用途,提经上级农会理事会议决议后方可实行。

四、列席会议。"暂行办法"第 40 条规定,农会理事,应由理事会会议决议,轮流列席所属农会会员代表大会、理事会会议及农事小组会员大会。

五、财务的稽核。依台湾省各级农会财务稽查办法之规定,上级农会应指定专责人员稽查下级农会财务,每半年举行定期稽查一次,必要时得临时派员稽查。

六、人事的审议。依 1961 年修正公布的台湾省各级农会人事管理规程的规定,农会职员的聘任、解聘、成绩考核、薪级及退休、抚恤的审定,除省农会人事由省农会审议委员会办理外,其余下级农会,均应经由上级农会组织的人事审议委员会依照规定办理①。

上述几种权利中,有关农会人事权部分,存在的时间不长,很快又交回各级农会理事会或总干事手中。

具体而言,三级农会之间,省农会的主要任务是领导各地方农会推行合作运销、合作购置、训练、督导以及农业推广等经济性与服务型工作②。省农会经常与省农林厅、农复会等一道,对各级农会选聘任人员开展培训,并参与基层农会督导工作,有关改善农会业务经营、改进农会人事与财务等涉及农会制度性建设方面的内容,省农会也经常会参加,所以省农会更像政府、农复会与整个农会系统之间的一个媒介。有关机关交办农会的业务,有些也通过省农会,再转配给地方农会,如配肥业务等。在共同运销与合作购买方面,毛猪共同运销即由省农会代表各地乡镇农会与家畜市场订定合同,然后分配给办理该项业务的乡镇农会③。有些农民生产生活必需品,由省农会出面采购,再通知县市农会和乡镇农会购买,从而获得相对价廉物美的货品。但省农会与地方农会共同经营的业务比较零散,并未形成系统。就农业推广来说,因不负担经费的关系,省农会与县农会及乡镇农会的关系更形淡薄:"省农会既不负担县农会及乡镇农会的农业推广经费,因而对这些农会的人事及工作等,都不能作有效的干涉,劝导可以,要认真地干涉则无此权力,省农会推广组的事务大部分是行政性质的,但

---

① 《农会业务经营要览》(第二篇 农会组织),第 279—280 页。

② 《中国农村复兴联合委员会工作报告》第 9 期,1957 年 7 月—1958 年 6 月,第 5 页。

③ 许文富:《台湾毛猪运销之制度与经济研究》,载"经济部"农产运销改进小组编印:《农产运销专题研究报告专辑》(第一辑),1973 年,第 2 页。

既不负担下级农会的推广经费，又不能有力地干预人事与工作计划，考核其功过而加以奖惩，则有何行政而言。”[①]县市农会与乡镇基层农会是最直接的上下级关系，但彼此间的关系同样并不紧密。“事实上各级农会仅具形态上之维系，无论业务经营与财务人事，多各行其是，以致力量分散，甚或发生竞争冲突，使若干需用系统组织之营运业务，亦因个别人力财力设备限制，无法开展，殊失三级制组织之功能”[②]。

上下级农会之间以及平级农会之间的关系松散，一方面虽然可避免农会之间形成全省性的组织串联，成为政府行政体系之外的独立组织体系。但另一方面，各农会的各自为政，业务范围划分不清，在经营中不仅不能相互帮助、相互扶持，还相互竞争，在台湾农业逐渐面临商品化和市场化冲击的情况下，农会的业务经营不免受到负面影响，难以形成规模化经营，在与商人的竞争中处于不利地位。

## 二 农会与各级行政机关的关系

台湾三级制农会与行政体系相对应（参见图 5—2），各级行政机关与各级农会有较深的关系，特别是有关法规规定了农会的主管机关，在省为省政府，并以台湾省农林厅为其主办机关；在县市为县市政府。为加强各级政府对农会的督导功能，台湾省农林厅于 1951 年 7 月 5 日专门成立农民组织科，作为农会主办单位，负责全省农会的辅导、监督等相关事宜；农会改制后不久，又在各县政府建设局之下，增设农会辅导课，作为县级和乡镇级农会的主办单位；在县辖市及阳明山管理局，则以农林部门为其主办单位。

主管机关对农会的权力包括监督权与处分权，所谓监督权是指：

一、组织的核准与登记。农会发起组织与成立，必须经过主管机关核准立案，并派员指导等。

二、监督农会选任人员的选举及罢免事宜。农会选任人员候选人资格审查，必须由主管机关派员监督指导；下级农会应推选上级农会理监事候选人名额，以及应选举出席上级农会会员代表大会的会员代表名额，由主管机关核定；任期届满后的改选，由主管机关排定进度办理；农会会员代表，理事，监事，农事小组组长、副组长，理事长，常务监事的选举，均应由主管机关派员监选；等等。

三、对农会各种会议的监督事项：农会召开会员大会或会员代表大会，应事

---

① 《农会业务经营要览》（第五篇 农业推广），第 39 页。

② 《台湾省粮食问题及农会农田水利会考察报告表第五篇之陆：发展农会业务之新途径》，台湾省农林厅致农复会函，（55）1—15 农组字第 05192 号，“农委会”档案，12.2—313—1146，*Farmer's Associations*。

先报经主管机关核准后始得召开，理事会及监事会的临时会议，也应先报准。如未经核准，警察机关得予制止。至于理事会、监事会的定期例会，应事先报请主管机关备案；农会会员代表大会，农事小组会员大会及各种临时会议，主管机关应派员指导。至于理事会及监事会的定期例会，得应邀派员指导，或认为必要时派员指导之。又乡镇区市农会会员资格审查时，必须申请县市(局)政府派员指导；农会各种会议之纪录及决议案，应于会后六日内呈报主管机关核办，如有违法不当之决议，主管机关得令其撤销。会议纪录及决议案经主管机关核备后，始为有效。如因延迟而引起事端，应由农会负责，主管机关并得视农会为怠忽政令，予以适当之处分。

四、核定职员编制。除农会理事、监事的设置名额由主管机关核定外，聘任职员的名额，按台湾省各级农会人事管理规程的规定，也应由主管机关根据农会事业量及财务状况，依照编制标准核定之。

五、监督农会选聘任人员的新旧任移接事项，如农会理事会或总干事前后任之盘查交代，应由主管机关派员监交等。

六、财务稽查。县市(局)政府对所辖农会财务，每半年举行定期稽查一次，必要时得临时派员稽查。农林厅对农会财务之稽查，每年举行一次，并根据需要随时举行临时稽查。农林厅、县市(局)政府及上级农会对下级农会的财务稽查，可以联合举行。

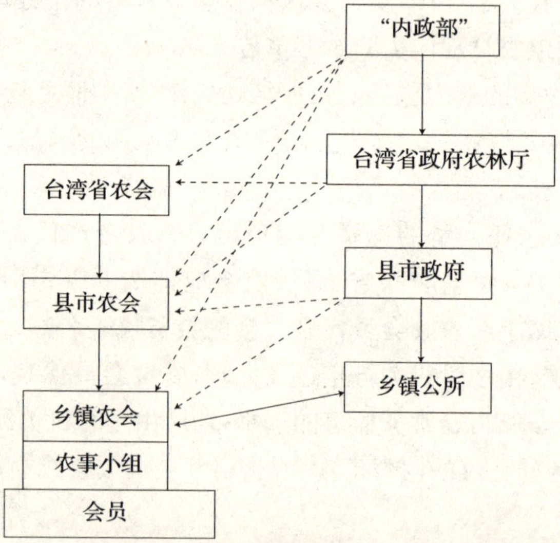


**图5—2　农会与各级行政机关关系**

注1：根据郭敏学：“台湾农会三级体制及其与政府关系”图改制而成，参见郭敏学：《多目标功能的台湾农会》，台湾“商务印书馆”1977年版，第15页。

注2：⟶为隶属线；-------→为督导线；⟷为联系线。

主管机关对农会的处分权包括：

一、警告。依改进办法第四十九条之规定，农会怠忽任务，妨害公益，或逾越其事业范围时，主管机关得予警告。

二、撤销决议。依改进办法第五十条之规定，农会之决议，有违反法令、妨害公益、或违反其宗旨及任务时，主管机关得令撤销其决议。

三、对聘任职员的惩戒。依台湾省各级农会人事管理规程的规定，主管机关得对农会聘任职员为：申戒、记过、记大过等处分。

四、命令改选或解聘。依改进办法第 35 条的规定，农会选任及聘任职员，如有违反法令或其他直接危害农会之重大情事者，主管机关得令其改选或解聘。又按“内政部”1964 年 10 月 24 日台内社字第 156563 号令解释，农会对于主管机关所做的命令改选或解聘的处分，应即遵照通知执行，不必再经过决议的程序。

五、整理。依照台湾省各级人民团体调整办法第二条第一项乙款之规定，对有下列情形之一者予以整理：

1. 组织不健全或内部发生纠纷者。

2. 受停止活动处分期满尚未恢复活动，或经予限期改选改组但逾期不完成，尚有相当基础，且有存在必要者。

3. 职员一部分违反法令妨碍公益，或有破坏地方安宁秩序情事者。

六、解散。依改进办法第五十一条规定，农会违反其宗旨或任务，其情节重大者，主管机关得予解散，或撤销其登记，但须征得当地民意机关同意。农会解散后，应即重行组织①。

很显然，农会组织的方方面面，都在主管机关的权力覆盖之下。在这些主管机关的权力顶端，是国民党中央“内政部”的直接管辖，尽管直至 1969 年 8 月，国民党政权才于修正《改进台湾省各级农会暂行办法》时，增列农会在中央的主管机关是“内政部”，但在此之前，“内政部”已是台湾农会事实上的最高主管机关，台湾农会所涉及到的种种纠纷，农林厅往往要到“内政部”请求定夺。

在农会与各级主管机关的关系中值得一提的是，各级主管机关对农会采取分层辅导制，即省农会由省农林厅直接辅导，县市农会及乡镇农会由县市政府直接辅导，台湾省农林厅作为省一级的主管机关，对下级农会的辅导，一般须通过县市政府进行②。省农林厅作为农林行政机关，对县市政府的约束力相对较

① 《农会业务经营要览》(第二篇 农会组织)，第 268—278 页。

② 台湾省农林厅厅长金阳镐在台湾省临时省议会第三届第一次大会上答复省议员叶寒青质询，《台湾省临时省议会公报》第 10 卷第 7 期，1957 年，第 9695 页。

弱,加上国民党政权迁台后开放地方自治选举,县市长及以下均为民选,选举利益所在,常有派系作祟,导致县市政府对乡镇农会的辅导工作有失之公允的地方,从而成为农会权力纷争的一大根源。

在农会与各级行政机关的关系图中,另一值得一提之处,是基层农会与其对应的基层行政机构——乡镇公所是一种平行关系,尽管根据台湾省政府 1956 年 3 月 19 日府民一字第 12775 号令规定,乡镇县辖市长对农会的监督范围如下:

一、农会主持人应列席乡镇市务会议,乡镇市长得以主席地位,对其主管业务就事指示。

二、农会对上级农会或县政府呈送经费预算决算及与乡镇市公所业务有关之文件,均应以副本送乡镇市公所备考。

三、农会如有逾越范围的活动,乡镇市公所应报请县政府纠正。

四、农会事业计划,所属职员的任免、调迁、考核、奖惩,会员资格审查及有关福利等事项,须呈报上级农会或县政府核定者,均应以副本送乡镇市公所备查。

五、农会会员大会、会员代表大会、理事会、监事会,应邀请乡镇市长列席指导,会后并将会议纪录及议案送乡镇市公所备考①。

但除了乡镇长会参加农会改选前的会员资格审查委员会,因而对农会能产生一定影响外,两者之间更多的仅为保持"联系"而已。乡镇公所不似省及县市政府,对与其相应层级的农会有"主管"的权力。由于乡镇基层农会在农会体系中最具实质业务和功能,乡镇层级这样一种制度设计,显示国民党政权试图通过行政机关与农民组织分离的双轨体制,来加强对乡村基层社会的控制。

在乡镇之下,农会的最小单位是农事小组,农事小组的范围一般和村里相对应,农事小组长则往往由村里长兼任,以便农会在最基层开展工作。也就是在农村的最末梢,农民组织和行政体系殊途同归,借助相同的组织。

## 三　农会与目的事业主管机关的关系

农会在经办业务时,还受到目的事业主管机关的监督与管理,以目的事业主管机关为其主管机关。在 1949 年农会与合作社合并时,当局就规定农会经营各种业务必须受到目的业务主管机关的监督指导,如粮食局主管有关粮食业务、农仓以及食盐分配的指导;专卖局主管有关水利及工程事业的指导,并指导

① 《农会业务经营要览》(第二篇　农会组织),第 281 页。

监督各公私营工厂与农会业务的配合；地政局主管有关土地分配和主佃关系的指导；财政厅、台湾银行主管贷款运用和对外信用方面的指导；另外如物资调解委员会、肥料运销委员会及其他和农会业务经营有关的政府机关，也均负责相关业务的指导工作①。1953—1954 年农会改革之后，农会业务主要分为农业推广、经济业务和信用业务三大类，农业推广业务由农林厅直接主管，其目的事业主管机关主要是举办供销业务时，受粮食局监管；举办金融业务时，以财政部门（台湾省财政厅和后来的“财政部”）为其主管机关，并与合作金库、土地银行有密切关系。合作金库经台湾省政府授权，对农会信用业务有辅导的责任，并有检查其业务的权利。同时，对信用部还有融通资金的任务，信用部须缴存的法定存款准备金，必须存于合作金库；信用部多余的资金，也可存于合作金库。土地银行对农会也有融通资金的任务，信用部多余资金也可存于土地银行②。

在农会目的事业主管机关中，粮食局的地位非常突出。农会改革后很多年间，承办粮食局委托业务是农会的主要财源，就连粮食局局长也说农会几乎可以算粮食局的一个下属机构，农林厅虽名为农会主管机关，但农会大部分业务，却由粮食局主办③，农会事实上充当了战后台湾粮政体系的一环。粮食局将肥料换谷、公粮收储与加工业务等委托农会办理，并与农复会一起补助农会设置仓库。农会从粮食局委托业务中获得运营必须的经费，因此在很长时间内对粮食局非常依赖。农会承办粮食局业务，一般会订立契约，根据规定，双方应依契约规定，平等履行义务，并享受相关权利，粮食局“不得以主管机关之立场，在契约范围以外增加农会之义务或剥夺农会应享之权利”④。但以战后台湾粮政之重要以及粮食局的强势地位，两者之间的关系不可能平等。

粮食局、财政厅和农会的主要监管单位农林厅是平级单位，“中央”银行和其他金融机构更不在农林厅的权力范围，相对于目的事业主管机关，农林厅对农会的监督“系属一般性的”、“注重生产事业辅导方面”⑤。如此农林厅虽名义上是农会的主要监管单位，相关法规也规定目的事业主管机关对农会的处分，

① 《台湾省各级农会指导办法》，台湾省政府委员会第八十九次会议纪录：讨论事项（六）——台湾省农会与合作社合并办法案，1949 年 3 月 11 日，附件（二），台北“国史馆”馆藏陈诚档案，00801080200012007。

② 《农会业务经营要览》（第三篇　信用保险），第 8 页。

③ 粮食局长李连春在台湾省临时省议会第二届第二次大会上答覆省议员刘金约质询，《台湾省临时省议会第二届第二次大会专辑》，1955 年，第 1370 页。

④ 《农会业务经营要览》（第二篇　农会组织），第 279 页。

⑤ 农林厅长徐庆钟在台湾省临时省议会第一届第三次大会上答复省议员蔡鸿文质询，《台湾省临时省议会公报》，1952 年，第 1 卷 3 期，第 135 页。

应透过农林厅等主管机关进行[①],但实际运作中主管机关与目的事业主管机关并无有效的协调。农会改革之前,就有人批评农会主管机关和目的事业主管机关之间缺乏联系和统一的指导监督方针,使农会成为“三不管”机构,“因其乃‘三不管’的机关,故各机关多想利用农会,而尽量避免或减少负担义务,农会在收支不平衡的情形之下,遂亦利用此‘三不管’的机会掌握时机,为所欲为”。“政出多门”的困扰,不仅使农会在推行业务时发生困难,更为部分农会的不法行为留下漏洞[②]。改革之后,主管机关过多,权责难以厘清,仍是农会制度方面的一大困扰。有省议员指出,由于目的事业主管机关或农业金融机构往往有其自身利益,和农林厅等主管机关有时意见不合,以致对农会业务的指导,往往发生互相推诿或互相矛盾的地方,使农会无所适从,严重影响农会事业的推行[③]。

## 四　农会与农复会的关系

农复会可以说是战后台湾农会的“恩人”,积极促成了农会与合作社的合并以及农会的制度改革,对农会在战后台湾社会地位的提高,有决定性影响。农会改革后,农复会有关农会的工作,主要是以资金和技术支持的方式,帮助农会奠定营运基础。在农会经营管理方面,农复会支援台湾省农会办理农会聘任、选任职员训练,并协助台湾省农林厅编印《农会业务经营要览》,其内容涉及农会组织、农会各项业务和农会财务等,提供农会员工在具体工作中参考。在农会业务方面,农复会补助各级农会修建稻谷、肥料、种子和供销货品仓库,更新碾米厂设备,使农会得以承办政府委托业务,并获得大量手续费和加工费作为主要收入来源,从而稳定农会的财务基础。农复会还以补助部分薪津和业务费的方式,引导各级农会办理四健推广、农事推广、家政推广等农业推广教育事业,使农会在农村社会进步方面发挥更大的作用。从 1955 年 1958 年,农复会向财务基础较好的乡镇农会信用部提供无息资金,办理“示范农贷”和“辅导农贷”,培养农会办理农贷的能力,改善农贷条件。1961 年开始,农复会更投入大量无息资金,指导农会办理“统一农贷”,使农会信用业务飞速发展,并在调剂农村金融方面发挥更大作用[④]。

农复会还和台湾省农林厅、台湾省农会一起,研究、制定农会人事管理和财

---

① 《农会业务经营要览》(第二编　农会组织),第 279 页。

② 林诗旦:《参加耕者有其田督导团视察台湾省各级农会部分工作报告》,1953 年 8 月 2 日,“国史馆”馆藏陈诚档案,0080108050000６010。

③ 省议员蔡陈翠莲在台湾省议会第四届第七次大会上的质询,《台湾省议会第四届第七次大会专辑》,1971 年,第 3627 页。

④ 《农复会卅年纪实(1948—1978)》,农复会编印,1978 年,第 162 页。

务管理等方面的规章制度，从技术角度帮助农会在制度上得到完善。1969 年农会实行薪点制度，采用企业化经营方式，农复会就是重要推手。

农复会对于农会一直处于保护和扶持的立场，特别是当农会面临行政机关的压力时。“行政院经济安定委员会”曾因农会通过各种方式向会员募集生产指导事业费，引起农民误解乃至反感致函农复会，而农复会即站在维护农会的立场上肯定了农会的各项措施，并做了相关解释①。农会承办粮食局业务时因碾余米多次引发风波，农复会同样站在维护农会的立场上，和政府机关协调如何解决问题。当农复会帮助农会面对政府机关的压力时，依然主要扮演润滑的角色，更多以建议的方式，而不是直接做决策。

农会则成为农复会有关农业与农村各项计划的具体执行者和辅助角色，农复会建构战后台湾农业推广教育制度过程中，农会的这一作用尤其明显。事实上，农会对农复会的作用与功能，农会和农复会之间的关系，在农复会为战后台湾农会做制度性设计时已经确定，农会改制完成后，只是具体按当时农复会设想的方向进行而已。因为农复会扶持和维护农会的立场，加上以美援为后盾的大量资金支持，农会对于农复会主导的两者之间的关系，自然也不会有异议。

---

① “行政院经济安定委员会”秘书处致农复会函，台肆陆经安秘字第 410 号，1957 年 12 月 11 日，“农委会”档案，034000005613A，*Farmers Organizations*。

# 第六章　改革后的农会业务与功能

战后台湾农会的最大特质，是兼具农民团体和合作组织两种功能，而这种特质在农会业务方面有非常集中的体现。战后台湾农会有三大业务部门，即供销、信用和农业推广。从1963年开始各级农会增设了保险部门，但在1960年代中期以前，农会主要业务仍集中在前三个业务部门，保险部业务量还比较小。供销部门（有时也称为经济事业部门）办理政府委托事业、供运销业务、利用加工业务、代销业务、市场业务及其他业务，在1960年代中期以前，承办粮食局委托业务的手续费以及碾余米收入曾是各农会的主要财源[①]，因此供销部门与战后台湾粮政有极大关联。信用部门办理的业务包括存款与放款两部分，前者涵盖会员与非会员，后者则以会员为对象。在存放款业务之外，农会信用部每年还接受其他目的事业机关与行库的委托，办理各种生产贷款，如示范农贷、辅导农贷、东部农贷等，从1961年开始，又配合农复会办理统一农贷，在调剂农村金融方面，农会信用部门有重要作用。农业推广部门办理生产指导事业和文化福利事业，除对于农民在农作物及畜产方面予以技术指导外，并努力建立农业推广教育制度，在农复会、农林厅及有关机关的人力、经费与技术协助之下，分别以农村青少年、成年农民和农村妇女为对象，办理诸如四健、农事及家政推广教育，对农业生产技术提高和农村社会进步负有重要的责任[②]。按照战后台湾农会的制度设计者、特别是农复会的设想，农会举办的三大业务应当成为一个相互促进的良性循环系统，即"发展推广业务以取得会员信仰，会员对农会信仰巩固，自愿向农会存款，农会以存款用于放款及供销业务，放款及供销业务之收益转用于推广业务以增强会员对农会之信仰"[③]。在这一理想状态中，推广业务是农会事业的核心；而供销业务和信用业务在解决农民物资供应、产品运销以及生产资金等的需求的同时，赚取必要的经费，以更好的发展推广业务，服务会

---

① 杨玉昆：《农会组织与农村合作社》，"农委会"档案，12.2—313—1147（对应新档号：034000004950A～034000004955A），*Farmer's Associations*。

② 《进步中的农会事业》，《十年来的台湾农会》，台湾省农会编印，1968年，第1—40页。

③ 张炳楠：《台湾农会之研究》，台北：华冈文化书局，1965年版，第16—17页。

员。因此，这两类业务更多的是一种手段，推广业务才是农会发展多种经营的目的[①]。在实际运营当中，改革后至1960年代中期三大业务部门如何发展，对战后台湾农业发展和农村社会整体环境改善有怎样的贡献？探究上述问题，对于了解战后台湾农会的功能与作用将非常有帮助。

# 一　农会经费来源与运用

在讨论农会业务与功能之前，必须对农会经费收支情况有所了解，这既有助于理解农会的性质，对农会何以举办及如何办理各种业务也有更现实的理解。

## 一　"暂行办法"有关农会经费来源的规定

农会作为一个组织要运转需要大量的经费，日据时期台湾农业会的经费主要来自政府补助，光复初期，由于台湾省政当局对农民组织重视不够，各级农民组织在失去政府补助与辅导后，加上组织分立、工作人员不足、业务不振，农会经费相当支绌，主要收入来自供销部办理糖、盐、肥料等配销品的手续费，以及信用部门的利息收入。农复会迁台后，曾努力帮助农会发展经济业务，以使其获得组织运营的财务基础，并辅导农会办理会员教育与指导方面的工作。在经过1953—1954年的农会制度改革后，农会经费情形如何？首先来看"暂行办法"第38条有关农会经费来源的规定：

> 一、股金：乡（镇、区、县辖市）农会股金，每股台币十元；省县（市）农会股金每股台币一百元，每一会员至少应认一股，并得随时增股。但至多不得超过股金金额百分之二十。股金应一次缴清，其年息不得超过一分。
>
> 二、入会费：乡（镇、区、县辖市）农会会员，于入会时一次缴纳台币一元，省县（市）农会会员一次缴纳新台币二十元。
>
> 三、常年会费：乡（镇、区、县辖市）农会会员，按年缴纳，其数额由会员代表大会议决之。省县（市）农会，按其所属会员常年会费收入总额百分之二十缴纳之。
>
> 四、经济事业纯盈余；
>
> 五、金融事业纯盈余；

① 沈宗瀚：《农民合作组织与大陆农村重建》，"农委会"档案，12.2—313—1146，*Farmer's Associations*。

六、委托事业收入;

七、事业费之募集及用途:此项收入,限于用作生产指导及文化福利事业,由乡(镇、区、县辖市)农会募集之,并应将募集数额、标准方法及其用途,提经上级农会理事会会议决议后行之。

八、政府补助费:限于用作生产指导及文化福利事业,应列于省县(市)岁出预算。

九、农业金融机关拨补收入:农业金融机关,应就每年度所获纯益,至少拨补省农会百分之十,并合理分配于所属会员。[①]

归纳起来,农会经费来源可分为三个部分:一是来自会员的股金、会费和常年会费,以及为办理农业推广事业,向会员募集的收入;二是来自农会自身经办相关事业的收益,包括经济事业和金融事业纯盈余,以及委托事业收入;三是来自政府和金融机关的补助收入。关于其中的经济事业纯盈余和金融事业纯盈余,“暂行办法”第41条有补充的规定,即要求分别独立会计的农会经济部门、金融部门和农业推广部门在年度决算后,各类事业的盈余,除提拨各该事业的基金外,其余都必须作为农会的总盈余,农会总盈余在弥补亏损后,剩下的部分按下面的比例分配:一,公积金20%,不得分配,必须存储于主管机关指定的金融机关;二,公益金,10%;三,全体理监事及工作人员酬劳金,不得超过10%;四,生产事业指导费和文化福利事业费,50%以上;五,会员及赞助会员分配金,10%,按照会员或赞助会员与农会的交易额,按比例分配[②]。上述农会经费来源中的经济事业纯盈余和金融事业纯盈余,即来自这50%的总盈余提拨。但在“暂行办法”规定的几种经费来源中,其所占比例各有多少?这需要从农会实际的经费收入情况来考察。

## 二　农会经费收入

在实际运营当中,农会经费可以分为两个部分来考察,一是农会的资本和公积,一是农会日常运营的经费收入。农会资本和公积是维持农会正常运营的财务基础,“暂行办法”列举的经费来源中,其第一项股金即是农会资本构成之一。战后台湾农会从日据时期台湾农业会发展而来,因此也继承了农业会里面原产业组合的股金部分。根据“暂行办法”的规定,1953年台湾省农会认购股金

① 《改进台湾省各级农会暂行办法》,《农会法令汇编》(第一辑),第10页。

② 同上,第11页。

1,000股,股金总额10万元新台币,已缴金额99,836.22元新台币;县市局农会认股数6,992股,股金总额699,200元新台币,已缴金额689,979.02元新台币;基层乡镇、区、县辖市农会认购股金2,677,777股,股金总额26,777,770元新台币,已缴金额24,734,034.74元新台币[①]。此后各级农会股金不断增加,到1965年,农会股金总额增加到3,724万余元新台币(参见表6—1)。除股金外,农会还有大量公积金和各种基金,公积金即"暂行办法"第41条规定的按农会年度决算后纯盈余的20%提拨的资金。至于事业基金和特别公积金,是根据"暂行办法实施细则"第35条的规定,"生产指导事业费及文化福利事业费,或政府补助费,用作购入或设置土地建筑,以及固定财产时,应以该项金额,分别拨充事业基金或特别公积金"。之所以有这项规定,和农会的会计制度有关。改革后的农会在合并日据时期的农会和合作社的基础上改组而成,"其事业之推行,兼具农会与合作社两种性质",因为举办事业性质和经营方式不同,改革后的农会会计制度规定,属于原有农会的农业推广事业,采用经费收支预决算制,以合作社方式经营的经济事业和金融事业等,则采用损益计算制。但农会所属各部门虽实行独立会计,在年度结束时,依法仍然要编制各级农会综合会计报告,在编制综合会计报告时,推广部的固定财产,"须重作资力合并计算,为避免因上项措施,而增加盈余起见",因此有事业基金和特别公积金的提拨[②]。临时股金则是信用部承办统一农贷后,受贷农民按规定以5%缴纳,作为对农会进行的投资[③]。农贷基金和保险基金,则是农会举办各该业务时拨充的相关基金。到1965年,农会资本和公积金将近5亿元新台币,较之1954年的7,000万余元,增长了近6倍。从农会举办统一农贷的1962年开始,资本和公积增加尤其迅速,该年总额比上年度增加了7,000万元新台币,1964年和1965年更维持近9,000万元新台币的增长速度。在农会资本与公积中,股金一开始占比例最高,1954年的比例约为39.53%,但随后股金的比例持续下降,1962年农会举办统一农贷后降至13.35%,1965年更降至7.52%,农会资本更多来自公积金和各种基金,显示农会资本的增加、农会财务能力的提高和农会自身业务经营息息相关。

---

① 台湾省农林厅编印:《台湾农会年报》(1953年度),1954年,第132—135页。

② 《台湾省各级农会会计规程》(农林厅1955年3月30日农组字第9692号代电修订),《农会业务经营要览》(法规汇编——附录),第127—128页。

③ 《十年来的台湾农会》,第29页。

**表 6—1　农会历年资本与公积**

单位:新台币元

| 年次 | 合计 | 股金 | 临时股金 | 公积金 | 特别公积金 | 事业基金 | 农贷基金 | 保险基金 |
|---|---|---|---|---|---|---|---|---|
| 1954 年 | 71,492,481.76 | 28,263,786.85 | — | 6,224,438.80 | 13,430,822.54 | 23,573,433.57 | — | — |
| 1955 年 | 79,186,463.08 | 28,739,419.14 | — | 8,078,946.01 | 22,518,779.46 | 19,849,318.47 | — | — |
| 1956 年 | 99,244,374.75 | 29,427,137.15 | — | 10,877,287.45 | 31,110,963.32 | 27,828,986.83 | — | — |
| 1957 年 | 113,413,211.10 | 29,846,626.00 | — | 12,749,335.48 | 41,338,274.28 | 29,478,975.34 | — | — |
| 1958 年 | 129,046,705.51 | 31,132,129.94 | — | 18,814,977.59 | 48,727,246.68 | 30,372,351.30 | — | — |
| 1959 年 | 147,298,243.78 | 31,977,383.65 | — | 24,161,596.63 | 57,583,519.08 | 33,575,744.42 | — | — |
| 1960 年 | 168,523,914.58 | 32,938,583.49 | — | 28,219,269.41 | 65,948,303.45 | 41,417,758.23 | — | — |
| 1961 年 | 194,740,555.47 | 33,890,405.46 | — | 35,556,483.12 | 84,508,586.63 | 40,785,090.26 | — | — |
| 1962 年 | 264,547,713.74 | 35,315,339.43 | 21,195,404.80 | 41,089,320.36 | 92,681,273.00 | 43,340,519.33 | 30,925,856.82 | — |
| 1963 年 | 314,573,547.07 | 35,713,485.49 | 37,136,156.00 | 47,151,135.71 | 105,156,046.33 | 44,923,166.59 | 48,565,316.56 | — |
| 1964 年 | 407,025,407.76 | 36,104,333.03 | 56,985,247.93 | 53,902,516.13 | 119,761,106.47 | 46,998,314.11 | 86,302,240.06 | 6,871,150.30 |
| 1965 年 | 495,038,555.47 | 37,240,945.83 | 74,343,853.10 | 65,674,722.89 | 126,214,422.83 | 51,275,582.36 | 133,319,745.76 | 7,019,232.70 |

资料来源:台湾省政府农林厅编印《台湾农会业务统计年报》,1964 年版,第 54—55 页;1971 年版,第 66—67 页。

农会经费的另一个重要方面是日常运营所需要的经费，其来源以 1954 年各级农会为例(参见表 6—2)，经济事业和金融事业分担金收入比例最高，几乎占经费总收入的一半，达 47.08%[①]。农会经费的第二大收入来源是募集收入，占 16.78%，其中又主要是生产指导事业募集收入。该项收入是根据相关法规，由乡镇农会向基层农会会员征收，但在推行中似乎有增加农民负担、造成农民误解之嫌。“行政院经济安定委员会”曾为农会向农民征收该项经费问题致函农复会，询问农会的做法是否合理：

> 据报各乡镇区农会，近来往往巧立名目，向农民收取各种费用，如于常年会费外，又收取生产指导费为园地每甲十五元，耕地水田每甲卅元，旱田每甲廿元，配给豆饼一块收生产指导费一元，名目之多，几于不胜枚举，此外对应配给之物品，亦藉端克扣，如配给豆饼，依照规定，凡属会员均可无条件请配，但农会则以毛猪必须参加猪只保险之条件，始准配给，一般农民对农会额外所收费用，是否符合规定，及其用途如何，均感讳莫如深，不明所以。[②]

农复会在回函中认为农会该项收费属合法行为，“农民加入农会既得享受各种权利自应尽之义务”，且农会自 1954 年起至 1956 年止，共募集生产指导事业费新台币 2,600 万元，但在同一时期内支出的生产指导事业费则达新台币 5,500万元，农会在募集收入之外，以业务盈余扩充办理生产指导事业的金额达新台币 2,900 万元[③]。

在农会经费收入来源中，位列第三的是生产指导事业收入，占 12.55%；接下来是基金与财产收入，占 8.19%，因农会有各种基金存储于农业行库，可产生利息收入，另外各级农会拥有土地、房屋、设备等各种财产，也有相关的收入；然后是政府和上级农会补助收入及所属农会协助收入(4.45%)、上年度结余收入(3.35%)、上年度经济和金融事业盈余提拨(2.23%)、会费收入(1.56%)、文化福利事业收入(0.80%)以及金融机关拨助收入(0.09%)等，所占比例均较小。

---

① 所谓经济事业和金融事业分担金收入，是指两部门分别分担的农会共同经费。

② “行政院经济安定委员会”秘书处致农复会函，台肆陆经安秘字第 410 号，1957 年 12 月 11 日，“农委会”档案，034000005613A，*Farmers Organizations*。

③ 农复会致“行政院经济安定委员会”秘书处回函，农 47 字第 1069 号，1958 年 1 月 6 日，同上。

**表 6—2　1954 年台湾各级农会经费收入**

| 收入别 | | 合计 | | 省农会 | | 县市局农会 | | 基层农会 | |
|---|---|---|---|---|---|---|---|---|---|
| | | 金额（新台币元） | 百分比（%） | 金额（新台币元） | 百分比（%） | 金额（新台币元） | 百分比（%） | 金额（新台币元） | 百分比（%） |
| 每一农会平均收入 | | 95,269.63 | — | — | — | 173,548.20 | — | 74,417.97 | — |
| 总　　计 | | 32,010,594.41 | 100.00 | 899,709.34 | 100.00 | 7,818,060.47 | 100.00 | 23,292,824.60 | 100.00 |
| 生产指导事业收入 | 合　　计 | 4,017,943.65 | 12.55 | 84,608.91 | 9.40 | 2,388,329.88 | 30.55 | 1,545,004.86 | 6.63 |
| | 农作物收入 | 1,006,937.62 | 3.14 | 84,608.91 | 9.40 | 739,078.64 | 9.45 | 183,250.07 | 0.79 |
| | 畜产物收入 | 1,238,311.08 | 3.87 | — | — | 263,296.19 | 3.27 | 975,014.89 | 4.18 |
| | 其他生产事业收入 | 1,772,694.95 | 5.54 | — | — | 1,385,955.05 | 17.73 | 386,739.90 | 1.66 |
| 文化福利事业收入 | | 254,827.11 | 0.80 | 34,223.75 | 9.36 | — | — | 170,603.36 | 0.73 |
| 调查统计及报道事业收入 | 合　　计 | 215.00 | 0.00 | — | — | 215.00 | 0.00 | — | — |
| | 报道事业收入 | 215.00 | 0.00 | — | — | 215.00 | 0.00 | — | — |
| | 调查统计事业收入 | — | — | — | — | — | — | — | — |
| 会费收入 | | 497,963.31 | 1.56 | — | — | 48,139.05 | 0.61 | 449,824.26 | 1.93 |
| 募集收入 | 合　　计 | 5,372,768.82 | 16.78 | — | — | 729,283.04 | 9.33 | 4,643,485.78 | 19.94 |
| | 生产指导事业费收入 | 5,358,027.83 | 16.74 | — | — | 727,815.84 | 9.31 | 4,630,211.99 | 19.88 |
| | 其他乐捐收入 | 14,740.99 | 0.04 | — | — | 1,467.20 | 0.02 | 13,273.79 | 0.06 |

续表

| 收入别 | | 合计 | | 省农会 | | 县市局农会 | | 基层农会 | |
|---|---|---|---|---|---|---|---|---|---|
| | | 金额（新台币元） | 百分比（%） | 金额（新台币元） | 百分比（%） | 金额（新台币元） | 百分比（%） | 金额（新台币元） | 百分比（%） |
| 基金及财产收入 | 合　计 | 2,622,144.84 | 8.19 | 261,257.14 | 29.04 | 2,066,393.14 | 26.43 | 294,494.59 | 1.27 |
| | 基金收入 | 648,860.61 | 2.08 | 136,660.28 | 15.19 | 462,827.51 | 5.92 | 49,372.82 | 0.21 |
| | 财产收入 | 1,973,284.23 | 6.16 | 124,596.86 | 13.85 | 1,603,565.63 | 20.51 | 245,121.74 | 1.06 |
| 拨助收入 | | 29,883.34 | 0.09 | 26,283.34 | 2.92 | 3,600.00 | 0.05 | — | — |
| 上年度结余收入 | | 1,072,693.74 | 3.35 | 74,936.85 | 8.33 | 235,109.01 | 3.01 | 762,647.88 | 3.28 |
| 盈余提拨收入 | 合　计 | 712,276.43 | 2.23 | — | — | 64,928.30 | 0.83 | 647,348.13 | 2.78 |
| | 上年度经济事业盈余提拨收入 | 490,129.65 | 1.53 | — | — | 64,928.30 | 0.83 | 425,201.35 | 1.83 |
| | 上年度信用部盈余提拨收入 | 222,146.78 | 0.70 | — | — | — | — | 222,146.78 | 0.95 |
| 经济事业及金融事业分担金收入 | 合　计 | 15,071,390.67 | 47.08 | 340,000.00 | 37.79 | 1,595,449.14 | 20.41 | 13,135,941.53 | 56.39 |
| | 经济事业分担金收入 | 10,384,297.90 | 32.44 | 340,000.00 | 37.79 | 1,595,449.14 | 20.41 | 8,448,848.79 | 36.27 |
| | 金融事业分担金收入 | 4,687,092.77 | 14.64 | — | — | — | — | 4,687,092.77 | 20.12 |

**续表**

| 收入别 | | 合计 | | 省农会 | | 县市局农会 | | 基层农会 | |
|---|---|---|---|---|---|---|---|---|---|
| | | 金额（新台币元） | 百分比（%） | 金额（新台币元） | 百分比（%） | 金额（新台币元） | 百分比（%） | 金额（新台币元） | 百分比（%） |
| 补助及协助收入 | 合　计 | 1,425,127.47 | 4.45 | — | — | 490,782.33 | 6.28 | 934,345.14 | 4.01 |
| | 政府补助收入 | 1,064,277.13 | 3.32 | — | — | 346,167.10 | 4.43 | 718,110.03 | 3.08 |
| | 上级农会补助收入 | 172,643.43 | 0.54 | — | — | 9,200.00 | 0.12 | 163,443.43 | 0.70 |
| | 所属农会协助收入 | 188,206.91 | 0.59 | — | — | 135,415.23 | 1.73 | 52,791.68 | 0.23 |
| | 其他收入 | — | — | — | — | — | — | — | — |
| 其他收入 | | 933,360.03 | 2.92 | 28,399.35 | 3.16 | 195,831.58 | 2.50 | 709,19.10 | 3.04 |

资料来源：台湾省政府农林厅编印《台湾农会年报》，1955 年版，第 156—161 页。

如果将各级农会分开来看，则情况稍有差异。如省农会的经费主要来自经济事业分担金以及基金和财产收入，该两项收入分别占经费总收入的 37.79% 和 29.04%，生产指导事业的收入相对则偏低，占 9.4%，另外文化福利事业收入也占 9.36%，在各级农会中该项收入在总收入中的比例最高。县市农会经费收入则以生产指导事业收入所占比例最高，为 30.55%，基金和财产收入次之，占 26.43%，经济事业分担金又次之，占 20.41%，其他如募集收入占 9.33%，政府和省农会补助收入及所属农会协助收入占 6.28%等。乡镇基层农会则以经济事业和金融事业分担金所占比例最高，超过经费收入总额的一半以上，为 56.39%；其次是募集收入，占 19.94%；生产指导事业收入约占 6.63%，其他收入项目比例都较低。

从上述经费来源来看，各级农会日常运营所需要的经费，也主要依赖农会自身各项事业的举办，来自政府和金融机关的补助收入比例相当低，另外，来自会员的募集收入也占有较高的比例。

## 三　农会经费支出情形

至于农会经费如何运用和支配，可以 1954 年的经费支出情形做参考（参见表 6—3）。该年农会自身运营和管理的事务性支出（含会务费、监督费和管理费三项）占总支出的 51.37%，农业推广方面的生产指导事业支出和文化福利事业支出占 41.03%，其中生产指导事业占 37.33%。维持农会日常运营和管理的事务性支出以及农业推广支出无疑是农会支出的两大部分。如按三级农会的情形分别来看，则省农会情形较特殊，其支出大部分用于农会会务费、监督费、管理费等日常运营和管理的事务性支出，合计占总支出的 86.2%，其中又以用于支付员工薪津、办公费、购置费、修缮费、旅费、财产管理费、税捐、杂支等项的管理费比例最高，占总支出的一半以上，农业推广方面的支出比例很低，仅占 6.68%。县市农会用于两部分的经费支出比例较为接近，前者合计 48.1%，后者则为 45.15%，在三级农会中，县市农会用于农业推广的经费支出在总支出中比例最高，这和其经费收入当中生产指导事业的收入比例也最高相呼应，无疑县市农会在农会农业推广体系中地位非常重要。基层农会用于日常运营和管理方面的经费支出占 51.21%，用于农业推广方面的经费支出占 40.88%。

**表 6—3　1954 年经费支出及结余**

| 支出别 | | 合计 金额（新台币元） | 合计 百分比（%） | 省农会 金额（新台币元） | 省农会 百分比（%） | 县市局农会 金额（新台币元） | 县市局农会 百分比（%） | 基层农会 金额（新台币元） | 基层农会 百分比（%） |
|---|---|---|---|---|---|---|---|---|---|
| 每一农会平均支出 | | 92,363.07 | — | 825,441.53 | — | 352,504.80 | — | 71,736.25 | — |
| 总　　计 | | 31,033,993.75 | 100.00 | 825,441.53 | 100.00 | 7,755,105.56 | 100.00 | 22,453,446.66 | 100.00 |
| 会务费 | | 3,057,629.08 | 9.85 | 232,045.55 | 28.23 | 606,174.54 | 7.82 | 2,219,408.99 | 9.88 |
| 监督费 | | 695,271.75 | 2.24 | 17,817.80 | 2.05 | 168,071.78 | 2.16 | 509,382.17 | 2.27 |
| 管理费 | | 12,188.972.86 | 39.28 | 461,596.43 | 55.92 | 2,956,354.98 | 38.12 | 8,771,021.45 | 39.06 |
| 生产指导事业支出 | 合　　计 | 11,586,374.45 | 37.33 | 2,444.40 | 0.29 | 3,405,296.55 | 43.91 | 8,178,633.50 | 36.43 |
| | 生产指导人员经费 | 6,434,172.17 | 20.73 | — | — | 1,324,405.95 | 17.08 | 5,109,766.22 | 22.76 |
| | 农林推广费 | 2,619,879.30 | 8.44 | 2,444.40 | 0.29 | 1,275,358.42 | 16.45 | 1,342,076.48 | 5.98 |
| | 畜产推广费 | 2,250,801.67 | 7.25 | — | — | 671,805.90 | 8.66 | 1,578,995.77 | 7.03 |
| | 竞赛品评费 | 281,521.31 | 0.91 | — | — | 133,726.28 | 1.72 | 147,795.03 | 0.66 |
| 文化福利事业支出 | 合　　计 | 1,148,371.51 | 3.70 | 52,761.38 | 6.39 | 95,944.53 | 1.24 | 999,665.60 | 4.45 |
| | 文化事业费 | 756,872.95 | 2.44 | 52,761.38 | 6.39 | 69,260.43 | 0.89 | 634,851.14 | 2.83 |
| | 福利事业费 | 391,498.56 | 1.26 | — | — | 26,684.10 | 0.35 | 364,814.46 | 1.62 |
| 调查统计及报道事业支出 | | 290,298.84 | 0.93 | 10,891.17 | 1.32 | 71,141.07 | 0.92 | 208,266.60 | 0.93 |

续表

| 支出别 | 合计 | | 省农会 | | 县市局农会 | | 基层农会 | |
|---|---|---|---|---|---|---|---|---|
| | 金额（新台币元） | 百分比（%） | 金额（新台币元） | 百分比（%） | 金额（新台币元） | 百分比（%） | 金额（新台币元） | 百分比（%） |
| 补助及协助支出 | 941,877.69 | 3.03 | 26,000.00 | 3.15 | 37,156.40 | 0.48 | 878,721.29 | 3.91 |
| 其他支出 | 679,728.58 | 2.19 | 21,884.80 | 2.65 | 250,606.23 | 3.23 | 407,237.55 | 1.81 |
| 预备金 | 445,468.99 | 1.45 | — | — | 164,359.48 | 2.12 | 281,109.51 | 1.26 |
| 结　余 | 976,600.66 | — | 74,267.81 | — | 62,954.91 | — | 839,377.94 | — |

资料来源：台湾省政府农林厅编印《台湾农会年报》，1955 年版，第 162—173 页。

说明：会务费包括会员大会及会员代表大会经费、监理会经费、农事小组长会议经费、会费。监督费包括监督旅费、监督事务费。管理费包括员工薪津、办公费、购置费、修缮费、旅费、财产管理费、税捐、杂支。农林推广费含农作物增产奖励费、自给肥料奖励费、病虫害防治费、农机具改良奖励费、农村副业及农村工业奖励费、开垦奖励费、土地改良奖励费、造林育苗奖励费、农林改良繁殖示范经费、农田水利奖励费、森林保护奖励费；省农会该项支出仅含农林改良繁殖示范经费。畜产推广费包括畜产增殖奖励费、畜牧改良繁殖示范经费、家畜防疫经费。文化事业费包括农民节经费、农村青年妇女指导费、农村文化设施费。福利事业费包括农村福利事业经费、农村慰劳费、农村救济费。“补助及协助支出”含上级农会对下级组织的所属农会及农事小组补助费，以及下级单位对上级农会的协助费。“调查统计及报道事业支出”含调查统计经费、农情报道经费和报道设施经费。

从农会的经费收支情况来看,战后台湾农会主要通过自身经济事业和金融事业的举办,以其收益来维持整个农会的运转,并大量贴补服务性部门农业推广事业的举办,因此供销部门和信用部门经办业务对农会财务至关重要。但农会是不是真正财务独立,三大业务部门是否真的实现农复会所期待的良性循环,还有待对农会各部门业务举办情况的具体考察。

农会的经费情况也反映出农会组织的特殊性,即农会以合作社方式经营的经济事业和金融事业,虽以营利为目标,但作为整个农会来说,经济事业和金融事业部门的营利又只是一种手段。农会经济事业和金融事业的营利并不像一般合作组织,以股息或分红方式返给会员。尽管"暂行办法"曾参照合作社法,除规定农会支付股息外,对农会年度纯盈余,又规定按比例分配公积金、公益金、职员酬劳金、市场指导事业费及会员交易分配金①,但随后为了顾及政府相关财税法规的免税规定,职员酬劳金和会员分配金都被并入生产指导事业用途,地方财税机关在执行当中,将股息也纳入不得发放范畴,所以直至1970年代修改"农会法"时将股金废除前,农会实际上既不支付股息,也不发给酬劳金和交易分配金②。在1954年的经费支出中,我们也看不到该项支出。这是农会作为合作组织一面却又不像合作组织的地方。至于农会深具服务性和公益性的农业推广部门,其经费的68%由农会承担(参见表6—4),而农会承担部分,一方面来自农会经济事业和金融事业盈余,一方面还有自会员募集的收入,两者的比率以1954—1956年间的情形来说,大致为5.3∶4.7③,而前者如按一般合作组织来说,也应为会员所得,所以农会推广事业很大程度上可以说是会员"以合作方式"承担,这应该是农会不是合作组织一面却又像合作组织的地方。

**表6—4 历年农会推广经费来源统计**

单位:新台币元

| 年 度 | 农会负担 | 农复会补助 | 政府补助 | 其他来源 | 合 计 |
|---|---|---|---|---|---|
| 1952—1961 | 282,690,000 | 51,056,000 | 44,650,000 | 22,555,000 | 400,951,000 |
| 1962 | 49,095,000 | 15,302,000 | 11,248,000 | 5,558,000 | 81,203,000 |
| 1963 | 44,054,000 | 10,926,000 | 11,612,000 | 5,052,000 | 71,644,000 |
| 1964 | 44,417,000 | 12,341,000 | 8,000,000 | 4,671,000 | 69,429,000 |

① "暂行办法"第41条。

② "中国农村复兴联合委员会"农民辅导组:《对台湾农会股金存废问题意见》(1972年10月5日),"农委会"档案,12.2—313—1147,*Farmer's Associations*。

③ 参见前引农复会1958年1月6日致"行政院经济安定委员会"秘书处回函,1953—1956年间农会推广事业经费中来自两部分的收入分别为2900万元和2600万元新台币。

续表

| 年　度 | 农会负担 | 农复会补助 | 政府补助 | 其他来源 | 合　计 |
|---|---|---|---|---|---|
| 1965 | 50,000,000 | 11,000,000 | 8,000,000 | 4,000,000 | 73,000,000 |
| 合计 | 470,256,000 | 100,625,000 | 83,510,000 | 41,836,000 | 696,227,000 |
| 百分比% | 68 | 14 | 12 | 6 | 100 |

资料来源：农复会《台湾农会现况简报》(1966 年 2 月)，“农委会”档案，12.2—313—1146(对应新档号：034000004946A～034000004950A)，*Farmer's Associations*。

## 二　农会供销业务与战后台湾粮政

### 一　无所不包的农会业务

战后台湾农会由接收日据时期的农业会并结合大陆农会经验发展而来，农业会的业务范围几乎涵盖了农林业有关所有事务；大陆农会在经历抗战时期被纳入农业推广体系下的发展后，在法规层面，其业务也涉及农业推广、农贷、农村合作、农田水利等内容，因此战后台湾农会业务范围也极为广泛。光复初期由于省政当局对农会未积极辅导，相关政策也多有反复不明，农会业务受到很大影响，沦为小商小贩者流，但为了自身财务，农会仍经营信用、经济方面的业务。1949 年台湾省政府决定合并农会与合作社后，为了扶持农会，曾制定《加强农会业务办法》，要求政府及公营事业单位尽可能地将有关业务交给农会办理，以充实农会业务内容：

**加强农会业务办法**

一、为发展全省农村生产运销及分配业务，建立民生主义经济基础，本省各级政府及公营事业机构应与农会业务取得密切配合，作有计划有系统之营运。

二、本省农业推广尽量透过各级农会办理。

三、各级政府应指导农民尽可能透过农会贩卖其农产物品。

四、各级政府及公营事业机构于需要农业产品时，尽可能透过农会采购。

五、各级政府应指导各级农会尽可能共同购入农民所需物品廉价配售。

六、各级政府及公营事业机构出售农民需要物品时尽量透过农会配售农民。

七、台湾银行为便利以上购买运销业务之运行,应于年度开始前规定透支借款额度,由农林处监督运用。

八、各乡镇金融应由乡镇农会信用部办理。

九、农会办理各种经济业务须节省开支,宽筹盈余,由农林处督导用于奖励农民增加生产改善农民生活用途。[①]

农复会也在迁台后着力推动农会业务发展,在农会正式改革前的三年多时间里,共资助台湾农会新建或修复了 339 栋仓库,28 家碾米工厂和 7 家调和肥料工厂[②]。尽管农复会对农会过分依赖政府委托业务存有顾虑,但为了让农会获得必要的经费,实现财务独立,对大多数农会要求建造仓库等的要求,仍尽量予以满足。

在政府与农复会的扶持下,到 1953 年,由政府与美援机关交由农会代办的业务就包括:代理公库,经收乡镇各种税收,包括屠宰、营业、遗产、筵席、娱乐、地价、印花、所得、牌照等税,和田赋、房捐、户税、契税等在内的约十余税种;代办公教人员实物配送;美援豆饼分配;美援盐分配;烟酒配销;代收大户余粮、放领地价谷、公有土地租谷,办理肥料换谷、棉布换谷、生产贷款换谷,并对上述稻谷进行仓储保管与加工等;代办合作金库存款解付汇兑等业务。代办业务之外,在农业推广方面,办理农业增产、自给肥料制造、病虫害防治、农机具改良、种子肥料示范、家畜增产与家畜防疫等,并开展举行农民节、举办农民讲习会、订购各种农业刊物、放映农业电影等文化福利事业;经济事业方面,农会采购米谷饲料布类等供应会员,办理委托运销,供应军需毛猪,购置卡车供应会员利用,办理仓库业务及加工业务等;信用业务方面,办理农村居民存款、公库存款和信用、抵押、生产放款[③]。农会业务已涵盖农民生产与生活的方方面面。

1953—1954 年的农会改革延续了农复会希望农会以经济业务、金融业务养农业推广业务的思路,《改进台湾省各级农会暂行办法》第六条列举的农会业务多达 26 项(参见附录 2),改革后农会的业务范围有增无减,到 1950 年代末即体现出无所不包的特点:

---

① 台湾省政府委员会第八十九次会议纪录:讨论事项(六)—台湾省农会与合作社合并办法案,1949 年 3 月 11 日,附件(三),台北:"国史馆"馆藏陈诚档案,00801080200012007。

② M. H. Kwoh to Mr. W. H. Fippin, Chief of FOD, *Report on inspection of FA service activities* (*Inspection period*: *Feb. 22 to March 5*, *1953*), March 9, 1953. "农委会"档案,12—313—1128, *Farmers' Organization Division*。

③ 林诗旦:《参加耕者有其田督导团视察台湾省各级农会部分工作报告》,1953 年 8 月 2 日,台北:"国史馆"馆藏陈诚档案,00801080500006010。

……凡农民日常生产和生活所需的，几乎均成为农会的业务，它们不仅办理政府委托销售、交换保管米谷、代收田赋、代配豆饼、肥料、食盐、棉布、农药、农具、农机、水泥、代发公教人员及军眷食物、代售印花、代办各种生产贷款、代理公库、并经销肥皂、毛巾、酱油、热水壶、收音机、脚踏车、风扇、缝衣机等各种日常用品，并经营稻谷、毛猪、黄麻、棉花、大豆、香蕉等运销，经营碾米厂木材厂、家畜市场、毛猪保险、猪仔交换、米谷仓库、制造血清，甚至有些农会有举办理发店、戏院和出售棺材者。如高雄旗山农会除对地方教育道路医院救济等经常补助外，并拟创设工商职业学校，其业务既已至无所不包。①

## 二　供销部门经办业务

在上述农会庞杂的业务种类中，除了代理公库、存贷款等业务归信用部门办理，农作物与畜产等改良由推广部门经办外，大部分名目繁多的业务属供销部门（经济部门）工作范畴。农会供销部门的业务大致可以分为两大类：一类为政府委托业务，一类为自营业务。政府委托业务包括经收稻谷，配销肥料，代购花生、番薯等杂粮作物，代销食盐、面粉、豆饼及其他物资，进行稻谷加工等。政府委托业务依其业务量，首先是粮食局的粮食、肥料及有关业务，其次是物资局的黄麻收购业务，再次是军眷实物送补，其中又以粮食局委托业务与农会关系最为密切②。自营业务主要是面向会员的供给、运销、利用及市场等业务。供给业务是以相对优良的品质、相对合理的价格，向农民提供农用物资与生活用品。农用物资包括饲料、种子、农药和农机具；生活用品则包括米、肥皂、味精、毛巾、牙膏、收音机、电扇、脚踏车、缝纫机等。进入 1960 年代，不少农会该项业务所经销的物品多达百余种。农会经销的货品价格与一般商人相比差别不大，但在货真价实方面则比较有保证。同时，农会供给业务可与其他部门相结合，向农民提供更多便利。如会员向供销部购买货品时，可随时向信用部门提款或借款；又如农民从农会购买农药或农机具后，农会可随即向农民提供病虫害共同防治的指导，或举办农机具使用训练。另外，农会供给的货品有些可通过省农会统一采购，使货品价格进一步降低，如从 1961 年起台湾省农会举办农药购销业务，由省农会负责采购可靠的进口及省产农药，并成立专门委员会，磋商决定农药种类、价格及交易条件等事宜，再经省农会通知县市农会和乡镇农会选择

---

① 谈益民：《当前本党争取农民的途径》，中国国民党中央委员会设计考核委员会编印，1959 年，第 5 页。

② 《台湾农会委托业务盈亏问题》，中国国民党中央委员会第六组编印，1956 年，第 50 页。

订购。这种合作采购的方式,较之各农会单独采购,农药价格平均降低了20%[①]。运销业务是以共同出售农产品的方式,减少中间商人的剥削,并调节农产品价格的季节变化,帮助农民获得尽量高的售价。由于水果、黄麻、甘蔗等大多数农产品有专门的特种合作社或政府机关办理,农会运销的农产品主要包括稻米和毛猪。台湾农民在稻米收获后,除自用部分外,一般委托农会仓储,在缴清政府各项稻谷后,如有剩余,则交给农会办理合作运销[②]。毛猪是另一项重要的运销产品,该项业务从1950年11月开始办理,由省农会代表各地乡镇农会与家畜市场订定合同,规定每月供应的数量,然后分配给办理毛猪运销的乡镇农会,按时按量运到台北市、基隆市和高雄市三个主要运销市场。农会经办的毛猪共同运销每年通常不超过20万头,1961年的运销量为168719头,约占整个台湾市场总交易量的12%[③]。利用业务是指会员利用农会仓库储存稻谷,利用农会碾米厂进行农产品加工,以及利用农会所购的卡车、农机具等。其中又以仓储和加工业务比较重要,拥有卡车并向会员提供运输业务的农会到1960年代初仅有12单位[④]。市场业务是指农会经办农产品、畜产品的市场销售,主要包括蔬菜、水果和毛猪。举办这项业务的农会不多,在1960年代中期前每年都只有约20余单位办理。

农会面向会员举办的自营业务,是农会作为合作组织开展经济业务的典型,对于将农家生活与生产连结在一起,发展农业生产,提高农民收益及改善农民生活,有相当大贡献:

> 农会供应肥料种子、农药、饲料、洋菇菌种、种畜、农机具等,以促进农业生产,由于大批购进转配,获得价廉物美保证。农畜产品由农会办理共同运销,提高农产价值,增加生产者利益,如云林县香蕉,由农会办理运销,对检验、集货、分级、包装、储运、装卸等均有严格管理,据外贸会香蕉产销小组召集人蒋彦士称五十三年七月十一月销售日本香蕉,平均码头价格,以云林为最高之事实,即为一例。至于利用加工厂减低生产成本,促进农

① 郭敏学:《台湾农会业务在改进中》,《台湾农会发展轨迹》,第183页。

② 同上,第184页。

③ 许文富:《台湾毛猪运销之制度与经济研究》,《农产运销专题研究报告专辑》(第一辑),第2页。

④ 郭敏学:《台湾农会业务在改进中》,《台湾农会发展轨迹》,第186页。

产商品化，均有助于农业生产者利益之增进。[①]

供销部门的自营业务，除部分代销物品外，大多要与商人竞争。由于农会长期以来准公营机构的特点，在与商人的竞争中，反而常常显得不够灵活。以毛猪共同运销为例，农会运销的毛猪之所以十几年来一直没有超过 20 万头，即因农会难以与猪贩竞争。如在农会毛猪运销最重要的市场——台北市场上，农会受限于相关规定，只能在家畜市场内交易，不得不承受承销商的剥削，使农民的猪价受损。而同时猪贩运销的毛猪则大多实行场外交易，避免了这部分的剥削。农会毛猪运销还在数量和价格上受到合约的限制，对市场的反应不如猪贩灵活。另外，猪贩对各地市场都很熟悉，运销不受限制，猪贩之间能够互助合作，也是在竞争中优于农会的地方。和猪贩相比，农会运销手续繁、成本高、付款慢等不利因素，使养猪农户大多不愿参加农会的毛猪共同运销[②]。

农会在自营业务方面与商人竞争有时处于不利地位，虽然从客观方面来说，是因为农会更多受到各种规章制度的制约，对市场反应不如商人灵活，但从主观角度检讨，农会工作人员面对复杂的市场不够积极也是很重要的因素。在这背后，农会承办了大量政府委托业务，尤其是粮食局委托业务，并从中获得了大量手续费收入以及隐性的碾余米收入，恐怕是供销部门对争取自营业务不够积极的原因。所以尽管供销部门自营业务对农民的生产生活有很大帮助，但一个令人遗憾的事实是，在 1960 年代中期前，供销部门中自营业务的比重并不高。农会改革后最初几年，大多数农会供销部门除了承办粮食局委托业务外，“殆无业务可言，或与毛猪运销有关，或与黄麻运销有关，或办理日用品及饲料之供应，但以之比较粮食委托业务量来说，则仍嫌微小”[③]。尽管农会业务后来有所改进，供销部门自营业务有所扩充，但直到 1960 年代中，农会仍因供销部门过于偏重粮食局委托业务而受到批评[④]。农会供销部门也因此与战后台湾粮政捆绑在一起。

---

① 《台湾省粮食问题及农会农田水利会考察报告表第五篇之陆：发展农会业务之新途径》，台湾省农林厅致农复会函，(55)1—15 农组字第 05192 号，“农委会”档案，12.2—313—1146(对应新档号：034000004946A～034000004950A)，*Farmer's Associations*。

② 参见陈俊名《农会毛猪共同运销之历史研究》，台湾大学农业推广学研究所硕士论文，1989 年，第 45—50 页。

③ 《台湾农会委托业务盈亏问题》，第 52 页。

④ 《台湾省粮食问题及农会农田水利会考察报告表第五篇之陆：发展农会业务之新途径》，“农委会”档案，12.2—313—1146，*Farmer's Associations*。

## 三 战后台湾粮政体制的建立

自光复以来,粮食就是当政者面临的主要问题,1949年国民党政权迁台,更增加了这一问题的重要性。在此后相当长一段时间内,粮食的生产与掌握对国民党政权来说,不仅是经济层面的问题,在国民党政权不放弃"反攻复国"理想的情况下,为维持军队以及战备动员的需要,粮食问题也是战略问题。为此,国民党政权将粮食的生产与掌握作为农业政策的重心之一,建立起一套粮政体系。

战后台湾粮政体制的发展经历了三个重要阶段:一是从1945年10月25日台湾省行政长官公署正式接管台湾到1946年1月,是沿用日据时期"总收购总配给制度"的过渡阶段。1945年10月31日,行政长官公署公布了《台湾省管理粮食临时办法》,规定对民间余粮一律封存,继续实行总收购总配给制度。但因当时政府掌握粮食不足,物价不稳,该项制度难以实行。次年1月11日,行政长官公署宣布废止这一临时办法,取消总收购总配给制度,允许省内粮食自由买卖流通。从1946年1月中旬到1950年,是台湾粮政逐渐确立的阶段。在此阶段,1946年8月,李连春出任粮食局长是非常重要的事件。在李连春的主持下,台湾省粮食局以1946年为基期,订立了第一次粮食五年增产计划,将积极恢复粮食生产作为粮食政策的中心工作。在省政当局的努力下,到第一次五年计划结束的1950年,台湾粮食生产不仅大致恢复,其产量并超过了日据时期的最高水平。除增产粮食外,在此阶段粮食管理制度也逐渐形成。为了加强政府对粮食的供应与调节,粮政机关先后采取了多种方式掌握粮食。从1946年第一期起,开始实行田赋征收实物、公地佃租折收实物;从1947年第一期起,办理随赋带征县级公粮、随赋收购粮食及大中户余粮收购(因实行耕者有其田,大中户余粮收购从1953年第一期起停止);1948年开始试办肥料交换稻谷,次年由粮食局接办后,完善的肥料换谷制度逐渐形成;1948年第一期起实行豆饼换谷,但美援部分的豆饼自1950年起改用现款配售;1950年第一期起,实行田赋带征防卫捐三成、棉布换谷和脱谷机贷款收回稻谷等。对粮商粮户的粮食交易,当局也制定了相关政策,加以管理。从1951年第二次粮食五年增产计划制定开始,直至1960年代末台湾农业政策出现重大转型,台湾粮政进入稳定发展时期。由于粮食产量逐年增加,政府掌握粮食数量充足,岛内粮食消费无虞,粮价稳定[①]。

---

① 参见台湾省粮食局编印《"中华民国"台湾省十六年来之粮政》,1962年,第8—10页;黄登忠《四十年来之台湾粮政》,大嘉印刷事业有限公司,1987年,第10—32页。前者将1951年之后的粮政又划分为三段,因为其间并无明显不同,所以采取黄文意见,将1951年至1969年作为同一个阶段。

战后台湾粮政就其主要内容来说，可以分为以下几个方面：

一是增加粮食生产，这是战后台湾粮政的基础。一方面因为光复初期的粮荒，另一方面战后不断增长的人口粮食需求，使增产粮食在很长一段时间内成为当局迫切关注的问题。当局采取了一系列措施，除了生产关系方面推行的土地改革外，在改进农业生产技术方面，改善水利设施、增加化肥供应与施用指导、补助农户交换优良稻种、奖励购置耕耘机推行深耕、加强防治病虫害等。尽管台湾地区人口总数在1958年突破了1000万大关，并在1949至1971年间保持了3.3%的年平均人口增长率，但主要粮食糙米的产量在1949至1971年间也保持了3.1%的年平均增长率，总产量在1961年突破了200万公吨大关[①]。粮食增产使台湾的粮食需求基本得到满足。

二是增加政府掌握粮食。光复初期由于政府掌握粮食数量少，面对米价上涨，政府的措施常显得无力，在这种紧迫环境下逐渐建立起来的粮政体制，自然将增加政府掌握粮食数量作为重心之一。国民党政权迁台后，军公教人员的食粮需求以及粮食战略储备等的需要，进一步增加了政府掌握粮食的重要性。台湾省粮食局主要通过四种方式掌握粮食：其一为征收，主要是田赋征收实物，即将农户应缴纳的赋税改征实物；其二是收购，包括随赋征购稻谷，依公定价格收购公地租谷，放领公地地价稻谷，放领私有耕地地价剩余稻谷，节余损耗肥料交换的稻谷等；其三是交换，政府供应农民生产或生活必需物资，按一定比率向农民交换稻谷，包括肥料换谷、棉布换谷、豆饼换谷等；其四是贷放，粮食局向农民贷放生产资金，设置抽水机或小型水利设施资金，购置耕耘机及其他农机具资金等，到期由农民以实物偿还[②]。历年来，粮食局通过征收与收购掌握的粮食，约占全年粮食总掌握数量的30%，通过物资换谷和贷款折还稻谷所掌握的粮食，则约占70%。因后两种方式所掌握的粮食数量，会随着粮食产量的提高而增加[③]。在政府掌握粮食的各种办法中，肥料换谷制度尤为突出，每年透过该项办法掌握的粮食，就占到粮食局掌握粮食总量的约60%[④]。肥料换谷制度因为换谷比率过高，对农民形成一定的剥削，长期以来颇受批评，但因该制度帮助粮食局有效掌握了大量粮食，所以粮食局一直坚持，只在其间对换谷比率稍做调整，直到1970年代初农业面临结构性调整，当局公布加速农村建设九大措施，

---

① 《台湾区人口增加与粮食增产情形比较》，《台湾省粮食增产情形及业务概况》，台湾省粮食局编印，1972年，第17页。

② 《"中华民国"台湾省十六年来之粮政》，第119页。

③ 同上，第122页。

④ 同上，第109页。

该制度才被废除。粮食局通过各种方式每年掌握的粮食总量,约占全省粮食年生产量的三分之一左右,另有三分之二由农民或业户掌握[①]。

三是加强粮食管理,稳定粮价,乃至实行低粮价政策。台湾因为粮食市场狭小,缺乏自然调节力量,加上自然灾害较频繁、粮食生产有季节性变化,客观上政府的粮食管理工作有一定的必要性。在"农业培养工业"的总体经济政策下,对于正处于工业化与都市化进程中的台湾来说,稳定的粮食市场,乃至低粮价政策,更是政府粮食管理工作的一大出发点。粮政机关通过经济手段与行政手段双管齐下,管理粮食市场。所谓经济手段,是在市场粮食供应不足或粮价可能出现波动时,将政府掌握的部分粮食投放市场,增加市场的粮食供应量以稳定粮价;当粮食收获季节,市场供应量增大时,政府则运用各种方式掌握粮食,减少市场上的粮食供应量,从而达到调节米价的目的。至于行政手段,则是直接通过各种规章制度的颁布,对粮商实行登记与严格的管理;严禁粮食私运出省,省内则实行粮区制度,按粮食地理情况,将全省划分为 7 个粮区,跨粮区的粮食流通须经过粮政机关发证后才可进行;实施存粮调查,编造粮户底册,加强对全省粮户的粮食收入与支出情形的了解,为粮食管理工作奠定基础;等等[②]。通过各项粮食管理措施,台湾粮食市场相对稳定,以比较合理的 1937 年物价与粮价为基期,从 1950 年到 1962 年 1 月,米价指数大致维持于一般物价指数的七到八成[③]。整个 1960 年代,米价指数与物价指数的比率也一直维持在百分之七十几[④]。在米价相对平稳的同时,米价的增长显然低于一般物价的上涨速度。

四是余粮外销,赚取外汇。台湾从 1950 年开始恢复粮食外销,当年外销蓬莱白米 7 万余公吨,从 1950 年到 1961 年,合计外销蓬莱白米 123 万余公吨,共获得外汇 2 亿多美元[⑤]。在各项出口物资中,米仅次于糖,成为第二大外销品,1955 年,米外销价值高达 3,200 余万美元,占该年出口总值的 24.55%。米外销的输出地主要是日本,其次是韩国、琉球。在日本成为台湾外销米主要对象的同时,台湾也将日本作为主要的化肥输入地[⑥]。粮食外销赚取的外汇,不仅可以用于支付化肥进口,还可用于进口其他经济发展所急需的物资。这是粮食政

---

① 《"中华民国"台湾省十六年来之粮政》,第 122 页。

② 参见《"中华民国"台湾省十六年来之粮政》,第 163—171 页。

③ 《以民国二十六年为基期的五大都市米价指数与物价指数比较表》,同上,第 173—174 页。

④ 《台湾区零售物价指数与米价指数比较》,《台湾省粮食增产情形及业务概况》,1972 年,第 49 页。

⑤ 《"中华民国"台湾省十六年来之粮政》,第 129 页。

⑥ 同上,第 131—132 页。

策对战后台湾经济发展、主要是工业发展的又一贡献。

五是食米供应。粮食局掌握的粮食，除了战备粮、外销粮等之外，另一重要用途是用于供应特定人群的食粮。粮食局办理的食米供应包括军粮与军眷粮，公教粮，各机关团体等的专案粮，贫户平粜米，缺粮地区矿工粮，配售及批售食米，金门、马祖等外岛民粮，缺粮小农户贷放食米，遇灾害时或其他非常时期的食米供应，等等①。

战后台湾粮政以粮食增产与增加政府掌握粮食为核心，并以维持粮价稳定及余粮外销等措施，支持经济发展，以农业培养工业。长期以来实行的肥料换谷制度和低粮价政策，显然对农民不利，但将农业部门的剩余转移到工业部门，这几乎是后发现代化国家或地区的常规路径。所幸粮食增产政策在解决粮食需求的同时，使农民收益也有所增加。以 1948 年为基期，1965 年前后，稻作佃农因粮食增产政策，在扣掉肥料换谷增加量后，每公顷稻谷年产量均增加净得超过 2000 公斤。若加上土地改革的成果，则农民在 1960 年代中期几年的总净得均达到 1948 年的 3 倍以上②。

## 四　“委托仓库制度”与农会的粮食局委托业务

战后台湾粮政在很多地方与农会发生联系。如粮食增产方面，贷放农户设置抽水机及兴建水利设施资金，对缺水地区拨借抽水机实施补救灌溉，贷放农民购置耕耘机资金，拨借资金鼓励农会购置耕耘机设立代耕服务站，稻种的经收、保管与交换业务，化肥的施用与指导，平价配售稻作病虫害及鼠害防治农药，奖励农户设置塑胶布保温秧田，补助农户铺设水泥晒场充实稻谷晒干设备等，几乎每一项增产措施都有农会的参与和配合。根据台湾省农会和农林厅的调查，1950 年代中，粮食局委托农会办理的业务多达 41 项，内容包括：稻谷经收保管、稻谷加工、糙米（外销米）加工、地价谷兑付、肥料分配、豆饼分配、豆饼粉分配、花生饼分配、大麦换谷或现金价售、大麦片换谷与大麦片代拨、饲料大麦换谷、盐鱼分配、（麦丐）粉换谷、晒盐、洗涤盐、甘薯签配售、淀粉配售、生甘薯配售、麸皮配售、骨粉配售、棉布换谷、落花生收购、甘薯签收购、小麦收购、生甘薯收购、小麦种子贷放、绿肥豆种子贷放、农户食米贷放、生产贷款、牛车换谷、抽水机换谷、脱谷机换谷以及豆油、花生油、米糠、玉蜀黍代销和大麦、玉蜀黍、绿

---

① 参见《“中华民国”台湾省十六年来之粮政》，第 123—127 页。

② 《台湾区土地改革粮食增产后历年农民收益增加情形》，《台湾省粮食增产情形及业务概况》，1972 年，第 39 页。

肥豆、树薯粉代购[1],涵盖了粮政的绝大部分内容。而农会与粮政关系最密切、承接粮食局委托业务中分量最重的是粮食经收、仓储、加工业务以及肥料的保管和配销业务。

战后台湾当局沿用了日据末期施行粮食总收购总配给时的“委托仓库制度”,也就是将所有公粮稻谷的经收、保管及加工等业务,一律委托各地农会及民营碾米工厂订约承办。这种方式在当局来说,是节约了人力与财力,节省了投资建造仓库与加工厂的费用,也免除了设置经收、检验、保管及加工等大批工作人员的麻烦与费用支出。对于农会与民营工厂来说,则可以物尽其用。而就农民来说,因其一般在收成时将其所收稻谷,先行寄存于各地农会或民营碾米工厂仓库,所以政府采取公粮委托仓库制度,可便利农民缴纳各项公粮,节省转运缴纳费用的负担[2]。

农会也有承办粮食经收、仓储、加工等业务的传统,由日据时期农业会传承下来的仓库、碾米厂与设备等正可善加利用。1949 年当局合并农会与合作社,并要求政府部门尽量将业务交给农会办理,农复会为了改善农会自身的财务状况,也积极帮助农会对仓库、厂房、设备等进行修复或新建,并呼吁政府机关尽量利用农会的业务及其设施,以免私人或商家与农会竞争[3]。在农复会的扶持下,承办政府委托业务,特别是粮食局的委托业务,逐渐成为各农会的主要工作,在 1953 年农会改革之前,该项业务在各农会经济部门中占到 80%,有些农会甚至以此为唯一的经济业务[4]。改革前后,由于农会管理阶层人心浮动,农会亏损比较严重,粮食局曾将部分委托业务从农会转移到民营工厂手中[5],但在农复会的呼吁下,这种情况不久得到扭转。一方面为配合政府的扶植农会政策,另一方面农会毕竟比民营工厂更易于控制,粮食局因而仍将业务尽量委托农会办理。到 1958 年,在粮食局指定的全省 596 家委托仓库中,农会仓库有 314 家,民营碾米工厂 276 家,另有合作社、合作农场之其他仓库 6 家;就经收稻谷

① 《台湾农会委托业务盈亏问题》,第 57—58 页。

② 《“中华民国”台湾省十六年来之粮政》,第 137—138 页

③ 蒋梦麟 1953 年 12 月 1 日致俞鸿钧函,“农委会”档案,12—313—1128(对应新档号:034000004874A~034000004876A),*Farmers' Organization Division*。

④ From M. H. Kwoh to Mr. W. H. Fippin, Chief of FOD, *Report on visiting and investigating the FA activities in 30 FAs*. 1952 年 8 月 7 日,“农委会”档案,12—313—1128。

⑤ From M. H. Kwoh to Mr. P. W. Voltz, Chief of FOD, *Report on inspection of the examination of Farmers' Association members' qualification in Eastern Taiwan Area* (*Inspection Period: October 3 to 12, 1953*),1953 年 10 月 15 日,“农委会”档案,12—313—1128。

数量而言，农会部分占 76%，民营工厂占 23%，合作社等占 1%[①]。由农会配销的肥料，也从 1949 年的 27 万吨，增加到 1956 年的 60 万吨[②]。

由于经收粮食数量和配销肥料数量逐年增加，农会原有仓库远不敷使用，粮食局除了将接收自日据时期的 172 栋粮食统制仓库拨借当地乡镇区农会使用，用于收储粮食或肥料外，从 1950 年开始，还会同农复会补助农会兴建粮食、肥料和种子仓库，截至 1962 年，共补助建筑各种仓库 629 幢，仓容量 200,741.6 公吨，共耗资新台币 81,583,735 元和美金 16,500 元，其中农复会补助金额最多，包括新台币 36,530,310 元和美金 16,500 元，粮食局补助金额和农会自筹资金分别为新台币 23,778,085 元、21,275,340 元[③]。另外，粮食局还增建 188 幢局有仓库，仓容量将近 7 万公吨，拨借各该地农会使用[④]。在粮食局主要担负农会稻谷仓库的建设之后，农复会更多专注于协助农会设置肥料仓库，并帮助乡镇农会设置碾米机器[⑤]。到 1965 年，台湾农会共有肥料仓库 656 幢，可以储藏肥料 35 万公吨；稻谷仓库 1,146 幢，仓容量 45 万公吨；碾米厂 429 所，其他农产品仓库 762 幢。各级农会共分配肥料 80 万公吨，经收保管稻谷 70 万公吨，加工碾米 52 万公吨[⑥]。

农会承办粮食局各项业务，往往以每个农家为对象，相关的运送领取、调查宣传、接洽会谈等工作，都由农会派员办理，粮食局只通过报表进行掌握[⑦]。农会供销部门成为粮食局及其各地粮食事务所和农民之间的桥梁，构成粮政体系的基层环节。由农会承办大量粮食相关业务，不仅为粮食局节省了大量人力，农会与农民的联系密切，农会本身的农民团体身份，也使粮食政策更易于推行。为办理庞杂的粮食局委托业务，供销部门一直是职员数量最多的部门(参见表 5—6)。同时粮食局支付供销部门的手续费，成为农会的一项重要收入来源，承办该项业务获得的毛收益，通常占到农会经济事业总收益的 30—50%[⑧]，还有可能并不低于手续费收入的隐性的碾余米收入，无法见诸账面。所以承办粮食

---

① 台湾省粮食局长李连春在台湾省临时省议会第三届第四次大会上答复省议员叶寒青质询，《台湾省临时省议会公报》第 13 卷第 13 期，1959 年，第 259 页。

② 台湾省粮食局长李连春在台湾省临时省议会第二届第六次大会上答复省议员张振生质询，《台湾省临时省议会第二届第六次大会专辑》，1957 年，第 1200 页。

③ 《“中华民国”台湾省十六年来之粮政》，第 158 页。

④ 同上，第 160—161 页。

⑤ 《中国农村复兴联合委员会工作报告》，第 9 期，第 4 页。

⑥ 农复会：《台湾农会现况简报》，1966 年 2 月，“农委会”档案，12.2—313—1146，*Farmer's Associations*。

⑦ 《台湾农会委托业务盈亏问题》，第 58 页。

⑧ 台湾省农会编印：《十年来的台湾农会》，第 30 页。

局委托业务,对粮食局和农会是双赢的局面。而对农民来说,农会更多是提供便利的服务。至于保护农民权益、减少粮食政策中压挤农民的部分,有农会出身的省议员曾就一般物价上涨幅度远高于米价上涨幅度、以致米贱伤农的问题,在省议会向农林行政机关提出质询①,显示农会工作人员对于这方面的农民权益有所关注,也有所行动。但总体而言,在粮政体系中,农会主要扮演配合政策推行的角色。

## 三　信用业务发展与农村金融

### 一　农会信用业务发展

金融对农业与农村发展的重要性已是毋庸置疑。在传统社会,农家资金主要来自私人借贷,日据时期,为降低本土地主与米商在水稻种植领域的影响力,殖民政府曾组织信用组合办理农村金融。光复后,在日据时期信用组合基础上发展而来的农会,继续以其信用部门办理农村存贷款业务。战后台湾在农村金融领域主要有以下机构开展相关业务:一是台湾土地银行,这是台湾唯一的农业金融专业银行,该行专门设有农贷部,负责办理农贷业务。土地银行所办农贷业务种类较多,包括农田水利放款、农业生产放款、扶植自耕农放款、土地改良放款、农业质押放款、运销加工贮押放款、普通农业放款、代办美援渔业放款等八大类。二是台湾省合作金库,开展的农贷业务分为两大类:其一是各种主要农贷,又分农业生产资金、渔业生产资金、运销运转资金和农业加工资金四种;其二是各项特种农贷,包括青果生产贷款、乌鱼生产贷款、养殖渔业贷款、远洋渔业贷款、烟叶生产贷款、香蕉生产贷款、黄麻生产贷款、赤糖生产贷款、大豆及青皮豆生产贷款等。三是农会信用部,台湾绝大部分基层农会均设有信用部,开展存放款业务。另外如台糖公司、粮食局、烟酒公卖局、农复会等也兼办农贷业务,其中粮食局的农贷业务实物贷放的由农会供销部门办理,现金贷款业务则由信用部门办理,农复会的各项农贷也都由农会承办②。

在各种农村金融机构中,农会信用部具有调剂农村金融,融通会员资金的作用③。土地改革后,因地主阶层逐渐消失,小农户日益增多,农会信用部的重

① 省议员朱万成在台湾省临时省议会第三届第一次大会上的质询,《台湾省临时省议会公报》第10卷第6期,1957年,第9578页。

② 《台湾农会业务经营要览》(第三篇　信用保险),第4—6页。

③ 同上,第7页。

要性更加明显。战后初期的农会制度改革，农复会与国民党政权就不无这方面的意图。根据农复会的调查，1949 年台湾农村的农业资金主要来自于地主，其比率为 53.2%，另向亲戚朋友与商人借款者分别为 14.5%和 15%，也就是来自民间的资本占到 82.7%；来自民营银行与政府银行的仅为 11.6%，而由农会贷放的资金更只占到 5.7%[①]。由于土地改革使地主阶层逐渐消失，农家缺乏的资金势必需要新的来源。但根据农复会 1952 年的调查结果，其时农家资金多仰赖于民间高利贷，其借自民间私人者占 64.15%。这些民间资金，借款月息在 3—7%之间者，占 58%，月息在 7%以上者，也有 13%之多。向农会与其他金融机构借贷的比例虽有所上升，分别占到 17.93%和 17.92%，但与民间资本相比，仍显微弱[②]。同时，作为农会自身来说，信用业务发展可谓农会的基础。1954 年 12 月的统计数字显示，信用部存款在 100 万元新台币以上的农会无亏损，少于 30 万元新台币则多亏损；信用部有盈余的农会，占 283 个乡镇基层农会的 70%，比有盈余的基层农会数量多 38 单位，“足见农会信用部，为目前维持农会的真正基础”[③]。

鉴于信用业务发展对于农村金融和农会自身发展的双重意义，农会改革以来，政府与农复会对农会信用业务的发展均予以扶持，农会信用部在农村金融方面拥有一定的独占性。信用部业务包括存放款业务，承办农复会、粮食局、物资局等机构转放资金，代理乡镇公库，代理合作金库业务，代办通汇以及代售印花等。因为有一定的发展历史，加上政府支持，改革以来信用部的存放款业务一直发展良好，仅在农会改组后不久的 1954 年底，由于部分赞助会员将其存款自农会取走，以表达其权力受损的不满，平均每一农会信用部的存款余额较之改组前的 1953 年 6 月，因此减少了 23.67%，但这一情形并未持续多久，仅以 1954 年度内情形而言，12 月份的存款额与 1 月份相比，就有所上涨[④]。从此后历年农会信用部存放款情形来看，其存款金额一直处于增长之中，仅在 1960 年受前一年的八·七水灾影响，会员提存较多，存款额有所降低。放款额的增长幅度则超过了存款额的增长。到 1960 年代中期，农会存款金额是 1954 年的近 20 倍，放款额则达到 25 倍以上。信用业务增长幅度在 1961 年后表现得尤为显著，1954—1961 年间，存款额平均年增长率为 74.72%，贷款额平均年增长率为

① 转引自王文甲、来璋：《台湾省农业资金之调查研究》，台湾中兴大学商学院，1962 年，第 7 页。

② 台湾省农林厅编印：《台湾农家资金供需情形研究》，1961 年，第 17 页。

③ 《台湾农会委托业务盈亏问题》，第 51 页。

④ 农复会编印：《台湾省乡镇农会信用业务及稻谷仓储加工业务调查报告》（中国农村复兴联合委员会特刊第十一号），1955 年，第 24 页。

77.95%。到1960—1969年间,这两个数字分别上涨为255.81%和392.43%。放款相对存款的比率在改革后也逐年增长,1962年后更是保持在90%以上。(参见表6—5)

**表6—5 改革后农会信用部历年存放款增长情形**

| 年份 | 举办信用业务农会数 | 存款 | | 放款 | | 放款比率(%) |
|---|---|---|---|---|---|---|
| | | 金额(新台币元) | 指数 | 金额(新台币元) | 指数 | 放款额/存款额 |
| 1954 | — | 168,365,414.22 | 100.00 | 114,870,307.68 | 100.00 | 68.23 |
| 1955 | — | 240,267,534.54 | 142.71 | 169,513,106.86 | 147.57 | 70.55 |
| 1956 | — | 297,458,243.39 | 176.67 | 223,676,336.52 | 194.72 | 75.20 |
| 1957 | 288 | 375,278,463.74 | 222.90 | 290,587,329.35 | 252.97 | 77.43 |
| 1958 | 288 | 623,805,375.62 | 370.51 | 432,942,135.84 | 376.90 | 69.40 |
| 1959 | 288 | 787,867,179.58 | 467.95 | 657,399,923.66 | 572.30 | 83.44 |
| 1960 | 288 | 726,427,636.04 | 431.36 | 711,238,032.01 | 619.17 | 97.91 |
| 1961 | 290 | 1,048,978,036.95 | 623.04 | 741,645,841.68 | 645.64 | 70.70 |
| 1962 | 292 | 1,376,756,844.42 | 817.72 | 1,328,214,899.47 | 1156.27 | 96.47 |
| 1963 | 292 | 1,855,078,508.61 | 1101.82 | 1,760,864,098.01 | 1532.91 | 94.92 |
| 1964 | 294 | 2,761,057,008.08 | 1639.92 | — | — | — |
| 1965 | 294 | 3,075,146,342.91 | 1826.47 | 2,873,854,165.98 | 2501.83 | 93.45 |
| 1966 | 297 | 3,274,542,005.08 | 1944.90 | 3,113,613,904.06 | 2710.55 | 95.09 |
| 1967 | 296 | 3,820,804,426.27 | 2269.35 | 3,528,109,357.94 | 3071.38 | 92.34 |
| 1968 | 294 | 4,166,435,435.69 | 2474.64 | 3,971,152,533.83 | 3457.07 | 95.31 |
| 1969 | 294 | 4,494,605,935.06 | 2669.55 | 4,347,899,222.18 | 3785.05 | 96.74 |

资料来源:举办信用业务农会数、存放款金额来自台湾省农林厅编印《台湾农会业务统计年报》1964年版,第38页、第40页;1971年版,第46页、第48页。

农会信用部主要以会员为服务对象,存款虽不限于会员,但放款业务则有这方面的限制(少数代办其他机构的农贷可能涵盖非会员)。自改革以后,除1954—1957年间可能受到农会改革影响,来自赞助会员的存款在比例上低于正式会员外,其他年份来自赞助会员的存款份额一直高于正式会员,1960年代一般占存款总数的50%左右。在放款业务方面,以正式会员为对象的放款占放款总数的一半以上,大多数年份甚至超过60%,但若与会员和赞助会员的人数比例相对照,则赞助会员获得的贷款数量仍稍多于正式会员。(参见表6—6)可见赞助会员在存放款业务方面,均较正式会员活跃,而这与赞助会员的经济状况通常优于正式会员有一定关联。不过,从1960年代中期开始,放款对象中正式会员的比例逐渐接近其在会员人数中所占的比例,说明农会放款业务对正式会员的服务有所加强。

**表 6—6　农会信用部存款来源和放款对象对照表**

| 年份 | 农会会员 | | | 存款来源 | | | | 放款对象 | | |
|---|---|---|---|---|---|---|---|---|---|---|
| | 合计 | 会员 | 赞助会员 | 合计 | 会员 | 赞助会员 | 其他 | 合计 | 会员 | 赞助会员 |
| 1954 | 100 | 64.55 | 35.45 | 100 | 41.44 | 34.90 | 23.66 | 100 | 61.41 | 38.59 |
| 1955 | 100 | 65.49 | 34.51 | 100 | 41.34 | 35.26 | 23.40 | 100 | 61.34 | 38.66 |
| 1956 | 100 | 66.19 | 33.81 | 100 | 41.18 | 34.55 | 24.27 | 100 | 62.06 | 37.94 |
| 1957 | 100 | 66.09 | 33.91 | 100 | 39.13 | 35.53 | 25.34 | 100 | 59.33 | 40.67 |
| 1958 | 100 | 67.00 | 33.00 | 100 | 37.97 | 42.76 | 19.27 | 100 | 57.80 | 42.20 |
| 1959 | 100 | 66.84 | 33.16 | 100 | 40.53 | 43.44 | 16.03 | 100 | 58.98 | 41.02 |
| 1960 | 100 | 67.30 | 32.70 | 100 | 39.99 | 46.10 | 13.91 | 100 | 60.62 | 39.38 |
| 1961 | 100 | 66.92 | 33.08 | 100 | 38.51 | 51.86 | 9.63 | 100 | 54.22 | 45.78 |
| 1962 | 100 | 67.40 | 32.60 | 100 | 35.29 | 51.65 | 13.06 | 100 | 62.83 | 37.17 |
| 1963 | 100 | 67.13 | 32.87 | 100 | 36.20 | 51.59 | 12.21 | 100 | 64.11 | 35.89 |
| 1964 | 100 | 67.76 | 32.24 | 100 | 28.92 | 50.46 | 22.62 | 100 | | |
| 1965 | 100 | 67.19 | 32.81 | 100 | 28.39 | 49.11 | 22.50 | 100 | 65.33 | 33.67 |
| 1966 | 100 | 67.44 | 32.56 | 100 | 30.19 | 47.93 | 21.88 | 100 | 66.41 | 33.59 |
| 1967 | 100 | 67.69 | 32.31 | 100 | 30.53 | 49.19 | 20.28 | 100 | 66.00 | 34.00 |
| 1968 | 100 | 67.86 | 32.14 | 100 | 30.24 | 49.12 | 20.64 | 100 | 66.87 | 33.13 |
| 1969 | 100 | 67.35 | 32.65 | 100 | 29.97 | 50.36 | 19.67 | 100 | 67.31 | 32.96 |

资料来源：台湾省农林厅编印《台湾农会业务统计年报》，1964 年版，第 2 页、第 38 页、第 40—41 页；1971 年版，第 2 页、第 46 页、第 48 页。

## 2　举办统一农贷与信用业务的加强

农会信用部存放款业务在 1950 年代虽然一直处于成长当中，但其对调剂农村金融的贡献仍然有限。国民党中央设计考核委员会 1959 年针对台湾农村的一项调查显示，“农会信用部贷款的运用，事实上占其利的大多为赞助会员中的地方有力人士及商人，对于农村金融的调节发生作用不多……”[①]农复会和台湾省农林厅 1961 年所做的调查结果则显示，1960 年农家向农会借款的比率只是提升到 24.05%，民间资本在农家借贷来源中仍居第一位，其比率为43.35%，另有 32.6%是来自其他银行、合作社、物资局、公卖局、台糖公司等机构的放

① 谈益民：《当前本党争取农民的途径》，第 6 页。

款[①]。尽管此时民间借贷的利率有所降低，其中没有月息超过5%者，但月息3%以上者仍约占37%。尤其是向私人借款的月息，超过3%的达52%，低于2%的仅12%，与农会99%的借款月息都在2%以下相比，显然利率偏高[②]。台湾农家何以舍利率较低的农会信用部借款，而接受近乎高利贷的私人借款？从此次调查可以发现有以下原因：一，农会借款手续较繁，不如向私人借款方便；二，农会放款有额度限制，部分农民向农会所借款额，不敷实际需要，仍须向民间筹借；三，农会放款的用途与农家借款的用途之间有差异，农家现金借款用于经营费者占29.74%，用于购置资产者占15.15%，其余55.11%，也就是一半以上都是用于家计费。而农会一般放款用之于经营费者，占55.64%，购置资产者34.51%，用于家计费者，仅9.85%。也就是农会放款绝大部分用于农业生产，而农家需要的资金一半以上是用于生计。这种用途方面的差异，使农家不得不求助于农会以外的渠道，以获取生活方面所需资金[③]。上述情形说明农会信用部的放款业务亟须调整。同时，此次调查还有两点发现，进一步说明调整农会信用业务的必要：一是农民的绝大部分定期存款都存在其他金融机构，而非农会信用部，更有部分农民，从来不到农会或其他金融机构存款，可见在存款业务方面，农会信用部还需要扩大宣传，使农民的存款均能投向农会，从而增加农会的放款能力。二是民间私人资金绝大部分来自农业以外人士，来自农民的仅约十分之一。这说明农民供给所需资金的能力非常有限，农会若完全依赖农民存款来提供放款，无法满足农民实际需要，需要从其他渠道增筹资金，以加强农会放款能力[④]。

从1950年代中期开始，农村民间投资占农业总投资额(固定投资，包括农场设备、农机具的增置及农地改良等)的比率呈现出逐渐减退的现象，无疑增加了加强农会存放款能力的紧迫性。这一比率在1953年为51%，到1956年即降至40%，1959年又下降至37%。“这种民间投资比率渐趋下降的现象，实为农业建设前途的隐忧”。而要改变这种状况，需要将台湾农家分为两类来分别处理：第一类为耕地面积在一甲以上的农户，每年农业收入除支付生产必需费用与正常生活费用外，尚有余资可用于农业投资。对于这部分农户，应设法诱导其增加节约储蓄；第二类为耕地面积在一甲以下的农户，其中只有少数能勉强维持收支平衡，大多数则虽然有部分非农业收入做补充，但收支情形仍然很支

---

① 《台湾农家资金供需情形研究》，第17页。

② 同上，第54页。

③ 同上，第21—22、52页。

④ 同上，第54页。

绌，很难指望其增加投资。对于这一类型的农户，则应先设法协助提高他们的收入，以使其在应付必要的支出之后，有余力可供农业投资之用，然后再辅导他们做有利的投资①。

为改善农会信用业务，加强放款能力，同时也为了减少农会财务对政府委托业务的依赖，1961 年，农复会建议美援会，由美援相对基金项下拨出新台币 3 亿元，作为长期无息贷款，提供农会转贷于农民，以起到融通农民生产资金与加强农会信用部财务条件、改进其贷放手续和办法的作用。该项统一农贷计划，需要承办农会配合更多的自有资金，所以对于承办农会有一定要求。由“财政部”，“经济部”，美援会，台湾省农林厅、财政厅，台湾省农会及农复会各推派代表一人所组织的农贷计划委员会，对于承办农会的资格做了如下规定：1. 无累积亏损；2. 自身资金缺乏或不能办理长期性贷款；3. 存款成本较低，能依照统一农贷计划所订定的利率办理农贷；4. 供销业务健全信用部盈余之累积无困难；5. 无人事纠纷等，基层农会必须符合这五项条件，并由该农贷计划委员会审核通过，才能参加统一农贷计划。且基层农会参加统一农贷计划后，信用部资金必须独立，其盈余提拨也必须限制在 10％以内，其他须累积为农贷基金②。

自统一农贷计划实施以后，由于农会资金充裕，利息较低，贷款额度基本上可以按农民需要金额贷放，贷款期间最长为 7 年，并可以分期偿还，因而更能适应农民需要。截至 1971 年底，承办统一农贷业务的农会达到 266 家，累积放款 80 亿 400 万元，放款余额共计 13 亿 7,900 余万元，其中农会自有资金配合贷放的占 94.6％，农复会及行库拨贷资金仅占放款余额的 5.4％。受益农户 382,429户，约占全省农户数的 45％。由信用部盈余累积的农贷公积金达2,800 余万元，法定公积 1 亿 1,200 余万元，借款会员认购信用部临时股金 1 亿1,600 余万元，合计农会信用部自有资金及公积金共达 7 亿 5,600 余万元，加上该年农会信用部盈余 8,700 余万元及累积盈余 8,200 余万元，1971 年底农会信用部净值为 9 亿 2,500 余万元③。

---

① 谢森中、陈容真：《台湾之农业发展计划》，台湾银行经济研究室编印：《台湾之农业经济》，1962 年，第 84 页。

② 信用部盈余提拨过去为 70％，是农会推广部门经费的重要来源。有关统一农贷的举办，参见台湾省农林厅长金阳镐在第二届第四次大会上的工作报告（1961 年 11 月 22 日），《台湾省议会公报》，第 6 卷第 3 期，第 49 页；农复会 51/3/15 农 51 信字第 3422 号函，回复省议员吴泉汝提案“请政府转请农复会于办理统一农贷时重视亏损农会优予扶植案”，《台湾省议会公报》第 6 卷第 21 期，1962 年，第 987 页；台湾省农林厅长张宪秋在台湾省议会第三届第一次大会上答复省议员陈林雪霞质询，《台湾省议会公报》第 9 卷第 21 期，1963 年，第 1033 页。

③ 张训舜：《序》，台湾省农林厅编印《农会信用部业务经营分析统计表》（1971 年度），1972 年。

统一农贷的贷放,使农会存放款业务自1961年后发展迅速(参见表6—5),在农村金融领域发挥越来越重要的作用。1967年,在台湾农家借款来源中,农会已跃居第一位,占46%,向私人及亲友所借者降至19%,然后依次为向合作金库借款占12%,土地银行占11%,政府及公营机构占5%,其他银行为3%,合作社1%,商店0.7%,其他2%。农家存款也以农会信用部为主要对象,其比例约为62%,其次是合作金库,约占16%,再次为土地银行,占10%,合作社占5%,另邮政局、公司行号、合会及其他机构共约占8%①。1960年代中期以后农会放款对象中正式会员的比例不断提高(参见表6—6),也说明农会放款能力的加强。同时在这过程中,农会信用部本身也累积了庞大的自有资金,建立起雄厚的业务基础。在统一农贷举办后不久的1963年,信用部超过供销部,成为农会毛收益最高的部门。

## 四　农会与战后台湾农业推广

农业推广有广义、狭义之分,日据时期殖民政府曾让农会承担农业推广的工作,但殖民政府所关注的是农业产量的提高与农产资源的汲取,对于农业推广,注重的是狭义的生产技术的传播与指导,对于教育农民、改善农民生活、增加农家福利,并不关注。光复初期,省政当局急于解决粮食增产问题,对于农业推广工作也多偏于生产指导方面,对农村家庭改良、家庭生活、青年工作,从上到下还没有相关的认识②。国民党政权迁台后,农复会成为台湾各项农业制度的重要设计者,该会虽然注重技术性工作,但同时也延续了民国乡村建设运动的乡村改良路线,注重农村社会的整体改善。1950年代,农复会逐渐在台湾建立起包括四健会推广、家政推广以及农事推广在内的农业推广教育制度,将农村青年、妇女及成年男子均纳入推广教育视野,而农会推广部门则成为农业推广教育体系的重要执行机构。

### 一　战后台湾农业推广系统

战后台湾农业推广工作共分为三个系统:一是以各级农林行政机关为主轴的政府农业推广系统,以台湾省农林厅为首。农林厅是台湾农林行政、农林试验和推广业务的总枢纽,厅内分设的农务科、畜牧科、特产科等均分别办理相关

① 廖士毅:《台湾农家资金供需变动之研究》,《台湾土地金融季刊》,1970年6月。
② 安德生:《台湾之农会》,第39页。

的推广工作，另设有农民组织科负责农会的辅导，农业推广新闻小组专门配合各科室的推广工作，办理教育宣传工作等。农林厅辖有台湾省农业试验所、畜牧试验所、农林及水产试验所、种苗繁殖场、兽疫血清制造所、士林园艺试验分所、嘉义园艺试验分所、凤山热带园艺试验分所，以及台北、新竹等7个区农业改良场等试验改良机关。在这些试验改良机关中，各区农业改良场大多分担四个县市的应用推广指导工作。在县市一级，各县市政府建设局内设农林课，办理农林行政及推广事务，另设有农会辅导课，负责农会辅导事宜。基层推广行政系统是乡镇公所建设课，不过该所农务人员后来多移到农会办理推广教育工作，只留下个别人员办理农情报告及其他农业行政。农林厅通常采用以下推广方法：其一是实地试验示范，即先调查各地农情，针对农民农作中遇到的问题，由试验研究机关加以试验研究，经证明有效的，再通过在各地向农民举行实地试验和示范，向农民推广。其二是技术讲习训练，包括训练推广工作人员和地方少数示范农家等。其三是辅导各级农会办理教育性工作，农林厅各科室透过农业推广教育室和农民组织科，协助各级农会办理推广教育工作。其四，采用广播、书画、农事报道等新闻教育方式。除农林行政系统外，粮食局也办理与粮食增产有关的农业推广工作，如本章第一节所述，这些工作通常粮食局都会委托农会办理。第二个农业推广系统为公营企业及其他农业推广系统，如台糖公司针对蔗农、农林公司针对茶农、物资局针对黄麻种植户、烟酒公卖局针对烟农所开展的推广工作等，主要在特产作物领域。第三个农业推广系统就是农会推广系统，配合政府推广系统和农复会对农业推广制度的设计，贴近农民，办理教育性的推广工作①。

农会的推广工作就其内容来说包括生产指导事业和文化福利事业两个部分，生产指导事业涵盖举办各种示范田，水稻、落花生、甘薯等良种繁殖推广，优良畜禽推广，畜禽疫病防治，病虫害防治，家畜人工授精，种畜场经营等农业生产技术改良推广方面的内容；文化福利事业顾名思义，涉及农村社会、文化生活，包括举办农忙托儿所，生育互助，调解救济互助，开办医疗、理发、浴室，发放就学奖金，举办各种副业讲习和妇女编织班、缝纫班，分发书报，承接代书服务，开展电影、戏剧等娱乐活动，等等。从表6—7和6—8来看，农会推广部门办理工作中，仍以生产指导事业为主，尤集中于农作物良种繁殖推广、畜禽良种繁殖推广、病虫害防治、各种示范苗圃设置等。文化福利事业虽份量相对偏低，但其内容已涵盖农村社会福利与文化娱乐活动，对于改善农村整体面貌有独特的贡献。

① 参见吴聪贤《中国农业推广工作之今昔》，台湾大学农业推广学系，1963年，第26—42页。

**表 6—7　农会推广部门历年举办生产指导事业**

| 项　目 | | 1954 | 1955 | 1956 | 1957 | 1958 | 1959 | 1960 | 1961 | 1962 | 1963 | 1964 | 1965 |
|---|---|---|---|---|---|---|---|---|---|---|---|---|---|
| 生产指导员人数 | | 589 | 559 | 626 | 675 | 658 | 875 | 954 | 1,036 | 1,022 | 1,027 | — | — |
| 兽医人数 | | 200 | 206 | 202 | 229 | 237 | 314 | 410 | 379 | 371 | 317 | — | — |
| 示范苗圃面积（公顷） | 优良品种示范 | 778.96 | 1,482.74 | 652.64 | 1,364.41 | 773.89 | 1,323.94 | 369.89 | 305.83 | 312.02 | 439.44 | 351.03 | 603.92 |
| | 肥料示范 | 438.20 | 653.88 | 300.32 | 245.00 | 121.00 | 129.42 | 353.82 | 157.37 | 387.49 | 221.65 | 205.20 | 224.79 |
| | 病虫害示范 | 696.25 | 890.31 | 1,361.30 | 518.13 | 366.66 | 389.15 | 423.16 | 1,514.02 | 4,989.76 | 6,772.60 | 7,516.67 | 9,494.30 |
| | 耕种改良示范 | 868.71 | 226.82 | 371.94 | 416.45 | 307.98 | 375.86 | 376.95 | 492.15 | 421.12 | 871.01 | 2,110.02 | 2,369.34 |
| | 其他田圃 | 1,487.23 | 423.91 | 654.31 | 2,101.41 | 326.24 | 577.43 | 394.88 | 855.25 | 875.55 | 987.89 | 713.07 | 1,126.70 |
| 良种繁殖推广面积（公顷） | 水　稻 | 76,547.24 | 93,040.28 | 119,528.46 | 129,124.41 | 61,125.89 | 67,836.10 | 96,213.46 | 66,643.37 | 45,793.49 | 61,005.01 | 54,151.01 | 60,427.41 |
| | 落花生 | 1,149.14 | 2,218.63 | 2,918.27 | 5,976.73 | 3,150.33 | 10,730.71 | 28,667.82 | 30,894.97 | 4,048.22 | 9,676.71 | 10,098.80 | 6,994.04 |
| | 甘　薯 | 100.00 | 14,850.53 | 24,127.14 | 18,781.99 | 16,954.16 | 23,242.90 | 24,360.10 | 37,859.29 | 7,366.18 | 13,709.95 | 13,563.02 | 17,329.69 |
| | 小　麦 | 7,860.72 | 11,093.30 | 13,125.40 | 14,303.01 | 9,559.41 | 12,677.84 | 12,167,63 | 8,410.46 | 1,079.08 | 5,489.90 | 4,500.40 | 3,427.44 |
| | 大　豆 | 3,292.40 | 4,772.02 | 5,047.85 | 8,094.83 | 11,839.85 | 18,426.95 | 17,923.56 | 24,198.38 | 2,972.47 | 3,518.36 | 3,412.98 | 4,200.03 |
| | 蔬　菜 | 9,386.43 | 11,007.76 | 14,319.33 | 11,217.26 | 7,137.04 | 8,955.40 | 12,403.93 | 7,309.35 | 4,659.20 | 8,617.37 | 6,674.63 | 5,412.47 |
| | 其　他 | 4,427.66 | 10,701.23 | 6,197.16 | 8,136.88 | 4,151.55 | 8,254.40 | 16,913.25 | 10,194.17 | 3,701.66 | 13,615.81 | 17,280.08 | 24,195.82 |
| 优良畜禽繁殖推广头数 | 猪 | 86,580 | 98,259 | 108,796 | 122,835 | 174,730 | 173,215 | 223,100 | 163,430 | 114,843 | 145,821 | 29,196 | 33,551 |
| | 牛 | 7,371 | 5,329 | 7,422 | 8,230 | 15,732 | 16,850 | 19,385 | 13,959 | 9,666 | 16,214 | 908 | 1,419 |
| | 鸡 | 152,288 | 171,036 | 170,296 | 209,525 | 315,134 | 365,913 | 415,776 | 334,795 | 331,503 | 414,072 | 180,928 | 92,673 |
| | 鸭 | 79,319 | 89,227 | 94,852 | 100,895 | 181,421 | 183,735 | 318,992 | 188,324 | 146,739 | 174,159 | 664,888 | 13,119 |
| | 其　他 | 42,738 | 48,062 | 46,387 | 55,929 | 119,502 | 50,217 | 56,169 | 19,522 | 38,101 | 14,411 | 1,194 | 12,070 |

续表

| 项目 | | 1954 | 1955 | 1956 | 1957 | 1958 | 1959 | 1960 | 1961 | 1962 | 1963 | 1964 | 1965 |
|---|---|---|---|---|---|---|---|---|---|---|---|---|---|
| 畜禽疫病防治头只数 | 治愈 | 190,228 | 281,935 | 260,294 | 296,303 | 325,988 | 343,624 | 643,340 | 655,847 | 316,591 | 203,103 | 110,558 | 90,849 |
| | 免疫 | 582,449 | 818,781 | 1,046,117 | 1,222,519 | 927,435 | 1,437,748 | 1,047,207 | 1,026,045 | 775,047 | 650,314 | 546,538 | 459,818 |
| | 死亡 | 40,962 | 40,318 | 29,858 | 27,875 | 16,311 | 23,210 | 30,589 | 24,658 | 12,460 | 8,496 | 5,382 | 5,815 |
| | 扑杀 | 7,151 | 15,266 | 9,996 | 7,307 | 88,541 | 8,961 | 5,547 | 6,069 | 8,134 | 1,058 | 1,972 | 1,379 |
| 家畜人工授精 | 猪(只) | — | — | — | — | — | — | — | — | 60,839 | 55,859 | 55,422 | 92,880 |
| | 牛(只) | — | — | — | — | — | — | — | — | 1,469 | 1,095 | 834 | 1,135 |
| | 其他(只) | — | — | — | — | — | — | — | — | 567 | 3,401 | 953 | 775 |
| 病虫害防治 | 面积(公顷) | 281,454.38 | 305,142.80 | 341,933.68 | 561,286.99 | 182,410.21 | 240,289.04 | 257,616.15 | 268,389.38 | 165,019.63 | 217,434.65 | 89,162.75 | 88,481.58 |
| | 施药费用(新台币元) | 8,661,704.30 | 9,862,092.60 | 12,758,951.83 | 14,993,065.24 | 7,269,807.49 | 13,702,730.48 | 16,658,002.92 | 17,899,746.44 | 15,003,458.37 | 17,834,687.08 | 1,743,935.07 | 3,814,199.70 |
| 种畜场经营 | 牛(只) | 1,247 | 1,550 | 2,143 | 2,113 | 782 | 798 | 699 | 627 | 902 | 4 | 34 | 17 |
| | 猪(只) | 3,199 | 2,392 | 2,211 | 1,842 | 2,258 | 937 | 1,750 | 888 | 1,614 | 265 | 481 | 914 |
| | 其他(只) | 951 | 3,811 | 1,271 | 619 | 111 | 561 | 107 | 661 | 2,601 | 807 | 144 | 206 |

资料来源：台湾省农林厅编印《台湾农会业务统计年报》，1964 年版，第 12—15 页；1971 年版，第 12—15 页。改制而成。

**表 6—8　农会推广部门历年举办文化指导事业**

| 项目 | | 1954 | 1955 | 1956 | 1957 | 1958 | 1959 | 1960 | 1961 | 1962 | 1963 | 1964 | 1965 |
|---|---|---|---|---|---|---|---|---|---|---|---|---|---|
| 农忙托儿所 | 农会数 | — | — | — | 267 | 258 | 268 | 264 | 267 | 263 | 257 | 242 | 241 |
| | 班数 | 103 | 507 | 1,148 | 1,571 | 1,519 | 1,799 | 1,837 | 1,806 | 1,826 | 1,770 | 1,522 | 1,563 |
| | 人数 | 4,422 | 22,139 | 51,157 | 67,960 | 64,672 | 80,927 | 86,856 | 85,710 | 82,901 | 94,783 | 70,840 | 71,159 |
| 生育互助 | 农会数 | — | — | — | 7 | 4 | 4 | 9 | 5 | 7 | 11 | 7 | 7 |
| | 次数 | 8 | 7 | 11 | 125 | 32 | 694 | 77 | 37 | 56 | 133 | 113 | 159 |
| | 人数 | 13 | 20 | 168 | 776 | 671 | 1,284 | 749 | 691 | 792 | 1,027 | 323 | 550 |
| 调解救济互助 | 次数 | 198 | 396 | 552 | 527 | 1,350 | 540 | 228 | 242 | 369 | 200 | 224 | 395 |
| | 人数 | 1,955 | 2,734 | 6,436 | 4,190 | 5,529 | 6,131 | 3,449 | 1,421 | 1,550 | 1,627 | 1,908 | 1,755 |
| 医疗理发浴室 | 农会数 | — | — | — | 21 | 17 | 11 | 5 | 14 | 10 | 13 | 16 | 12 |
| | 单位 | 14 | 16 | 16 | 23 | 20 | 12 | 16 | 34 | 11 | 21 | 11 | 13 |
| | 人数 | 71,317 | 198,670 | 216,186 | 112,167 | 121,605 | 103,077 | 106,958 | 101,001 | 94,582 | 49,662 | 83,023 | 91,843 |
| 就学奖金 | 农会数 | — | — | — | 24 | 32 | 40 | 43 | 38 | 34 | 33 | 34 | 38 |
| | 金额 | 2,800.00 | 10,740.00 | 35,752.00 | 81,825.00 | 147,682.48 | 220,211.10 | 226,245.66 | 225,687.00 | 247,751.00 | 568,000.40 | 224,471.50 | 329,450.00 |
| | 奖励人数 | 16 | 318 | 858 | 1,129 | 4,569 | 2,501 | 2,161 | 12,822 | 2,184 | 13,853 | 24,472 | 3,075 |
| 其他福利设施 | 次数 | 3,105 | 2,179 | 1,819 | 1,536 | 466 | 536 | 2,581 | 1,835 | 1,938 | 185 | 348 | 473 |
| | 人数 | 12,393 | 17,164 | 18,228 | 23,998 | 35,774 | 14,532 | 16,475 | 21,523 | 17,230 | 7,691 | 7,840 | 6,498 |
| 家政讲习 | 次数 | 2 | 7 | 98 | 485 | 1,040 | 1,170 | 1,357 | 1,535 | 1,525 | 1,761 | 1,201 | 974 |
| | 人数 | 90 | 579 | 2,775 | 19,099 | 24,300 | 23,501 | 28,500 | 36,023 | 44,209 | 50,553 | 83,301 | 34,559 |

续表

| 项　目 | | 1954 | 1955 | 1956 | 1957 | 1958 | 1959 | 1960 | 1961 | 1962 | 1963 | 1964 | 1965 |
|---|---|---|---|---|---|---|---|---|---|---|---|---|---|
| 各种副业讲习 | 班　数 | 101 | 142 | 133 | 176 | 141 | 298 | 320 | 523 | 676 | 494 | 475 | 449 |
| | 人　数 | 15,563 | 18,461 | 15,227 | 8,659 | 839 | 13,710 | 11,571 | 21,229 | 25,090 | 22,819 | 23,702 | 30,373 |
| 妇女编织班缝纫班 | 农会数 | — | — | — | 106 | 113 | 104 | 85 | 81 | 85 | 81 | — | — |
| | 班　数 | 36 | 76 | 159 | 212 | 198 | 180 | 141 | 149 | 123 | 135 | 101 | 112 |
| | 人　数 | 1,354 | 2,863 | 5,568 | 7,062 | 6,217 | 5,675 | 4,482 | 4,086 | 3,847 | 5,503 | 3,079 | 3,495 |
| 分发书报 | 次　数 | 2,087 | 2,458 | 3,130 | 3,345 | 5,414 | 10,917 | 5,748 | 7,493 | 7,634 | 4,381 | 6,839 | 4,261 |
| | 本数 | 127,512 | 162,355 | 174,784 | 222,106 | 195,318 | 245,298 | 211,329 | 278,372 | 243,761 | 211,042 | 185,981 | 163,437 |
| 代书书信询问 | 次　数 | 12,188 | 14,499 | 17,473 | 16,705 | 22,714 | 20,312 | 32,518 | 36,231 | 62,643 | 61,289 | 31,697 | 22,443 |
| | 人　数 | 15,153 | 19,961 | 18,890 | 24,458 | 30,407 | 36,687 | 56,881 | 64,161 | 80,241 | 79,668 | 46,128 | 39,510 |
| 其他文化服务 | 次　数 | 142 | 141 | 219 | 260 | 1,290 | 679 | 602 | 2,075 | 952 | 1,680 | 1,002 | 1,099 |
| | 人　数 | 8,363 | 6,189 | 9,096 | 11,223 | 7,592 | 11,950 | 13,285 | 17,167 | 11,523 | 17,764 | 27,791 | 29,961 |
| 电影活动 | 次　数 | 1,067 | 1,298 | 1,154 | 1,094 | 1,139 | 878 | 1,149 | 1,213 | 740 | 695 | 573 | 657 |
| | 欣赏人数 | 774,531 | 1,040,123 | 880,640 | 866,916 | 657,500 | 459,848 | 463,609 | 542,481 | 409,866 | 325,712 | 299,184 | 346,135 |
| 戏剧活动 | 次　数 | 118 | 129 | 200 | 456 | 162 | 281 | 197 | 101 | 93 | 84 | 84 | 80 |
| | 观剧人数 | 90,015 | 176,093 | 181,794 | 384,416 | 113,644 | 160,914 | 139,905 | 117,238 | 81,704 | 59,987 | 146,180 | 73,876 |
| 其他康乐活动 | 次　数 | 314 | 205 | 291 | 352 | 355 | 712 | 535 | 900 | 725 | 853 | 953 | 621 |
| | 人　数 | 47,951 | 33,283 | 55,462 | 70,378 | 43,466 | 47,730 | 50,215 | 229,391 | 51,065 | 76,186 | 104,225 | 92,458 |

资料来源：台湾省农林厅编印《台湾农会业务统计年报》，1964 年版，第 16—19 页；1971 年版，第 16—19 页。改制而成。

农会推广工作如按对象分，则分为四健会推广、农事推广和家政推广，下面将按各项推广工作开始的先后分述之。

## 二 四健会推广

台湾的农业推广原缺乏教育性内容，特别是农家生活改善与青少年发展等方面的内容几乎未被人注意，农业推广的对象也多局限于成年男性农民，缺少对农村妇女和青少年的关照。1950 年，安德生博士在其有关台湾农会的研究报告《台湾之农会》中，有感于这一欠缺，认为农复会如果愿意辅助建设范围较广的农村生活，应当致力于家庭改良与青年工作，并建议农复会聘请两名专家来台工作一年，“其一为家庭改良与家庭生活之专家，另一为农村青年与少年工作专家”[①]。农复会采纳了安德生的建议，1951 年 9 月曾邀请一名美籍家政专家来台进行为期一年的研究，但因客观条件等限制，其建议报告没有产生影响。次年 3 月，农复会又经美国农业部的介绍，聘请美国康涅狄格州四健会专家白仁德(A. J. Brundage)来台，从事四健会组织指导工作。白仁德在台工作五年多，一度曾代理农复会农业推广组组长，为台湾四健会青少年指导工作奠定了良好的基础[②]。

所谓四健，来自英文的 4H，即四个英文单词 Head(头脑)、Heart(心胸)、Hands(双手)和 Health(健康)的缩写。这是 20 世纪初发端于美国的一项农村青年运动，目的在训练农村青年于上述四个方面获得均衡发展，如头脑要训练得能思想、计划和推理；心胸要训练成仁慈、诚实和具有同情心；双手要训练得有用、熟练并能助人；健康要训练得能抵抗疾病，享受生活和有一定的工作效能。四健运动将农村 13 岁至 25 岁的农村青少年组织起来成立会社，从事各种农业设计，如养猪、养羊、种植水稻、小麦等等，并按部就班加以执行。在设计与执行的过程中，农村青少年不仅在身心手脑方面得到锻炼，对农业生产技术的改进也产生了积极的促进作用。因为四健运动在美国有相当的成效，美国后来将之向世界其他地区推广，二战后日本的四健运动就有飞速的发展，会员曾达到约一百万人[③]。1950 年代初，农复会计划将其在台湾的农村工作由侧重物质方面转向精神方面，以培养农村真正的自立自强[④]，四健运动于是在台湾开展起来。

---

① 安德生：《台湾之农会》，第 40 页。

② 吴聪贤：《台湾农业推广工作之今昔》，第 44 页。

③ 参见蒋梦麟《台湾农村青年的四健运动》，《幼狮》第 11 期，1953 年。

④ 廖季清：《介绍四健会——一个农村青年教育组织》，《实践周刊》第 170 期，1953 年 9 月。

台湾的四健会由 13 至 22 岁的农村青少年组成，采取自由入会原则，但必须获得家长的同意。四健会员必须实践会员公约和座右铭，并参加集会和各项活动。四健会员公约为："我愿以至诚，为我个人，为我的家庭，为我的乡村，为我的国家和其他自由国家，训练我具有：健全的头脑，以运用思想；健全的心胸，以发展品性；健全的双手，以改善生活；健全的身体，以服务社会。"而这正是台湾四健运动的核心理念。在具体操作上，会员参加四健会，必须按照家庭情况、地方需要和个人兴趣，自由选定一项生产作业来切实进行。四健运动推行之初，会员的单位作业包括：饲养若干小猪；饲养一母猪及一窝仔猪；饲养若干生蛋鸡；孵化并养育一群小鸡；饲养若干小兔；栽种一期水稻；栽种一期甘薯；经营一小菜园；水稻或甘薯生产经济纪录；制造堆肥；村里造林等，都是与当时台湾农村生产生活比较贴近的内容。会员还必须将工作进行情况，填写在印好的记录册上，以作为日后改进的参考①。选择同一作业的会员有 5 人至 20 人，则组织作业组，聘请一个义务指导员分别进行作业。通过这种具体作业的方式，一方面让会员接受手脑身心的训练，一方面采取最新的科学方法，以促进农业技术的改进，同时培养农村青少年的自立自助和服务精神以及现代公民意识，使他们成为农村社会的中坚力量②。

在四健会的推行路径上，台湾的四健会工作分为学校与社会（乡镇）两方面。学校四健会 1952 年 10 月首先成立于嘉义农校，同年 12 月，第一个校外乡镇四健会在嘉义县大林镇成立。1953 年四健会工作推行尚不顺利，自 1954 年开始，四健运动有较快发展，当年学校四健会发展到 15 个，乡镇四健会则增加到 18 个③。学校四健会原由农复会指导各农业职校办理，自 1954 年 7 月 1 日起，主办权移交省教育厅，而由农复会协助。校外乡镇四健会最初也由农复会主办，农林厅及各级农会配合，自 1955 年 7 月起，改由农会主办。到 1956 年，台湾乡镇四健会有了非常迅猛的发展，会员由前一年的 7,000 多人增加到两万多人，进入 1960 年代后，会员总数发展到 6 万多人，其中三分之一为女会员（由农会办理的乡镇四健会推广成果详见表 6—9）。到 1965 年，在全省 341 个乡镇农会中，办理四健会业务的达 288 个④，示范村里达 2706 个。四健会主要活动

① 廖季清：《介绍四健会——一个农村青年教育组织》，《实践周刊》第 170 期，1953 年 9 月。关于四健会员的年龄，廖文为 13 到 24 岁，现根据台湾省农会的资料改为 22 岁（参见台湾省农会编印《十年来的台湾农会》第 15 页。）

② 金阳镐：《台湾四健运动的回顾与前瞻》，《教育与文化》11 卷 11 期，1956 年。

③ 廖季清：《一年来的四健会》，《教育与文化》6 卷 5 期，1955 年。

④ 《十年来的台湾农会》，第 16 页。

包括联合露营、会友交换、社会服务、公民教育、农场共同经营、农家卫生改善等①。1964、1965年,农会为办理四健会工作,分别支出经费新台币约850万元和940万元,各占当年农业推广经费总支出的11.6%和11.1%②。

表6—9 农会历年办理乡镇四健会成果

| 年份别 | 示范村里数 | 指导员人数 | 作业组数 | 义务指导员人数 | 会员 | | |
|---|---|---|---|---|---|---|---|
| | | | | | 计 | 男 | 女 |
| 1954 | 193 | 26. | 474 | 498 | 4,085 | 4,074 | 11 |
| 1955 | 377 | 46 | 847 | 891 | 7,481 | 6,672 | 808 |
| 1956 | *56 | 87 | 2,016 | 2,065 | 22,039 | 17,868 | 4,171 |
| 1957 | 851 | 204 | 3,844 | 3,972 | 41,849 | 32,229 | 9,620 |
| 1958 | 1,052 | 141 | 2,324 | 2,426 | 25,753 | 18,865 | 6,888 |
| 1959 | 1,913 | 206 | 2,523 | 3,277 | 38,921 | 27,832 | 11,089 |
| 1960 | 2,068 | 322 | 4,108 | 4,059 | 51,941 | 35,849 | 16,072 |
| 1961 | 2,498 | 406 | 4,776 | 4,668 | 61,589 | 41,545 | 20,044 |
| 1962 | 2,614 | 407 | 5,181 | 4,340 | 63,583 | 43,174 | 20,409 |
| 1963 | 2,699 | 343 | 4,937 | 4,922 | 65,539 | 44,044 | 21,495 |
| 1964 | 2,692 | 351 | 4,867 | 4,756 | 64,825 | 42,767 | 22,058 |
| 1965 | 2,706 | 344 | 4,788 | 4,645 | 65,672 | 42,256 | 23,416 |

资料来源:台湾省农林厅编印《台湾农会业务统计年报》,1964年版,第20—21页;1971年版,第20—21页。

注释:*当年示范村里数56系原文如此,与1960年版核对,也是如此。

推广四健会对农村社会有积极的作用:首先,对农村青少年来说,有利于其自立自发和协助他人精神的培养,并可通过各种作业会议的举办,培养农村青少年的公民意识、民主观念。其次,对农业生产来说,四健会员各项作业活动,采用最新科学方法,对增加农业生产有颇为明显的效果,如1954年第一期水稻收获结果,582名会员平均每甲的产量为3,970公斤,较之全省一般农民每甲3,106公斤的平均产量,高出27.8%。会员在农业生产方面的成果,不仅对会员家庭有积极影响,并可以进而引导周围农民采用优良品种和优良方法。最后,

① 《十年来的台湾农会》,第15页。另台湾省农会与台湾省农林厅的统计结果略有出入,有关作业组、指导员人数、会员人数等并不相同。

② 1964、1965年四健会经费支出和农业推广总支出参见《台湾农会业务统计年报》1971年版,第11页和第21页。

会员开展种树、修路、采集螟虫卵块和消毒村里秧田等公共作业，对乡村社会来说是公益服务活动，一定程度上可以造福乡里[①]。

## 三　农事推广

农事推广是台湾农业推广中较早涉及的内容，日据时期已经开始进行，但之前的工作只关注生产指导事业本身，忽略了对农民的教育。因而继四健会之后，1954 年 10 月，农复会又邀请美籍成人教育专家卜普(J. D. Pope)来台，从事成人教育工作方面的研究，并从次年开始，选定台南县的善化镇，桃园县的桃园镇和宜兰县的头城镇作为示范乡镇，试办教育性的农事推广工作。教育性的农事推广工作以 23 岁以上的成年农民为对象，其主要路径是农事研究班的设置。农事研究班是以农事小组为组织设立的基本单位，通常通过教育的方式，使村里内符合条件的农民自动申请加入。研究班以人数不超过 30 人限，如超过人数，则另行成立一研究班，以利于相关工作的进行。农事研究班成员每个月至少聚会一次，所有班员和村里其他居民一起，讨论日常农业经营与家庭农场管理方面的得失，交换工作经验，吸收指导员带来的新观念新事务，并通过讨论时事加强公民训练方面的效果。由于农家的农业生产多为“多角”混合经营，农事研究班大多是综合性的。进入 1960 年代后，因为农业生产领域逐渐受到市场化与商品化的影响，一些专营农事研究班也开始出现[②]。

教育性农事推广的另一要点是示范农家的设置。示范农家作为农民身边鲜活的例证，引导农民接受新技术、新观念。示范农家除了在农业生产方面设置示范田等之外，还举行家庭生活示范和社会服务示范。同时，示范农家与农事研究班密切结合，通常每一研究班的班员中有一个示范农家[③]。

根据 1955 年 10 月农复会和省政当局拟定的《台湾省新农业推广教育计划方案》，新的农事推广工作以各级政府为主管机关，各级农会则担任执行机关。同时由有关各方组成农业推广教育辅导委员会，原四健会辅导委员会也合并其中[④]。由各级农会具体推行的农事推广工作历年来发展情形可参见表 6—10。到 1965 年，共有 290 个乡镇办理农事推广工作，指导员 578 名[⑤]，农事研究班

① 参见陈锦文《台湾省乡镇四健会工作》，《教育与文化》第 7 卷第 8 期，1955 年；金阳镐《台湾四健运动的回顾与前瞻》。

② 参见吴聪贤《台湾农业推广工作之今昔》，第 51—54 页。

③ 同上，第 55 页。

④ 同上，第 52 页。

⑤ 《十年来的台湾农会》，第 17 页。

3,914个,班员68,678人,另设有示范农家3,929个①。

**表6—10 农会历年办理农事推广情形**

| 年份别 | 示范村里数 | 研究班 | | 示范农家数 | 示范田圃面积(公顷) |
|---|---|---|---|---|---|
| | | 班数 | 班员人数 | | |
| 1954 | 53 | 1 | 30 | 258 | 38.65 |
| 1955 | 196 | — | — | 395 | 120.61 |
| 1956 | 786 | 125 | 2309 | 1184 | 767.23 |
| 1957 | 753 | 245 | 4,446 | 1,268 | 880.72 |
| 1958 | 1,196 | 642 | 11,548 | 1932 | 1,624.87 |
| 1959 | 1,740 | 1,314 | 23,500 | 2,246 | 7,790.53 |
| 1960 | 2,276 | 2,132 | 34,018 | 2,995 | 3,486.30 |
| 1961 | 2,795 | 2,604 | 44,747 | 3,577 | 2,021.66 |
| 1962 | 3,070 | 2,965 | 51,020 | 3,561 | 3,284.54 |
| 1963 | 3,128 | 3,312 | 56,977 | 3,766 | 2,342.01 |
| 1964 | 3,206 | 3,648 | 65,634 | 3,740 | 1,164.64 |
| 1965 | 3,101 | 3,914 | 68,678 | 3,929 | 2,447.61 |

资料来源:台湾省农林厅编印《台湾农会业务统计年报》1964年版,第20页;1971年版,第20页。

教育性的农事推广工作在引导农民使用新技术、新方法方面有突出的贡献。台湾省农会1961年的一项报告显示,研究班班员在加入研究班以后,对包括早期深耕、引用优良品种、精选种子、稻种消毒等在内的十几种水稻优良作业方法的采用情况,均较参加研究班前增加了100%—200%,有些方法甚至增加了200%多,如全层施肥方法,在加入研究班前采用的农户有10,919户,参加研究班以后则有25,824户采用该项方法,共增加了236.51%。② 足见以研究班形式推行教育性农事推广工作的成效。

## 四 家政推广

家政推广是安德生建议农复会推行的新式农业推广的重要内容之一,但因为当时台湾农村尚比较保守,女性的地位相对偏低,很少参加社会活动,且妇女

① 关于示范农家数、农事研究班数和班员数,省农会和省农林厅的统计仍然有出入,这里系采用省农林厅的统计数字,见台湾省农林厅编印《台湾农会业务统计年报》,1971年版,第20页。

② 吴聪贤:《台湾农业推广工作之今昔》,第59—60页。

在家务之外，还要下地劳动，没有多少时间接受教育或指导，所以这项工作在战后台湾农业推广制度的建制过程中开展得最晚，和四健会推广与农事推广相比，推行过程中也有更多的困难[①]。四健会推广工作中，针对女性会员，曾有家政方面的作业设置，不过从表6—9可以看出，四健会推行之初，女会员的比例偏低。

为在台湾开展家政推广，1956年9月，台湾省农会选择30个乡镇办理家政指导工作。次年1月，农复会聘请多年在菲律宾从事家政工作的美籍家政专家毕玲士来台从事家政示范工作。台湾家政推广工作由农复会提供资金支持与技术指导，农林厅则作为主管机关，然后透过农会系统，直接将有关家政的新技术、新方法，介绍给农家妇女和四健会女会员。在经费方面，同四健会推广和农事推广一样，农复会仅提供部分经费，农会及地方政府都须负担一部分，并且随着各项推广工作的逐渐发展，农复会在预算方面逐年递减，地方的预算则逐年增加[②]。在组织方面，分为两个部分：一是四健会女会员，由义务指导员提供家政方面的指导；一是成年农妇组成的家事改进班，有地方领袖指导她们进行改善家庭生活方面的工作。在办理家政推广业务的乡镇，一般平均有一名女性指导员，在县农会中有一名女性家政督导员[③]。到1965年，台湾有196个乡镇办理家政推广，指导员196人，平均每个乡镇1名指导员，推广委员3,657人，家事改进班1,910个，班员34,513人[④]。

家政推广工作具体项目的制定需要因地制宜，通常从下到上予以确定。针对农村卫生、饮食以及整体家庭生活，由乡镇指导员和地方妇女领袖举行会议，商妥可推行的项目，会报县督导员并由其决定，之后交给省农会执行[⑤]。一开始推行的项目有两项：家庭改善和食物与健康。

家庭改善项目是在改善农村家庭卫生的同时，提高农家妇女做家务的效率，主要改进的家庭区域是厨房。该项目指导农家妇女如何用最少的钱或利用自家现有的材料，改进厨房和卫生设施。如指导她们粉刷厨房墙壁以增强室内光线；设置水槽，自制刀插、毛巾架、厨房用具挂架、食物罩等，既使厨房更为整洁，厨具更为卫生，也提高在厨房工作时的便利，从而节约时间；改造炉灶，加炉灶门，设置温水管等。该计划还指导农家妇女将便器加盖，改造污水排泄设施

---

① 吴聪贤：《台湾农业推广工作之今昔》，第60页。

② 李黄芝敏：《台湾家政推广工作》，《家政教育通讯》第1卷第8期，1960年。

③ 吴聪贤：《台湾农业推广工作之今昔》，第60—61页。

④ 《十年来的台湾农会》，第17页。

⑤ 《台湾农业推广工作之今昔》，第61页。

等,使农家环境卫生有所改善,农家妇女有更好的工作环境。

食物与健康项目配合台湾农业发展五年计划,从健康与经济两个角度入手,改善农家的生活。重点是让农家尽量利用现有条件,以自给自足的方式在解决温饱问题的同时,做到均衡营养。其第一步是指导农家实行周年食物自给生产计划,鼓励农家养猪、养鸡,计划让农家每人每周至少食用三个鸡蛋;指导农家妇女利用住宅周围空地种植木瓜、番石榴、香蕉等易于种植又营养丰富的水果,并推动"整年蔬菜园计划",使农家在炎热的夏季也有新鲜的水果可吃,从而改善农家食物营养结构。之后进一步指导农家改进膳食结构,指导她们如何利用美援救济食物,如脱脂奶粉、面粉等;教给她们保持营养的烹饪方法;指导她们如何给婴儿提供更有利于健康的食品,等等①。

继厨房改造之后,家庭改善计划将改造的区域又逐渐扩大到客厅、卧室和庭院。对客厅,指导农家去除不必要的张贴物,粉刷墙壁以增加室内光线;保持神桌及其上物品的干净整洁,神桌下不堆放物品;在房子内另辟储藏间,将堆在客厅的农具、自行车等各种杂物移走,仅在其中设置椅子和沙发,尽量使客厅看起来宽敞大方;细节方面,指导农家注意室内色彩的搭配、家具的统一协调及摆放,如何油漆家具等。对卧室,指导农家养成良好的卫生习惯,每天起床时收拾蚊帐、棉被和枕头,棉被经常晾晒,枕头被套定期清洗;尿桶每天白天拿出室外,或加盖,以免室内有异味并有碍健康;衣物及时整理,或清洗,或存放于固定的橱柜,避免胡乱摆放,影响室内整洁;清理床下杂物,经常打扫;刷洗墙上半旧不新的画片、广告等,如有条件,建议和厨房一样重新粉刷;经常开窗户通风,如窗户过小,建议予以扩大;旧的床、橱柜,指导农家自己动手油漆,使室内焕然一新。对庭院的整理,指导农家注意稻草的堆放不要影响美观和交通;清扫落叶、乱草和垃圾,使庭院整洁,并可用于做成堆肥;晒谷场以外的空间区域,栽培水果、蔬菜、花卉等,既经济且美观;家禽在围篱内饲养,避免到处都是家禽粪便,园篱周围以果木绿植环绕,增加美观;利用现有材料,种花育苗;清除污水,设置排水沟,防止蚊虫生长;厕所加盖,使安全卫生等②。从厨房到客厅、卧室、庭院,家庭改善计划已不仅限于提高农家妇女做家务的效率,更以整洁、卫生、美观的居住环境为目标,帮助农家过上更现代的生活。

从 1959 年开始,家政推广逐渐增加儿童保育、儿童玩具的制造方法、衣服

① 参见吴聪贤《台湾农业推广之今昔》,第 62 页;李黄芝敏《台湾家政推广工作》;刘玉香《家政推广成功的故事》,《丰年》第 16 卷第 13 期,1966 年。

② 《台湾农会业务经营要览》(第五篇　农业推广),第 703—715 页。

的保藏与简易缝纫、家庭害虫防治等方面的内容[①]。儿童方面的工作主要指导农家妇女注意儿童的身心健康，用科学的观念养育儿童，并利用身边材料为儿童制造玩具等。为减轻农家妇女负担，有些农会还在农忙时开办农忙托儿所，帮助照顾儿童。衣物方面的工作涉及各种质料衣物的清洁方法与分类保藏，并指导农家妇女根据自身身材、肤色等搭配、制作服装，以及不同场合下的着装等[②]。家政推广指导员甚至还组织农家妇女现场演绎宴席中餐食的准备和就餐的礼仪，使农家妇女有更体面的生活[③]。

概括言之，家政推广工作一方面组织农家妇女，使其得到一定的教育与指导，将其纳入现代农业推广教育制度之下，在工作效率、个人面貌和生活环境方面都能得到改善。另一方面通过指导农家妇女改善农家居住环境、饮食结构、卫生条件、着装等，使农家生活现代化，对提高农家生活水平有积极的贡献，并有利于缩小城乡差距。对儿童保育工作的指导与改进，更对农村未来的发展有积极影响。

从改革后台湾农会推行的各项农业推广工作来看，战后台湾农会的农业推广业务显然有着很高的理想，现实中在增加农业生产、改善农村环境、提高农民生活水平等方面，也确实发挥了积极的作用，尤其像四健会的工作和家政推广，开创了台湾农业推广领域的新内容。然而，战后台湾农会的农业推广工作受制于一个最大的问题：经费。战后台湾农会办理农业推广教育工作，其事业费由农林厅、农复会补助，人事费则由农会自己负担，县市政府和乡镇公所也会配合部分经费，并派员驻在农会办理农业推广工作。农会推广经费的来源，除上述政府和农复会的补助款外，另有两个来源：一为生产指导费的募集；一为信用部和供销部的盈余提拨，由于供销部盈余有限，因此主要是信用部盈余提拨[④]。所以农会推广经费仰赖于其他两部门，特别是信用部门的发展。如按“暂行办法”的规定，信用部盈余提拨的比率过去应在50%以上，但从农会承办统一农贷以来，信用部的盈余提拨就大为减少，仅为10%，1963年虽有所调整，但也仅为30%。盈余提拨的这一变化，使农会推广经费在1963、1964年分别比前一年减少了约10个百分点[⑤]。这样一种经费安排方式，使推广业务的开展，很大程度上受制于其他业务部门的配合。同时，因推广业务不仅没有直接经济收益，还须仰赖其他事业的收益作开支，对农会经营者来说，若无一定的理想与服务观

① 《台湾农业推广工作之今昔》，第60页。
② 参见《台湾农会业务经营要览》(第五篇 农业推广)，第743—801页。
③ 刘玉香：《家政推广成功的故事》。
④ 柯德基：《农会经营企业化与农业推广教育》，《台湾农业》第5卷第4期，1969年。
⑤ 《十年来的台湾农会》，第39页。

念做支撑,则很容易被当成“赔钱的买卖”,不被重视,因而受农会经营思路的制约也相当大。当1960年代中后期,农会逐渐迈向业务经营企业化的道路时,推广业务即受到很大冲击。

农会各项业务的主办,不仅关系到农会的财务和运营,更关系到农会的功能和定位。从改革后台湾农会三大业务部门的发展来看,农会对辅助政府各项农业政策、特别是粮食政策有很大贡献,并在调剂农村金融、加强农村投资等方面发挥越来越重要的作用。农会推广业务的开展,更显示了农会公益组织与服务农民的一面,将农村青少年、成年农民以及农村妇女均纳入农业推广教育制度下,对引导台湾农村走向经济繁荣和生活方式现代化,做出了积极的贡献。

改革后农会开展的各项业务,拉近了农会与会员的关系。郭敏学分别于1952年针对58名会员、1955年针对1,200名会员、1959年针对1,400名会员,借调查访问之机做问卷调查的结果显示,改革后会员对农会的认识、会员与农会的关系在逐步加深。如针对调查者的问题:“农会是谁的?”1952年仅有1.7%的被调查者回答是农民的或会员的,这一数字到1955年上升为56.1%,到1959年则达到了79.5%;对于“你是农会会员吗”的提问,在1952年仅有20.7%的被调查者认为自己是会员,到1955年则有85.6%的会员有此认知,到1959年这一数字更上升到94.2%。会员对农会的认同度还体现于会员对农会会务的态度。针对“最近一年内你曾参加过农事小组会议吗”的问题,回答曾参加的在1952年为27.6%,1955年为57.2%,1959年则达到了82%;了解农会理事长与会员代表是经由选举产生的会员,前者在1952年是20.7%,1955年为66.5%,1959年是80.2%,后者则分别为32.8%、72.4%和82.7%,显示出会员对农会会务的了解程度在改革后有很大提高。会员对农会的认同度不断提高,很大程度上得益于改革后农会向会员提供的服务在增加。在郭敏学总结的问卷调查结果中,关于“最近一年内”会员自农会所获得的服务,大概包括了:一,向农会购买过物品的,其比率在1952年是36.2%,1955年上升为72.8%,1959年达90.1%;二,曾送农产品到农会参加运销的,三个年份的百分比分别占到15.5%、29.8%和53.6%;三,向农会存过款的,其百分比分别是29.3%、35%和67.4%;四,向农会借过款的,分别为46.6%、57.5%和75.6%;五,从农会得到过好种子的,分别为48.3%、45.5%和70.6%;六,农会曾帮助其防治作物病虫害的,分别占到24.1%、61.3%和91.3%;七、农会曾帮忙打过猪瘟针的,分别有36.2%、76.1%和83.7%;八、有农会工作人员到过家里的,分别为27.6%、46.1%和74.2%。从上述数字可以看出,会员自农会获得的服务,改革后在逐渐改善，尤其是 1959 年的情形，明显好于改革前[1]。郭敏学的上述调查结果，表明农会与会员的关系和农会各项业务的举办关系密切，而农会与会员的关系也正是农会存在的基础。

不过，农会在业务经营方面也存在一些弊端，如供销业务中偏重政府委托业务，忽视自营业务的拓展与开办；信用业务迅速发展后，成为农会最重要的部门，主办人员对信用部的重视超过了其他部门，盈余提拨比例的减少，更影响到推广部门的经费；农业推广部门在经费方面，很大程度上依赖供销与信用两个经济性部门的收入，等等。上述弊端和农会经费安排不无关联，以经济性的供销和信用两部门的收入提供服务性的推广部门的开支，固然是改革后台湾农会的一大特点，却也隐伏着一定的危机，是否会“成也萧何，败也萧何”，端赖农会主办者服务会员的意识与观念。

① 以上数字均见于郭敏学：《台湾农会与会员关系》，载《台湾农会发展轨迹》，第 142—161 页。

# 第七章　国民党、地方派系和农会：改革后的农会与政治

按照安德生的建议和农复会的想法，农会应当远离政治活动，以保持组织的中立性。但国民党鉴于在大陆的农民组织观念以及对农会动员农民功能的重视，仍强调农会作为农民团体的一面，并将农会作为国民党向农村基层社会发展的重要工具。通过 1953—1954 年的农会改组，国民党将其触角成功延伸至各级农会组织，从而初步实现其改革农会的意图。此次改革中，由于国民党政权对地方派系有所妥协，以致地方派系得以继续在农会活动，并占据农会权力阶层。在国民党和地方派系的共同作用下，农会不可能和政治脱得了干系，并在战后台湾地方政治舞台扮演重要的角色。只是，改革后国民党对农会的掌控能力如何，是否透过农会将其力量向农村基层发展？农会作为一个名利场，地方派系又是如何行动，国民党对地方派系的态度怎样？等等问题，都有待进一步的考察。本章以改革后至 1970 年代初国民党政权修改农会法、并对农会体制再做调整前的这段历史为考察对象，主要依据第三届（1956 年）至第七届（1969 年）农会改选期间的各级农会情形①，探讨国民党与农会的关系，地方派系和农会的关系，以及在农会系统中国民党和地方派系的关系，从而了解国民党对农会的掌控能力和国民党透过农会系统向农村基层发展的实际效果，并试图分析导致国民党对农会与农村基层社会组织发展存在局限的原因。透过国民党政权对农会中派系纠纷的处理，本章还探讨国民党政权对农会权力阶层和地方派系的态度，以及这种种情形对后续农会制度安排所产生的影响。

## 一　国民党掌控农会的制度方式：总干事负责制

改革后的农会偏重总干事制度，有关农会的重大决策，虽由理事会决定，其

① 1949 年农会与合作社合并是战后台湾农会第一届改选，1953 年农会制度改革是第二届农会改选。

执行则属于总干事,也就是由总干事负责农会一切业务的推展[①]。早在对农会体制进行改造之时,国民党政权对于农会内部两个最重要的权力单位:总干事与理事会,就有着不同的态度。理事长与理事会的权力被打压,总干事则被国民党政权着力经营,使其成为农会当中最忠实于国民党的力量,最终使农会为国民党政权所掌控。这一制度安排在改革之初,成为农会权力核心移转的开始,也成为国民党打压与笼络地方派系的重要手段。通过此次改革,农会总干事全部由国民党党员担任[②]。改革后,在农会权能划分制度框架下,理事会与总干事分别构成农会"权""能"的两端,在实际运营中,总干事负责制曾受到来自理事会以及社会舆论的诸多压力,也受到地方派系的操控与干扰,但国民党始终坚持以总干事为农会权力阶层的核心,并以此作为掌控农会的基点。

为保障总干事负责制,国民党政权采取了种种手段,如:规定理事必须由正式会员担任,而正式会员有耕作时间的限制,理事长与理事们因此不能经常到会办公,否则就会因在农会时间多、耕作时间少而失去正式会员资格,进而失去成为理事、理事长的可能。桃园县农会前后两任理事长即因在农会时间过多、耕作时间不足而失去会员资格[③]。由于不能经常到会办公,理事会对农会事务的影响自然降低,总干事因此较少受到理事会的钳制,从而拥有更大的权力空间。同时,《改进台湾省各级农会暂行办法》对理事的任期做了限制,规定其任期为两年,并限制连任的届数不得超过两届,否则就得停任两年(任期后来有所调整)。而总干事因为是聘任职员,不仅没有任期限制,相反,国民党政权努力保障这一职位的稳定性。在1956年农会改选之前,台湾省农林厅先以44农组字24577号函说明各级农会总干事并无任期限制,不必与理事会同进退,让各级农会总干事安心工作;继之又以45农组字40689号函再次重申这一点,并对新理事会解聘或留任总干事的程序作了规定。从该规定来看,新一届理事会如果要留任原来的总干事,程序相当简便,理事会只须提一报告案,然后重新对保即可,不必换发聘书;如果要更换总干事,则须按法定程序办理[④]。至于遴聘与解聘总干事的法定程序,"暂行办法"第36条第1项第5款规定,都必须经过理

① 徐庆钟(时任农林厅长)在台湾省临时省议会第一届第五次大会上答复省议员萧敦仁质询,《台湾省临时省议会公报》第3卷第3期,1953年,第1327页;时任农林厅长金阳镐在台湾省临时省议会第二届第一次大会上答复省议员江金彰质询,《台湾省临时省议会第二届第一次大会专辑》,1954年,第1445页。

② 参见第四章。

③ 省议员叶寒青在台湾省议会第一届第二次大会上的质询,《台湾省议会公报》第2卷第17期,1960年,第742页。

④ 《关于遴聘及解聘总干事之补充规定》,张炳楠:《台湾农会之研究》,第107页。

事会过半数以上出席、并出席人数三分之二以上同意,方为有效。尽管此规定可能导致总干事难产,如1953年农会选举,台中县清水镇农会就因派系关系,在投票决定总干事人选时,理事会的票数之比一直是7比8,按"暂行办法"的相关规定,达不到三分之二的要求,以至于这样的遴聘投票会议前后共召开了53次,至1954年底才算勉强产生总干事。主管机关最后不得不考虑,对总干事遴聘程序进行补充,如果总干事在一个月之内不能产生的话,就由上级机关派员代理职务①。但根据法定程序,在理事会一般难免派系之争的情况下,要更换总干事也会相当困难,因此对总干事一职的稳定性非常有利,有舆论认为这一规定使总干事一职等于"终生职业"②。如从历届农会改选时总干事的连任情况来看,这一指责并不过分,因为总干事的连任人数一直在80%以上,只有极少数农会聘用新人(参见表7—1)。与之相比较,作为理事会之首的理事长一职,换用新人的比例一直高于连任者。而主管官员也不否认努力保障"好的总干事"的立场,时任农林厅厅长的金阳镐,在回答省议员的质询时就曾强调"对好的总干事应予保障"③。

**表7—1 历届农会改选结果各级农会理事长、总干事新任与连任情形表**

| | | | 第三届(1956年) | 第四届(1959年) | 第五届(1962年) | 第六届(1965年) |
|---|---|---|---|---|---|---|
| 理事长 | 连任 | 人数 | 164 | 157 | 77 | 114 |
| | | 百分比(%) | 48.24 | 46.18 | 22.38 | 33.14 |
| | 新任 | 人数 | 172 | 180 | 267 | 230 |
| | | 百分比(%) | 50.59 | 52.94 | 77.62 | 66.86 |
| | 未详 | 人数 | 4 | 3 | — | — |
| | | 百分比(%) | 1.17 | 0.88 | — | — |
| | 合计 | 人数 | 340 | 340 | 344 | 344 |
| | | 百分比(%) | 100 | 100 | 100 | 100 |

① 省议员林金声在台湾省临时省议会第二届第一次大会上的质询,《台湾省临时省议会第二届第一次大会专辑》,1954年,第1447页;台湾省临时省议会第二届第二次大会上省议员林金声质询及农林厅长金阳镐答复,《台湾省临时省议会第二届第二次大会专辑》,1955年,第1300、第1302页。

② 省议员蔡鸯在台湾省议会第三届第一次大会上质询,《台湾省议会公报》第9卷第21期,1963年,第1028页。

③ 农林厅长金阳镐在台湾省临时省议会第三届第一次大会上答复省议员朱万成质询,《台湾省临时省议会公报》第10卷第6期,1957年,第9581页。

续表

| | | | 第三届(1956年) | 第四届(1959年) | 第五届(1962年) | 第六届(1965年) |
|---|---|---|---|---|---|---|
| 总干事 | 连任 | 人　数 | 285 | 295 | 304 | 293 |
| | | 百分比(%) | 83.82 | 86.76 | 88.37 | 85.17 |
| | 新任 | 人　数 | 47 | 33 | 27 | 20 |
| | | 百分比(%) | 13.82 | 9.71 | 7.85 | 5.81 |
| | 代理 | 人　数 | — | — | 13 | 28 |
| | | 百分比(%) | — | — | 3.78 | 8.14 |
| | 其他 | 人　数 | 4 | 3 | — | — |
| | | 百分比(%) | 1.18 | 0.88 | — | — |
| | 未详 | 人　数 | 4 | 9 | — | 3 |
| | | 百分比(%) | 1.18 | 2.65 | — | 0.83 |
| | 合计 | 人　数 | 340 | 340 | 344 | 344 |
| | | 百分比(%) | 100 | 100 | 100 | 100 |

注:“其他”系总干事由上级农会派代,或总干事职务由整理委员会主任委员执行;“未详”指尚未依法选出者。1962年的数字中,台中县大安乡、沙鹿镇农会因选举纠纷,未计在内;1965年的数字缺高雄县农会和高雄县桥头乡农会资料。

资料来源:整理自台湾省农林厅编印《台湾农会改选结果统计》(1956年度、1959年度、1962年度、1965年度),1957年版、1960年版、1963年版、1966年版。

如第四章所述,改革后的农会总干事很多是从以前的农会理事长或其他重要职位转变而来,大多在地方上原有一定势力,且国民党政权在改革时对总干事一职的学历、能力等的要求,较理事长一职严格,因此,他们当中不少人在地方上可谓真正的实力派。同时,“暂行办法”赋予总干事农会事务及业务部门职员的人事任免权,仅须向理事会报告备案即可,且所聘职员,均由总干事指挥监督①。如今,国民党政权又对其职务稳定予以种种保障,总干事一职的权力在改革后因此有逐渐膨胀的势头。有批评者指出:“今天不仅省农会,就是有些乡镇农会也都是一样,当了总干事,只要有办法,能够赚钱、请客。把大部的理监事控制下来,如大爷一样,要怎样做就怎么做。”②而且,由于国民党政权并不限制

① 参见《改进台湾省各级农会暂行办法》,第26条,《农会法令汇编》(第一辑),第9页。

② 省议员叶寒青在台湾省临时省议会第三届第三次大会上的质询,《台湾省临时省议会公报》第12卷第18期,第696页。

其以个人身份参与政治活动[①],各级农会总干事兼任县议员、省议员等各级民意代表者,为数甚多,除台湾省农会总干事刘金约兼任省议员外,据省议员张振生1965年提供的一份资料显示,在22个县(市、局)农会总干事中,有两个总干事(台中县农会总干事蔡鸿文和基隆市农会总干事张振生)兼任省议员;在241个乡(镇、区、县辖市)农会总干事中,兼任乡(镇、县辖市)民代表或代表主席的有13人,兼任县议员,甚或兼任县议会议长、副议长的有63人[②]。更有人指出某些县议会当中,总干事占到一半以上。由于兼任民意代表,总干事在与其直接主管机关县市级政府的关系中,也争取到相当大的活动空间。总干事权力之大,以至于有些乡镇长也情愿"辞官"不做,而来竞选农会总干事一职[③]。

总干事权力的膨胀、理事会及理事长的权力被削弱,使社会舆论对于农会的权能划分制度颇有批评。加上改革后理事长与理事们虽然必须由农民会员担任,但他们大多数并非目不识丁、无权无势之辈,不然他们也无法取得这一位置。尤其是农会理事长,"大多数都原有一点社会地位的"[④]。对理事会与总干事权力分配不均的批评,因此更加激烈,省级民意代表多次就此提出质询,认为现行制度让理事们没有实权,理事会原应是具有最高决策及执行力的组织,但如今却以总干事为决策执行者,显然与民主政治不符,且农会一旦发生亏损,理事会又须负连带责任,是使理事会"有责无权",因此建议对现行制度做出修改,赋予理事会应有的决策及执行权力[⑤]。有几届省议会都通过决议案,要求国民党中央对农会法规进行修改,以限制总干事的权力和加强理事会职权[⑥],还有些省议员甚至提出应改回理事长制[⑦]。

在社会舆论对农会权力划分批评颇多的同时,当局对总干事一职的过分倾斜也逐渐暴露出来。部分农会总干事显现出"尾大不掉"之势,携派系力量,令

---

① "暂行办法"第30条仅规定农会选聘任人员,不得以其在农会的职称及以农会的名义与关系,参与政治活动,参见《农会法令汇编》(第一辑),第9页。

② 参见张振生《总干事兼任民意代表之本省各级农会最近二年来盈亏情形统计表》,省议员张振生在台湾省议会第三届第五次大会上的质询,《台湾省议会公报》第13卷第5期,1965年,第187—188页。

③ 省议员李雅樵、李铣在台湾省议会第三届第四次大会上的质询,《台湾省议会公报》第12卷第22期,1965年,第989页。

④ 《台湾农会改选结果统计》(1956年度),台湾省农林厅编印,1957年,第3页。

⑤ 省议员苏振辉在台湾省议会第二届第三次大会上的质询,《台湾省议会公报》第5卷第13期,1961年,第449—450页;另,叶寒青、陈笔等也都曾在省议会提出类似质询。

⑥ 农林厅厅长张宪秋在台湾省议会第三届第一次大会上答复省议员蔡鸯质询,《台湾省议会公报》第9卷第21期,1963年,第1029页。

⑦ 省议员庄北斗在台湾省议会第二届第五次大会上的质询,《台湾省议会公报》第7卷第15期,1962年,第628页。

主管机关都莫奈之何。1959 年改选，台中县大安乡农会发生选举纠纷，经省府研究结果，指令台中县政府两点处理办法：其一，台中县政府前任农会辅导科科长处理大安乡农会选举工作不当，应予调职；其二，大安乡农会总干事黄炎仲及其他三个职员，在办理大安乡农会选举时处处阻挠，有危害农会的行为，应予解聘。第一点在公文发到县政府后，七日内即已办妥，农会辅导科长已予易人；至于第二点解聘总干事问题，省农林厅原拟派遣省农会工作人员前往代理总干事一职，并由县政府派员监督交接，但结果原任总干事黄炎仲拒不移交，在省府同样命令下达三次之后，依然故我[①]。而在某些农会，由于理监事力量偏弱，不能监督、制衡总干事，致使总干事及部分重要职员营私舞弊，或者冒农民之名，领取生产贷款与肥料的事情，时有发生，不仅危害到农会经营和农民利益，也使农民对农会的观感大受影响[②]。

总干事公然违抗主管机关的指令和部分不法总干事危害农会经营的行为，均促使主管机关对改革后的总干事制度不得不进行反思，尽管在面对舆论批评时，主管官员仍然坚持农会权能划分制度没有错，在改革农会体制之时，是为了适应当时环境的需要；但另一方面也表示："现在时代不同，需要不同，对现在权能划分有无重新检讨划分之必要，本厅已组织专案小组详细加以研讨，应该改进的予以改进。"[③]其后，台湾省农林厅采纳省议会要求修改农会权能划分制度的意见，拟具"暂行办法"修订方案，报请国民党中央修正。国民党中央则由"内政部"召集"经济部"、台湾省政府和有关厅处、农复会等单位，对该方案进行了讨论。在讨论中，对于省府提出将总干事解聘程序，改为过半数理事出席、经出席理事过半数之通过一节，大概形成了两派不同意见：一派支持台湾省政府的提案，认为总干事权力太大，理事长无法指挥，造成很多纠纷，因而主张把总干事权力削减。另一派持反对态度，认为为了顾全整个农会业务的进行，不宜经常更换总干事人选，而且，总干事发生问题的，在台湾省 300 多个农会中，毕竟是少数，在报纸上所看到的农会纠纷，也只是少数几个农会而已，以整体来说，总干事与理事会并没有太多纠纷，因此不能为了少数几个农会总干事发生问题，就经常更换总干事人选，以致影响整个农会业务。最终该意见未被采纳，而是就以下方面对"暂行办法"做了修正：

---

① 见省议员郭雨新在台湾省议会第二届第一次大会上的质询及农林厅长金阳镐的答复，《台湾省议会公报》第 3 卷第 14 期，1960 年，第 374—375 页。

② 省议员郭雨新在台湾省议会第四届第四次大会上的质询及农林厅长张训舜答复，《台湾省议会公报》第 22 卷第 21 期，1970 年，第 831—832 页、第 836—837 页。

③ 农林厅长金阳镐在台湾省议会第二届第一次大会上答复省议员陈笔质询，《台湾省议会公报》第 3 卷第 14 期，第 400 页。

一、对农会与合作社的业务予以明确规定,以杜纠纷。

二、延长理监事等选任人员的任期为四年,并改连任三届为两届,以免人事动荡不定,影响业务。

三、规定各级农会代表名额最多以 80 人为限,以免人数过多召集会议困难。

四、取消委托出席的规定,以防派系操纵。

五、提高理事会职权,规定农会的业务部门及会计主管人员遴解聘必须提报理事会通过。

六、规定总干事及信用部主任对信用部不能清偿的债务负连带清偿的无限责任,以建立农会对外信用,并减少农会的意外损失。

七、规定总干事及其他聘任职员不得兼任其他公私团体有给职务,亦不得经营工商业,以免旷废农会业务①。

上述修改内容,如延长理监事等选任人员的任期,将农会用人权收回理事会,以及加重总干事对农会运营所负的责任,有缓和总干事与理事会之间权力分配落差的意图,其中又以将用人权交还理事会,影响尤为突出。但国民党政权保障总干事一职的立场却也并未动摇,不少省议员一再反映的总干事解聘、遴聘程序问题,当局并未予以更动。因此,那些对改革后的农会权力分配不满者,在"暂行办法"修正后,仍然颇多批评,特别针对乡镇农会总干事兼任民意代表一事,有相当多反对意见,认为乡镇农会总干事兼任民意代表会造成几大弊端:一为因参加政治活动或参加开会,旷废农会业务;二为增加派系纠纷;三为部分农会总干事会为竞选民意代表而挪用公款,因此,建议禁止农会总干事兼任民意代表②。

在此情势下,国民党政权不得不对相关法规再次做出修改。1965 年改选前夕,国民党政权对《农会会员资格审查规则》与《农会选举罢免规程》两种法规予以修订,其修改内容包括:

一、农会改选前的会员资格审查工作,原本由乡镇长、乡镇民代表会主席、佃农代表暨农会理事长、常务监事等组成的审查委员会办理,现改归理事会办理。但为防止派系操纵,又规定如发生纠纷,理事会无法完成审查任务时,经主

① 农林厅长张宪秋在台湾省议会第三届第一次大会上答复省议员蔡鸯和黄国政质询,《台湾省议会公报》第 9 卷第 21 期,第 1029 页、第 1031 页;农林厅厅长张宪秋在台湾省议会第三届第二次大会上的工作报告(1963 年 12 月 3 日),《台湾省议会公报》第 10 卷第 2 期,1963 年,第 54 页。

② 省议员张富在台湾省议会第三届第四次大会上的提案:"请政府修改有关法令,健全乡镇农会人事制度以期发展农村经济案。"《台湾省议会公报》第 12 卷第 17 期,1965 年,第 677 页。

管机关报请上级机关核准后,将再组织审查委员会办理审查工作。

二、规定理监事除须具备基本的会员(赞助会员可任监事)资格外,并须具备1. 国民学校毕业或同等学力;2. 无积欠农会款物;3. 入会两年以上;4. 缴纳股金10股以上等条件,以提高理监事的素质。

三、采取候选人自由登记办法,以鼓励自由竞选。

四、农会选任人员的选举投票,一律改采无记名单记法,避免过去连记法容易产生交换票数及被多数派控制等问题①。

其中第一条显然有平复理事会不满,增加理事会职权的意思;而第二条提高理监事的资格条件限制,使理监事素质提高,其意图一方面在于加强理监事对总干事的监督与制衡,另一方面则有使"优秀青年农民党员"进入农会权力系统,以便为农会权力系统换血的考虑②。

在加强理事会职权的同时,国民党政权对总干事一职再次加以限制。台湾省政府1965年秋字第44期公报公布的"台湾省各级农会人事管理规程",针对农会总干事及财务管理人员的保证问题,在第37条规定要有不动产登记,并限于就职前三天办妥,而在此之前仅要求有三人保证或铺保③。此举应是为了加强总干事及财务人员对农会经营失败的赔偿能力,并借以约束其危害农会的行为。至于总干事兼任民意代表一事,"内政部"(54)6/2台社字第15991号令解释为:农会聘任职员应一律专任,不得兼任其他职务,有兼任民意代表的,应择一辞职,否则即予以解聘。据此,台湾省政府自1965年7月开始通令施行。但后经"有关机关"斡旋,该项措施延至该届民意代表任期届满后实施,省政府并研拟了三项办法,报请"内政部"核备:(1) 农会聘任职员兼任民意代表者,如辞去民意代表致各该选区需办理补选者,准予延至本届民意代表任期届满为止。(2) 农会总干事服务成绩优良,农会未发生亏损者,其兼任民意代表准予延至本届任期届满为止,但须理事会三分之二之同意。(3) 亏损农会的总干事兼任民

---

① 《各级农会本(六)届改选办理经过》,《台湾农会改选结果统计》(1965年度),1966年,第2页;农林厅副厅长黄荣华在台湾省议会第三届第六次大会上的工作报告(1965年11月2日),《台湾省议会公报》第14卷第2期,1965年,第56页。

② 在国民党中央制定的"各级党部辅导农会水利会改选工作提示事项"中即提到:"会员代表及理监事的产生,应鼓励并支持优秀青年农民党员或地方公正人士参加竞选。"参见《辅导台湾省各级农会第七届改选工作总报告》,中国国民党台湾省委员会编印,1970年,第3页。在1969年公布实施的农会新的人事管理办法中,当局对于总干事的年龄也作了限制,规定为55岁以下,应当也有相似的考虑。

③ 省议员刘金约在台湾省议会第三届第六次大会上的质询,《台湾省议会公报》第14卷第18期,1966年,第789页。

意代表者仍须择一辞职，否则命令解聘其总干事职务[①]。1969 年 8 月，国民党政权对《改进台湾省各级农会暂行办法》部分条文再作修正，其中对总干事不得兼任民意代表做了明确规定。

从上述理事会和总干事的权力博弈，以及当局对两者权力所做的种种修正来看，由于理事会和总干事都是农会最为重要的部门，加上背后派系力量的影响，当局对两者的权力关系试图予以均衡，总干事的权力有所削弱，理事会的职权则有所提升。但相对而言，总干事的权力仍超过理事会。在法规层面的历次修改中，理事会的职权提高，主要体现于农会用人权和会员资格审查方面，理事会获得了更多的发言权，但与此同时当局显然也提高了理事一职的门槛，这暗合了国民党在辅导农会改选时，要求尽量支持优秀青年农民党员当选的意图[②]。至于削减总干事权力方面，其重心则在尽量减少总干事参与派系纠纷及危害农会经营的可能性。至于总干事一职的稳定性，上述措施并未予以动摇，对总干事的实权造成较大影响的，仅为将农会用人权收回理事会及限制总干事兼职两项。但关于农会用人权部分，随后不久，在 1969 年开始实施的新的人事管理办法中，以及同年再次修订的“暂行办法”中，当局又将此项权力再次交给总干事，总干事聘用职员，不必再经由理事会通过，仅须报由理事长转报理事会备案即可。同时，新修订的“暂行办法”，对理监事的权力也予以限制，规定理监事的连任人数不得超过理监事名额的半数，且理事任期届满后不得连续当选为监事，“以防范少数人把持会务”[③]。所以，尽管受到来自理事会方面的压力，尤其又受到地方派系的干扰，当局在改革后对总干事的权力有所限制，但这些限制与其说针对总干事，不如说是针对地方派系，其主要出发点显然在尽量排除派系纷争对总干事的干扰和对农会运营的影响。至于总干事在农会权力阶层中的优势地位，种种调整举措并未进行触动，总干事负责制仍然是农会权能划分制度的核心。对国民党来说，总干事是农会中最重要的权力人物。

---

① 农林厅书面答复省议员吴泉洝在台湾省议会第三届第七次大会上的质询，《台湾省议会公报》第 15 卷第 18 期，1966 年，第 881 页。其中的“有关机关”应为国民党党部系统，在官方的一些公开文件中，常以此代称之。

② 《辅导台湾省各级农会第七届改选工作总报告》，第 6 页。

③ 农林厅长张训舜在台湾省议会第四届第四次大会上的工作报告(1970 年 1 月 5 日)，《台湾省议会公报》第 22 卷第 9 期，1970 年，第 264 页。相关条文参见《改进台湾省各级农会暂行办法》(1969 年修正)，载胡盛光《农会法论》，台北：大伟书局，1985 年版，第 215—225 页。

## 二　国民党掌控农会的组织方式：党内提名、辅选与党团

如果说通过总干事负责制笼络一部分台湾精英，使其为国民党政权所用，进而成为国民党掌握农会系统的重要代理人，是摆在明面上的制度方式，通过国民党党组织的活动来掌控农会则是相对隐蔽、却也是极为关键的方式。从1949年农会与合作社合并开始，国民党就介入农会选举。1953—1954年农会改革，国民党通过系统的提名与辅选作业，初步达到控制农会的意图。此后历届农会改选，国民党均开展提名和辅选工作，严格把握各级农会选任人员和总干事人选，通过掌控农会权力阶层，为掌控农会奠定基础。

在农会改选期间，国民党如何具体进行提名和辅选作业？第七届农会改选可以作为一个例证。经过第二届到第六届的农会改选，国民党的农会辅选工作至此已形成相对固定的流程。根据《中国国民党台湾省各级党部辅导第七届各级农会改选工作进度表》，辅选工作大致按以下步骤进行：

第一步对现任各级农会理监事、理事长和总干事的业绩进行考核，以决定哪些可以留任，哪些需要更换。这项工作由省县区三级党部承办。具体而言，现任各级农会总干事的考核工作由各级党部辅导农会工作小组办理，乡镇农会总干事由区党部办理初核，县级复核，再由省级核定；各级农会代表、理监事、理事长的考核由同级党部办理，再向上级党部报备[①]。

第二步，省县级党部配合政府，办理省县级农会改选工作研讨会。

第三步，透过从政党员，洽请省县级政府聘请县区级党部负责人员出任县区级候选人资格审查小组委员，并妥善安排各级农会理监事和会员代表候选人。

第四步，县区党部配合政府办理会员资格审查，各种候选人应该在会员资格审查前有所安排。

第五步，区党部协助政府召开村里农事小组会员大会，并支持国民党安排的正副组长及参加乡镇农会会员代表候选人当选。

第六步，县区党部协助政府召开乡镇农会会员代表大会，支持国民党安排的理监事及出席县市农会会员代表候选人当选。

第七步，在理事产生后，县区党部办理乡镇农会理事长和总干事候选人党

---

① 有关现任各级农会选任人员和总干事的业绩考核参见《中国国民党台湾省各级党部辅导第七届各级农会改选工作要点》，《辅导台湾省各级农会第七届改选工作总报告》，第7页。

内提名,并支持其当选。

第八步,由县市党部协助政府召开县市农会会员代表大会,支持国民党安排的各项候选人当选。

第九步,在县市农会理事人选产生后,由省县两级党部办理县市农会理事长和总干事的党内提名登记,并支持其当选。

第十步,由国民党中央和台湾省党部协助召开省农会会员代表大会,并支持该党各候选人当选。

第十一步,省农会理事产生后,国民党中央和台湾省党部办理省农会理事长和总干事党内提名,并支持其当选。①

即上自国民党中央,下至区党部,均积极与从政党员合作,参与农会各项人选的提名和辅助其当选工作。透过国民党各级组织严密的辅选工作系统,自1954年农会改革以来,历次农会改选中,国民党的辅选成功率逐渐提高。1956年农会改选较之1953年即有明显提高(参见表7—2),该年乡镇理监事的辅选成功率在八成以上,乡镇农会理事长和县级农会理监事的辅选成功率则超过了九成,至于省一级的会员代表、理监事等选任人员,其辅选成功率更高达100%,可见国民党对农会权力阶层的掌握逐渐从省农会向下渗透。到1969年第七届农会改选时,国民党对把握各级农会估计已有相当自信,所以该年除各级农会理事长及总干事外,对农事小组正副组长和各级农会会员代表、理监事等人选,国民党不再办理提名作业,只是对经考核决定留任的要支持其连任,要更换的则会同有关辅导机关设法予以淘汰,"其继任人选并预先妥加安排,支持优秀青年农民同志当选"②。从表7—2可以看出,从农事小组正副组长到省农会会员代表,国民党支持的人选成功当选的比例均超过九成,各级农会理事长的提名人选更百分之百当选,足见国民党对各级农会选任人员的把握已相当有效。至于各级农会总干事的辅选成果,本届农会改选,在349个农会总干事中,除核定留任的外,国民党共提名146个候选人,成功当选的144人,辅选成功率为98.63%,同1956年97.56%的辅选成功率相比,也略有提高③。

---

① 《中国国民党台湾省各级党部辅导第七届各级农会改选工作进度表》,同上,第14—15页。

② 《中国国民党台湾省各级党部辅导第七届各级农会改选工作要点》,同上,第7页。

③ 第七届改选结果总干事的相关数字参见《各级农会总干事考核案执行情形报告表》,《辅导台湾省各级农会第七届改选工作总报告》,第46—47页;1956年农会改选,各级农会总干事提名人数共287人,当选人数280人,参见黄仁姿《外来政权与地方菁英——以1950年代农会改组为例》,第137页。

**表 7—2　国民党辅导台湾省各级农会第七届改选结果及与第二届、第三届改选结果对比表**

| 农会别 | 类　别 | 法定名额 | 支持或提名人数 | 当选人数 | 辅选成功率(当选人数/支持或提名人数%) | 1956 年辅选成功率(当选人数/提名人数%) | 1953 年辅选成功率(当选人数/提名人数%) |
|---|---|---|---|---|---|---|---|
| 农事小组 | 正组长 | 4,889 | 4,313 | 4,137 | 95.92 | — | 80.65 |
| | 副组长 | 4,889 | 3,478 | 3,294 | 94.71 | — | 71.76 |
| 乡镇(区、县辖市)农会 | 会员代表 | 15,950 | 14,291 | 13,512 | 94.55 | — | 78.13 |
| | 理　事 | 3,679 | 3,424 | 3,288 | 96.03 | 87.45 | 83.42 |
| | 监　事 | 1,019 | 965 | 933 | 96.68 | 83.08 | 77.50 |
| | 常务监事 | 329 | 325 | 325 | 100.00 | — | — |
| | 理事长 | 329 | 194 | 194 | 100.00 | 94.14 | — |
| 县市农会 | 会员代表 | 1,041 | 979 | 961 | 98.16 | — | 74.17 |
| | 理　事 | 318 | 308 | 301 | 97.72 | 94.23 | 90.36 |
| | 监　事 | 104 | 103 | 101 | 98.06 | 97.29 | 90.83 |
| | 理事长 | 20 | 14 | 14 | 100.00 | 94.74 | — |
| 省农会 | 会员代表 | 68 | 68 | 65 | 95.59 | 100 | 85.39 |
| | 理　事 | 25 | — | — | — | 100 | — |
| | 监　事 | 7 | — | — | — | 100 | — |

资料来源:第七届农会改选数字整理自《辅导台湾省各级农会第七届改选工作总报告》,中国国民党台湾省委员会编印,1970 年,省农会理监事的辅选情况未详;1956 年数字整理自黄仁姿《外来政权与地方菁英——以 1950 年代农会改组为例》,台湾政治大学台湾史研究所硕士论文,2009 年,第 135—137 页;1953 年的提名人数和当选人数参见本书第四章表 4—1。

除积极办理农会各项候选人提名和辅选工作外,在每一级农会改选完成后,各级党部还会指导相应层级农会进行党团改组工作①。党团是国民党在改选工作完成后、农会正常运营期间掌握农会的重要手段。“党团是党在没有党的正常组织及各种群众活动中,为动员党员领导群众进行政治斗争,以达成某种特定任务而建立的一种秘密核心组织”②。“凡有党外人士参加之团体及群众活动中得设置党团”③。1954 年 1 月,国民党中央委员会第五组订颁《各级党部辅导农会工作要项》,就规定各级党部应该在各级农会中普遍建立党团,并按照国民党的指示和决策,通过党团切实掌握、领导各该农会的业务与活动。截至

① 《辅导台湾省各级农会第七届改选工作总报告》,第 15 页。

② 中国国民党中央社会工作会:《民众团体党团工作概要》,1974 年,第 1 页。

③ 同上,第 6 页。

当年11月初,台湾各级农会共建立党团310个,其中县市农会党团21个,乡镇农会党团289个,90%的乡镇区农会有党团的设置,其他29个县市和乡镇农会因理监事中国民党党员数量太少,尚未成立党团。各级农会党团由相应的区党部直接领导,一般都会在理监事会开会前举行党团干事会,对有关农会组织和人事管理方面的事项,国民党都透过农会党团,策动理监事会办理。有关农会业务经营和收支盈亏方面的情况,因各级农会总干事都由国民党提名支持,所以也都会向农会党团干事会报告①。如此透过各级农会党团,国民党得以保持辅选工作的成果,并在两次改选之间继续把握农会的人事和组织,乃至农会各项业务经营情况,从而掌握农会这一动员系统,并为下一次农会改选时相关辅选工作的开展打下基础。

1954年之后,国民党继续在各级农会理监事中发展组织,吸收新党员。从表7—3来看,到1960年代末,国民党党员在县市农会理监事以上人选中占有相当高的比例,各级农会理事长则几乎全由国民党党员担任,少数几个乡镇农会理事长虽非国民党党员,但也算是亲国民党的"党友"②。至于农会更为重要的权力人物总干事,其党员的比例在1969年约为94.5%③。显见国民党在县市以上农会中拥有越来越强的影响力,并从上到下掌握了各级农会最重要的两个权势人物:理事长和总干事。

**表7—3 台湾省各级农会第二、三、七届改选选任人员中党员数**

| 农会别 | 类别 | 第二届(1953年) | | | 第三届(1956年) | | | 第七届(1969年) | | |
|---|---|---|---|---|---|---|---|---|---|---|
| | | 法定名额 | 当选党员数 | 百分比(%) | 法定名额 | 当选党员数 | 百分比(%) | 法定名额 | 当选党员数 | 百分比(%) |
| 农事小组 | 正组长 | 4,875 | 1,939 | 39.77 | — | — | — | 4,889 | 1,646 | 33.67 |
| | 副组长 | 4,875 | 1,456 | 29.87 | — | — | — | 4,889 | 1,070 | 21.89 |
| 乡镇(区、县辖市)农会 | 会员代表 | 16,916 | 6,421 | 37.96 | — | — | — | 15,950 | 6,402 | 40.14 |
| | 理事 | 3,805 | 2,193 | 57.63 | 3783 | 1991 | 52.63 | 3,679 | 2,181 | 59.28 |
| | 监事 | 1,086 | 617 | 56.81 | 1074 | 556 | 51.77 | 1,019 | 656 | 63.75 |
| | 常务监事 | — | — | — | 317 | 238 | 75.08 | 329 | 249 | 75.68 |
| | 理事长 | — | — | — | 317 | 219 | 69.09 | 329 | 323 | 98.17 |

① 国民党中央委员会秘书处编印:《中央委员会"四十三年"年终工作检讨报告》,1954年,第51页。

② 《辅导台湾省各级农会第七届改选工作总报告》,第34—35页。

③ 陈聪胜:《台湾农会组织之研究》,第379页。

续表

| 农会别 | 类别 | 第二届(1953年) | | | 第三届(1956年) | | | 第七届(1969年) | | |
|---|---|---|---|---|---|---|---|---|---|---|
| | | 法定名额 | 当选党员数 | 百分比(%) | 法定名额 | 当选党员数 | 百分比(%) | 法定名额 | 当选党员数 | 百分比(%) |
| 县市农会 | 会员代表 | 1,349 | 782 | 57.97 | — | — | — | 1,041 | 687 | 65.99 |
| | 理　事 | 386 | 287 | 74.35 | 380 | 286 | 75.26 | 318 | 261 | 82.08 |
| | 监　事 | 124 | 82 | 66.13 | 124 | 83 | 66.94 | 104 | 87 | 83.65 |
| | 常务监事 | — | — | — | 22 | 22 | 100.00 | 20 | 20 | 100.00 |
| | 理事长 | — | — | — | 22 | 18 | 81.82 | 20 | 20 | 100.00 |
| 省农会 | 会员代表 | 89 | 69 | 77.53 | — | — | — | 68 | 66 | 97.06 |
| | 理事 | 33 | 33 | 100.00 | — | — | — | 25 | 25 | 100.00 |
| | 监事 | 11 | 11 | 100.00 | — | — | — | 7 | 7 | 100.00 |

资料来源:第二届法定名额和当选党员数参见第四章表4—1:各级农会干部与会员代表之提名及当选结果暨当选后征求入党人数表;第三届法定名额和当选党员数整理自龚宜君《"外来政权"与本土社会——改造后国民党政权社会基础的形成(1950—1960)》,稻乡出版社,1998年版,第161页;第七届法定名额和当选党员数整理自《辅导台湾省各级农会第七届改选工作总报告》,中国国民党台湾省委员会编印,1970年。

然而,尽管国民党通过制度与组织方式,从上到下掌握了农会的权力阶层,进而掌控农会,但除理事长、常务监事和总干事这些农会中的突出权力部门外,改革以来国民党在乡镇以下农会系统内的组织发展似乎并不明显。从表7—3可以看出,从县市农会会员代表开始,到乡镇农会理监事与会员代表,其中国民党党员的比例均增长缓慢,到1969年,在县市农会会员代表和乡镇农会理监事中,国民党党员的比例为六成左右,而乡镇农会会员代表中国民党党员的比例仅为四成,至于最基层的农事小组正副组长,国民党党员的比例不升反降。通常农事小组组长由当地村里长兼任,国民党在乡镇以下农会系统中的组织发展情况,反映出国民党在农村基层社会的组织发展不容乐观。结合基层农会会员中国民党的组织发展状况,这一问题尤为突出。1956年农会改选,国民党党员占基层会员的比例仅为4.39%;经过近10年之后,到1965年,国民党党员的比例仅增加到5.29%;1969年农会改选时,会员中国民党党员的比例有较大幅度增长,但其比例仍然不高,约为7.42%。且其中有个现象值得一提,即赞助会员中国民党党员的比例一直高于正式会员(参见表7—4)。

基层会员、农事小组正副组长、乡镇农会会员代表及理监事中国民党党员数量增长缓慢,甚或出现减少的情况,与国民党对各级农会改选的辅选成果、国民党对农会权力阶层的掌握,形成明显的反差,这中间反映出的问题颇值得思考,而在深入分析国民党与农会关系,进而探讨国民党与农村基层社会的关系之前,地方派系在农会中的活动不容忽视,尤其是当农会的权力阶层主要由派系人物占据的情况下。

**表 7—4 台湾省各级农会第三、六、七届改选基层会员数与国民党党员数对照表**

| 类别 | 第三届(1956 年) | | | 第六届(1965 年) | | | 第七届(1969 年) | | |
|---|---|---|---|---|---|---|---|---|---|
| | 会员数 | 党员数 | 百分比(%) | 会员数 | 党员数 | 百分比(%) | 会员数 | 党员数 | 百分比(%) |
| 正式会员 | 447,595 | 17,904 | 4.00 | 515,468 | 25,753 | 5.00 | 588,222 | 40,447 | 6.88 |
| 赞助会员 | 204,037 | 10,716 | 5.25 | 244,917 | 14,454 | 5.90 | 281,048 | 24,054 | 8.56 |
| 合计 | 651,632 | 28,620 | 4.39 | 760,385 | 40,207 | 5.29 | 869,270 | 64,501 | 7.42 |

资料来源:第三届基层会员数和党员数参见龚宜君《"外来政权"与本土社会——改造后国民党政权社会基础的形成(1950—1960)》,稻乡出版社,1998 年版,第 158 页;第六、七届基层会员数和党员数整理自《辅导台湾省各级农会第七届改选工作总报告》,中国国民党台湾省委员会编印,1970 年,第 24—25 页。

## 三　地方派系介入农会选举及与国民党的关系

派系的广泛存在可谓战后台湾地方政治的一大特色,农会作为台湾最大的农民组织,拥有丰沛的政经资源,自然难以避免地方派系的介入。尤其是乡镇基层农会,不仅拥有由分布于各村的会员代表、农事小组长及理监事构成的动员系统,一般乡镇农会普遍设置的信用部,因在基层农村具有金融独占地位,更能提供强大的资金支持,所以对地方派系有很强的吸引力。由于在 1953—1954 年的农会体制改革中,国民党政权对地方派系采取既打击又笼络的策略,以至于地方派系在农会合法地扎下根,改革后的农会越来越成为地方派系活跃的名利场。

和国民党从辅导历届农会改选入手掌握农会权力阶层一样,地方派系在农会中的活动,也从介入农会选举开始。因为选举结果决定了能否在农会占据有利地形,从而为派系争取人脉、金脉。一般自会员资格审查开始,地方派系就积极布局,设法让支持本派系者成为正式会员。因为按"暂行办法"规定,正式会员才有选举权和被选举权,赞助会员仅有被选举为三分之一监事的机会。由于会员资格审查的相关规定本身存在缺陷,如正式会员的资格条件之一,为其个人从事农业的所得,占个人总收益的二分之一以上,其中有关个人总收益,"手续繁复计算困难,易滋流弊"①,从而为地方派系在审查工作当中做手脚留下空间。在 1956 年农会改选前就有人曾提出,依据户税调查资料卡确认会员收入

---

① 胡盛光:《农会法论》,第 502 页。

情形，存在很大问题：

……良以农会会员个人总收入及农事从业所得收益之依据，是以户税调查资料卡为准绳，但查各地户税调查卡所记载殊欠详明，有的以概括总收入记入，并未逐项记明，因此审查时颇费解释，不免失去准则，况据报许多地方之赞助会员曾多方设法，希图改变身份，不惜巧立名目，诸多藉词向税收稽征人员求情说项，将户税资料卡原有记载加以窜改，甚或勾结乡镇公所户政人员将身份证亦予更改，此等消息，所经各县市颇多传闻，似应在本届农会改选前从速检举纠正。[①]

但显然法规本身的完善很有限，会员审查当中利用各种手段，为使“是我的派系可以做会员，不是我的派系即不可以当会员”[②]，而舞弊造假者，历届改选并不鲜见。会员审查中一方的违法违规行为，在派系利益争夺战中，必然成为另一派的攻击目标，最后不免演变成选举纠纷，以致妨碍农会改选工作的完成。1962 年农会改选，台中县大安乡农会和沙鹿镇农会都因会员资格审查问题发生纠纷，导致农会改选延期[③]。1965 年改选，高雄县桥头乡农会也因会员资格审查，使改选工作未能如期完成[④]。这些还只是见于省议员质询的典型事件，其他类似纠纷相信还有不少。

会员资格审查完成后，是会员代表、理监事的选举及推选理事长和遴聘总干事，在此过程中，地方派系一般是每选必争，首先是使自己一派的会员当选会员代表，再由会员代表选出本派系的理监事。倘若在理事会中占据多数，就可推选己方人选出任理事长，继而聘用中意的总干事，如此一来，农会的决策权与执行权就可操控于本派系之手。为了使自己一方人员在各项选举中获胜，打击对方，减少对方赢得选举的机会，常常成了选举中的必要策略，纠纷一般也就因此而产生。最典型的如台中县清水镇农会在 1953 年改选时，因两派力量相持不下，致使总干事拖延半年之久才得以产生。又如 1965 年农会改选，高雄县路竹乡农会理事谢振龙，为满足理事资格限定中必须具备国民学校毕业或同等学

① 汤灿华：《台湾农会》，中兴山庄，1955 年，第 24 页。

② 省议员叶炳煌在台湾省议会第一届第一次大会上的质询，《台湾省议会第一届第一次大会专辑》，1959 年，第 1761 页。

③ 省议员陈林雪霞在台湾省议会第二届第六次大会上的质询，《台湾省议会公报》第 8 卷第 24 期，1963 年，第 931—932 页。

④ 省议员余陈月英在台湾省议会第三届第七次大会上的质询，《台湾省议会公报》第 15 卷第 15 期，1966 年，第 658 页。

历的要求,以两份同学证明说明其曾就读于某私塾,因而具备同等学历。后来谢如愿被选为理事,但随即被反对派林朝明检举,认为其同学证明与其他相关记载不符,不合于理事资格,其当选理事应为无效。双方角力不下,新一届理事会因此长时间不能成会[①]。

地方派系介入乃至操纵选举的情形,至 1969 年农会改选时更为严重。此次改选中地方派系采用的手段,已可谓无所不用其极。如屏东县农会理事长选举,有采取"软禁"、"绑架"等非法手段者;新竹县新丰乡农会理事长选举,有以"抬棺"威胁者;而彰化市农会更公然贿选,并为参选的会员代表与理监事提供竞选经费……如此多的选举花样,被舆论称作是选举奇闻,选举风气相当恶劣[②]。

地方派系介入农会选举应得到国民党的默许,甚或彼此之间有利益结合。因为对各级农会选任人员及总干事人选,国民党的提名与辅选工作已相当制度化与系统,如果地方派系的活动没有得到国民党的支持或默许,则很容易被当局发现问题。当有农会被揭发在会员资格审查中伪造材料,将赞助会员审查为正式会员时,就有人质疑:"按该会改选审查委员会,每次开会,省府均有派员列席指导,如有错误,为何当时督导人员不予以纠正,而留待以后被人检举,而再宣布无效……"[③]就连政府官员也承认,如果会员资格审查有偏差,由党部与政府机关等组成的督导会也有责任[④]。尤其是被舆论认为选举风气极度恶劣的 1969 年农会改选,国民党对各级农会选任人选的辅选成功率却很高,更不免让人猜测两者之间的关联。该年国民党对各级农会理事长以外的选任人员不办理提名,或许也是本届改选派系活动异常活跃、选举纠纷不断上演的原因。而此次改选国民党的辅选结果相当成功,显然在农会选举中,国民党与地方派系有所协调。

透过操控农会选举,地方派系得以占据农会权力阶层,从改革以来历届农会理事长、常务监事和总干事的主要经历可以看出,改革后各级农会的主要权力人物仍由地方有力分子充任。普通农民能跻身农会权力阶层的,1953 年改选完成后,理事长中尚有 40 人,之后即越来越少,以至几乎可以忽略不计(参见表

① 省议员李源栈在台湾省议会第三届第七次大会上的质询,同上,第 706—707 页。

② 省议员萧锡龄在台湾省议会第四届第四次大会上的质询,《台湾省议会公报》,第 22 卷第 23 期,1970 年,第 1014 页。

③ 省议员陈林雪霞在台湾省议会第二届第六次大会上的质询,《台湾省农会公报》第 8 卷第 24 期,第 931 页。

④ 农林厅长张训舜在台湾省议会第四届第五次大会上答复省议员高育仁质询,《台湾省议会第四届第五次大会专辑》,1970 年,第 2346 页。

7—5、7—6 和 7—7）。

**表 7—5　历届各级农会理事长主要经历表**

| 年次别 | 合计 | 曾任民意代表 | 曾任公务员 | 曾任地方自治人员 | 曾任农会理监事 | 曾任农会聘任职员 | 农家出身 | 农校教员 | 其他 | 未详 |
|---|---|---|---|---|---|---|---|---|---|---|
| 1953 | 340 | 105 | 24 | 58 | 61 | 21 | 40 | 2 | 29 | |
| 1956 | 340 | 63 | 27 | 47 | 167 | 4 | 28 | 3 | 2 | 1 |
| 1959 | 339 | 53 | 5 | 28 | 214 | 5 | 8 | 2 | 16 | 8 |
| 1962 | 344 | 64 | 12 | 22 | 187 | 18 | 5 | 1 | 18 | 17 |
| 1965 | 344 | 70 | 4 | 4 | 214 | 6 | 2 | 1 | 29 | 14 |

资料来源：整理自台湾省农林厅编印《台湾农会改选结果统计》(1965 年度)，1966 年，第 19 页。

**表 7—6　历届各级农会常务监事主要经历表**

| 年次别 | 合计 | 曾任民意代表 | 曾任公务员 | 曾任地方自治人员 | 曾任农会理监事 | 其他 | 未详 |
|---|---|---|---|---|---|---|---|
| 1953 | 340 | 86 | 54 | 14 | 100 | 86 | — |
| 1956 | 340 | 78 | 15 | 39 | 104 | 71 | 33 |
| 1959 | 339 | 69 | 7 | 20 | 149 | 45 | 48 |
| 1962 | 344 | 76 | 4 | 23 | 176 | 43 | 22 |
| 1965 | 344 | 87 | 12 | 28 | 153 | 45 | 19 |

资料来源：整理自台湾省农林厅编印《台湾农会改选结果统计》(1965 年度)，1966 年，第 21 页。

**表 7—7　历届各级农会总干事主要经历表**

| 年次别 | 合计 | 曾任农会总干事 | 曾任农会理事长 | 曾任农会理事 | 曾任农会监事 | 曾任民意代表 | 曾任公务员 | 其他 | 未详 |
|---|---|---|---|---|---|---|---|---|---|
| 1953 | 340 | 83 | 44 | — | 91 | 24 | 69 | 22 | 7 |
| 1956 | 340 | 96 | 62 | — | 13 | 51 | 79 | 36 | 3 |
| 1959 | 339 | 34 | — | 72 | 10 | 59 | 110 | 54 | — |
| 1962 | 344 | 69 | — | 56 | 4 | 96 | 65 | 54 | — |
| 1965 | 344 | 84 | — | 43 | 5 | 86 | 83 | 43 | — |

资料来源：1953 年、1956 年资料整理自台湾省农林厅编印《台湾农会改选结果统计》(1956 年度)，1957 年，第 23 页；1959、1962、1965 年资料整理自台湾省农林厅编印《台湾农会改选结果统计》(1965 年度)，1966 年，第 23 页。

占据农会权力阶层，对地方派系来说，一方面获得了向下的动员体系和金脉。农会有资产雄厚的业务部门，其举办的粮食收储、肥料配销、信用存放款、农业推广等各项业务与农民有着千丝万缕的联系，因此凭借在农会的身份，地方派系有更多接触农民的机会，进而可以在地方自治选举中动员农民的选票。根据国民党中央设计考核委员会对农民的调查，在地方自治选举中，农民投票的真正动机，超过43%的农民是因受到候选人的拜托，因村里长劝导而勉强前往的约超过10%，另有约28%是觉得不得不去投票，出于自身利益考虑、理性投票的农民不到19%[①]。农民投票时对人情“拜托”的看重，说明在地方自治选举中候选人直接接触农民何其重要，而农会系统的优势不言自明。另一方面，地方派系掌握农会权力阶层后，还可以此为平台，和国民党政权实现利益交换：地方派系成为国民党掌握农会系统的代理或中介角色，进而帮助国民党在地方自治选举中动员农民；国民党则提供地方派系向上发展的政治孔道。农会改革后由农会系统获得进身之阶的派系人物不少，比较典型的如台中县农会总干事蔡鸿文，曾任台湾省临时省议会和省议会议员多年，后来出任台湾省议会副议长、议长，国民党中常委，“总统府国策顾问”和“总统府资政”[②]。继蔡鸿文之后出任台中县农会总干事的刘云腾之子刘松藩，曾任职台中县大甲镇农会总干事，后当选“立法院”第一届增额“立法委员”，第二、三、四、五届“立法委员”，1990年2月至1992年1月出任“立法院副院长”，继而出任“院长”，并连任第二、第三届“立法院院长”，之后加入宋楚瑜的亲民党，成为该党重要人物[③]。根据一项统计，1960年代中期，当时21名在职县市长中有6人曾任职农会，74名省议员中出身农会的有11人，另有40%以上的乡镇长和30%以上的县市议员是农会职员出身[④]。在当局出台相关规定禁止农会总干事兼任民意代表前，总干事兼任各级民意代表的情况更是相当普遍。另外，根据《台湾地方自治人物志（县市长篇）》，桃园县第四届民选县长吴鸿麟（吴伯雄之父），苗栗县第四、五届民选县长林为恭，台中县第四届民选县长何金生、第六届民选县长王子癸，云林县第十三届民选县长苏文雄，花莲县第十届民选县长陈清水等，都在任县长前有任职农会的经历[⑤]。因为大多数县市长的简历不可能将其曾任职全部列出，所以农会出身的县市长应该不止上述几位。值得一提的是，花莲县第十届

---

① 谈益民：《当前本党争取农民的途径》，第7页。

② 蔡鸿文的经历参见《台湾地方自治人物志（省议员篇）》，台湾省咨议会，2001年，第150页。

③ 刘松藩的主要经历参见《第三届“立法委员”名鉴》，“立法院”秘书处编印，1998年，第1页、第173页。

④ 《农会业务经营要览》（总论），第9页。

⑤ 参见《台湾地方自治人物志（县市长篇）》，台湾省咨议会，2001年。

民选县长陈清水的农会经历显然是国民党的有意培养。陈清水本为教育出身，曾任花莲市第九届市长，任满后参选第八届县长时落选，之后国民党安排陈出任县农会总干事，整顿濒临破产的农会，使农会业务踏上正轨。之后陈清水竞选第九届县长仍然落选，当选第十届花莲市长作为过渡后，在花莲县第十届县长选举中终于当选[①]。台中县第四届和第六届民选县长何金生、王子癸曾分别出任台中县农会总干事和梧栖镇农会总干事，且两人都是台中县陈派（又称黑派）的重要人物。何金生在当选第四届县长前，还曾为协调派系对立的需要，担任台中县党部主委[②]。从这三位县长的经历中，不难发现国民党、地方派系和农会三者之间的结合。

然而，国民党与地方派系也并不总是相互利用、相互合作，两者之间还存在控制与反控制的关系，其间利益冲突也在所难免。农会改革之初，国民党对地方派系的妥协原本只是权宜之计，当时国民党政权迁台不久，对农村基层社会缺乏影响力，只好选择与地方有力人士合作。农会改革后，在国民党的官方表达中，从未放弃消除地方派系影响的意图，1959 年国民党中央在对农民进行广泛调查后，还将“本党应如何在各种地方自治选举中，辅导为一般农民所信仰而又无地方派系的真正农民，成为本党候选人，以鼓励农民参政，培植党在农村中的人才问题”作为国民党中央须迫切解决的问题之一[③]。但在现实当中，地方派系的自主性似乎不减反增，国民党越来越多地遇到来自地方派系的阻力，在农会系统内，围绕总干事一职，国民党与地方派系的冲突就日益严重。

国民党自农会改革开始，对总干事一职着力经营，就是试图通过新的总干事负责制，在农会中打造属于国民党自己的力量。尽管在农会改革之时，国民党政权有对地方派系妥协的地方，让不少在地方上有影响力的人物进入总干事职位，但国民党对总干事制度的设计，还是希望尽量将其与地方派系隔离，一再保障总干事一职的稳定性，就是考虑到要尽量使其少受到农会选举的影响。但随着改革后地方派系介入农会权力阶层，国民党政权最重视的总干事一职越来越受到地方派系的干扰。

由于地方派系操控选举，经选举产生的理事会自然多是派系中人，而总干事按规定由理事会遴聘，即使在当局的保障政策下，要想不被解聘，也必须要保

---

① 参见《台湾地方自治人物志（县市长篇）》，台湾省咨议会，2001 年。第 167 页。

② 同上，第 68—69 页。

③ 谈益民：《当前本党争取农民的途径》，第 10 页。

证有三分之一理事的支持,且这支持率最好能到半数以上[①]。如若新聘,则更须至少争取到三分之二理事的支持。因此,只要地方派系控制了理事会,也就等于控制了总干事。即使是那些原本没有派系色彩的总干事,为获得遴聘或留任,也只有或被动、或主动地进入地方派系网络。或者成为派系的一分子,携其在农会的地位,在派系内拥有相当的影响力;或者虽不参与派系之争,但也须常常满足理事会的要求,为地方派系提供人力、财力支持。至于那些本身即派系色彩浓重者,在取得总干事职位后,更是地方派系在农会系统的主导力量。国民党政权着力培养的总干事一职,有成为地方派系工具的危险。因为派系力量的影响,农会总干事制度开始显现出危机:

其一,国民党各级党部对总干事人选的掌握,因为地方派系的介入而大打折扣。1969 年农会改选,国民党台湾省委员会在总结工作时就指出,在经考核应留任的总干事中,有少数地区因派系关系无法获得保障,最后被理事会解聘,成为当年国民党辅导改选工作一大缺点。至该年选举工作结束后,由上级派代的总干事有 12 人,尚未产生的则还有 30 人,其中虽有个别是因为年纪太大必须退休,国民党需要重新考虑人选,更多的应该还是派系因素介入的结果[②]。该年选举结果各级农会理事长均为国民党党员,而国民党最为重视的总干事一职,其党籍情形并不能达到国民党党员占 100%,也说明国民党对总干事一职的掌控效果并不理想。再结合表 7—1 所列情形,1965 年派代的总干事有 28 人,至改选结束仍未产生者 3 人。足见国民党掌控总干事人选的工作遇到越来越多来自地方派系的羁绊。

其二,理事会聘任总干事时,有些理事要求总干事付给一定代价,以弥补其在选举中的花费。地方派系为达到控制农会的目的,往往不惜花钱买选票,到后来贿选之风已颇为盛行,“做一代表至少要一万元,代表要收回成本,是由理事的身上拿下来,理事的钱要向理事长身上收回……理事长选好了,理事长花的钱要向总干事身上拿回来”。到最后,总干事用于选举的费用,可能需要一二十万,以其月薪不过 2,000—3,000 元来说,四年选举一次,“他的财产卖光亦无法付此款”,只能是或者摊派到职员,或者变卖碾余米,或者向信用部借款而不予归还[③],最终侵害农会的健康发展。更有农会总干事,因为不肯答应理事长补偿

① 省议员汤庆松在台湾省议会第四届第五次大会上的质询,《台湾省议会第四届第五次大会专辑》,1970 年,第 2334 页。

② 《辅导台湾省各级农会第七届改选工作总报告》,1970 年,第 50 页。

③ 杨玉昆:《加强农会组织问题》,1971 年 3 月 24 日,“农委会”档案,12.2—313—1147;省议员汤庆松在台湾省议会第四届第五次大会上的质询,《台湾省议会第四届第五次大会专辑》,第 2334 页。

选举费用的要求，被理事长提出解聘[①]。在地方派系的干扰下，总干事有难安于位的现象。

其三，部分派系色彩重的总干事，依恃派系力量，对国民党政权来说，渐有“尾大不掉”之势，就连台湾省农会理事长吴泉洝都说这种现象已经“成了模范省的讽刺”[②]。类似大安乡农会总干事黄炎仲，面对主管机关的解聘命令，却拒不移交的事件，在其他地方也时有发生。就以黄炎仲的事例来说，在发生这样大的纠纷案件以及 1962 年改选期间的选举风波后，他的地位仍未被动摇，从 1965 年及 1969 年农会改选后的官方统计资料来看，他仍然是大安乡农会总干事[③]。这一现象，应该是很耐人寻味的。

在派系力量的步步侵蚀下，到 1960 年代末，国民党最倚重的总干事一职接近沦陷的边缘，国民党政权不能不提高警惕。加上后来农会中的派系纷争越来越激烈，严重影响到政府声誉，国民党于是不得不开始重新思考如何应对农会中的派系问题。

## 四　派系纠纷及国民党政权对农会再改革的酝酿

一旦地方派系操控选举，农会的权力阶层与地方派系即很难脱离关系。如果农会权力阶层属于同一派系，或者彼此之间达成一定的妥协与平衡，则农会大多尚能正常运营。但也存在权力阶层之间矛盾尖锐的情况，此时就难免形成派系纠纷，从而对农会日常运营产生负面影响。这种派系之争，很多时候对人不对事，有时为了反对而反对，致使农会的经营决策受到无谓的杯葛。少数派系为了争夺农会权力，或为了索取某些利得，找各种理由检举对方，甚而不惜牺牲农会整体的利益，将整个农会拖垮。各农会频频传出的碾余米风波即为例证。

所谓碾余米，在台湾又被称为“步留米”，是指农会承办粮食局委托粮食加工业务时，所碾出的超过政府规定的碾米率部分的糙米。碾余米产生的根源，则与粮食局委托农会办理稻谷经收保管加工业务时的相关规定有关。粮食局在委托农会承办上述业务时，均订有合约，其中有几条重要的规定：(1) 稻谷加

---

① 省议员蔡陈翠莲在台湾省议会第四届第五次大会上的质询，《台湾省议会第四届第五次大会专辑》，第 2383 页。

② 省议员吴泉洝在台湾省议会第三届第八次大会上的质询，《台湾省议会公报》，第 16 卷第 13 期，1967 年，第 463 页。

③ 《台湾农会改选结果统计》，1966 年版，第 34 页；《台湾农会业务统计年报》，1971 年版，第 84 页。

工碾率，由委托机关派员分区试验决定，但其碾率，为蓬莱谷碾制的糙米，不得少于77%，在来谷碾制的糙米，不得少于75%，屑米各不得少于0.5%。(2)农会的实际碾率如超过试验决定的碾米率，其超出的糙米，也就是碾余米，应当于加工完毕后十日内报缴委托机关，由委托机关折计价格，发给农会作为奖励金。(3)农会对糙米屑米等如果擅拨动用，或有其他希图谋利行为时，应负刑法上的侵占、诈欺及背信等罪责。(4)农会如果逾期报缴、或匿报短报碾余米，而被委托机关查获时，除将碾余米追缴，并对其侵占行为究办外，对奖励金亦不予发给。由于碾余米报缴手续烦琐，奖励金又不能即时拨付，更兼政府所发的奖励金数额偏低，在1960年以前是按公粮收购价格，也就是约合市价的三分之二为标准，所以各农会瞒报不报者非常普遍，粮食局与农林厅作为主管机关一般也都睁一只眼闭一只眼。但农会私自处理碾余米的收入，不能正式列入会计科目，大多只能掩藏于其他科目收入中，有些甚至被总干事及少数职员中饱私囊，以致碾余米成为很多农会的不定时炸弹，随时会因为内部的派系之争而被检举，从而成为危害农会的根源①。郭敏学在关于农会“步留米”、也就是碾余米问题的报告中，曾以三个农会为例，说明碾余米问题对农会的危害，其中桃园县大园乡农会，就是因地方派系的操纵而导致纠纷的发生，并对农会运营造成致命打击。该农会原为台湾北部自台北至新竹间最优良的农会，1960年，该乡的“乡长派”企图夺取农会的掌控权，唆使本派部分理监事向法院检举侵吞碾余米，结果原被告理监事一律判刑，总干事被迫离职，幕后的操纵者获得胜利，而农会则背上欠粮食局碾余米945,646公斤，价值470余万元的债务。而宜兰县庄园乡农会案件，派系活动可能也是影响因素之一。该农会由于1956年部分理事向农会索取非法利得，未得总干事同意，于是提出检举。地检处侦察结果，认为碾余米虽为自行处理，但悉数归公，所以对总干事不予起诉，但粮食局按合约规定，要求偿还瞒报的碾余米306,449公斤，价值150余万元，分五年偿还。经此打击，原先的总干事辞职，该农会由宜兰县最优良的农会，一落而为全县最窘困的农会②。可以说在大多数发生碾余米事件的农会，派系之争都是事件发生的导火索，由于碾余米现象的广泛存在，一旦被检举，对农会就是灭顶之灾。虽然碾余米风波就根本上来说，是碾余米制度及其背后当局要确保粮食掌握的问题，但派系之争的缺乏理性从中也可见一斑。

面对派系之争，国民党政权的态度大多数情况下显得有点消极。曾有人批

---

① 郭敏学:《步留米——溃毁台湾农会之毒瘤》,“农委会”档案,12.2—313—1146。

② 同上。

评农会主管机关在派系纠纷处理方面“畏首畏尾”，“主办人员不肯负责”，时任台湾省农林厅长的金阳镐的答复颇可看出当局的立场：“在主管官署的立场上，农会有何纠纷的话，当然是完全依照法令来加以处理。不过有的时候，我们也愿意尊重地方上比较有地位人士提供的意见，在双方协调之下，大家能够相安无事的话，我们偶然也加以采取的，假定不能协调时，最后仍然是依照农会的法令予以处理。”①也就是说，只要地方派系不是闹得很过分，对于派系之间的纠纷，当局一般会听任派系之间自己协调，并不加以干涉，这种立场反映了国民党政权对于派系问题的基本态度，而在其背后，是源于国民党与地方派系的利益纠葛。

由于国民党与地方派系有相互依存的地方，当农会爆发派系纠纷时，各级农会主管机关往往难以有效控制。在县市政府，由于民选县市长一般都是各地方派系的领导人，主管农会事务的农会辅导课往往又与其同进退，致使县市一级主管人员，对于农会派系纠纷难以公正处理，甚且亲自参与纠纷。彰化县福兴乡农会解聘案中，彰化县政府农会辅导课长即参与了派系之争，支持其身为福兴乡农会理事长的姑父，解聘另一派的总干事，而演变成轰动一时的事件②。而在台中县大安乡农会总干事黄炎仲拒不移交事件，和丰原镇农会总干事邱秀松解聘案、也即著名的“双包案”中，两届台中县政府农会主管人员都曾起到推波助澜的作用。至于各级农会的更上一级主管机关，台湾省政府农林厅及其下属机构农民组织科，在面对农会中的派系之争时，则又有失之软弱之感。继金阳镐之后出任农林厅厅长的张宪秋曾说过一段话，显示出农林厅处在“中央政府”和县市政府之间，对农会问题难以掌控的处境：“目前农会可说是本厅最头痛之事，因为办理农会之有关条文及办法甚多，法令要层转‘中央’核定，农林厅不能自行主张，并且县市长如不与本厅合作，就是农会辅导课长不合作，相反的县市长与本厅意见一致，但农会总干事可对县市长不买账”③。

各级主管机关对农会派系纠纷的应对情形，台中县丰原镇农会“双包案”提供了一个很好的例证。该案曾一波三折，其牵涉各方之广，影响之大，在战后台湾农会派系斗争史上可以说是首屈一指的。

在了解该案经过之前，须对台中县的派系情形有所交代。台中县自 1951

---

① 省议员叶寒青在台湾省议会第二届第五次大会上的质询，《台湾省议会公报》第 7 卷第 11 期，1962 年，407 页。

② 省议员吕俊杰在台湾省议会第四届第二次大会上的质询，《台湾省议会公报》第 20 卷第 23 期，1969 年，第 1083 页。

③ 农林厅长张宪秋在台湾省议会第三届第一次大会上答复省议员黄占岸质询，《台湾省议会公报》第 9 卷第 21 期，1963 年，第 1080 页。

年首届县市长选举开始，逐渐形成全县性的两大派系，分别以第一届民选县长林鹤年(雾峰林献堂的侄子)和第二届民选县长陈水潭为代表，前者被称为林派(又称红派)，后者则被称为陈派(又称黑派)。前者的拥趸者主要占据了农会与水利会系统，后者则主要分布于乡镇行政系统。以农会系统来说，在第一届县长选举前，台中县 21 个乡镇农会理事长中，有 13 位属陈派，仅 8 位属林派。但林鹤年就任县长以后，情势改变，变成有 11 位属林派，10 位属陈派，林派领导人之一蔡鸿文因此在 1953 年农会改革时，当选为台中县农会总干事，并在此职位 15 年之久，直至当局规定总干事不得兼任民意代表，蔡鸿文不得不辞去总干事一职为止。其继任者刘云腾，依然是林派人马，并在林派的早期派系图谱中，居于核心干部地位。所以，自战后台湾农会体制确立时起，台中县农会系统即主要为林派地盘，在各乡镇农会总干事中，属林派者也总是多于陈派。而之前发生公然违抗主管机关指令、拒不办理移交事件的大安乡农会，则是陈派地盘，其总干事黄炎仲，为陈派的早期核心干部。至于“双包案”的主角邱秀松，也是陈派核心干部，曾任台中县第三届县议会议长。1956 年 4 月，邱秀松还曾与陈派另一核心干部林有德及其弟林有财筹设丰原镇住宅合作社，后改称丰原镇合作社。应该说，邱是个相当有实力的派系人物，他来出任丰原镇总干事一职，足见基层农会对地方派系的重要。同时，他的派系背景，对此案的复杂性显然有关键影响，因当时担任台中县县长的是林派领导人林鹤年，农会辅导课长则是亲林鹤年的原国民党台中区书记白铁兵①。

“双包案”的起因，为丰原镇农会新聘总干事邱秀松两次被人密函检举。第一次是 1964 年底，有人检举邱任台中县第三届议长期间，被解除议长与议员职务，因而与总干事遴用资格的规定不合。丰原镇农会理事会因此通过决议，要将邱秀松解聘，并报请主管机关处理。台湾省农林厅以(53)12/30 农组字第 50226 号函通知台中县政府，大意为认可理事会的决议。但随后不久，农林厅接台中县政府回函称邱秀松的原判决经法院撤销，准予免诉处分。农林厅于是在 1965 年 4 月 16 日，以农组字第 14320 号函致台中县政府，准其继续留任，台中县农会人事审议委员会也随后对其出任总干事一事完成审议程序。但事隔数月，邱秀松再次被人检举，谓邱过去原被判两刑，仅一刑免诉，另有行贿罪曾被

① 参见王静仪:《台中县地方派系发展史——以县长及省议员选举分析为例(1951—1987)》，第 48—58 页;第 87 页。及王静仪:《台中县派系政治下的县政运作(1951—2005)》，http://www.tpa.gov.tw/upfile/www/Pdf/%E8%AB%96%E6%96%87%E9%9B%86/200710/20071026d.pdf。以下对该案，以及之前大安乡农会纠纷案涉案人物，乃至省议员中就这两个案件提出质询的台中籍省议员陈林雪霞、李卿云和蔡鸿文等派系背景的了解，主要来自前一篇论文。

判刑。所以,1966年1月25日,农林厅第三次向台中县政府发函,释示邱秀松因行贿罪被判刑一事,与农会人事管理规程的规定相抵触,为不合于总干事资格,应当予以解聘。台中县政府即让丰原镇农会解除邱秀松的总干事职务,并准其另聘林派人士林益昭为新任总干事。邱秀松方面对被解聘一事不服,向省府诉愿委员会提起诉愿,省府方面因而令台中县"停止执行"邱秀松解聘案。至于邱秀松行贿罪经判刑部分究竟是否构成渎职,农林厅及省府法制室均不能定夺,乃向"内政部"请求解释。"内政部"随即援引"大法官"第194次会议讨论结果,回复农林厅认为邱秀松行贿罪被判刑一事,"自不抵触该厅所定农会人事管理规程二十条各款之规定"。于是邱秀松的解聘案即为不成立,农林厅因此又令台中县政府,让其复职。但因台中县政府与丰原镇农会都拒不执行,该案演变成丰原镇农会同时存在两个总干事的"双包案"。

此案的症结,其一可以归结为农会法令太多,解释模糊,而地方派系又往往想方设法寻找法律的漏洞,因此此案也是舆论认为应该对农会法进行修正的依据之一。其二,自然是派系纠纷,此案涉及的派系人物多是重量级人物,其活动能力自然不弱,因此得以各方寻找关系人物的奥援以及法律与制度的漏洞。其三,不能不说各级主管机关对事情的复杂化难辞其咎。台中县政府及农会辅导课主管人员出于派系利益,有参与此案之嫌,农林厅曾指其在邱秀松第二次被检举后,即将邱的总干事一职解除,并准丰原镇农会理事会遴选林派人物为新的总干事,其责任自不待言。至于台湾省农林厅,之前的表现漫不经心,基本上是按台中县政府的发文,拟具意见;至邱秀松提出申诉后,对于邱在受聘时的条件,究竟有没有抵触遴聘总干事规定的问题,农林厅又不敢擅作主张,而是按省府法制室的意思,"本案似无抵触规定,惟为慎重计宜请示'内政部'解释",以专案向"内政部"请示。让本案既因公文来往周折,颇费时日——事实上,到蔡鸿文就此案在省议会提出质询时,此案已发生两年多——也让纠纷益形扩大。以致纠纷之对立双方均对农林厅颇多批评,如陈派的陈林雪霞即批评农林厅农民组织科,"既无能严守执法之立场,兼之又受人情束缚,致使遇事犹豫不决,举棋不定,既不依法又擅专,地方派系之倾轧乃在农民组织科处理事情的矛盾下,愈趋激烈,深深影响农会业务";而属林派的蔡鸿文也指责,本案所以演变成"双包案”,都是因为农林厅“不敢针对事实,不敢负责,凡事均请示‘内政部’所致”[1]。农林厅在此案当中背上了最大的黑锅,因而不无委屈。试想一个省政府的农林部门,其指令对有如“地方诸侯”的县市政府能有多大的影响力?遑论对县市长也不买账的地方派系。且此时地方派系的势力有向“中央”发展的势头,当年桃园县中坜镇农会发生风波时,农林厅长金阳镐抱怨“我不晓得什么人把这事又直接告到省政府”,而到此案发生后,现任农林厅长张研田则抱怨:“如果当初不是由于各方面关系请求‘内政部’解释,而呈请主席对此事做斩钉截铁的解决当无此问题。”[2]1969 年当局在修改“暂行办法”时,加入“内政部”为农会在“中央”之主管机关,恐怕也是时势发展的需要。

“双包案”的后续发展,是丰原镇农会理事长针对省府让邱秀松复职的指令,向“内政部”提出再诉类,于是“内政部”令省府对这一指令暂停执行。之后又纠缠了一段时间,最终新聘的总干事林益昭向行政法院提起起诉,邱秀松败诉,此案才算真正结束。“双包案”因为拖延时间太久,牵涉各方太广,而主管机关的处理又有颇多可指摘之处,因此对政府的形象,产生了相当恶劣的影响。该案所暴露出的农会法令过多,派系纠纷太过激烈,以致主管机关难以辖制等问题,迫使国民党政权不得不思考农会体制的修补问题。加上地方派系在农会的活动已影响到国民党着力经营的总干事制度,威胁到国民党对农会的掌控,国民党对地方派系再不能消极以待。如何加强对农会权力阶层的掌握,使其避开地方派系的困扰,是国民党政权不得不重新思考的问题,总干事由经理事会遴聘,改为政府直接派任、介派或者介聘方式的建议,也开始屡屡被人提及[3]。农会体制的再次改变,正处于萌芽中。

## 五　有关国民党掌控农会与向农村基层发展组织的局限

农会是国民党深入农村基层社会的一个重要渠道,在农会改革之初,国民

---

① 省议员陈林雪霞、蔡鸿文在台湾省议会第三届第七次大会上的质询,《台湾省议会公报》第 15 卷 18 期,1966 年,第 845 页,第 848 页。有关“双包案”的信息,主要来自这两位的质询及农林厅长张研田的答复和农林厅书面答复,除上列两处外,另外参见《台湾省议会公报》第 15 卷第 15 期,第 668 页;第 17 卷第 15 期,1967 年,第 561—564 页。以及王静仪:《台中县派系政治下的县政运作(1951—2005)》。

② 时任农林厅长金阳镐在台湾省议会第一届第一次大会上答复省议员叶寒青质询,《台湾省议会第一届第一次大会专辑》,1959 年,第 1996 页;时任农林厅长张研田在台湾省议会第三届第九次大会上答复省议员蔡鸿文质询,《台湾省议会公报》第 17 卷第 15 期,第 562 页。

③ 杨玉昆:《加强农会组织问题》。

党曾对此渠道寄予厚望，改革后，农会也确实是台湾农村最为重要的农民团体之一。然而，从改革后国民党与农会的关系来看，国民党尽管通过制度与组织方式，从上到下掌握了农会的权力阶层，进而掌控农会，但国民党在乡镇以下农会组织中和基层会员中的组织发展情况并不乐观，而且，在农会权力阶层往往由地方派系占据的情况下，国民党对农会的掌控势必受到地方派系的掣肘。改革之初国民党对地方派系既打击又笼络、既控制又依赖的复杂情形，在改革后十几年间完全延续下来，国民党对于农会和基层农民的影响渗透，始终未能突破地方派系的阻隔，相反，进入 1960 年代后，从农会选举期间地方派系的活动情形、从地方派系对国民党最为重视的总干事一职的冲击等来看，地方派系似乎拥有了更大的自主性。在国民党、地方派系和农会的三角关系中，有时也不免令人困惑，究竟是地方派系占据农会权力阶层，阻碍了国民党向更基层农会组织和农民的组织渗透，还是国民党在农村基层社会的发展迟缓导致地方派系对农会权力阶层的控制？

对于农会中国民党与地方派系的关系，台湾学者任育德不赞成朱云汉等人的“区域联合独占经济”论，即国民党占有农会各项政经资源与分配权力在先，地方势力掌握农会在后[①]，认为从历史的角度看，是地方派系掌握农会在先，与国民党合作在后[②]。黄仁姿通过对 1950 年代台湾农会三次改组县市农会权力人物变动情形，对任育德的观点又进行了部分修正，认为县市农会在经过 1953—1954 年的改组之后，出现了地方精英的断裂，特别是在部分派系斗争激烈的县市，旧的地方精英被国民党排除出农会之外，新的地方精英介入掌握农会，并因需借助国民党的提名与辅选工作，所以在县市层级农会，地方派系掌握农会及与国民党合作之间，“这二者并非先后顺序而是相辅相成的关系”[③]。1950 年代初的农会制度改革是否真的造成县市层级农会权力阶层中地方精英的新旧交替，或许还值得进一步探讨，但地方派系和国民党之间的关系，确实比较复杂。从光复以来的农会历史看，由于光复初期省政当局对农民组织放任不管，当时的农会与合作社被地方势力掌控。1949 年的农会与合作社合并，不曾将非农民与地主阶级排除出新农会系统。1953—1954 年的农会改组及其背后的农会制度性改革，国民党利用农复会的农会制度设计，将掌握农会的地方势

---

① 有关“区域联合独占经济”论对农会中国民党与地方派系关系的解析，可参见朱云汉《寡占经济与威权政治体制》，载萧新煌等著《垄断与剥削——威权主义的政治经济分析》，台北：台湾研究基金会，1989 年，第 151 页。

② 任育德：《向下扎根：中国国民党与台湾地方政治的发展（1949—1960）》，稻乡出版社，2008 年，第 230 页。

③ 黄仁姿：《外来政权与地方菁英——以 1950 年代农会改组为例》，第 143 页。

力作为此次改革的对象,但因国民党此时在台湾农村的影响力还很薄弱,地方势力比较强大,国民党不得不对地方势力有所妥协,最终改革之后地方势力仍然占据了农会权力阶层,而国民党则通过农会权力阶层的重新分配,获得了地方势力的支持,从而形成"地方派系掌握农会在先,与国民党合作在后"的局面。但从此次改革开始,一方面,国民党通过介入农会选举,特别是系统的提名与辅选作业,获得了农会权力阶层的分配权;另一方面,农会大量业务来自政府委托业务,农会信用部门与合作金库、土地银行也建立起资金往来关系,所以国民党等于掌握了农会系统内重要的政经资源,事实上和地方派系一起掌握了农会。只是两者对农会的掌握各有侧重点:国民党是自上而下,其权力侧重上层;地方派系则是自下而上,其影响力主要来自下面的人脉,两者的合作也正基于此。

在国民党在台湾建立起集权统治、且一党独大的情况下,地方派系要向上发展,必须和国民党合作;国民党要向下渗透,和地方派系合作则是最省力的办法,但因为地方派系的自主性,这种合作对国民党来说,无疑有很大不确定性和隐忧,所以应该不是唯一的选择。有观点认为,国民党并不介意地方精英控制农会,关键是这些地方精英是否被收编在国民党体制之下[①]。然而,国民党对地方精英的立场并不完全等同于对地方派系的立场,尽管国民党对地方派系介入农会选举的容忍与合作,以及国民党对农会内派系纠纷的处理常常着眼于派系平衡,不免给人以这样的印象,但国民党对总干事一职的刻意经营、一再保障,表明了国民党要将农会最重要的权力人物隔离于地方派系之外的意图。进入1970年代后,接掌国民党最高权力的蒋经国在台推行派系替代政策,以专职党工取代地方派系势力[②]。国民党也借修改农会法的机会,将总干事遴选方式由理事会遴聘改为由理事会就主管机关遴选的合格人员中遴聘,实际上使总干事人选的决定权完全收归主管机关,以此使总干事摆脱地方派系的干扰[③]。这些都表明国民党并未放弃迁台初期要将地方势力排除出农会系统的想法,对地方派系的容忍、与地方派系的合作,对国民党来说只是权宜之计。然而,这一权宜之计竟延续了20年之久,而且其后国民党打压与排除地方派系的努力在地方派系的反弹下并无成效,对国民党来说充满讽刺与无奈。

龚宜君对国民党改造以来国民党基层党组织的研究同样揭示了国民党对地方派系不信任,却又不得不和地方派系合作的复杂局面,并认为地方派系阻

① 黄仁姿:《外来政权与地方菁英——以1950年代农会改组为例》,第143页。

② 陈明通:《派系政治与台湾政治变迁》,第182—185页。

③ 有关农会法修改和总干事遴选方式变化详见第九章。

碍了国民党向农村基层的渗透[1]。但国民党向农村基层的渗透受阻于地方派系,并不纯然因为地方派系力量的强大,国民党基层党组织与基层政权制度设计与现实发展层面的缺陷,需要承担相当大责任。

迁台之初,国民党对自身进行改造之时,即吸取在大陆的失败教训,将向基层社会发展渗透作为组织发展的重要目标。为此,国民党非常注意基层党组织的建设,在台湾每一个乡镇都设立了一个甚至数个区级党部,每村里都有小组,每邻则至少有一名党员[2]。基层党组织设有专门的党务工作人员,每个区党部通常由国民党中央指派 1 名书记和 2 到 4 名干事。为更好地在农村基层开展工作,国民党中央曾要求基层专职党工尽量选用本省籍青年,外省籍党工则必须掌握当地语言。为将基层党务系统隔离于派系活动之外,国民党还要求基层党工不得由本地人担任[3]。国民党还试图通过四位一体制,实现"以党领政",由基层党部掌握基层政权。所谓四位一体,是指将乡镇区公所、农会、国民小学和区党部这四个主要的地方机构联合起来,由四个机构的负责人组成乡镇政治综合小组,每月开会一次,就地方各项事宜进行决策。并试图以区党部基层党工兼任乡镇民代表会、公所或农会的职务,实现国民党对地方机构的渗透,从而达成国民党对地方社会的全面领导[4]。然而,国民党上述有关基层党组织与基层政权的设计有不少缺陷,如政治综合小组每月仅开会一次,有些小组开会间隔时间甚至更长,事实上很难真正发挥作用。且政治综合小组没有直接管理从政党员的权力,基层党部对从政党员并无约束力。在开放地方自治选举和国民党推行党内提名及辅选工作的情况下,乡镇政治综合小组又没有被赋予决定地方选举中各项候选人提名的权力,对身为民选基层行政机关首长和基层民意代表的地方精英,乡镇政治综合小组也缺乏应有的影响力。不仅如此,基层党组织向其他地方机构的渗透也不成功,甚至因为经费不足,由人事移转改为经费移转,区党部干事的薪资还须仰赖其他机构,国民党基层党工对于从政党员、地方精英的影响力进一步被削弱,很难在四位一体的基层政权中扮演领导角色,也因此无法进一步掌握地方政经资源。在缺乏政经资源的情况下,国民党基层党

① 参见龚宜君《"外来政权"与本土社会——改造后国民党政权社会基础的形成(1950—1960)》,第 145—154 页。

② 龚宜君:《"外来政权"与本土社会——改造后国民党政权社会基础的形成(1950—1960)》,第 134 页。

③ 同上,第 135—137 页。

④ 参见龚宜君《"外来政权"与本土社会——改造后国民党政权社会基础的形成(1950—1960)》,第 139—140 页;任育德《向下扎根:中国国民党与台湾地方政治的发展(1949—1960)》,180—181 页。

组织很难制约地方派系,也很难开展直接动员农民的工作。受经费不足的影响,和国民党中央对基层党工在地方选举中辅选成绩率的要求,基层党工甚而不得不迁就地方势力①。在此情况下,国民党势必难以突破地方派系,向农村基层社会发展组织。

国民党在对自身进行改造时,吸取在大陆的教训,为避免基层党政产生公开冲突以及地方党务衙门化,还曾规定县市以下党组织采取不公开的方式②。县市以下党组织活动不公开,或许也是为了1950年以来开放地方自治选举的需要,国民党担心党组织的公开活动引起台湾地方社会的反感。县市以下党组织不公开,虽然在县市一级没有完全做到,但区党部对外不公开,则实施得较为普遍③。为弥补区党部以下组织不公开的不足,更为了通过服务民众来发展组织,国民党还有民众服务站的设置,使民众服务站和区党部形成一体两面④,前者在明,后者在暗。民众服务站主任及工作干部,由区党部书记和相关工作人员兼任⑤。在省和县市层级,则在省党部和县市党部之下有省和县市民众服务处的设立。截至1960年代初,台湾有省服务处1所,县市服务处24所,区乡服务站372所,专业性服务站9所,共计全台有民众服务处站406所,理监事及社员27,302人,服务干部共1,253人,其中乡镇服务站1,170人⑥。民众服务站以服务当地民众为宗旨,工作项目包括文教服务,如职业语文补习班校、书报阅览、演讲座谈;康乐服务,包括棋类、球类活动,各种康乐活动等;生活服务,涵括幼儿园、托儿所、牛奶站、婚姻介绍、家庭访问等;医疗服务;职业介绍、代书、纠纷调解、法令解释、委托代办等专业服务;卫生服务;临时灾害及贫民救济扶助等救济服务,等等⑦。从设立初衷和相关规定来看,各乡镇民众服务站应该是国民党深入农村基层、密切与农民关系的重要途径。在地方自治选举中,民众服务站体现了一定的效果,据彰化县党部的一份资料,在1957年彰化县县长和省

---

① 参见龚宜君《"外来政权"与本土社会——改造后国民党政权社会基础的形成(1950—1960)》,第143—154页。

② 冯琳:《1950年代初中国国民党改造运动研究——侧重于下层与实际问题》,中国社会科学院研究生院近代史系博士论文,2010年,第203页。

③ 上官业佑:《如何建立民众服务处站——本党民众服务工作的新精神与新动向》,国民党中央委员会第五组编印,1957年,第3页。

④ 同上。

⑤ 同上,第58页。

⑥ 《党的民运工作绩效展览》,中国国民党中央委员会第五组编印,1961年,第94页。

⑦ 同上,第98—99页。

议员选举中，民众服务站动员了 20%左右的选票，在彰化县各社团中仅次于渔会[①]。但在实际工作中，民众服务站显然也存在相当大不足。国民党中央设考会 1959 年对农民所做的调查中，当问及“你认为各地民众服务站对农民已服务了些什么？今后要怎样改进”时，农民的回答表明民众服务站存在很多问题，如民众服务站都设在乡镇公所所在地，工作人员又下乡得不够勤，农民大多不知道有民众服务站的存在，从民众服务站获得的服务也很少。有些服务站工作人员对农民的态度失于敷衍，或者代农民办事时不够简便迅速。有些工作人员不懂当地语言，甚或态度傲慢，造成农民无法产生亲近感。有人觉得民众服务站仅是情报机构等[②]。上述种种不足自然会影响到民众服务站的动员功能，进而影响到国民党在农村基层社会的发展。

总体而言，迁台以来，国民党在台湾农村基层社会的发展渗透并不成功。1959 年国民党中央设考会对基层农民的调查发现，尽管经历了土地改革、农会和水利会改组以及其他一些改善农民生活的政策的实施，农民对国民党却并未产生良好的印象和深刻的认识，对国民党印象好的农民不到调查总数的 49%，还有一半以上的农民对国民党印象模糊，甚至印象不好[③]。对这种现象的发生，此次调查认为主要原因有三个方面：一是国民党的工作尚未深入农村，国民党在农村中的组织还很薄弱；二是宣传不够深入，国民党的宣传工作多集中在市镇，宣传下乡的活动甚少开展；三是国民党在决定有关农民福利的政策与实施各项措施时，没有及时配合宣传，或者没有公开显露，一般农民只知道是政府所为，却不知道和国民党有什么关系[④]。也就是说和国民党对基层农民的宣传不够以及国民党在农村的组织薄弱有关。宣传方面，国民党的相关活动偏于城市、忽略乡村是一个因素，国民党区党部活动不公开，或许也对国民党的相关宣传产生制约，以致国民党对各项农民福利政策出台的贡献“没有公开显露”。由于有组织保密的规定，党员通常以其从政身份或其他公开身份进行活动，这对导致农民对相关政策的理解仅是政府行为而非国民党的功劳也有相当大影响。

在迁台多年以后，国民党在农村中的组织仍然薄弱，国民党的工作仍没有深入农村，这一点则尤值得深思。关于国民党和地方派系的关系、关于国民党深入农村基层社会的局限，黄仁姿的研究是将其放在国民党政权是“外来政权”

① 龚宜君：《“外来政权”与本土社会——改造后国民党政权社会基础的形成（1950—1960）》，第 198 页。

② 谈益民：《当前本党争取农民的途径》，第 18—19 页。

③ 同上，第 1—2 页。

④ 同上，第 2 页。

的框架下进行论述,龚宜君为避免“外来政权”一词的负面形象,则用“移入政府”代之[①]。无论“外来政权”,还是“移入政府”,其背后的立足点都是国民党政权与台湾本土社会的隔离甚至对立。然而,如果将视线拉回到1949年前国民党政权在大陆的情形,即不难发现国民党无法深入农村基层社会的问题有其历史渊源。国民党虽保留了农民运动的口号,但在具体做法上放弃了自下而上的动员农民的模式,在组织发展路线上则一直依赖社会精英阶层来延展其统治。1950年代初国民党主导农会改革的过程,说明迁台后国民党在这方面并没有根本的改变,相反延续了之前的组织发展模式。战后台湾的土改同样只是在表面上改变了农村社会的阶级结构,却并未触动农村的权力结构,使地方派系的政经基础未受到真正的冲击。国民党完成自身的改造后,虽吸取在大陆的教训,在农村基层建立起党组织,但党部与党员的活动仍然存在忽略乡村、忽略农民的问题。这种组织发展路线使国民党很难绕开地方派系,将其影响力直接渗透进台湾农村基层社会,以致无论是基层行政系统也好,还是农会系统也好,国民党、地方派系和基层农民的关系都成了一个打不开的结。地方派系的阻隔只是表象和结果,国民党长期以来自上而下的组织发展模式和农村动员模式才是根源。这种纠结的局面在国民党政权迁台前即已存在,所以不宜仅归结为“外来政权”或“移入政府”与本土社会的冲突,或许将其理解为一个社会动员能力不足的政府在深入社会时面临的难题,更为恰当。

---

① 参见黄仁姿《外来政权与地方菁英——以1950年代农会改组为例》和龚宜君《“外来政权”与本土社会——改造后国民党政权社会基础的形成(1950—1960)》。

# 第八章　农工转型与农会业务经营的转变

经过十多年的发展，改革后的台湾农会不仅面临因地方派系过分介入，而导致国民党政权对农会的控制危机问题，更面临因经济环境改变而带来的农会职能的调整问题。随着战后台湾经济的发展，台湾逐渐由农业社会迈进工业社会，农业结构发生一系列变化，农业发展进入瓶颈状态，到 1960 年代末，台湾农业更以危机重重的形象呈现在人们的视野，当局因此不得不对农业政策作出调整。在新的农业政策框架下，农会被赋予了新的功能。与此同时，农会的经营重心也在悄然发生改变。1960 年代末至 1970 年代初内外环境的变化，使新一轮的农会制度改革呼之欲出。

## 一　农业的结构性转变与当局农业政策的调整

### 一　农业的结构性转变

1960 年代在战后台湾经济发展史上是一个非常关键的时期，通过 1950 年代当局实行的“农业培养工业”政策，在农业的“培养”下，台湾在 1960 年代前中期成功实现农工转型，其具体表现，是工业在整个生产净额中的比重在 1963 年首次超过农业，而在出口产品结构中，工业品的比例也于 1966 年首次超过农产品与农产加工品的总和[①]。自此开始，农业在整体经济中的地位不仅为工业所取代，且其比重日渐降低。1966 年，农业在整个生产净额中的比重尚有26.2％，1967 年即下降为 23.8％，到 1969 年，更是跌至 20％以下，至 1972 年，这一比重已下降到 14.1％[②]。

在农工产业结构转型的同时，农业自身的结构也在发生变化，其主要表现

---

① 廖正宏、黄俊杰、萧新煌：《光复后台湾农业政策的演变：历史与社会的分析》，台北：“中央研究院”民族学研究所，1986 年，第 63 页；段承璞：《战后台湾经济》，中国社会科学出版社，1989 年，第 132 页；林梓联：《近十年来台湾农村人口及其产业演变之分析》，《台湾农业》第 6 卷第 2 期，1970 年，第 135—136 页。

② 廖正宏、黄俊杰、萧新煌：《光复后台湾农业政策的演变：历史与社会的分析》，第 63 页。

有以下三个方面：

一、在广义的农业各部门中，种植业的发展速度趋缓，比重逐渐降低，渔业和畜产则有较快发展，尤其是渔业在1965年至1968年间的发展速度，与工业相比有过之而无不及；而在狭义的农业，也就是种植业当中，粮食作物和经济作物的发展速度趋缓，比重有所降低，蔬菜、水果等园艺作物则增速明显，尤其是在1962至1972年间，比重有很大提升。(参见表8—1和8—2)农业生产结构的这一变化，一方面是顺应台湾本地人口的粮食消费结构变化。以1970年每人每日的粮食消费量与10年前相比，主食中仅面粉类有所增加，而米与甘薯均有所下降，尤其是甘薯的消费量不及10年前的三分之一；但水果、蛋类和乳类的消费量均增加了一倍以上，肉类、鱼类等的消费也有明显增加①。本地需求的上涨，加上鱼、肉、蛋、奶及水果等的价格较高，利润较厚，所以农民比较有增加这方面生产的兴趣②。另一方面，这种变化与稻米外销渐趋困难有关，其他外销较好的农产品因此在种植面积与产量方面都获得较快增长，如分别从1963年和1964年开始种植的洋菇与芦笋，几乎完全以外销为种植目标，其种植面积与产量的增加即非常显著③。无论是因为外销，还是本土需求的改变，农业生产结构的这一变化，均显示出市场对台湾农业生产的影响，从而也凸显出台湾农业的商品化程度。

**表8—1　战后台湾农业生产指数(以1965年为基期)**

| 年份 | 总指数 | 农业 | | | | | | 林业 | 畜产 | 渔业 | 工业生产指数 |
|---|---|---|---|---|---|---|---|---|---|---|---|
| | | 分类指数 | 普通作物 | 特用作物 | 水果 | 蔬菜 | 洋菇 | | | | |
| 1946 | 25.7 | 29.5 | 37.4 | 14.5 | 12.7 | 27.4 | | 12.1 | 16.3 | 15.1 | 2.3 |
| 1958 | 73.1 | 74.2 | 82.7 | 80.1 | 33.1 | 58.3 | | 58.4 | 78.6 | 63.2 | 33.6 |
| 1963 | 82.6 | 81.0 | 86.0 | 82.7 | 47.0 | 74.4 | 119.1 | 79.5 | 88.2 | 90.9 | 60.6 |
| 1965 | 100 | 100 | 100 | 100 | 100 | 100 | 100 | 100 | 100 | 100 | 100 |
| 1968 | 118.2 | 114.3 | 108.0 | 97.9 | 150.3 | 153.4 | 161.6 | 99.2 | 133.6 | 146.2 | 141.8 |
| 近十年平均成长率 | 4.51 | 4.01 | 2.53 | 1.78 | 11.72 | 9.51 | 151.6 | 4.08 | 5.50 | 8.30 | 10.82 |

资料来源：整理自林梓联《近十年来台湾农村人口及其产业演变之分析》,《台湾农业》第6卷第2期，1970年。

① 《台湾省粮食增产情形及业务概况》，台湾省粮食局编印，1972年，第35页。

② 林梓联：《近十年来台湾农村人口及其产业演变之分析》。

③ 段承璞：《战后台湾经济》，第349—350页。

**表 8—2　战后台湾种植业结构的变化**

单位：%

| 年份 | 合计 | 粮食作物 | 经济作物 | 园艺作物 |
|---|---|---|---|---|
| 1952 | 100 | 71.96 | 19.59 | 8.45 |
| 1962 | 100 | 70.53 | 18.32 | 11.15 |
| 1972 | 100 | 56.59 | 14.48 | 28.93 |

资料来源：段承璞《战后台湾经济》，中国社会科学出版社，1989 年，第 347 页。

二、农业经营的规模日渐缩小，小农经营的特点更加突出。严格说来，台湾农业生产在战前即是以小农经营为主，战后国民党政权实行的土地改革，尤其是耕者有其田政策，无疑造成更多小农的诞生。从表 8—3 可以看出，经过土改，拥有耕地在 1 公顷以下的小农户数量，比战前增加了 10 几个百分点，并占到总农户数的 60%以上。其后，因为在人口增长与分户现象发生的同时，耕地面积不仅增加有限，甚且由于工业与都市发展占用耕地，其面积有减少的趋势(参见表 8—4)，每一农业人口与每一农户占有的耕地面积因此逐渐缩减，农场经营面积日益细化，小农户数量因而不断增长，到 1970 年，拥有耕地不足 1 公顷的农户已高达农户总数的 70%以上。

**表 8—3　台湾地区农户耕地经营规模表**

| | 1939 年 | | 1956 年 | | 1961 年 | | 1966 年 | | 1970 年 | |
|---|---|---|---|---|---|---|---|---|---|---|
| | 户数 | 百分比% | 户数 | 百分比% | 户数 | 百分比% | 户数 | 百分比% | 户数 | 百分比% |
| 总　计 | 436,593 | 100.00 | 738,640 | 100.00 | 776,002 | 100.00 | 840,280 | 100.00 | 879,398 | 100.00 |
| 0—未满 0.5 公顷 | 111,805 | 25.61 | 254,038 | 34.39 | 290,268 | 37.41 | 318,260 | 37.88 | 386,315 | 43.93 |
| 0.5—未满 1.0 公顷 | 90,007 | 20.62 | 209,978 | 28.43 | 225,549 | 29.06 | 241,800 | 28.78 | 242,748 | 27.60 |
| 1.0—未满 1.5 公顷 | 113,117 | 25.91 | 121,427 | 16.44 | 119,100 | 15.35 | 125,860 | 14.98 | 115,414 | 13.13 |
| 1.5—未满 2.0 公顷 | | | 67,177 | 9.10 | 64,651 | 8.33 | 68,180 | 8.11 | 60,802 | 6.92 |
| 2.0—未满 2.5 公顷 | 57,521 | 13.17 | 37,543 | 5.08 | 32,432 | 4.18 | 35,500 | 4.22 | 29,803 | 3.39 |
| 2.5—未满 3.0 公顷 | | | 19,685 | 2.67 | 18,124 | 2.33 | 20,020 | 2.38 | 16,975 | 1.93 |

续表

| | 1939 年 | | 1956 年 | | 1961 年 | | 1966 年 | | 1970 年 | |
|---|---|---|---|---|---|---|---|---|---|---|
| | 户数 | 百分比% | 户数 | 百分比% | 户数 | 百分比% | 户数 | 百分比% | 户数 | 百分比% |
| 3.0—未满3.5公顷 | 41,749 | 9.56 | 11,470 | 1.55 | 9,931 | 1.28 | 11,900 | 1.42 | 9,844 | 1.12 |
| 3.5—未满4.0公顷 | | | 6,062 | 0.82 | 5,683 | 0.73 | 6,980 | 0.83 | 5,704 | 0.65 |
| 4.0—未满4.5公顷 | | | 3,404 | 0.46 | 3,280 | 0.42 | 3,880 | 0.46 | 3,701 | 0.42 |
| 4.5—未满5.0公顷 | | | 2,313 | 0.31 | 2,219 | 0.29 | 2,400 | 0.29 | 2,397 | 0.27 |
| 5.0—未满7.0公顷 | 13,129 | 3.01 | 3,980 | 0.54 | 3,329 | 0.43 | 4,100 | 0.49 | 3,872 | 0.44 |
| 7.0—未满10.0公顷 | 5,938 | 1.36 | 1,286 | 0.17 | 1,077 | 0.14 | 940 | 0.11 | 1,275 | 0.14 |
| 10.0公顷以上 | 3,327 | 0.76 | 277 | 0.04 | 359 | 0.05 | 460 | 0.05 | 548 | 0.06 |

资料来源:整理自台湾省粮食局编印《台湾省粮食增产情形及业务概况》,1972 年,第 25 页。

**表 8—4　台湾农业人口与耕地面积对照表**

| 年份 | 耕地面积(公顷) | 农户数 | 农业人口数 | 全省总人口数 | 农业人口占总人口百分比(%) | 每一农户耕地面积(公顷) | 每一农人耕地面积(公顷) |
|---|---|---|---|---|---|---|---|
| 1946 | 831,951 | 527,016 | 3,522,880 | 6,096,137 | 57.8 | 1.579 | 0.236 |
| 1953 | 872,738 | 702,325 | 4,381,816 | 8,438,016 | 51.7 | 1.243 | 0.199 |
| 1965 | 889,563 | 847,242 | 5,738,503 | 12,628,348 | 45.4 | 1.050 | 0.155 |
| 1966 | 896,347 | 854,203 | 5,806,298 | 12,992,763 | 44.7 | 1.049 | 0.154 |
| 1967 | 902,406 | 868,731 | 5,948,839 | 13,296,571 | 44.6 | 1.039 | 0.152 |
| 1968 | 899,926 | 877,114 | 5,998,797 | 13,650,370 | 43.9 | 1.026 | 0.150 |
| 1969 | 914,863 | 887,112 | 6,151,971 | 14,334,862 | 42.9 | 1.031 | 0.148 |
| 1970 | 905,263 | 880,274 | 5,996,889 | 14,675,964 | 40.9 | 1.028 | 0.151 |
| 1971 | 902,614 | 879,005 | 5,958,819 | 14,994,823 | 39.7 | 1.027 | 0.151 |
| *1972 | 898,603 | 879,526 | 5,947,325 | 15,289,048 | 38.9 | 1.022 | 0.151 |

注*:该年的户均耕地面积与人均耕地面积为笔者根据前面的三项数字计算而来。

资料来源:整理自台湾省政府农林处编印《台湾农业年报》,1947 年,第 12 页;台湾省粮食局编印《台湾省粮食增产情形及业务概况》,1972 年,第 23 页;台湾省农林厅编印《台湾农业年报》(1958、1973、1978 年版),第 26、第 49、第 47—52 页;《台湾百年粮政资料汇编》(第二篇 近百年来粮食统计资料),第 8 页。

耕地面积的过于狭小，使农家的农业所得往往不足以应付家庭支出。在1963年，这种情形还仅限于拥有耕地不足0.5公顷的农户，但到了1968年，不仅该部分农户的农业所得与家计费用的差额，由5,204元新台币扩大到9,256元新台币，连拥有耕地在0.5—1.0公顷的农家，其农业所得也不敷家庭一般支出。这使得越来越多的农户不能完全依靠农业为生，而必须兼营他业。根据农复会、台湾大学和中兴大学1967年联合举行的台湾农家收益调查，一个拥有耕地1.29甲（约1.25公顷）、平均人口8.3人的自耕农户，一年中农场收入54,317元，农场外收入14,302元，共计68,619元，而其家庭支出为65,400元，能有剩余3,219元，倘若没有农场外的兼业收入，则尚缺乏1,083元[①]。有耕地1公顷以上的农户尚且如此，在1公顷以下的，其情形可想而知，农业所得偏低已是不争的事实。为家计所需，加上都市与工厂往往能提供更优厚的待遇，大量农村劳动力因此外流都市与城镇，从而造成台湾农业的又一结构性改变。

三、一方面受农业所得偏低，另一方面受工业化与都市化进程的影响，大量农村劳动力外流，使农业人口在总人口中的比重逐年降低，由表8—4可以看出，在1953年，农业人口仍占总人口的一半以上，但到1971年，这一比例跌至40%以下。与此同时，农业就业人口在总就业人口中的比重，也呈下降趋势，1953年，这一数字为61.3%，到1967年即跌至50%以下，到1972年更跌为39.9%[②]。因为农村人口的外流都市，从1958到1968十年间，五大省“院”辖市（台北市、高雄市、基隆市、台中市、台南市）人口增加了57.78%，八个县辖市人口增加了48.71%，远远超过这10年间台湾地区人口的自然增长率35.95%。由于当时台湾农村地区的人口自然增长率要高于都市，因此在都市增加的人口中，应有更多是来自农村的外流人口。农村劳力外流，使台湾工业与都市发展获得必须的劳动力，乃至廉价的劳动力，因而对工业化与都市化进程有利，但从农村与农业的角度来说，则不仅使农事从业人员在数量上减少，而且由于外流人员大多是青壮年，且其中不少受过较高的教育，因此事实上也造成农业就业人口素质上的降低。根据农复会的调查，大专毕业的农村青年仅有10%留在当地工作，高中毕业者留在当地工作的也仅为26%，其他均流入都市，在都市长期工作，或每日通勤于都市与家乡之间[③]。

农村劳动力外流，使农场工资开始呈上升趋势，其上涨速度甚至超过工厂

---

① 林梓联：《近十年来台湾农村人口及其产业演变之分析》。

② 廖正宏、黄俊杰、萧新煌：《光复后台湾农业政策的演变：历史与社会的分析》，第60—61页。

③ 林梓联：《近十年来台湾农村人口及其产业演变之分析》。

工资的增速,农业的劳动投入因而有所降低,作物复种指数在1965年达到战后最高点——189.7点后,开始逐年下降,而从1968年开始,下降趋势更加明显,到1972年仅为176.4,相当于1956年的水平①。农业在工业繁荣的同时,迎来了它的"秋天",其发展速度从1960年代中晚期起渐趋缓慢。在1963至1972年间,农业的年平均增长率下降为4%;而在第五期经建计划期间,也就是从1968年到1972年,这一速率更仅达2.2%,与同时期工业高达21%的年平均增长率相比,农业的衰退形势尤为突出。而农家收入与非农家收入的差距也是越来越大,其收入比由1953年的75%,下降到1964年的61%,至1968年更跌为58%②。

## 二　农业政策调整与加速农村建设九大措施

农业的式微对台湾社会造成强烈的心理冲击,舆论普遍认为台湾农村已隐伏危机,而这是经济建设中的大问题,亟须采取适当措施,以扭转农业的衰退趋势。为突破农业发展的瓶颈状态,单纯从改变过去的低粮价政策、提高粮食收购价格入手是不够的,而是需要做全盘的考虑,从提高农民的生产力和降低农业生产成本两方面加以努力,为此,"推行农业现代化是不可避免的趋势和必须接受的挑战"③。有省议员还进而提出挽救农业危机的具体意见,如:改善农业生产结构,在不影响台湾粮食供应的情形下,鼓励农民种植其他高价值的作物;革新农产运销制度,减少中间商对农民收益的剥削,与降低消费者的负担;保证农产品合理价格;推行农业机械化;大幅度降低肥料价格;改进农业供销,等等④。

为应对农业发展中出现的种种问题以及社会舆论对农业问题的关注,台"行政院"首先于1969年10月公布"农业政策检讨纲要",国民党二中全会继而也订定"现阶段农村经济建设纲领",但由于这两项文件对过去的农业基本政策都未作根本修正,加上缺乏资金支持,其效果并不显著⑤。1972年9月27日,在中兴新村召开的农业问题座谈会上,出任"行政院长"不久的蒋经国宣布了"加

① 在1965年前作物复种指数一直呈上升趋势,这也曾是战后台湾农业增产的重要因素之一。参见台湾省农林厅编印:《台湾农业年报》,1978年版,第21页。

② 廖正宏、黄俊杰、萧新煌:《光复后台湾农业政策的演变:历史与社会的分析》,第64页,第66页。

③ 吴丰山:《今天的台湾农村》,自立晚报社,1971年,第1、5、11页。

④ 省议员郭雨新在台湾省议会第四届第九次大会上的质询,《台湾省议会公报》第27卷第21期,1972年,第789页。

⑤ 廖正宏、黄俊杰、萧新煌:《光复后台湾农业政策的演变:历史与社会的分析》,第69页。

速农村建设九大措施”，即：

一、废除肥料换谷制度，并改进随赋征购办法，改按市价收购；

二、取消田赋附征教育费，以减轻农民负担；

三、放宽农贷条件，便利农村资金融通；

四、改革农产运销制度；

五、加强农村公共投资；

六、加速推广综合技术栽培；

七、倡设农业生产专业区；

八、加强农业试验研究与推广工作；

九、鼓励农村地区设立工厂。①

上述措施中，前两条是从减轻农民负担、降低农业生产成本入手，后面各款则是从改进农业生产方式、增加农业与农村投资、提高生产力方面努力。为使上述措施能够迅速推行，“行政院”还陆续拨付经费新台币 20 亿元，以支持“经济部”、台湾省政府、农复会及其他有关机关所制定的各项计划，并提供 18 亿 2,000万元作为农业贷款。“九大措施”的公布，是土地改革以来台湾农业政策的转折点，标志着“农业培养工业”阶段的结束②。政府通过加强农业投资，实施稻米保证价格，鼓励农民增产兴趣，来扭转农业的颓势。从台湾省执行“加速农村建设”的细部计划内容，以及经费安排，可以看出当局新政策的重心：

其一，改革农产运销制度，补助 6,000 万元，贷款 1 亿 2,000 万元，配合北区电动屠宰业务，限期办理毛猪共同运销，并辅导菜农组织实施蔬菜分级包装和共同运销。

其二，加强农村公共投资，补助 8 亿 7,500 万元，贷款 1 亿 5,300 万元，办理西部滨海贫困地区等处的区域性排水灌溉及堤防与水利设施，修复次要河川，以及整理花莲瑞穗、高屏地区海堤，营造云林、宜兰、台中、桃园、苗栗等县的海岸及耕地防风林，配合山坡地开发，修建交通运输与产业道路。

其三，加速推广综合技术栽培，补助 2 亿零 200 万元，扩大办理水稻综合栽培，由原来每年的 18,000 公顷增加为 40,000 公顷，甘薯、花生及豆类也要扩大推广面积，并改进其品种、土壤肥料及病虫害防治技术；加速推行农业机械化，辅导小农共同作业，并奖助代耕租用。

其四，倡设农业生产专业区，补助 5 亿 9,500 万元，贷款 15 亿 3,300 万元。

---

① 《“中央”补助加速农村建设重要措施专辑》，“中国农村复兴联合委员会”编印，1973 年，第 1—3 页。

② 萧新煌：《三十年来台湾农业政策的演变：1953—1982》，《思与言》第 20 卷第 6 期，1983 年。

其中包括:杂粮专业区,在嘉南地区设玉米区,高屏设大豆区,台中及澎湖设高粱区;特用作物专业区,设蔬菜、柑橘、茶、蚕、芒果、葡萄、凤梨、香蕉等专业区,并在台中、南投、嘉义等地设竹笋专业区;养猪农牧综合经营专业区;乳牛农牧综合经营专业区;肉牛农牧综合经营专业区;以及渔业专业区。

其五,鼓励农村设工厂,补助1,600万元,贷款1,400万元;另贷9,800万元,包括办理南投竹山的竹制品工业生产区,彰化福兴及埤头乡,云林元长乡及嘉义的义竹乡设小型工业区。

其六,加强农业试验研究与推广工作,补助1亿5,200万元。

此外,还有外岛农业建设计划,共补助2,000万元,用于包括农村公共投资,发展肉牛为主的农牧综合经营,推广高粱、玉米,建筑马祖渔船避风港等计划。[①]

## 三 《农业发展条例》

为了使上述农村建设方案的顺利推行在立法上有所依据,以及为了加速农业现代化目标和政策的需要,1973年9月,国民党当局又颁布研议多年的《农业发展条例》,其主要内容包括:

(一)筹集农业发展基金:以各级政府公库拨款及赠款,并辅导民间业者设置农业发展基金为财源,在政府监督指挥下,予以运用。

(二)开发及有效利用农地资源:对于台湾特种农田,尚未开发之山坡地、山地保留地、河川新生地、海埔新生地及海边养殖地,采取由政府投资,农业企业及农民团体投资,以及农民投资等三种方式开发,但由政府投资开发者,仍以转让农民为原则。

(三)改进农业生产机构:采取扩大农业经营规模,推行农业机械化,扩大实施农业专业区三种方式,以加速农业现代化。

(四)改进农产运销:对内销民生日用必需品,其价格具有敏感性之变动者,如蔬菜、猪肉等,由政府辅导农民团体普设农产批发市场,消弭中间剥削,解决其所遭遇之困难;对外销农产及其加工品,以实施计划产销、统一报价及实行联营为原则。

(五)稳定农产价格:采取"以销制产"、"以量制价"的经济方法,合理调整农产价格,维持产销平衡,对指定发展的农产品,订定保证收购价格,设立价格平

---

① 台湾省主席谢东闵在台湾省议会第五届第一次大会上的施政报告(1973年2月9日),《台湾省议会公报》第28卷第2期,第11—12页。

准基金，以济农产品价格暴涨暴跌时，仍能顺利生产。

（六）改进农业金融：由政府设立农业金融统筹决策机构，筹集农业长期资金，研订农业金融体制，改进农业贷款。

（七）举办农业保险：为安定农民收入，促进农业资源之充分利用，由政府奖励或协助举办农业保险，在农业保险法未制定前，先由“中央”订定办法，分区、分类、分期试办。[①]

《农业发展条例》企图改变土地改革以来一直存在于台湾农业的小农规模经营方式，希望通过共同经营和委托经营，或者是辅导农民购买农地贷款的方式，扩大家庭农场经营规模[②]。从而通过该条例的施行，对促进农业生产和加速台湾农业的现代化进程，产生积极的影响。

1960年代中期以来台湾农业的结构性变化说明，经过20年左右的发展以后，战后台湾农村所面临的主要矛盾已不再是农业生产关系内部的矛盾，而是来自外部工业化与都市化的压力。农村社会主要矛盾的变化，必然需要以往在功能上偏重动员农民的农会做出调整。当局出台的农业新政，也对农会提出了相应的新要求。国民党政权在“九大措施”与《农业发展条例》中，即明确赋予农会新的重大任务，如办理农贷、共同运销、协助政府举办农业保险等等。

而此时一个值得注意的事实是，在政府的农业新政出台之前，自觉或不自觉地，农会的经营重心与经营策略已有所转变。

## 二　农会业务经营的转变

1960年代中期以来，台湾农会在业务经营方面悄然发生改变，最主要的是政府委托业务对农会的重要性逐渐降低，农会供销部门内部自营业务有明显增长，同时信用部门取代供销部门，成为农会最重要的部门。在具有公益性和服务性的推广部门，为适应农业发展的需要，也增加了新的内容。

### 一　政府委托业务重要性降低

郭敏学曾根据农会业务经营的内容，将战后台湾农会分为三个时期：

> 一为1945至1953年，以接受政府及公私团体的委托，经理代办业务

① 农林厅厅长张训舜在台湾省议会第五届第二次大会上的工作报告（1973年10月17日），《台湾省议会公报》29卷第9期，第182页。

② 萧新煌：《三十年来台湾农业政策的演变：1953—1982》。

为主,而以所收手续费维持经常开支。可谓之为委托业务时期。二为1953年改组以后至1960年代中期,由于农民对农会的信心加强,交易额递增,自营业务的比重逐年提高,而委托业务的比重逐年降低。可谓之为委托与自营业务消长时期。三为1960年代中期以后,因配合政府加速农业发展政策,同时本身存放款及其他新兴事业亦迅速增加,使已往依存于委托业务的畸形状态大为改观,而步向正常经营的途径。可谓之为自营业务发展时期。①

可见1960年代中期在台湾农会业务经营方面是个重要的分水岭。在此之前承办粮食局委托业务是农会供销部门、乃至所有经济性事业的重心,来自该项业务的收入是农会的重要财源。但从表8—5可以看出,政府委托业务手续费从1969年开始有明显减少。不仅该项业务如此,与粮食业务有关的其他委托业务(如军眷、公教粮的代碾等)和会员利用业务(包括会员利用农会仓库与会员农产品加工)两项,从1969年开始也有明显的减少,这可能是受到第五个经建计划期间,农业生产严重衰退的影响。但其他委托事业收入一项在1972年有较大回升;利用业务,主要是其中的榨油、脱壳等加工业务收入,在1971和1972年则是迅猛增长;结合包括农用资材供应、农产品运销在内的供运销业务在1970—1972年间增长显著,显然农会供销部门的经营重心有向自营业务转移的倾向。在这些自营业务中,从1961年开始,洋菇、芦笋原料的供应,洋葱栽培的指导与统一供应外销,以及毛猪、家禽、蛋类和蔬菜的共同运销等,都得到了较好的发展,特别是在洋菇和芦笋原料的共同供应、确保品质及提高农民议价能力等方面,做得最为成功,而洋葱的共同外销到1970年代初也已奠定良好基础②。

政府委托业务重要性降低的原因,农复会方面曾指出,是该项业务在1960年代中期后已"无利可图",由于委托业务量减少,而导致委托费用不敷支出③。但除了业务量减少外,碾余米收入透明化或许才是导致该项业务"无利可图"的重要原因。

前文述及,承办粮食局委托业务不仅使农会获得大量的手续费,更有数量不菲的隐性的碾余米收入。碾余米的收入究竟有多少?从郭敏学列举的几个因

---

① 郭敏学:《多目标功能的台湾农会》,台湾"商务印书馆",1977年,第37—38页。

② 杨玉昆:《农会组织与农村合作社》。

③ 农复会:《改进台湾省农民组织之建议》,1969年4月12日,"农委会"档案,12.2—313—1146;杨玉昆:《农会组织与农村合作社》,"农委会"档案,12.2—313—1147。

表 8—5 1960—1972 年间台湾省各级农会供销部业务收入变动情形

单位：新台币元

| 年份 | 政府委托事业手续费 | 其他委托事业手续费 | 利用业务 | | 供运销业务 | | 市场业务 | |
| --- | --- | --- | --- | --- | --- | --- | --- | --- |
| | | | 总收入 | 总支出 | 销货总收入（含代销手续费） | 销货总成本（包括代销业务费用） | 总收入 | 总支出 |
| 1960 | 55,588,601.49 | 4,490,889.35 | 14,013,019.71 | 6,474,189.04 | 426,106,360.50 | 398,093,339.67 | 7,538,132.47 | 6,491,511.77 |
| 1961 | 61,219,826.55 | 4,938,489.40 | 13,397,847.61 | 6,553,306.25 | 490,222,556.50 | 472,961,637.77 | 7,812,532.71 | 7,203,244.24 |
| 1962 | 67,420,972.13 | 6,525,147.94 | 14,766,324.83 | 7,167,395.64 | 585,629,996.27 | 564,734,315.13 | 8,756,243.98 | 7,906,442.01 |
| 1963 | 75,806,093.19 | 8,682,139.32 | 16,701,520.24 | 8,900,412.64 | 451,571,587.89 | 430,824,996.03 | 8,766,811.91 | 7,800,736.20 |
| 1964 | 92,609,183.39 | 7,778,776.59 | 21,960,458.59 | 23,290,644.29 | 520,547,040.33 | 494,282,953.28 | 14,122,466.29 | 6,984,932.20 |
| 1965 | 109,512,959.09 | 8,821,830.29 | 41,644,436.42 | 35,208,713.60 | 731,290,075.60 | 695,046,214.05 | 16.931,770.74 | 16,022,572.35 |
| 1966 | 115,461,447.49 | 13,351,054.62 | 45,372,534.63 | 38,066,074.31 | 657,667,372.08 | 612,850,882.30 | 16,491,493.61 | 15,400,792.00 |
| 1967 | 124,010,620.28 | 14,023,705.03 | 29,917,064.69 | 23,060,166.50 | 633,335,730.49 | 592,012,574.48 | 14,250,115.91 | 12,501,000.48 |
| 1968 | 146,210,243.91 | 11,623,617.53 | 52,554,906.57 | 43,532,134.46 | 893,539,838.86 | 823,070,729.40 | 12,362,977.50 | 10,090,670.79 |
| 1969 | 118,792,531.07 | 9,637,750.93 | 30,843,196.28 | 20,284,045.03 | 798,952,445.84 | 739,182,677.01 | 19,962,475.93 | 14,592,364.11 |
| 1970 | 112,168,772.20 | 11,384,645.90 | 20,134,755.08 | 9,079,742.17 | 848,689,379.09 | 776,354,566.94 | 14,848,533.56 | 11,276,503.36 |
| 1971 | 99,052,867 | 8,895,304 | 72,483,553 | — | 1,042,636,917 | 927,705,515 | 9,448,397 | 8,502,910 |
| 1972 | 90,129,157 | 14,072,259 | 114 414,568 | — | 1,497,291,305 | 1,435,068,390 | 11,770,672 | 9,822,399 |

资料来源：整理自台湾省农林厅编印《台湾农会业务统计年报》(1964—1971 年版、1981 年版)。

碾余米问题被检举而导致亏损的农会情形来看，该项收入足以让一个农会从出类拔萃走向濒临破产，可见私自处理的碾余米收入对一个农会财务的重要性①。但这种收入毕竟不合法，一旦被人检举，对于农会来说就是近乎毁灭性的打击，因此有舆论认为，碾余米制度对于农会既是“补药”，也是“毒药”②，包括农复会在内均主张彻底改革这一制度，取消碾余米必须报缴的规定，让农会处理碾余米合法化，从而杜绝因此而产生的纠纷。但当局或许是从掌握粮食的角度考虑，没有采纳这一方案，而是在1960年提高了碾余米奖励金的标准，改按业已接近市价的生产贷款偿还稻谷价格，予自动报缴的农会以奖励金。继而接受了农复会提出的另一折中方案，让各农会将历年欠缴的碾余米一次性全部报缴，由粮食局发给奖励金。由于奖励金的标准已经提高，各农会也很乐于接受这样做。从1965年初开始，有216个乡镇农会共计报缴历年欠缴的碾余米33,000余公吨，粮食局为此向各农会共支付奖励金145,314,000元新台币。对这笔收入，除要求各农会公开记账外，还以其中的10%发给农会工作人员，从而提高农会报缴碾余米的积极性③。

## 二　信用部成为农会最重要的部门

政府委托业务重要性降低的另一个重要原因，应该是快速成长的信用业务逐渐抢了风头。在统一农贷举办后不久的1963年，信用部即超过供销部，成为农会毛收益最高的部门；而且，在1958—1967年十年间，信用事业毛收益的年增长率为55.02%，经济事业毛收益的年增长率仅为14.09%，足见前者发展势头强劲(参见表8—7)，而两者在农会经营者心目中的重要性逐渐移位，自也是情理中之事。

**表8—7　1958—1967年间农会信用事业毛收益与经济事业毛收益比较**

| 年份 | 信用事业毛收益 | | 经济事业毛收益 | |
|---|---|---|---|---|
| | 总金额(新台币元) | 指　数 | 总金额(新台币元) | 指　数 |
| 1958 | 37,774,890.29 | 100.00 | 82,931,245.20 | 100.00 |
| 1959 | 42,211,176.24 | 111.74 | 90,225,534.98 | 108.80 |
| 1960 | 84,083,500.57 | 222.59 | 101,846,125.14 | 122.81 |

① 郭敏学:《步留米——溃毁台湾农会之毒瘤》,“农委会”档案,12.2—313—1146。

② 省议员叶寒青在台湾省议会第二届第五次大会上的质询,《台湾省农会公报》第7卷第11期,1962年,第407页。

③ 郭敏学:《步留米——溃毁台湾农会之毒瘤》;粮食局长李连春在台湾省议会第四届第五次大会上答复省议员张富质询,《台湾省议会第四届第五次大会专辑》,1970年,第2416页。

续表

| 年份 | 信用事业毛收益 | | 经济事业毛收益 | |
|---|---|---|---|---|
| | 总金额(新台币元) | 指　数 | 总金额(新台币元) | 指　数 |
| 1961 | 93,998,865.35 | 248.84 | 109,858,122.82 | 132.47 |
| 1962 | 101,730,817.85 | 269.31 | 116,823,059.70 | 140.87 |
| 1963 | 134,212,829.85 | 355.30 | 123,863,717.20 | 149.36 |
| 1964 | 150,147,957.90 | 397.48 | 143,604,548.70 | 173.16 |
| 1965 | 184,859,602.89 | 489.37 | 156,231,956.46 | 188.39 |
| 1966 | 254,528,862.48 | 673.80 | 213,806,404.20 | 257.81 |
| 1967 | 245,595,094.00 | 650.15 | 199,800,386.04 | 240.92 |

资料来源:信用事业毛收益总金额和经济事业毛收益总金额参见台湾省农会编印《十年来的台湾农会》,1968年,第35—36页。

政府委托业务重要性降低,自营业务比重增加,说明农会的业务经营逐渐趋向市场化。信用业务的快速发展,则不仅提高了农会在调解农村金融方面的能力,农会自身也积累了雄厚的基础,有利于实现财务独立。

随着农会信用部的壮大,其法律地位问题逐渐成为业务发展的障碍。因为依据大陆情形所制定的“农会法”,仅在其第四条第七款规定农会可办理农贷及土地金融贷款之承办转放监督,对办理存款及其他金融业务并无明确规定。《改进台湾省各级农会暂行办法》对于信用部办理金融业务虽有相关规定,但该办法仅属行政规章,缺乏法律效力。加上由于农会信用部无独立法人资格,受票据法的限制,不能办理甲种活期存款使用支票,农会信用部使用的支票未能获得法律上的承认,而二年期以上定期存款也未能获得免除利息所得税的优惠,信用部业务因此受到相当大影响。更为重要的,围绕收益丰厚的信用部门,自1949年农会与合作社合并以来,就一直有合作社与农会之间的利益之争。1960—1961年间,先是“行政院”美援运用机构提出“农民组织自由化”的口号,后又有一批“财经机构有影响力的人士”以“独立金融系统”的名义,均试图把信用部从农会分割出去。直到农复会主委蒋梦麟找到时任“副总统”的陈诚出面,才算化解了这次危机。从那时起,有关各方就在争取农会信用部的合法化问题[①]。而这也成为1972年当局决定研究修改“农会法”的动机之一。

---

① 前者应是指“行政院”美援运用委员会,“财经机构有影响力的人士”当指“行政院”行政改革委员会,参见郭敏学:《惊涛骇浪中的农会信用部》,《台湾农会发展轨迹》,第260—265页;农林厅厅长金阳镐在台湾省议会第二届第三次大会上的工作报告(1961年5月9日),《台湾省议会公报》第5卷第3期,1961年,第42页。

## 三　推广业务的新内容

从1960年代中期开始，为适应农业结构转型，特别是兼业农户逐年增加的情形，农会推广教育中增加了鼓励共同作业的内容。1963年，在农复会、农林厅和农会的协力倡导下，开展水稻共同作业计划，以技术与组织改良小农经营为目的。该计划最初被称为水稻综合改良示范，每示范单位面积为5公顷，约10个农户自由参加，在农业指导员协助组织下，同用一个最好的品种和最新的施肥栽培方法，改良灌溉，实施病虫害防治，使用最新机械。农民共同工作，待收获后按各人的工作日数，结算各人的工资。耕地所有权仍归农民所有，独立经营，其收获也属自有。从1963年到1965年，各县所办的示范区，其三年平均产量较邻近的同等则稻田，增加约1/3。从1964年起，该项计划推广扩大为综合改良共同区，简称共同栽培区。每区面积约15公顷，农家户数增至20余户，每区农民选一组长。又按栽培工作情形分成耕耙、秧田、施肥、灌溉、防治病虫害等若干小组，并选择各该项技术最好的农民为小组长。因采用共同栽培，农业生产的机械化程度有所提高，农民可以购置十四马力的耕耘机及动力喷雾器，而以前各自耕作时，只能买四匹或五匹马力耕耘机及手摇的喷雾器。该年在两季水稻各设置100区，分散于86乡，因成绩良好，推广顺利，1965年和1966年各增设约100区，到1966年第二季水稻，共同栽培区达296个，面积4,732公顷，参加农户7,291户。总计三年六季水稻的平均产量与邻区相比，每季每公顷增加11—15%，纯收入增加21—31%。到1966年，共同栽培计划扩大到甘薯、落花生、大豆、玉米等杂粮作物。共同栽培的倡导与实验，目的在试图突破小农经营方式的制约，其背后隐含着对农业现代化的诉求，应该说是非常有意义的工作。

农会推广业务中又一有意义的工作，是配合政府办理贫农辅导，即辅导贫农改变其旧观念，使其自发采取新技能、新方法、新态度，改进生产技术；同时协助生产资金，增加副业，提高农家收入，从而使其收支平衡，达到自力更生、改善生活的目的。这一工作从1960年开始办理，约7年后，全省已有270个乡镇农会办理该项业务，贫农接受辅导而步入小康的约有4000多户[①]。

同供销部门内自营业务的增加一样，推广部门新业务的开展，显示农会对新时代农业转型的一种自觉或不自觉的配合。1960年代末期农会业务经营企业化思路的提出，则是农会在业务经营领域为配合农业转型而进行制度性变革

① 有关共同栽培的内容，主要依据沈宗瀚：《农民合作组织与大陆农村重建》，“农委会”档案，12.2—313—1146；贫农经辅导后步入小康的数字来自郑肇城：《台湾农会进步之实况与今后之展望》，《台湾农业》第4卷第4期，1968年。

的前奏。

## 三 农会业务经营企业化及其影响

何谓农会业务经营企业化？郭敏学曾在一篇文章中提出五点原则，有助于对这一概念有所了解，即：一，成本观念，即必须注重减低成本，增进效率，争取利润；二，适人适用，要用人唯才，并将其置于合适的职位；三，实行科学管理；四，超然会计，也就是让财务制度不受权力阶层的左右；五，启发参与，也就是引导会员更多地参与农会交易。而简单一点说，就是要像经营企业一样去经营农会[①]。大约在1964—1965年间，台湾省粮食问题及农会农田水利会考察小组曾在其报告《发展农会业务之新途径》中，建议建立农会企业经营制度，因为农会举办经济业务，必须有所收益，才能办理农业生产指导及农民文化福利事业，所以“虽不完全以营利为目的，实应具有公共企业性质。因之农会组织，非仅不同于机关之型态，而业务营运，必须讲究成本，注重管理，始奏事功”[②]。

从1960年代中期开始的农会业务经营企业化之议，背后应该有两方面的考虑。首先是发展农会业务，特别是发展供销部门自营业务的需要，这一点从下面这段话里可以得到印证：

> 台湾农会在业务推行上的最大缺点，为工作人员只向乡镇公所看齐，而不向私人工厂公司行号看齐。信用业务之所以较有成绩，一因政府限制信用合作社在乡镇设立，故缺少竞争对象；二因信用业务只须依时上班下班而毋庸走出办公室之故。至于与私人工厂公司行号处于竞争地位并需向农民直接接触推销的供销业务，则其数额至为微小。年来各农会供销部门半数发生亏损，而需以信用部门的盈余弥补，此亦为其原因之一。[③]

显然推行企业化经营，是要让农会向私人工厂公司行号看齐，以便在拓展供销自营业务方面，拥有更强的竞争力。

农会推行企业化经营的另一个用意，应是为了限制权力阶层对农会的把持。于1969年7月接任台湾省农林厅厅长的张训舜，曾于次年答复省议会议员有关

---

① 郭敏学：《台湾农会与业务经营企业化》，《台湾农会发展轨迹》，第266—281页。

② 台湾省粮食问题及农会农田水利会考察报告表第五篇之陆：《发展农会业务之新途径》，台湾省农林厅致农复会(55)1—15农组字第05192号函，“农委会”档案，12.2—313—1146。

③ 郭敏学：《台湾农会与业务经营企业化》，《台湾农会发展轨迹》，第280页。

派系纷争干扰农会改选的质询时,就提到要加强农会的内部建设与内部监督,其中重要一点就是建立农会企业化经营体制,“使得农会的职员能够感觉到本身对农会好,本身才有好处,农会坏我本身也有坏,好像一个私人企业公司一样……”用人制度方面,尽量利用考试制度,避免农会用人受到派系的干扰,同时对聘任人员要用保证的方式,以便农会万一发生舞弊亏空,追赔起来比较方便。尤其对于农会财务系统安全至关重要的会计主管一职,要予以工作保障①。

为建立农会业务的企业化经营体制,农复会与台湾省农林厅首先从改革农会人事管理制度入手,希望“以企业化经营方式实施事业绩效报酬,改善员工待遇,汰劣留优,提高员工素质,促进工作效率,以适应时代需求”。两单位并从1967年开始,动员百余人从事新人事制度的研拟工作,一方面邀请国民党中央党部第五组、台湾省党部、“经济部”、“内政部”、台电公司、台糖公司、农复会、省农会、省府秘书处、法制室等单位指派高级主管人员及专家共计13人组织研究指导委员会,先后集会三次作重要决策的指导;另一方面由省县农会及农林厅农民组织科指定主办人员组成工作小组,担任调查分析统计及资料汇集和方案草拟等工作,前后集会九次。在研究指导委员会指导下,该工作小组历时近两年的时间,于1968年10月完成新人事制度草案的起草工作。新人事制度与旧的人事管理规程相比较,其主要内容包括以下几个方面:

一、原农会管理规程,由主管机关颁行与统一解释,并由主管机关审定农会编制。新制度为配合三级制农会整体化大规模经营的需要,强化农会自治职能,由省农会统一颁行农会人事管理规程,并赋予解释的任务,同时责成各级农会最高权力机关之会员代表大会通过后实施,以利约束,政府仅作政策性的监督指导,从而将农会人事管理纳入农会自治系统,藉以促进农会三级制业务联系,以便配合农会企业化经营。至于各农会人事审议,交给上级农会办理,主管机关派员参加,以资制衡。

二、对于农会最重要的聘任人员总干事,原规程为迁就扶植农民的宗旨,规定曾任农会理事长三年者即具备总干事资格,实施结果,尚欠理想。新制度在聘用总干事标准中,对于曾任理事长常务监事者,除增加服务年资为六年外,并规定其学历条件必须为初中毕业以上。另外,为了奖掖农会内部优秀人才,促使管理人员勤求上进,新制度将农会内部各部门服务较久的主管,也纳入总干事遴用范围之内。

---

① 农林厅长张训舜在台湾省议会第四届第四次大会上答复省议员魏纶洲质询,《台湾省议会公报》第22卷第21期,1969年,第837页。

三、原规程规定农会职员待遇一律比照公务人员，以致农会事业兴衰与财务良窳，与农会职员没有直接关系，从而使农会这一事业团体形同衙门。新规程针对这一流弊，规定各级农会按业务量的多寡，财务结构的好坏分为六等，每年由其上级农会审定一次，作为用人编制的标准和员工薪资支付的依据。按此规定，农会各部门员工只有努力扩展业务、节约开支、讲求经济效益，使农会等级提高，其待遇才会改善。

四、为配合农会企业化经营需要，仿效职务分类精神，新制度按农会现行会务业务实际情形，将农会各职务划分为四类十二组，依各种职系所需的各项人才，规定其应具资格条件。同时对于员工待遇，实施薪点制度，即对农会员工采取单一薪俸制，按其职位分十二等，每等分十二级，每级差距一律一薪点，年功薪五次晋升。考虑到农会各种职位的责任轻重、工作繁简与难易情况，各职位的薪点有一定差距。自最低职系的工友 30 薪点起，至最高职系之省农会总干事 150 薪点止，最多差距为五倍；县、乡级农会高低最多差距为四倍半，一般职系每等差为 10 薪点。农会员工薪级经送审评定后，其每薪点换算新台币比率，按照主管机关每年公布的标准办理；同时，对各等级农会预计年度内薪给支出总额占上年度决算收益的百分比加以限制，既使收入较多的农会，员工薪点换算随之提高，也防止经营业务不正常的农会发生亏累情事，以便农会职员都能自觉发展业务，争取盈余。

五、新进员工年龄限制：(一) 总干事 55 岁以下。(二) 秘书专员及单位主管 45 岁以下。(三) 一般职员 35 岁以下。(四)雇员工友 30 岁以下。旨在增加起用青年，避免老弱退休者藉派系力量进入农会，妨碍业务推展。但内部调升者不受此限制，以鼓励员工终身忠勤任职。

六、强化权能划分制度及农会会计人员稽核财务之功能，取消之前对“改进台湾省各级农会暂行办法”第 29 条的修改，恢复最初的规定，即总干事遴聘或解聘直属业务及会计主管不须经理事会同意。同时为加强会计主管对农会财务的稽核功能，规定农会会计主管除非有贪污舞弊或违反法令之事，并经报人事审议会通过，否则不得任意解聘或予以更换，以加强对农会会计主管职务的保障。

七、加强总干事及经管财物人员的保证办法，增加可以投保相当金额之信用保证保险办法，并对有关人员提供保证的额度，予以规定，以便因上述人员侵占或失职导致农会亏损巨额财物时，要执行其赔偿责任不致过于困难。

八、建立业务绩效奖金制度：农会为事业团体，业务繁多，为配合企业化经营促进业务发展起见，建立奖金制度，并予分为：业务奖金，金融奖金等多种，系以改善经营增加收益，增加生产数额及减少开支、减少消耗成本为提奖要件。

另外还有如增加员工退休给付及实施员工互助等[①]。新的农会人事管理制度于1969年开始实施，而这一制度的重点，是将原来比照公务员的薪俸制，改为按等级计酬的薪点制，将农会员工的薪资待遇，与农会经营绩效直接挂钩。这一制度对提高员工待遇、鼓励员工工作情绪、精简农会人事、促进企业化经营以及发展农会业务量等方面，都产生了积极影响。

然而，薪点制度的实施，对于农会运营也产生了不少消极影响。如对统一农贷的影响：因为农会等级、薪点主要按农会收益的多寡来定，统一农贷放款利率较一般放款利率低年息1%，而其抵押放款利率较一年期以上定期存款利率仅高出年息0.25%，有些农会为确保收益，将符合用途的贷款，以一般贷款名义贷放，或将其资金存入行库，以避免贷款风险，使统一农贷放款数额没有随着农会存款的增加而增加。又如对农会财务管理的影响：因为农会薪点制规定薪额提拨百分比与农会大小成反比，按照企业经营原则，农会业务管理费用与农会规模大小也应成反比，但事实并非如此，很多业务量大的农会存在浪费现象[②]。

薪点制度的实施，更使农会原应最为重要的工作——推广业务受到相当大影响。尽管薪点制度的实施，使农会推广部门与其他部门间的联系加强，推广人员较前注重农会事业发展，因而有一定的积极意义。但消极方面的影响更大。首先，农会自筹农业推广经费有减少的趋势。农会自筹农业推广经费的主要来源，基层农会有五项(县市农会为四项)，即信用部和供销部上年度的盈余提拨(县市农会无信用部，所以没有信用部盈余提拨)、生产指导费募集收入、财产收入及其他指导费收入，其中，又以信用部盈余提拨为乡镇农会自筹推广经费的首要来源。实施薪点制度后的1970年，由于人事费增加及其他因素影响，农会自筹推广经费比上一年度减少了10%，其中以信用部盈余提拨减少20%为影响最大。其次，推广人员数量有减少的趋势，部分农会表面上有相当数目的推广人员，但是实际上则专办或兼办事务性或其他部门的工作。再次，农会总干事较之以前不重视推广工作的占了多数。最后，由于推广经费减少，农会总干事等推广工作重视度降低，推广人员的待遇较之其他部门为低，使其工作积极性降低[③]。由于推广业务是花钱的工作，表面上看起来对农会经济没有益处，有些农会总干事甚至将推广业务当成一大负担，只碍于法令规定做表面应付工作，一旦遇到

---

① 农复会农民辅导组、农林厅农民组织科：《研拟农会人事制度改革方案之缘起及要旨说明》，农复会致“内政部”、“经济部”等单位主管人员农五十七辅字第7639号函，1968年11月6日，“农委会”档案，12.2—313—1146。

② 陈锦文：《农会实施薪点制度对农业推广工作的影响》，《台湾农业》第7卷第4期，1971年；林梓联：《再谈农会等级薪点制度》，《台湾农业》第12卷第1期，1976年。

③ 同上。

农会业务经营不佳或者推广经费来源方式困难时，就裁减推广工作人员或申请停办相关业务。在农事、四建、家政三大农业推广教育工作中，最容易被裁或申请停办的是对农村卫生与家庭生活改善贡献甚大的家政工作[①]。

薪点制度对统一农贷工作和推广工作的负面影响，无疑使农会对农民的服务功能大打折扣，因此这一制度对农会体制与功能的影响，或许更为深远。

1960年代中期台湾实现农工转型，台湾现代化进程迈出关键性一步，这当中农业无疑做出了巨大贡献。在台湾进入工业化社会之后，农业的重要性日渐降低，自身结构为配合更市场化、更商品化的需求，也在试图做出调整，但长期以来当局“压挤”的农业政策，使台湾农业在1960年代末进入了瓶颈状态，当局不得不于1970年代初推行新的农业政策，从减轻农民负担与降低农业生产成本，以及增加对农村的投资，扩大农业经营规模等方面入手，试图解救台湾农业于“危机”之中。农业的结构性转变，以及当局新的农业政策的实施，对农会这一最大的农民组织提出了新的要求，这是农会体制新一轮改革的最直接的催动力。与此同时，农会从1960年代中期开始，也在发生一系列改变，如业务经营重心由以前的政府委托业务转向信用部存放款业务，供销部门除政府委托业务之外的自营业务也有所发展；以及为了自身业务发展与减少派系纷争对农会运营的干扰，提出农会业务经营企业化的目标，并首先在农会人事制度改革中予以体现等。在这些转变背后，既有农会对农业发展与农业政策的自发配合，也有各方对农会观念的调整。就后者来说，最典型的就是从1960年代中期开始，对农会经济方面功能的强调。如台湾省粮食问题及农会农田水利会考察小组在《发展农会业务之新途径》中即指出：“农会组织，以协助政府推行农业建设与发展农村经济为最大使命，其经济意义远超越于政治意义。”因此甚至建议将农会的组织区域由依照行政区域设置，改成按农业专业区来设置[②]。尽管这一建议未被采纳，但对农会经济性功能的侧重无疑越来越成为主流认识，农会企业化经营体制的建立即为明证。在当局为应对农会中越来越激烈的派系纷争，并为了配合农业新政的实施和信用部快速发展后对合法性的需求，酝酿修改“农会法”和对农会体制再次做出调整前，可以说，农会自身已经在做局部的调整。

---

① 洪清泉：《家政推广教育之检讨与展望》，《台湾农业》第7卷第2期，1971年。

② 《台湾省粮食问题及农会农田水利会考察报告表第五篇之陆：发展农会业务之新途径》，“农委会”档案，12.2—313—1146。

# 第九章　修正“农会法”与农会体制的再改革

农会新一轮体制改革，是以修正“农会法”的形式展开的。“农会法”原由国民政府于1930年在大陆颁布，并分别于1936年、1943年和1948年做了三次修正。迁台之初，当决定整理台湾的农会组织之时，农会改进委员会曾有修改“农会法”的建议，但一方面由于台湾农会的特殊性，另一方面国民党显然认为，将来“光复”大陆后，对于农会组织需要做通盘考虑，所以这一建议未被采纳。此后二十多年，台湾农会恒以“行政院”的一纸行政命令——《改进台湾省各级农会暂行办法》，作为指导法规。随着台湾社会经济环境的变化，这一行政法规日渐不能适应台湾农会的现实，有关农会的立法问题就不断被提上台面。进入20世纪70年代，由于台湾外部环境的变化，加上内部政治、经济政策等的调整，当局终于决定根据台湾农会的现状，并配合农业现代化的要求，对“农会法”进行修改；而在法令修改背后，正是台湾农会再一次的制度调整。

## 一　修正“农会法”的背景与原因

1960年代中期，台湾省粮食问题及农会农田水利会考察小组在《发展农会业务之新途径》中，即曾建议修改“农会法”，这一建议主要是为了配合该报告对于农会发展的其他制度性建议，如：划设农业产区，并以此为农会组织的设置区域；确立农产品加工运销为农会事业中心；加强各级农会间的业务运营联系；建立企业化经营体制；统一农会辅导政策等①。事实上，在此之前，有关方面为争取农会信用部地位合法化，将其纳入金融系统，已有修改“农会法”之议②。因为依据大陆情形所制定的“农会法”，仅在其第四条第七款规定农会可办理农贷及土地金融贷款之承办转放监督，对办理存款及其他金融业务并无明确规定。《改进台湾省各级农会暂行办法》对于信用部办理金融业务，虽有相关规定，但

---

① 台湾省粮食问题及农会农田水利会考察报告表第五篇之陆：《发展农会业务之新途径》，“农委会”档案，12.2—313—1146。

② 农林厅厅长金阳镐在台湾省议会第二届第三次大会上的工作报告（1961年5月9日），《台湾省议会公报》第5卷第3期，第42页。

该办法仅属行政规章，缺乏法律效力。加上由于农会信用部无独立法人资格，受票据法的限制，不能办理甲种活期存款使用支票，农会信用部使用的支票未能获得法律上的承认，而二年期以上定期存款也未能获得免除利息所得税的优惠，信用部业务因此受到相当大影响。为解决这一问题，1965 年，“行政院”令“内政部”与“财政部”、“经济部”、台湾省政府及有关机关会商，依据《改进台湾省各级农会暂行办法》历年来实施的经验，研修“农会法”报“院”核办。次年，台湾省政府将研修农会法草案函报“内政部”，经“内政部”邀集“财政部”等有关机关研究拟定“农会法修正草案”。1967 年 1 月 24 日，“内政部”以台内社字第 223804 号函，将此草案报到“行政院”，“行政院”则指派“政务委员”徐柏园对草案进行审查，结果徐认为可在行政措施范围内解决农会面临的问题，并无修改“农会法”的必要。“行政院”采纳了徐柏园的意见，决定对农会法暂时不予修正，仅于 1969 年 8 月，对《改进台湾省各级农会暂行办法》部分条文再作修正，并增列农会在“中央”之主管机关为“内政部”①。

徐柏园反对修改农会法的原因，颇能看出当时国民党政权的顾忌所在：“农会法为全国之基本立法，有所修正必须顾及将来光复大陆后之全盘状况，大陆向无农会组织之基础，如将农会信用部正式列入农会法可能发生本末倒置，为争取办理金融而设立农会流弊堪虞，何况农会为人民团体，如果在农会法确定办理金融业务，将来其他人民团体可能群起效尤。”②也即此时的国民党政权，在农会立法问题上，仍然坚持“全国性”的视野，不能只针对台湾地区需要而做出修改。但这样的理念没能坚持多久，1960 年代末、1970 年代初，岛内外形式均发生极大变化，迫使国民党政权对政治、经济政策都做出调整，对农会立法问题的态度，最终也发生了改变。

首先是国民党政权的重要支持者美国的立场发生了改变。1969 年，尼克松入主白宫，新一届美国政府积极调整对华政策，频频向中华人民共和国伸出橄榄枝。1971 年 7 月和 10 月，尼克松派美国国家安全事务助理基辛格两次访华，为次年尼克松总统的访华之行做铺垫。1972 年 2 月 21 日，尼克松到达北京，开始对中华人民共和国进行正式访问，28 日，中美两国发表了举世闻名的《上海公报》。在公报中，美国方面表示：美国认识到，在台湾海峡两边的所有中国人都认为只有一个中国，台湾是中国的一部分。美国政府对这一立场不提出异议。它重申它对由中国人自己和平解决台湾问题的关心。考虑到这一前景，它确认

---

① 胡盛光：《农会法论》，台北：大伟书局，1985 年修订版，第 131—132 页。

② 省议员陈新发在台湾省议会第四届第七次大会上的质询，《台湾省议会第四届第七次大会专辑》，1971 年，第 3450 页。

从台湾撤出全部美国武装力量和军事设施的最终目标。在此期间,它将随着这个地区紧张局势的缓和逐步减少它在台湾的武装力量和军事设施。中美联合公报的发表,标志着中美两国的关系向正常化发展,而美国在台湾问题上的表态,对国民党政权无疑是一沉重打击。

美国调整对华政策,在国际社会无异于引发多米诺骨牌效应,国民党政权的"外交"防线连续坍塌①。1970 年 10 月,加拿大政府与台湾当局断交,与中华人民共和国建立外交关系;1971 年 10 月 25 日,联合国第 26 届大会以 76 票赞成、35 票反对、17 票弃权的结果,通过了由阿尔巴尼亚、阿尔及利亚等 23 国提出的提案,决定恢复中华人民共和国的一切权利,承认其政府代表为中国在联合国组织的唯一合法代表,并立即把蒋介石的代表从它在联合国组织及其所属一切机构中驱逐出去。联合国代表权的丧失,使国民党政权的"外交形势"更加恶化,当月即有比利时等 6 国宣布与其断交。1972 年,日本也与台当局断绝"外交关系",宣布承认中华人民共和国为唯一合法的中国政府。国民党政权陷入"国际弃儿"的凄凉境地。

受"外交"失败气氛影响,国民党政权的合法性再次发生危机,台湾岛内民心浮动,党外势力有抬头之势。因 1960 年代经济"起飞"而发展起来的中产阶层,以及战后成长起来的新一代知识分子,开始形成一股新的政治力量,其对参政权的要求以及对国民党一党专制的批评,都对国民党统治的权威性提出了挑战,革新政治的呼声越来越高。此时,偏安台湾近二十年的国民党政权,自身也面临老化僵化的问题,亟须做出调整。1969 年 6 月,蒋介石在一次讲话中指出:"当前本党最严重的问题,就是处处显示出一种衰老滞钝的现象。这不只是一般纷歧分子对本党有此诬谤攻讦,就是我们自己清夜扪心,以严厉的态度自反自责,也确实是欠缺主动、创造、新生、进步、积极的革命精神。""老实说,我们各级党部,今天从组织上看,不是因人设事,肢大于股,就是松懈泄沓,了无新生的、革命的气象;从人事上看,则是表现着管道壅塞,老大当退者不退,新生当进者仍不得进的现象;从工作方向上看,更是抱残守阙,被动敷衍,'文字政治'有名无实之病,至今未除。而这种有事无人做,有人无事做的情形,也不止党的组织为然,政府各机构,莫不皆然。"在当时内外渐现困局的环境下,国民党如果不积极进行革新,"那就要为时代所淘汰,而成为被革命的对象了"②。

有鉴于这样一种内外形势,1969 年 3 月 29 日至 4 月 9 日召开的国民党"十

① 黄嘉树:《国民党在台湾:1945—1988》,台北:大秦出版社,1994 年,第 479 页。

② 《全面革新的关键》,张其昀主编:《先"总统"蒋公全集》(第三册),台北:中国文化大学出版社,1984 年,第 3049—3050 页。

全”大会，即强调要“继续进行全面的革新，并以党的革新，带动政治的革新与社会的革新……使党达成战斗化与现代化的要求”[①]。大会并通过《政治革新要项案》，规定革新要项为：刷新政风；厉行法治；健全机构；改进人事；加强研究发展[②]。1972 年 5 月，蒋经国出任“行政院长”，为突出“新人新政”，更是大力倡导“革新保台”，推行“本土化”方针，吸收大批台籍人士进入党务系统与行政系统，并将较高层岗位向台籍人士开放，以满足国民党政权自身更新换代及台籍政治、经济精英进一步分享政治权力的需求，从而稳固其在台统治。在蒋经国“组阁”之后一年多的时间里，除“内政部长”一职原已由台籍人士担任外，“行政”、“立法”、“司法”、“监察”等“四院”的“副院长”，“交通部长”、台湾省主席，以及三席“政务委员”等职位，也向台籍人士开放，随后并形成惯例。[③] 到 1978 年，台湾省籍的“阁员”占到 32%[④]。国民党中常委及地方党部的负责人，也陆续由台籍青年才俊出任。

在推行政治革新的过程中，国民党对地方派系的政策也做了调整。在此之前，国民党对于县市级以下地方派系的存在采取包容态度，一方面给予其一定的公权力，另一方面透过提名竞选等方式维持派系之间的平衡。但这种包容只是权宜之计，因为地方派系携其在地方上的号召力，在政治上拥有较大的自主空间，国民党无法完全将其掌控；同时，地方派系往往以其派系利益为重，存在利用公权力汲取地方公共资源以中饱私囊的现象，国民党因此“饱受批评，背尽了黑锅”[⑤]。当中央层级的派系之争基本敉平之后，借政治革新之机，国民党启用青年才俊，试图以来台后所培植的新一代党工干部，取代既有的地方派系势力。其主要做法是通过提名非派系者（主要是地方党部或救国团出身）夺取县市长选举，来削弱地方派系势力。这一派系替代政策在 1968 年的县市长选举中初见端倪，1972 年的地方选举中则百分之百成功，而在 1977 年的选举中，因为地方派系的反弹，在大部分县市遭遇失败[⑥]。对地方派系的打压几乎贯穿于整个 1970 年代。

国民党推行“本土化”政策，表明在不放弃“反攻复国”理想的同时，对于台湾的统治更趋务实。这使修改具有“全国性”指标的“农会法”，在 1970 年代初

---

① 《现阶段党的建设案》（1969 年 4 月 5 日），秦孝仪主编：《革命文献》第 77 辑，台北：党史会，1978 年，第 278 页。

② 《政治革新要项案》（1969 年 4 月 9 日），同上，第 297—301 页。

③ 黄嘉树：《国民党在台湾：1945—1999》，第 563 页。

④ 陈孔立主编：《台湾历史纲要》，九州图书出版社，1996 年，第 497 页。

⑤ 陈明通：《派系政治与台湾政治变迁》，第 181 页。

⑥ 同上，第 182—185 页。

终于成为可能。该时期国民党对地方派系的态度由容忍趋向打压,也必然影响到对派系纷争不断的农会权力阶层的重新安排。

在台湾内外政治环境改变的同时,如前章所述,农业的结构性转变表明农村的主要矛盾早已由内部生产关系矛盾转为与外部工商业社会的矛盾。国民党政权在大陆时期制定的农会法,其有关保障农民权益部分,主要针对农业内部关系而言,如扶植自耕农,维护佃雇农权益,调解农事纠纷,证明租佃契约等,都是针对地主来保护佃农利益,“对于独立的自耕农受到工商业以及一般社会的权益侵害时,究应如何保障,却无所规定”①。在新形势下,必须对农会功能做出调整。1970年代初,当局为挽救农业“危机”,推行农业新政。农业新政的实施,使农会必须承担起更多的任务,其重要性有增无减。为使农会能够承担起这些新任务,修正“农会法”也显然更加必要。时任“经济部长”的孙运璿在解释当局修改“农会法”的动机与原因时,就曾强调:“主要是为了配合当前的农业政策”,也就是加速农村建设方案,因为“台湾的农会组织大致上虽然都很成功,但二十余年来,也必然有很多不健全,亟待整顿的地方,如果不作通盘的检讨和改革,必然不能担负这次农村建设方案所赋予它的新任务。”②

至于当时农会“不健全”及“亟待整顿的地方”,省议员蔡陈翠莲曾在一次省政质询中指出以下几点:

一、监督辅导问题:农会的主管机关在中央为“内政部”,省为农林厅,县(市)为县(市)政府,而其目的事业机关还有财政厅、粮食局等很多单位。但因权责不明,且因目的事业机关或农业金融机构,大多仅顾及本身利益而少尽辅导之责任,又每与主管机关看法不同,以致对农会业务的指导,往往发生互相推诿或互相矛盾的地方,使农会无所适从,严重影响事业的推行。又县(市)政府虽为地方农会的直接主管单位,但因派系竞争及农会辅导课人员未能善尽职责,不但不能发挥辅导监督的效能,有时反而加深农会的纠纷。

二、人事制度问题:当时农会人事上最感棘手的问题,为理事会与总干事之间的关系,未能趋于正常,使总干事处处受到牵制,不能发挥其权力,善尽其责任。政府鉴于农会人事纠纷多系受派系影响,曾拟议对总干事的任用,改采考

---

① 林宝树:《论农业方面权能区分——农会与农政机关本质之考察兼谈与合作社分合的问题》,林宝树著《比较合作论文集》,第25页。

② “经济部长”孙运璿,“立法院”第一届第52会期内政、经济两委员会第一次联席会议纪录,《“立法院”修正案》,第2—3页。原载“立法院”秘书处编印:《“立法院”公报》第62卷第100期,1973年9月15日。以下引用“立法院”会议纪录中,若无对发言人身份的特殊说明,则为“立法委员”。

训介聘制度，以健全总干事的人选，使其处于超然地位，得以依照法令规定行事。但是总干事人选纵然由政府介聘，仍须通过理事会聘任，而理事会亦得依据职权予以解聘，如果理事会对总干事存有成见，则总干事仍难安于其位。

三、选举制度问题：每到农会选举前夕，都有大批赞助会员要活动取得会员资格，增加了会员资格审查时的困扰，带给农会严重纠纷。此外，会员资格按规定，其农事从业之所得收益，应占其个人总收入二分之一以上，但在农业衰退的情况下，农民多赖从事副业维生，兼业农户增多，纯农业收入相对降低，会员资格亦需做出更正。

四、事业经营问题：农会事业主要是信用、供销、推广三大项，而当时信用部因其法律地位未获真正解决，其经营仍受到很大影响；供销业务因粮食局委托业务收入少于支出，出现亏损情况；推广业务则尚需政府提供经费支持，等等[①]。

而在种种问题中，派系纠纷而导致的问题最为突出。如本文第四章所述，地方派系在农会的活动已威胁到国民党政权对农会的掌控，同时，因派系之争而使政府声誉受损的事也时有发生。由于农会主管监督机关权责不清，加上农会法令多且杂，台湾省的有三十多种，“中央”有七八种，一共将近四十种，致使一旦发生问题，一方面各级机关层层上报，拖延时间；另一方面当事者往往设法寻找法律漏洞，来为自己脱责，于是纠纷往往会越来越复杂，事情则越闹越大，报章杂志常见类似报道，省议员于议会质询时也多有提及，社会舆论对政府主管机关的意见相当大，农林厅方面也不得不承认，在其所有工作当中，有关农会部分是最不理想，且受到各方相当多责难的[②]。

上述种种原因，使国民党当局终于决定在1970年代初根据台湾地区农会的需要，修改“全国性”的“农会法”。此次修改，最直接的因素是为了配合当时的农业新政策，借“立法”之机对问题颇多的农会加以整顿，使农会组织尽量趋于健全，从而使农会能够承担起协助促进农业现代化的功能，以致当局修改“农会法”的关注点，更偏重于农会的经济功能，而农会的性质与制度等也以“立法”的形式，被赋予相当大的调整。

---

① 省议员蔡陈翠莲在台湾省议会第四届第七次大会上的质询，《台湾省议会第四届第七次大会专辑》，1971年，第3627—3629页。

② 参见省议员蔡鸿文、李源栈等在台湾省议会第三届第九次大会上的质询，和农林厅长张研田的答复，《台湾省议会公报》第17卷15期，1967年，第562页、第605页。

## 二　农会法修正经过:以“立法院”审查为中心

自1972年8月31日起,“内政部”即邀集“经济部”、“财政部”、“司法行政部”、经合会、农复会、“行政院”法规处及秘书处、“中央”社工会、台湾省政府、台北市政府,以及省市农会等有关机关,组成专案小组,着手研究农会法修正问题,其后历经9月9日、9月16日、9月29日及10月23日多次会议,完成了农会法修正草案。1972年11月18日,“内政部”将此草案函报“行政院”,由于当时“行政院”正忙于审查《农业发展条例》草案,农会法修正草案延至1973年4月6日,始由“行政院政务委员”李登辉召集会议进行审查。时任“行政院长”的蒋经国指示:“研究台湾农会改为二级制问题及实施农会总干事比照水利会长由政府派任等问题”,为此,5月8日,“经济部部长”孙运璿、“政务委员”李登辉召集“内政部”、“财政部”、“教育部”、农复会、台湾省农林厅等有关机关首长,举行“农会改制问题”座谈会,会议认为:“……故知农会问题不在制度良窳,而在人谋是否得当,现行体制优点在业务综合经营及基层农会便利农民,蕴含真正属于农民自有精神,为维护此种优良传统起见,除应明确划分各级主管机关权责加强监督外,在原则上,农会以仍保留现行三级制体制为宜。惟其中经营不善之四十余乡镇区农会,则可针对症结,个别考虑运用包括改制或调整合并方式,予以改善,如此既可避免全盘改制引起农民顾虑困扰,影响加速农村建设推进,复可集中全力从事于经营不善农会之整顿改进工作。”[①]此次座谈会的相关结论后经蒋经国核定为修正农会法八项原则,即:

一、对农会组织体制,采弹性规定,即以现行三级制农会为原则,“中央”主管机关得视事实需要,就市区、山地、或乡镇不良农会,调整合并为二级制。

二、现农会已经办理而农会法尚未规定的重要业务,如农会信用业务等,应增订入农会法。

三、配合加速农村建设措施,农会将来要办理的业务,如专业区经营及农业保险等,亦应增订入农会法。

四、明确规定各级农会决策机构(会员代表会、理事会)与经营管理部门(总干事及各部门)间之权责,并减少理监事人数,提高素质。

五、明确规定各级农会经营管理部门重要人员(总干事及信用部主任)候选人任用资格与选派及考核办法。

---

① “农会改制问题座谈会”,“农委会”档案,12.2—313—1147。

六、明确规定各级农会主管机关之权责，藉以有效监督农会业务及会务，并于必要时有停止理监事会职权，如改派总干事、整顿农会业务等权宜规定，以便作为整顿目前不良农会的根据。

七、规定各级农会之经营业务，应依事业种类采取联合方式，藉以提高效率，配合加速农村建设需要，并纠正以往各自为政之缺点。

八、原农会法中，与现实需要无关的规定，应一律删除[①]。

根据上述八项原则，“行政院”“修正农会法”审查小组自 1973 年 5 月 17 日起恢复审查农会法修正草案，前后历经 13 次审查会议，至 7 月 10 日全部审查完毕。同年 8 月 23 日，“行政院”第 1338 次“院”会通过该修正草案。

“行政院”所通过之农会法修正草案，“一看便知，这是依照台湾省各级农会暂行办法提出的”[②]。而这也正是此次修改农会法的基调，即以台湾农会的现实经验与需要，为农会立法的出发点。

1973 年 9 月 7 日，“行政院”将该草案提交“立法院”审议，以完成立法程序。“立法院”则交付内政、经济两委员会，自 10 月 15 日开始审查，直至次年 4 月 10 日，先后举行了 18 次联席会议；后又交“院会”讨论，先后经历第 53 会期第 12—15 次、第 17—22 次、以及第 24 次会议，至 1974 年 5 月 31 日，才三读通过农会法修正案。

“立法院”对于“行政院”提交之农会法修正草案，争议最大、也最能反映当局修法意图的地方，主要有三处：

（一）修正草案第一条：农会宗旨。

原农会法第一条规定：“农会以保障农民权益，促进农民知识技能，增加生产，改善农民生活，发展农村经济为宗旨。”而“行政院”之修正草案将“保障农民权益”予以删除，改为：“农会依互助合作原则，以增进农民经济利益，提高农民生产技术，促进农业现代化，改善农民生活，发展农村经济为宗旨。”即使与“暂行办法”规定的“农会以增进农民利益，促进农民知识技能，增加生产，改善农民生活，发展农村经济为宗旨”相比较，也更加偏重农会的经济功能[③]。对此，有“立法委员”批评：“现行农会法显示政治之意义重于经济，而此次修正案则完全

---

① 胡盛光：《农会法论》，第 138 页。

② 郑水枝，“立法院”第一届第 53 会期第 12 次“院会”纪录，1974 年 4 月 19 日，《“立法院”公报》，第 63 卷第 26 期，第 54 页。

③ 相关条文参见：“农会法审查修正案、‘行政院’修正案、现行法条文对照表”，《“立法院”公报》第 63 卷第 26 期，第 14—39 页；“改进台湾省各级农会暂行办法”（1969 年修正），胡盛光：《农会法论》，台北：大伟书局，1985 年修订版，第 215—225 页；“立法院”最后三读通过之“农会法”条文，见《“立法院”公报》第 63 卷第 38 期，第 6—20 页。

把农会组织重点放在经济上……把农会在政治意义上的精神武装完全解除了,这是一个最大的偏差,这是'行政院'此次所提出的农会法修正案一个最大的缺点"[①]。针对这一意见,行政官员坦承:"我们的本意正是如此。因为政治意义可以透过其他团体表达,而这次修正的目的,就是要农会在经济发展上担负更大的任务。"[②]"在加速农村建设之政策下,这是必要的"[③]。

修正草案对农会宗旨的更改,以及政府官员的上述表态,说明国民党政权对农会功能的认识,发生了相当大的改变,已经放弃迁台之初对农会政治功能与动员农民作用的或隐或显地坚持。这种改变一方面是基于国民党认识到"经济发展今天已成为世界各国政治建设最基本,亦最具决定性的工作"[④],因此,要以改善农民经济为手段,最终达到提高农民社会及政治地位的目的[⑤];另一方面则是基于对当时台湾农村社会矛盾的认识,即:"由于农村经济结构之改变,地主已渐消失,自耕农、佃农、雇农与地主间之摩擦已近乎没有;因此当前农民的重要问题,不是政治上的问题,而是经济上的问题。"如何改善生产技术,提高经济利益,增加农民所得,以缩短农民与从事工商业者之间的收入差距,改进农民生活,等等,才是此次"农会法"修正草案,以及《农业发展条例》所要关注的问题[⑥]。而且,当局避而不谈农会的政治功能,使农会在地方政治中的地位降低,未尝没有借此减少农会中派系纷争的意图。

但这样一种意图在"立法院"完全未获认同,除了观念上觉得农会作为农民团体,应当承担保障农民权益的因素外,也诚如台湾大学教授黄大洲所顾虑的:"除非农民的合理的权益受到适当的保障。否则单靠技术的提高和农业现代化的促进,不一定就能收到改善农民生活和发展农村经济的效果。特别是值此农业比重相对减轻,农民人数日益减少,农民政治权力相对没落的今日,如果再不给予农会保障农民权益的义务,在今后行业之间的竞争日趋激烈的情况下,农民的生活能否获得合理的保障,诚属疑问。"[⑦]因此,"立法院"最后讨论的结果,将第一条再修正为:"农会以保障农民权益,提高农民知识技能,促进农业现代

---

① 彭尔康,"立法院"内政、经济两委员会第1次联席会议纪录(以下简称联席会议纪录),1973年10月15日,《立法院修正案》,第4页。

② "经济部部长"孙运璿,同上。

③ "内政部部长"林金生,同上。

④ 《全面革新的精神、行动和准据》,《先"总统"蒋公全集》(第三册),第3008页。

⑤ 农复会主任委员沈宗瀚,第5次联席会议纪录,1973年11月8日,《"立法院"公报》第63卷第11期,第35页。

⑥ "经济部次长"杨基铨,第2次联席会议纪录,1973年10月22日,《"立法院"公报》,第63卷第3期,第11页。

⑦ 台湾大学教授黄大洲,第5次联席会议纪录,《"立法院"公报》第63卷第11期,第38页。

化，增加生产收益，改善农民生活，发展农村经济为宗旨。”

（二）修正草案第四条：农会股金。

修正草案第四条：“农会举办之事业，会员负保证责任，其保证额为认购股金之十倍。”以及与其相关的第十七条：“农会会员应向农会认购股金，股金分个人会员股金与团体会员股金二种，每一会员至少认购一股，至多不得超过股金总额百分之五。”无疑是“立法院”审查期间，争议最大、讨论时间最久的条文。

农会股金的由来，可以追溯到日据时期的信用组合（也即合作社），1949 年，台湾省政府将农会与合作社进行合并，形成后来的农会组织，原合作社的股金也一并保留了下来，未退还给原合作社员；后又于《改进台湾省各级农会暂行办法》的经费项下，做出农会会员应缴纳股金的规定。到 1971 年底，全省各级农会股金总额为新台币 45,794,619 元及临时股金共计 117,068,300 元（临时股金系在统一农贷计划下由借款人认购）。“内政部”农会法修订会议研修小组讨论股金问题时，也曾经有相当大争议，有人主张保留，有人主张废除[①]。“行政院”于审查期间，也曾经过详细讨论。最终决定保留，其出发点“为的是要使农会有充裕经费，一方面要加重会员对农会责任感”[②]。前一条是顾及到如废除股金，则一亿六千余万元新台币是否要退还会员？倘若退还，则每农会平均须退还 50 万元新台币，有些财务状况不佳的农会势必立即遭遇困难[③]。后一条所谓加重会员对农会责任感，则是希望藉由股金及保证责任，使会员对于选举会员代表与理监事采取慎重态度，从而减少农会选举中贿选行为的发生[④]。

但有关股金及会员须负保证责任的条文在“立法院”再次引起热烈讨论，反对农会有股金者认为：“农会既非公司，也非合作社，会员不宜交股金，也不必象征性地分红百分之十。”[⑤]且股金制度可能会导致整个农会的破产[⑥]。至于会员要负股金十倍之保证责任的规定，更是引起了与会者的一致反对，其理由大致如下：（一）农会是公益社团法人，则会员不应有保证责任，所以没有规定的必要[⑦]；（二）农会举办事业，经营者为总干事，监督者是理监事，会员的监督权则

---

① “中国农村复兴联合委员会”农民辅导组：《对台湾农会股金存废问题意见》，1972 年 10 月 5 日，“农委会”档案，12.2—313—1147。

② “内政部次长”高应笃，第 3 次联席会议纪录，1973 年 10 月 29 日，《“立法院”公报》，第 63 卷第 5 期，第 19 页。

③ 《对台湾农会股金存废问题意见》，“农委会”档案，12.2—313—1147。

④ 沈宗瀚，第 5 次联席会议纪录，《“立法院”公报》第 63 卷第 11 期，第 35 页。

⑤ 冷彭，第 4 次联席会议纪录，1973 年 11 月 5 日，《“立法院”公报》第 63 卷第 10 期，第 39 页。

⑥ 冷彭，第 14 次联席会议纪录，1974 年 4 月 8 日，《农会法修正案》，第 172 页。

⑦ 张文献，第 7 次联席会议纪录，1973 年 11 月 22 日，《农会法修正案》，第 72 页。

是相当间接的,由会员负十倍的保证责任,很不合理[①];(三)农会经营的种类很多,与专营合作社不同,会员与农会所办的事业不一定都有关系,因此如果发生问题,不应由所有会员来负责[②];等等。因此,参加联席会议的"立法委员"大多认为应将第四条删除,但政府与农复会的代表均认为应当迁就现状,不宜将股金废除[③]。联席会议最后折中的结果,是将该条文修改为:"农会举办之经济及金融事业,会员依其需要分别认股,并负保证责任,其保证额为所认股金之五倍。"但至"院会"讨论时,有委员认为这样的修改,在现实中很难操作,而且认为股金问题在现实当中并不成为问题,因会员一般对股金并不重视[④],因此主张恢复"行政院"修正草案的规定。

在股金存废问题以及会员应否负保证责任问题背后,最根本的其实是农会的性质问题。"行政院"修正草案第一条将"保障农民权益"删除;第四条提出股金及保证责任问题;第二章章名则将原农会法的"任务"改成"业务";在第五条中又仅作"业务或事业"方面的列举;在第十三条关于会员部分,更是由以前的要求符合条件的农民都应加入农会,改为"得加入农会为个人会员",也即在会员入会方面由从前的带强制性,改为自由加入,在在表明该草案对农会的定性已完全接近经济性合作组织,这曾经是战后台湾农会制度设计者之一——农复会的立场,所以当"内政部"拟订的草案,比照合作社法,做出股金方面的规定时,农复会方面即表示"至为正确,值得推崇"[⑤]。这样的定性有其事实上的依据,战后台湾农会即是由原农会与合作社合并而来,以其最为重要的乡镇一级农会来说,原即是合作社组织。迁台之初,国民党为了配合土地改革的推行及动员乡村社会的需要,按大陆时期对农会之定性,赋予农会政治性与社会性的功能。经过近二十年的发展之后,世易时移,国民党在台湾的统治已趋于稳固,而农会一方面所从事的工作除了政府委托工作外,即是以经济性业务为主,自1960年代中期开始,更是在农复会与台湾省农林厅的辅导下,倡导企业化经营,1969年,农会还采用新的人事制度,将员工的薪资与农会经营绩效挂钩,使农会工作重心更向经济性工作,尤其是信用部工作倾斜。另一方面,农会在地方政治中,成为派系力量的一个角力场,使国民党政权倍感困扰。在新的政经背景

---

① 邱家湖,同上,第74页。

② 黄世英,第7次联席会议纪录,1973年11月22日,《农会法修正案》,第74—75页。

③ "内政部社会司司长"黄永世;农复会农民辅导组组长杨玉昆,第17次联席会议纪录,《农会法修正案》,第172页。

④ 郑水枝,第53会期第13次"院会"纪录,1974年4月23日,《"立法院"公报》,第63卷第27期,第9页。

⑤ 《对台湾农会股金存废问题意见》,"农委会"档案,12.2—313—1147。

下，国民党政权试图从立法层面、也是从政策层面，使农会回归到单纯的经济组织之下，这既不会影响农会完成农业新政策交付的任务，对地方派系或许还能起到抑制的作用。

然而，农会毕竟还背负人民团体之名，这使这部为台湾现制农会量身打造的修正草案进入立法程序时，陷入非常尴尬的境地。“立法委员”无论是就股金存废问题，还是会员是否应强制入会、是否应以一户一人为限，以至农会宗旨等问题，所引发的争论，其根源即在于农会“人民团体之名”，与“经济合作组织”之实的反差。审查此案的大多数“立法委员”仍执着于农会作为人民团体的特质；但也有部分，尤其是出身台湾农会的“立法委员”则主张迁就台湾农会的事实。“本案在进行审查当中，可以说有二大派意见：一派认为农会是民众团体，其组织应符合民众团体的要求。另一派的说法，认为台湾农会，举世闻名，各国都派员到‘我国’考察我们农会的情形，尤其农会对于农业发展，其功更不可没。所以，这一派同仁，认为台湾农会是最好的农民组织”[①]。而在这种分歧之后，是此次修正农会法，究竟属于“全国性”立法的问题，抑或仅针对台澎地区的问题[②]。尽管大多数委员后来也认同台湾农会的特殊性：“台湾农会就是这么一种格，这么的一型，其与一般其他人民团体有所不同，而是二十多年来既存的事实，有其历史渊源，而且施行以来的效果很好，适合目前以及将来的需要，所以我们必须以特别的眼光加以讨论。”[③]但由于股金问题具有非常明显的经济组织特征，因此要让大多数“立法委员”接受该条文，仍非常困难。有“立法委员”就强调：“我们制定农会法，可以迁就若干存在的事实，但是绝对不能迁就到使农会不成其为人民团体！”[④]“立法院”最后争论以及与有关行政机关协调的结果，修正草案有关股金问题的条文一律删除，农会现有股金作为事业基金列于农会经费项下。至于会员的入会，仍然采取强制方式，即凡符合会员资格条件者，均应加入农会为会员；并仍以一户一会员为限。

（三）修正草案第二十七条：总干事遴选制度

自 1953—1954 年农会改革采用权能划分制以来，总干事渐渐成为农会当中最重要的职位，农会渐由理事长负责制，变成总干事负责制。由于总干事的

---

① 周慕文，第 53 会期第 13 次“院会”纪录，1974 年 4 月 23 日，《“立法院”公报》，第 63 卷第 27 期，第 14 页。

② 温士源，第 53 会期第 14 次“院会”纪录，1974 年 4 月 26 日，《“立法院”公报》，第 63 卷第 28 期，第 20 页。

③ 牛践初，第 9 次联席会议纪录，1973 年 12 月 6 日，《农会法修正案》，第 89 页。

④ 冷彭，第 53 会期第 13 次“院会”纪录，1974 年 4 月 23 日，《“立法院”公报》，第 63 卷第 27 期，第 11 页。

事权多，该职位的竞争就远较理事长激烈[①]。在总干事由理事会遴聘的现行制度下，总干事人选往往受到派系左右与操纵，连带着农会的运营亦受地方派系控制。在农业新政下，政府将30亿粮食平准基金交由农会办理，农业发展条例的大部分业务也要由农会执行，农会的业务非常庞大，总干事一职所负担的责任也更重于以往，其对国民党政权的意义自然更为重要[②]。为此，修改总干事产生制度，使总干事免受理监事之操纵把持，以减少农会派系纷争，即成为当局此次修正农会法的重点之一[③]。

"行政院"修正草案对总干事作出如下规定（修正草案第27条）：

一、农会置总干事一人，由中央或省（市）主管机关邀集有关机关组织小组，遴选合格人员送经农会理事会聘任之。

二、农会总干事之聘任，如于提名后一个月内未作决定者，中央或省（市）主管机关得迳行遴派合格人员代理之。

三、农会总干事之聘任与解聘，须经全体理事三分之二以上出席及出席理事三分之二以上决议行之。

四、农会总干事非有违法、失职、怠忽职务或逾越权限等危害农会之重大情事，不得任意解聘。

上述规定，使总干事一职"实际上无异是政府派任，理事会的通过不过手续而已"[④]。尽管此前对农会理监事与总干事等的人选，国民党有党内提名作业，但政党幕后提名与这种由主管机关直接提名的方式，毕竟有质的不同，修正草案因此有将农会视作政府附属机构之嫌，政府已是站在管理的立场，而非辅导的立场来对待农会组织[⑤]。配合该草案第二十八条的规定"农会总干事以外之聘任人员，由总干事聘任及指挥监督"，农会用人权完全交于总干事一人之手，不必向理事会报备；再结合修正草案第三十一条，理监事行使职权，仅限于会议时为之，总干事无异于大权独揽。而且修正草案对总干事并无任期限制，对理事会解聘总干事反倒做了种种规定，总干事只要取得三分之一的理事支持，"就可以屹立不动，而为终身职了"[⑥]。说该草案以保障总干事为主要目的，恐怕并

---

① 张灿堂，第53会期第19次"院会"纪录，1974年5月14日，《"立法院"公报》，第63卷第33期，第20页。

② "内政部社会司司长"黄永世，第15次联席会议纪录，1974年4月1日，《农会法修正案》，第150页。

③ "经济部部长孙运璿"，第1次联席会议纪录，《农会法修正案》，第4页。

④ 骆启莲，第2次联席会议纪录，《立法院公报》，第63卷第3期，第13页。

⑤ 谢深山，第15次联席会议纪录，《农会法修正案》，第149页。

⑥ 骆启莲，同上，第147页。

不过分[①]。当局如此安排，其背后的用意不难窥见：“政府只要控制总干事，即等于控制了农会”[②]。

修正草案这种近乎“官派”总干事的做法，在“立法院”引来一片反对之声，不少人认为：“这把农会简直当作了官治机构，根本破坏了农会是人民团体的本质”[③]，更有人将本条文第一、第二两项斥之为一种“不三不四”、“不伦不类”的规定[④]。联想到水利会也要改制的传闻[⑤]，有委员深感政府对人民团体有想方设法加以管制的趋势，但“现在，我们正朝向民主方向走，不宜把地方自治的民主精神破坏，而采取管理态度”[⑥]。

在反对之余，对于总干事如何产生，参与审查的委员们似乎并不能提出有价值的建议。虽有人提议由“考试院”以考试及格的方式储备人员，再由理事会从这些储备人员中聘任总干事[⑦]，但类似的做法，国民党及有关机关曾经尝试过，结果似乎并不理想[⑧]。更关键的是，法律条文的设置有时只是对现状的一种承认，第 27 条的规定在某种程度上早已付诸实施：“关于第一项，目前农会也是这么做的……第二项规定在六十天内如果还选不出来就由中央派人代理，这也是很合理的。至于由中央派人好还是由上级农会派人好，本席认为是上级农会较好。目前也是由上级农会派人来，其薪金由上级农会负责，并无不良的反应。”[⑨]因此“立法委员”们对于本条文所能做的很有限，最终只是将第一项修改

---

① 中兴大学教授李庆余，第 5 次联席会议纪录，《立法院公报》第 63 卷 11 期，第 37 页

② 骆启莲，第 53 会期第 19 次“院会纪录”，《“立法院”公报》，第 63 卷第 33 期，第 12 页。

③ 骆启莲，第 2 次联席会议纪录，《“立法院”公报》，第 63 卷第 3 期，第 13 页。

④ 梁许春菊，第 53 会期第 19 次“院会”纪录，1974 年 5 月 14 日，《“立法院”公报》，第 63 卷第 33 期，第 15 页。

⑤ 根据 1974 年 9 月公布之《台湾省加速农村建设时期健全农田水利会实施要点》，从 1975 年 1 月起，农田水利会会长由台湾省府派任。

⑥ 吴基福，第三次联席会议纪录，《“立法院”公报》，第 63 卷第 5 期，第 17 页。

⑦ 吕学仪，第 15 次联席会议纪录，《农会法修正案》，第 149 页。

⑧ 国民党中央曾制定“加强农会之辅导监督与改进意见案”，其中计划改进项目之一为：“农会总干事之人选，今后应由省主管机关招考大专农业科系毕业之青年优秀人才作有计划储训，推荐各级农会任用，以提高素质，摆脱地方派系之控制。”但本项目的主办方农林厅方面表示“过去曾办类似训练，未奏大效”，仅表示从 1970 年 4 月开始招考储训大专毕业生，分配到农会任企划专员，以作为农会总干事的储备人才。（参见“准送对于加强农会之辅导监督与改进意见案执行进度尚待完成各项工作检查意见一案，复请查照”，台湾省农林厅厅长张训舜致中国国民党中央委员会第五组农从践字第 5592 号函副本，1970 年 3 月 18 日，“农委会”档案，12.2—313—1147。）但这项工作并不顺利，农林厅招训的大专学生，往往因在都市找到待遇更高的职位，而离开农会。（参见农林厅书面答复省议员张郭秀霞质询，《台湾省议会公报》第 30 卷第 7 期，1974 年，第 365 页。）

⑨ 郑水枝，第 53 会期第 19 次会议，1974 年 5 月 14 日，《“立法院”公报》，第 63 卷第 33 期，第 23 页。

为:“农会置总干事一人,由理事会就中央或省(市)主管机关遴选之合格人员中聘任之。”使其看起来不至于“官派”色彩那么明显,实质上却并没有什么改变,因为其后的实施中存在众多农会只有一个待聘人选的情况,理事会其实并无多大的选择余地;第二项则将原规定的由中央或省(市)主管机关派代,改成由上级农会派代:“总干事之聘任,应于理事会成立后六十天内为之;逾时仍未能产生时,得由上级农会迳行遴派合格人员代理。全国或省(市)农会总干事,得由中央主管机关遴派合格人员代理之。”第三项保留原文字不动,第四项则予以删除。

从“立法委员”对农会法修正草案相关条文的批评、争论,以及行政机关列席人员的简单回应,可以看出当局此次修正农会法有两大重点:一是关于农会的职能。一方面强化农会的经济功能,以应对农业新政及农业现代化的要求;另一方面,通过弱化农会的政治功能,并规定总干事及各级聘用职员必须专任,来减少农会受地方政治干扰的机会。当局的另一个重点,是进一步扩充总干事的权力,使其在农会中大权独揽,同时运用近乎官派的总干事遴选制度,使当局通过控制总干事,进而控制整个农会。而在这两大重点背后,显示出当局此次修正农会法的主要意图,一方面最直接的动机是配合农业新政,另一方面则是为了应对农会中的派系纷争。

应该说,“行政院”通过的修正草案更贴近当局修改农会法的政策原意,而“立法院”审查通过的农会法,虽然大部分仅限于文字上的修正,对修正草案实质上的改变不大,但在某些地方仍使当局的立法意图稍打折扣,最典型的就是有关农会的性质,“行政院”的草案将农会视为经济合作组织,而“立法院”在审查该草案时,仍秉持为人民团体立法的立场,在农会的任务中重新加入“保障农民权益”的规定,又将股金制度予以废除,使台湾农会仍然保留其“非驴非马”、“亦驴亦马”的复杂形象,在定性问题上一直处于比较含混的境地,尽管在事实上,农会日益向经济业务倾斜,在1970年代末、1980年代初即呈现出过分偏重经济业务的特点①。而当局修改农会法的重心之一:总干事遴选制度的变化,使这一问题进一步复杂化,社会舆论因而多有这样的观感:“新农会法实施之后,农会成为三不像:既不像政府之附属机构,又不像纯粹人民团体组织,也不像公法人制度。因为属人民团体,则其一切包括总干事及理事长,均由其会员自己解决;但现在政府参与农会总干事提名,已失人民团体的本质;如说是政府的附属机构,更不像,政府也没去管他,让他自生自灭,只是政府管制其人事问题,这

① 蔡友土转述“经济部次长”张训舜的话,“立法院”第一届第66会期“内政、经济两委员会”第一次联席会议纪录,1981年1月8日,《农会法修正案》第433页。

非常不合理。”[①]但这也正如出身农会的“立法委员”郑水枝所说，台湾的农会就是一个特殊的团体，“即它兼有人民团体、合作社及公司企业的性质。再进一步说，它在组织上虽不是政府组织，但实质上它有政府附属机构的性质，因其所办的很多业务，都是政府应办的”，也因此，此次农会法的修正是一个特别法，不是可以按照一般人民团体原则去衡量的[②]。

“立法院”三读通过之新农会法，于 1974 年 6 月 12 日由蒋介石签署“总统令”公布实施，农会法修正工作至此告一段落。

## 三　新农会法下的首次农会合并与改选

修正后的农会法（以下简称新农会法）对现行台湾农会体制的影响，大致有以下几个方面：

一、关于组织体制方面：

对农会体制采弹性规定，对于条件较差，基础薄弱、经营不善、业务不振，或地方派系纠纷严重的农会，得视事实需要予以合并调整。同时规定各级农会得在其组织区域内设立办事处，使将来合并后之乡、镇农会，可以办事处名义实际经营各项业务。

二、关于会员资格方面：

为了针对农村中兼业农户越来越多，农民农业收入占个人总收入很难达到 1/2 以上的客观现实，新农会法对于正式会员的资格有所放宽，除仍维持原农会法第十三条各款之规定外，仅增订“实际从事农业”的要求。此外，又增加农业合作组织得为农会之团体赞助会员，藉以结合其他农业团体。

三、关于举办业务方面：

新农会法为了让农会所办的业务均有法律依据，对于农会业务采取列举方式。并规定各级农会可依其事业之种类，出资组织共同经营机构，藉以提高效率，以免各自为政。

四、关于职员设置方面：

对于农会所置职员，新农会法与“暂行办法”规定大致相同，但为了减少派系纠纷对农会的影响，加强政府对农会的控制，以及提高农会职员素质，明确规

---

① 省议员洪木村在台湾省议会第五届第五次大会上的质询，《台湾省议会公报》第 32 卷第 19 期，1975 年，第 1330 页。

② 郑水枝，第 53 会期第 14 次会议，1974 年 4 月 26 日，《“立法院”公报》，第 63 卷第 28 期，第 7 页。

定理、监事应具之资格条件，对候选人采取选举前登记审查制度，同时限制连选连任的次数与比例，以防止少数人操纵把持之弊。至于聘任职员，总干事改由中央或省（市）主管机关遴选合格人员，送经理事会决议通过后聘任；其他职员则由总干事自省（市）农会统一考训之合格人员中遴聘；所有各级聘任职员均须专任，不得兼营工商业，或其他有给职务，或担任各级民意代表。

五、关于权能划分方面：

新农会法明定理、监事会行使职权的方式，为仅于开会期间为之；同时规定总干事执行业务时，如对农会造成损害，应负赔偿责任等。

六、关于监督管理方面：

新农会法增加了主管机关对“人”的监督，即主管机关对违反规定的理、监事或总干事，可以命予停止其职权或解除其职务，以资改进。另外，对于经营不善的农会，规定得予“整理”，以维护会员权益。为了建立有系统的自行监督，新农会法又规定下级农会应受上级农会之监督与稽核，以协助主管机关实施监督①。

在上述影响中，又以农会合并与总干事遴选制度变化最为突出。为了观察新农会法对农会体制的实际影响，以下将通过农会法修正颁布后的首次农会合并与改选过程来观察之。

台湾省各级农会第七届选任人员的任期，原本应于 1973 年底或 1974 年初次第届满并应予改选，但当局为了配合农会法的修正，将此次农会改选延期至新农会法颁布后，再予进行。1974 年 7 月 27 日，“内政部”以台内社字第 584402 号令公布了《农会法施行细则》，又于次年 1 月 10 日，以台内社字第 621313 号令予以修正，农会合并与改选工作开始提上日程。

首先，关于农会合并问题，《农会法施行细则》（以下简称“施行细则”）做了如下之规定：

（一）关于同一县（市）之乡、镇（市）、区农会合并于县（市）农会：

1. 省辖市之区农会，合并于市农会。

2. 全县农业条件不足，或会员人数较少的乡、镇（市）农会全部合并于县农会。

3. 由乡、镇（市）、区农会合并组织之县（市）农会，以被合并的各农会会员为会员。此条规定，使合并而成的县（市）农会与三级制下的县（市）农会不同，前者以农民个人会员为会员，后者则以下属之乡、镇（市）、区农会为团体会员。

（二）若干乡、镇（市）农会合并组织一个农会：

1. 农业条件不足，或会员人数较少之乡、镇（市）农会，与邻近之乡、镇（市）

---

① 《农会法修正草案修正要旨总说明》，“立法院”第一届第 53 会期第 12 次会议，1974 年 4 月 19 日，《“立法院”公报》第 63 卷第 26 期，第 40—41 页。

农会合并。

2. 工业发达或都市发展而农业日趋萎缩之乡、镇(市)农会,与邻近的乡、镇农会合并。

3. 在同一农业生产专业区域内的乡、镇(市)农会,可以根据农业发展需要,予以合并①。

然而,农会合并工作一开始并不顺利,因为这涉及到方方面面的利益,而且台湾的农会大多有几十年的历史,“保存祖业之观念深入民心,纵属经济条件不足生存困难之小农会,地方上亦不愿将其合并于其他地区农会”②。为此,当局决定对农会的合并,采取缓进的方式,除了对省辖市的区农会,硬性规定其一律合并于市农会外,对其他地区农会,采取说服方式,由地方主管机关会同有关机关劝导其合并③。台湾省农林厅方面在答复省议员反对农会合并的质询时,也表示农会合并的基本原则,是主管机关首先要加强辅导,“能够辅导好的不必合并,除非万不得已才合并”;但有些农会因为天然条件差,会员人数少,不论如何辅导,组织一所农会条件可能还是不够的,则要予以合并,“但合并之时,本厅定会审查处理,绝非随便合并;本厅将每所农会做考虑并尊重地方意见,不希望因合并反而使农会变坏”④。

基于上述考虑,“内政部”拟订了《台湾省各级农会合并方案》,并于 1975 年 3 月 21 日,以台内社字第 628806 号函予以公布。该方案对要合并的农会,除“施行细则”规定的两种情形外,又增加两条:其一,山地乡农会因农业环境特殊,得依其意愿合并于邻近之农会;其二,其他依事实需要得合并之农会⑤。另外,为了回应一般社会舆论对农会合并的一些疑问,该方案又做了如下规定:实施合并农会的原有聘任职员,由合并后的农会依学历及服务成绩尽量留用,其余人员由主管机关辅导农会予以裁遣;原农会在合并前的权利、义务及对外已签定的合约,一概由合并后的农会继承;凡实施合并的农会,对其资产、债务要分别进行清理和重估,然后再移交合并后的农会,至于在清理与重估后发现资产与负债不能平衡的合并前农会,专案报请省(市)政府,视其需要,核定由有关行库酌拨长期低利资金,交由合并后的农会运用;合并后的农会,其营运资金短

---

① 《农会法施行细则》,《农会法规汇编》,台北:“内政部社会司”编印,1976 年,第 14—15 页。

② 胡盛光:《农会法论》,第 144 页。

③ 同上。

④ 台湾省农林厅厅长张训舜在台湾省议会第五届第四次大会上答复省议员郭吴合巧的质询,《台湾省议会公报》第 31 卷第 13 期,1974 年,第 849 页。

⑤ 《台湾省各级农会合并方案》,《农会法规汇编》,第 153 页。

绌时,由主管机关辅导向农业行库申请贷款,等等[①]。

农会合并方案由“中央”主管机关邀请有关单位组成策划督导小组,负责策划督导事宜;又由省主管机关邀请有关单位组成执行小组,负责合并工作的推行。按该方案,此次台湾地区共计合并农会57单位,除台北市大安区农会和古亭区农会分别与中山区农会和双园区农会合并外,台湾省合并55单位,含平地农会32个、山地农会23个,另外又撤销分会2处[②],其具体情形如下表(参见表9—1):

**表9—1 台湾地区合并农会名单**

| 区域别 | 应予合并农会 | 承受合并农会 | 备　注 |
|---|---|---|---|
| 台北市 | 大安区农会 | 中山区农会 | |
| | 古亭区农会 | 双园区农会 | |
| 台湾省台北县 | 贡寮乡农会 | 瑞芳镇农会 | |
| | 双溪乡农会 | 瑞芳镇农会 | |
| | 万里乡农会 | 金山乡农会 | |
| | 平溪乡农会 | 深坑乡农会 | |
| | 石碇乡农会 | 深坑乡农会 | |
| | 乌来乡农会 | 新店镇农会 | |
| 新竹县 | 尖石乡农会 | 横山乡农会 | 山地乡 |
| | 五峰乡农会 | 竹东镇农会 | 山地乡 |
| | 关西镇农会石光分会 | | 石光分会撤销 |
| 苗栗县 | 泰安乡农会 | 大湖乡农会 | 山地乡 |
| 高雄县 | 桃源乡农会 | 甲仙乡农会 | 山地乡 |
| | 三民乡农会 | 甲仙乡农会 | 山地乡 |
| | 牡丹乡农会 | 车城乡农会 | 山地乡 |
| 屏东县 | 春日乡农会 | 枋寮乡农会 | 山地乡 |
| | 来义乡农会 | 万峦乡农会 | 山地乡 |
| | 泰武乡农会 | 万峦乡农会 | 山地乡 |
| | 狮子乡农会 | 枋山乡农会 | 山地乡 |
| | 瑞家、三地、雾台联合农会 | 内埔乡农会 | 山地乡 |

① 《台湾省各级农会合并方案》,《农会法规汇编》,第154页。

② 参见《台湾省各级农会合并方案》,《农会法规汇编》第156—162页。

续表

| 区域别 | 应予合并农会 | 承受合并农会 | 备　　注 |
| --- | --- | --- | --- |
| 台东县 | 金峰乡农会 | 太麻里乡农会 | 山地乡 |
| | 达仁乡农会 | 太麻里乡农会 | 山地乡 |
| | 大武乡农会 | 太麻里乡农会 | |
| | 绿岛乡农会 | 台东镇农会 | 山地乡 |
| | 兰屿乡农会 | 台东镇农会 | 山地乡 |
| | 卑南乡农会 | 台东镇农会 | |
| | 延平乡农会 | 鹿野乡农会 | 山地乡 |
| | 海瑞乡农会 | 分别并于关山及池上农会 | 山地乡 |
| 花莲县 | 万荣乡农会 | 凤林镇农会 | 山地乡 |
| | 卓越乡农会 | 玉里镇农会 | |
| | 丰滨乡农会 | 光复乡农会 | 山地乡 |
| | 秀林乡农会 | 新城乡农会 | 山地乡 |
| 宜兰县 | 大同乡农会 | 三星乡农会 | 山地乡 |
| | 南澳乡农会 | 苏澳镇农会 | 山地乡 |
| 澎湖县 | 马公镇农会 | 澎湖县农会 | |
| | 湖西乡农会 | | |
| | 白沙乡农会 | | |
| | 西屿乡农会 | | |
| | 望安乡农会 | | |
| | 七美乡农会 | | |
| 基隆市 | 安乐区农会 | 基隆市农会 | |
| | 七堵区农会 | | |
| 台中市 | 东区农会 | 台中市农会 | |
| | 西区农会 | | |
| | 南区农会 | | |
| | 北区农会 | | |
| | 南屯区农会 | | |
| | 西屯区农会 | | |
| | 北屯区农会 | | |
| | 四民分会 | | 撤销 |

续表

| 区域别 | 应予合并农会 | 承受合并农会 | 备注 |
|---|---|---|---|
| 台南市 | 安南区农会 | 台南市农会 | 合并后之市农会会址移于安南区农会 |
| | 南东北区联合农会 | | |
| 高雄市 | 三民区农会 | 高雄市农会 | |
| | 左营区农会 | | |
| | 楠梓区农会 | | |
| | 新与区农会 | | |
| | 鼓山区农会 | | |
| | 苓雅区农会 | | |
| | 前镇区农会 | | |

资料来源:《台湾地区合并农会名单》,《农会法规汇编》,台北:"内政部社会司"编印,1976年,第156—162页,改制而成。

农会合并,在台湾历史上事属创举,但因经验不足,法规制定尚欠周全,使此次的合并工作留下不少缺憾。有省议员指出,合并之后,对于合并前亏损农会的财务处理,有关机关并没有真正解决①。因此,此次农会合并,很多只是按照进度,在名义上达成合并及会籍移转,有些经济条件不足的农会之合并,由于无法负担累积亏损,一直没有办理财产移转,"为此次办理农会合并工作最感困扰亦最严重之缺点"②。经过此次合并,台湾省农会总数由以前的349单位减为294单位;除省农会1单位,县市农会20单位不变外,乡(镇、市、区)农会数由以前的328单位,减少为273单位,其中山地农会由以前的28单位,在合并后仅余5单位。而在20个县市农会中,澎湖县农会和基隆、台中、台南及高雄四个省辖市农会,变为省农会——县市农会二级制下的基层农会。从被合并的农会情形来看,在台湾省被合并的55单位中,大多属于客观条件较差的农会,如澎湖县6单位,4个省辖市所属的18个区农会,以及23个山地农会,因其他原因而被合并的农会为数甚微,这表明当初的立法意图之一,欲借农会合并来遏制农会派系纷争的打算,在现实当中阻碍很大,甚难操作。

为配合农会法及其施行细则,农会改选延至1975年初开始办理,改选工作所依据的法规,除农会法的相关规定外,"施行细则"有关理监事与总干事的资

① 省议员陈天锡在台湾省议会第五届第六次大会上的质询,《台湾省议会公报》第33卷第12期,1975年,第778页

② 胡盛光:《农会法论》,第149页。

格规定,也值得注意。

"施行细则"有关理监事的规定包括三个方面:

(一) 理监事的资格问题:施行细则为实践修正农会法时,有关方面提出的提高理监事素质的原则,原规定理监事必须国民中学以上学校毕业,且入会满四年以上。对于前项学历的要求,虽然有规定偏僻地区经省(市)主管机关核准的,不在此限,但各方还是觉得这样的条件难以实现:"我们现在台湾农村,真正留在农村工作的是五十岁以上的人占了百分之五十,这些人真正国中以上毕业的,可以说微乎其微,寥寥无几;据省农会的统计,全省勉强只有三分之二的候选人可以凑足,有三分之一以上的农会,现在根本找不到有理监事候选人资格的人。"①不得已,当局将理监事的学历规定降到国小,规定理监事需满足以下两个条件:其一,国民中学以上学校毕业,或国民小学毕业并曾任农会理、监事四年以上;其二,入会满二年以上。该项规定显然给予那些曾任理监事者以优待。

(二) 理监事候选人资格审查问题:按修正后的农会法,理监事必须于选举前办理候选人登记,至于候选人之资格审查,"行政院"通过的修正草案原规定由主管机关来进行,但"立法院"因此规定有违人民团体的自治原则,将由主管机关审查这点删除,希望于施行细则中再做详细规定。"内政部"出台之施行细则集合各方意见,折中规定理监事候选人的资格审查由下列人员组成审查小组办理:其一,农会理事长、常务监事和总干事;其二,上级农会指派的代表一人;其三,主管机关聘请的人员二到三人。施行细则的这一规定,不仅使主管机关仍然可以掌控理监事人选,而且让总干事参与审查这些未来可能成为其"东家"的理监事,是颇耐人寻味的。

(三) 理事长的权限问题:"行政院"的修正草案,将理事长、常务监事亦包括在一般理监事之内,均规定其行使权力仅限于会议时为之,因"立法院"中的"理事长派"强烈反对,认为理事长应在平时代行理事会的职权,而另一派代表总干事说话,认为理事长不应具有任何权力,农会业务的执行应由总干事负完全责任,最后协商、折中的结果,要求于施行细则中规定理事会不开会时,由理事长督导理事会决议案之执行,使理事长既不至于太过"有名无实",亦不至于权力伸张到影响农会所实行的总干事负责制②。另外,基于类似的考虑,施行细则对常务监事的职权也做了规定,即当监事会不开会时,由常务监事行使稽查之权。

---

① 省议员施金协在台湾省议会第五届第四次大会上的质询,《台湾省议会公报》第31卷13期,1974年,第842页。

② 吴延环,"立法院"第一届第53会期第22次会议,1974年5月24日,《立法院公报》,第63卷第36期,第9页。

对于总干事,"施行细则"首先规定必须具备下列资格之一:

(一)大学、独立学院以上学校毕业或高考及格,并曾任机关、学校或农业、金融机构或农民团体相当荐任职职务三年以上。

(二)专科以上学校毕业,并曾任机关、学校或农业、金融机构或农民团体相当荐任职职务五年以上。

(三)高中、高职毕业或普考及格,并曾任机关、学校或农业、金融机构或农民团体相当荐任职职务七年以上。

同时,"施行细则"还规定新进总干事的年龄不得超过55岁。但对于现任的总干事,对其学历的规定则有所放宽,而年龄问题,在实际操作中也同样不那么严格。至于总干事合格人员的遴选,"施行细则"规定,由"中央"或省(市)主管机关邀集有关单位组成小组来进行。

由于总干事遴选问题是此次农会法修正的重中之重,因此,有关机关为慎重起见,在施行细则相关规定的基础上,又专门研拟了《台湾地区农会总干事遴选方案》,于1975年3月21日公布,该方案对总干事资格又做了如下限制,即有下列情形之一者,不得参加总干事之报名登记:

1. 曾犯内乱外患罪,经判决确定者。
2. 褫夺公权或受破产宣告尚未复权者。
3. 受禁治产宣告尚未撤销者。
4. 曾犯贪污、侵占、诈欺、背信罪,经判决确定者。
5. 曾因危害农会行为,经主管机关处分、命令改选或解聘者。
6. 亏欠或代人担保向农会贷款逾期尚未清还者。
7. 刑事诉讼程序实施中被羁押者。

同时,对总干事遴选的具体步骤、执行单位等,亦做了较为细致的规定①。

农会改选工作,依序先为村里农事小组,次为基层农会,县农会,最后为省农会。至于选举之种类,则包括农事小组长、副组长,各级农会会员代表、理事、监事、理事长、常务监事等。为便利各项工作之推进,台湾省政府首先组成农会改选工作筹备小组和农会总干事遴选小组,前者聘请农复会、省党部、省政府秘书处、省府法规委员会、台湾省农会等单位派员担任委员;后者则由农复会、省党部、省政府秘书处、财政厅、粮食局、土地银行、合作金库等单位派员担任委员②。

农会改选第一步为会员资格清查,自1975年1月7日开始,至3月7日完

① 《台湾地区农会总干事遴选方案》,《农会法规汇编》,第141—143页。

② 农林厅厅长张训舜在台湾省议会第五届第六次大会上的工作报告(1975年9月16日),《台湾省议会公报》第33卷第3期,1975年,第101页。

成。会员资格审查原由理事会初审，主管机关复审，此次改选复审工作亦由理事会办理，主管机关派员监督指导。由于新农会法将会员资格放宽，原为兼业农户的赞助会员多晋升为会员，所以审查的结果，赞助会员的比例大为降低，由之前的30%降为23.8%。

农事小组组长、副组长及基层农会会员代表的选举，以前是以会员大会的形式进行选举，此次改选，因农事小组会员人数太多，不易集会，又为了避免地方派系有机会操纵选举，将选举形式改为不集会的普选方式，划分选区设置投票所，由小组会员依无记名单记法投票选举。但因为相关法规均未对会员代表及小组长、副组长候选人登记做出规定，为避免选票分散，无法产生应选名额起见，经规定依《人民团体选举罢免办法》第三十八条，采自由登记方式，由理事会决议提候选人参考名单，供选举人参考。该项选举工作自 1975 年 3 月 14 日开始，共计产生农事小组长及副组长各 4,696 人，会员代表 14,555 人。

理、监事候选人登记工作自 1975 年 3 月 12 日公告办理，各农会均于 3 月 26 日组成理监事候选人资格审查小组，进行审查工作，至 5 月 5 日完成审查并予公告，到 6 月 22 日前，各农会均召开会员代表大会，完成理监事选举工作。理监事选出后，由原任理监事召集会议，选举产生理事长及常务监事。此次改选中的各级农会选任人员的选举工作次第完成[①]。

总干事之遴选工作，是此次农会改选的重点。根据《台湾地区农会总干事遴选方案》，农会总干事遴选工作大致分为两个阶段：一为总干事登记及资格审查；一为总干事遴选介聘。

总干事登记及资格审查工作，在县市及乡镇(市)农会部分，由符合“施行细则”及“总干事遴选方案”规定资格条件者，向县市政府报名登记，经县市政府初审后，送省主管机关复审，然后报至“中央”主管机关“内政部”核定。共计报名登记者 941 人，其中现任 326 人，非现任 618 人；经省方复审后转送“内政部”核定合格者 859 人，不合格者 59 人。省农会部分，由省农林厅受理登记者 13 人，均经初审通过，报送“内政部”核定合格者 12 人。

在“内政部”核定登记合格的原任总干事中，经省遴选小组核定成绩优良、可以续任的有 215 人，也就是说有 215 个单位以原任总干事为候聘人。真正出缺者为 78 个单位农会，由省遴选小组与“内政部”核定合格者举行面谈后，综合评分选出 86 人，除 7 单位遴选 2—3 人外，其他均为遴选 1 人。省农会总干事，则由“内政部”遴选出 2 人。以上遴选出的总干事人选，送各农会理事会选聘结

① 以上选举过程参见胡盛光：《农会法论》，第 145—147 页。

果,在全省294单位农会中,有273单位的总干事,获农会理事会通过,其余单位农会,按农会法的规定,在理事会成立60天后尚未获得通过的,则由县农会就农林厅遴选出的总干事,径行派代。截至1975年9月10日,尚有20单位农会的总干事,为上级农会所派代[①]。此次聘定总干事的学历,较之前届有所提高,其中大学程度者为17.3%,专科为0.92%,高中为58.3%,国中为10.2%,国小仅0.51%[②]。

此次农会总干事遴选工作,为社会舆论所诟病的是,在全省294单位农会中,仅有7单位遴选2—3人,其他均是仅遴选1人,理事会根本没有选择的余地。当修改后的农会法规定,总干事由主管机关遴选合格人选时,即有人质疑这种方式是在开民主政治的倒车,违背了农民团体组织办法[③],而当局尚辩白,理事会并不是非聘用"中央"或省市指派的人员不可,"而是我们遴选若干合格人员,由农会聘任",也就是理事会虽不能百分之百决定总干事人选,但至少还有一定的选择余地[④]。但此次改选这样的结果,无疑是对当初这种辩白的一大讽刺。而且农会理事不仅没有选择总干事的自由,也没有为其不接受的总干事不提供财产担保的自由,因其一旦不对选聘或派代的总干事提供财产担保,当局可以引用农会法第46条:"有严重危害农会情事,解除其职务。"[⑤]同时,如果当局派代的总干事,使农会发生亏损情形,农会理事也仍然得负赔偿责任[⑥]。

由于此次改选中有20余农会的总干事未能获得理事会通过,而且直到1977年,仍然有11个乡镇农会总干事是派代而非遴聘,暴露出新的总干事遴聘制度有其不健全的地方[⑦]。为此,1981年,当局再次对农会法做了部分修正,将原条文中农会总干事的聘任与解聘都须经全体理事三分之二以上决议行之,改为"农会总干事之聘任,须经全体理事二分之一以上之决议行之,其解聘须经全

---

① 以上参见农林厅厅长张训舜在台湾省议会第五届第六次大会上的工作报告,《台湾省议会公报》第33卷第3期,第101—102页。

② 农林厅厅长张训舜在台湾省议会第五届第七次大会上的工作报告(1976年3月31日),《台湾省议会公报》第34卷3期,1976年,第164页。

③ 省议员余陈月瑛在台湾省议会第五届第四次大会上的质询,《台湾省议会公报》第31卷第13期,1974年,第825页。

④ 农林厅厅长张训舜答复余陈月瑛质询,同上,第826页。

⑤ 省议员张贤东在台湾省议会第五届第六次大会上的质询,《台湾省议会公报》第33卷第12期,1975年,第793页。

⑥ 农林厅厅长张训舜答复省议员许信良质询,同上,第795页。

⑦ 这11个乡镇农会是苗栗县后龙镇,南投县草屯镇,彰化县彰化市,云林县莿桐乡、二仑乡、仑背乡,嘉义县民雄乡、义竹乡,屏东县枋寮乡。参见省议员白权在台湾省议会第五届第十次大会上的质询,《台湾省议会公报》第37卷第13期,1977年,第834页。

体理事三分之二以上之决议行之”。以使政府遴选合格的总干事能顺利地获得理事会聘任，“减少地方派系少数票杯葛影响。又可避免因地方派系不和，轻易解聘总干事，可使农会业务正常发展”。同时，规定派代总干事之派代期间，至新任总干事依法聘任为止①。总干事遴聘制度的这一修改，无疑使原本就无任期限制的总干事，在农会中的地位更加牢固，而政府主管机关对总干事人选的掌握，也更加有效。

当局当初决定修改农会法的一个很重要的动机，是要针对农会中不健全的地方，最典型的是派系困扰问题，从立法层面加以整顿。但就此次农会改选的情形来看，新农会法对农会中派系活动的遏制还很有限。贿选的情形仍有发生，对选举会员代表一张票 2000 元的传言，农林厅也承认是事实②。改选之后，也仍然有部分农会，因为派系纷争，愈演愈烈，形成水火不能相容，彼此不能和睦相处，纷争无法化解，最终严重影响会务的发展③。而国民党当局对地方派系的真正态度，从下面的这段话中或许可以瞧出些端倪：“对于农会派系的问题，本席的看法是有派系并无关紧要，但对业务的推行不得有所偏差，也就是虽然有了派系，对于业务处理应就事论事，应做之事就应做，不应做的还是不能做……”④

## 四 修改农会法的影响

1973—1974 年的农会法修正，是当局在新的政经环境下，结合台湾农会的现实需求，从立法层面对台湾农会的一些事实，如多种业务经营，予以承认；同时，对其中存在的问题，如派系干扰等，试图进行调控。对此次农会法修正的意义所在，时任台湾省农林厅厅长的张训舜曾指出有三个方面：

（一）农业条件不足或基础薄弱经营困难之农会可以合并。

（二）农会聘用总干事应就主管机关遴选之合格人员中遴聘。

① “经济部次长”张训舜，“立法院”第一届第 66 会期“内政、经济两委员会”第 1 次联席会议纪录，1981 年 1 月 8 日，《农会法修正案》，第 432—433 页。

② 农林厅厅长张训舜在台湾省议会第五届第五次大会上答复省议员董锦树质询，《台湾省议会公报》第 32 卷第 13 期，1975 年，第 774 页

③ 省议员谢许英在台湾省议会第五届第十次大会上的质询，《台湾省议会公报》第 37 卷第 10 期，1977 年，第 622 页。

④ 农林厅厅长张训舜答复谢许英质询，同上，第 623 页。

(三) 各级农会可以组织联营机构,以加强经营能力[①]。

就第一点来说,修改后的农会法规定,"中央"主管机关可以根据事实需要,命令同一县(市)之乡、镇(市)、区农会合并于县(市)农会,或若干乡、镇(市)、区农会合并组织一个农会,即采取三级农会与二级农会并行体制。修正农会法之前,所以有改三级制农会与二级制农会之议,主要是为了虚化派系纠纷最为严重的乡镇级农会,将农会之干部交由县市农会派任,以减少派系纠纷[②];以及应对如澎湖、山地地区因条件较差和一些都市地区因农业人口减少、相关业务量过少等,而造成的农会难以运营问题。但因涉及面太广,最终折中为这种弹性体制规定。从新农会法颁布后的首次合并结果来看,主要合并的都是客观条件不足的农会,如直辖市的区农会、澎湖县的乡镇农会以及山地农会,真正因为派系纠纷,而被合并的农会数量很少。从合并后农会的运营来看,多数农会业务经营较合并前好,但多偏重于信用、供销业务的加强,所以财务结构虽较为健全,但对服务农民的推广工作,则多以经费无着落、人力不足为由,较为轻忽,合并后山地乡农会推广工作几乎停顿,即为例证[③]。不过重赢利、轻服务,非独合并农会如此,当时的大环境、大趋势恐怕就是这样。自此次大规模的农会合并之后,农会合并情况并不多见。所以农会合并虽是农会组织体例上的一次大变动,但就其对农会后续发展的影响来看,并不如预期的那么深远。

至于第三点,涉及到农会经营方式的变化。各级农会可以组织联营机构的规定,是自 20 世纪 60 年代中期以来农会企业化经营思路的延续,目的应是在农业市场化、商品化程度日益加深的背景下,使农会在业务经营方面与商业机构的竞争能力得到提升。

第二点是此次农会法修正的一大重心。通过此次农会法的修正,当局一方面延续了第一次农会制度改革以来"褒"总干事而"贬"理事长的路线,总干事成为农会最重要的人物,独揽人事及经营权;理事长的权限,虽经"立法院"审议期间,有所修正,不再与其他理监事一样,被明文规定仅限于会议期间行使职权,但也仅增加其督导理事会决议案执行的权力,自己本身没有任何权力。除削减理事长的职权外,修正后的农会法还通过减少理监事人数及限制其连任等方式,保障总干事的权力集中。另一方面,采用新的总干事遴聘制度,由主管机关遴选合格人员,"推介"理事会聘用;如理事会过期未聘用,则由上级农会或主管

---

① 农林厅厅长张训舜在台湾省议会第五届第四次大会上的工作报告(1974 年 9 月 24 日),《台湾省议会公报》第 31 卷第 4 期,第 268 页。

② 胡盛光:《农会法论》,第 136 页。

③ 廖正宏、陈昭郎、高毓秀:《农民对农会合并措施之反应》,台湾大学农业推广学研究所编印:《农业推广学报》1982 年第 6 期,第 91 页。

机关径行“派代”的方式，掌握总干事，并进而控制农会。此举虽是为了减少农会中的派系纷争，但国民党政权对一些社会团体的管理有收紧的趋势，也是不争的事实。农会法修改后，不仅总干事的人选完全由政府掌握，按规定，理监事候选人必须于选举前进行登记，由主管机关审查其资格，使理监事人选亦由政府所掌握。

当局对总干事遴选制度所做的改变，使总干事一职近乎官派，并大权独揽，但在实际执行过程中，对于地方派系的干扰并不能真正遏制，因而流弊百出。有论者指出，这一点，以及新“农会法”中废除股金的做法，是造成 1970 年代以来，农民对农会的疏离感日渐加深的主要原因[①]。从农会的后续发展来看，这两点的影响无疑更深远。总干事遴选制度的效果已如前述，而废除股金，使会员丧失对其认购股金的所有权，同时也将会员与股金有关的责任也一并废除，因而使会员与农会资金的权力义务关系完全脱节，也就是使会员对农会的认同感削弱[②]。不过废除股金的影响，更关键的还是使农会性质与功能的认定，存在互相矛盾的地方。从 1960 年代中期开始，农会运营方面的种种变化，表明农会越来越往一个经济性组织的方向发展。当局在制定农会法修正草案时，应该说是顺应了这一趋势，其对股金的种种规定，对会员入会采取非强制性的自愿方式等等，都有将农会的定性向农村合作组织靠拢的意图。但在“立法院”审查期间，因为大多数“立法委员”坚持对农会政治性功能的认识，使上述有关经济性特质与功能的规定被取消，这使修改后的农会在实际运营中，一方面朝着经济组织的方向走，更加注重赢利性工作，而轻视或疏忽非赢利性的服务会员的工作；另一方面，对于赢利的分配，又不能按纯粹的经济组织，以股息与分红的方式对会员予以回报。也就是说，农会在实际运营中向经济性、赢利性工作的偏重，影响到会员从农会获得的服务；股金制的废除，又使会员不能从农会的赢利中利益均沾。这或许才是农会又一次体制改革后，农民与农会的关系日渐疏离的真正原因。

从此次当局修改农会法的主要意图，以及农会法修改的结果来看，台湾农会依然没有摆脱自光复以来的角色定位困境。可以说战后台湾农会一直是农村经济合作组织与带有政治色彩的农民团体这两种角色的矛盾结合体，而这种角色定位背后，是国民党政权对农会功能的期待，包括其对农村基层社会的动员，对农业政策的配合，以及对地方派系的笼络与控制，等等。但随着工业化与

---

① 廖正宏、黄俊杰：《战后台湾农民价值取向的转变》，台北：联经出版事业公司，1992 年版，第 103—104 页。

② 同上。

都市化程度的日渐加深，农业在台湾整体经济中的重要性逐渐降低，农民群体也在日益萎缩，而国民党政权在经过近二十年的经营后，在台统治基础也已渐趋稳固，这使农会在社会动员及社会控制方面的重要性逐渐降低；另一方面，随着农业市场化、商品化程度的加深，农会作为经济合作组织的特性，在实际运营当中日渐突出，而这一趋势严格说来自 1960 年代中期即已开始。很显然，经过战后二十多年的发展变迁，台湾农会正在向其作为农村合作社的一面回归，而国民党政权也并不拒绝这样的回归。但长期以来的观念影响，使这种改变要通过立法形式予以确定时，仍然遇到相当大阻力，并最终有所折扣。由修正后的农会法所勾勒出的农会形象，更加显示出人民团体、合作社、公司企业，乃至政府附属机构几种气质杂糅的特点。就实际运营层面来说，它一方面仍然是地方派系的权力角力场，另一方面则日益滑向一个重赢利的经济性组织。

# 结　语

战后台湾农会的发展，有两个重要的时期：一为战后初期，该时期台湾农会经历了两次重要的改组。第一次为1949年，台湾省政当局接受农复会的建议，将农会与合作社合并，奠定农会作为战后台湾最重要的农民组织的基础，并使其初步形成政治、经济、社会、教育等多目标功能的特点。第二次为1953—1954年，迁台后的国民党在农复会的倡导以及理论、资金支持下，对农会体制进行了改造，一方面将会员区分为正式会员与赞助会员，使农会成为真正农民的农会；另一方面实行权能划分，将农会经营权交予总干事，使农会权力阶层发生重大改变。以此体制改革为契机，迁台不久的国民党得以将其力量深入农会组织，并进而使农会成为其动员与控制农民的工具。经过这两次改组，战后台湾农会在继承日据时期台湾农业会的基础上，融入农复会倡导的中立、民主精神和1949年前大陆的农会经验，形成了具有政治、经济、社会、教育等多目标功能，集农民职业团体、农村合作组织与政府附属机构等特质于一体的特殊的农民组织。

战后台湾农会发展的另一重要时期，为1960年代末至1970年代中期。该时期国民党在台湾的统治已渐趋稳定，同时台湾社会实现农工转型，农业的重要性相对降低，农业与农村面临现代化的调适问题。政经环境的改变，使国民党更多从经济角度来考虑农会问题。与此同时，农会在实际运营当中，也越来越往经济性合作组织靠拢。内外因素的结合，使国民党政权在1970年代初宣布实行农业新政后不久，着手修改“农会法”，试图将农会改造成更偏重经济的组织，并通过总干事遴选制度的变化，充分掌握总干事人选，以使其进一步加强对农会的控制。但这一改革诉求只部分得到实现，因为一般社会观念中仍将农会视为政治性的职业团体，行政机关拟订的“农会法修正草案”在立法机关审查期间，其中被删除的政治性内容，又再次回归，而足以加强农会经济性特征的股金制度，则被删除，以致经过此次改革后的台湾农会，在理论上仍维持多种组织特征混杂的“四不像”特点。

在讨论战后台湾农会体制形成与变迁以及组织特点之后，需要探讨的是，这一组织对国民党政权与农民来说，究竟有何意义？战后初期农会体制的两个设计者，无论农复会，还是国民党政权，都曾试图将农会打造成在政府与农民之间充当桥梁作用的中间组织，希望农会一方面站在政府立场上，协助各项农业政策与经建计划的推行，并成为国民党政权动员与控制农村社会的工具。另一方面站在农民立场上，服务农民，既解决农民在生产方面遇到的资金、技术和市场等问题，也能协调农民与农民之间、农民与政府之间的关系。在战后近三十年的历史中，农会究竟有无达成上述目标，与国民党政权及农民的关系如何？

## 一 关于农会与国民党政权

战后初期，国民党在改造台湾农会体制时，其主要意图就是一方面借改革之机使其力量进入农会组织，通过掌控农会来动员与控制农村基层社会；另一方面则是要改革后的农会与国民党政权站在一起，配合台湾土改的一些后续工作，以及四年经建计划中农业计划的内容。因此要考察农会对国民党政权的意义，当从这两个角度入手。

首先来看农会在政治方面对国民党政权的意义。国民党 1949 年在大陆的失败，失去农民的支持是一个很重要的原因，在这背后，土地政策未能贯彻执行固然要承担主要的责任，但农会组织的虚空以及被地主士绅所把持，无疑也要承担一定的责任。在大陆的农会经验，显然成为国民党败退台湾后“痛定思痛”的一部分，这也正是当农复会倡导农会改革时，国民党积极响应，并对农会的政治性功能不肯放弃的原因。

借着农会改革之机，国民党实际上是从党政两个角度，将其力量向农会组织延伸。就“政”的角度来说，“暂行办法”规定各级农会以行政区域为其组织区域，并受省和县市政府机关的主管与监督，这一点在 1943 年修订的农会法中已有体现，日据时期台湾农会也有类似规定，所以不算是特别之处。但战后各级政府机关对农会的影响力，和大陆时期农会与政府的关系，肯定不能同日而语。更重要的是从党的角度所做的努力，在 1953—1954 年农会改组期间，国民党通过提名以及辅选的方式，从农事小组选举会员代表开始，即掌握了农会各级选任人员以及在改革后的农会中地位突出的总干事的人选，并通过此次改组，将这种提名与辅选方式制度化，在此后的农会改选中，国民党一直以这种方式来掌握农会的选任人员及总干事。在非选举时期，国民党则透过各级农会成立的党团，进一步掌握农会的人事与组织管理以及业务经营。透过掌握农会的权力阶层，国民党等于掌握了从省、县（市）、乡（镇、区、县辖市）直至村里的一整套农会动员体系。

国民党透过农会权力阶层掌握农会动员系统的方式，使其与农会的关系很大程度上受到地方派系的影响。因为战后初期的农会改革并未将地方派系的力量完全排除在农会权力阶层之外，相反，国民党为了能顺利进入农会系统，在对地方派系打压之余，也对其采取了部分的妥协，改革后的理事长与总干事，大多仍由地方有力人士出任，即为证明。而从改革后的农会权力关系来看，国民党一方面通过加强和完善总干事制度，尽量排除派系纷争对总干事的影响，以确保国民党通过总干事一职对农会的影响力；另一方面，以农会为平台，国民党与地方派系又形成利益交换，对地方派系在农会选举中的种种作为，国民党常采取放任态度，甚且与地方派系合作，足可看出国民党与地方派系之间复杂而又矛盾的关系。随着地方派系活动越来越激烈，国民党所一力保障的总干事制度也渐有沦陷之势，且某些派系纷争引起的风波，也使政府声誉大受影响。进入 1970 年代，国民党逐渐加强了对地方派系的打压。在农会新一轮改革中，国民党曾试图从两个方面来减少地方派系对农会的干预：一是淡化农会的政治性，以降低农会在地方政治版图中的重要性；一是修改总干事遴聘制度，将总干事人选由过去的党内提名，改为直接由主管机关圈定，再供理事会聘用，由于大多数情况下，送给理事会的总干事候选人仅有一人，所以理事会的遴聘等于走过场，以此加强国民党政权对总干事的控制，减少地方派系对农会权力核心的影响。但从此次改革的结果来看，打压地方派系的目标并没有真正达到，以农会为中心舞台，国民党与地方派系仍然维持一种既依存又竞争的复杂关系。只是总干事遴聘制度的变化，以及总干事权力的加强，无疑对确保国民党对农会的掌控有利，所谓控制了总干事一人，即控制了整个农会。

农会对国民党政权的另一重意义，在于协助推行农业政策和经建计划，也即其经济方面的功能。这主要通过农会的业务部门去实现。以供销部门为例，直至 1960 年代中期，承办粮食局委托的粮食收购、仓储和加工业务以及肥料配销等业务，都是该部门最主要的工作。承办粮食局委托业务不仅为农会自身解决了经费问题，也为政府掌握粮食提供便利与节约了成本。在粮食局及其各地粮食事务所和农民之间，农会充当起桥梁的角色，构成粮政体系的基层环节。农会信用部门作为农村唯一基层农业金融机构，主要承担了调剂农村金融、融通农村资金的责任。从 1961 年在农复会辅导下办理“统一农贷”开始，农会信用业务飞速发展，存放款能力都有明显增强，对融通农村资金、加强农村投资都发挥了越来越重要的作用。农会推广部门更是在代替政府承担农业推广教育方面的部分职能，而且是在政府补助经费不多的情况下，将政府农业生产计划与农业技术改良，用各种方法向农家传播，对促进战后台湾农业生产发展，也做了大量工作。

综上所述，战后台湾农会在协助国民党政权进行政治与经济动员方面，均有积极意义。迁台不久的国民党政权能够在台湾稳定下来，并动员农民发展农业生产,拓展农产品外销以换取外汇,以及将农业剩余转移到工业部门以培植工业化,农会作为一个农民组织,可谓功不可没。

然而,随着台湾实现农工转型,农业在整体经济中的比重日益降低,如果农会在经营方面不能成功转型,仍以办理政府委托业务为主要工作,不能转而帮助农民应对工商社会的冲击并更好地适应市场和农业生产商品化的需求,则农会对国民党政权的经济意义必然受到相当大影响。政治方面,国民党虽然通过与地方派系的合作,掌握了农会权力阶层,但以国民党在基层农会会员和乡镇农会理监事、会员代表中的组织发展不容乐观来看,国民党向台湾基层社会的组织渗透仍很有限。在组织动员方面,国民党仍然沿用大陆时期依赖社会精英阶层来延展其统治的方式,这就使国民党和农会的关系很大程度上依赖于国民党与地方派系的关系。

## 二　有关农会与农民

战后台湾农会是在农复会和国民党政权主导下,自上而下打造而成,农会组织形成之初,农民处于相对被动的位置。尽管农复会与国民党都一再强调,改革后的农会是农民自己的组织,也试图在制度上保障普通农民进入农会权力阶层,但因为地方派系力量的强大和国民党政权在农会改革问题上有妥协的一面,这一点未能真正实现。而且台湾农会在日据时代就有浓厚的官办色彩,光复后国民党又强力介入农会改革,使战后的台湾农会仍然带有较强的政府干预特点。这些对农民与农会之间关系的建立有一定的负面作用。战后台湾农会仍以国民党政权在大陆颁布的《农会法》中提到的“保障农民权利”为其宗旨,但在土地改革完成后,台湾农村的主要矛盾有很大变化,地主阶级与自耕农、佃雇农的矛盾冲突已不明显,农会站在保护自耕农立场上,其主要责任不是保护农民和地主阶级对抗,而是要保护农民在农业生产与生活改善方面的进步。关于这一点,农复会和国民党政权应该说都有清醒的认识,并都很注意扶持农会举办各项业务,充实其业务内容。战后台湾农会因此和国民党在大陆时期主导的实质空虚的农会不同,拥有供销、信用和农业推广三大业务部门,并初步开始办理农业保险业务。

郭敏学的相关研究证实改革后农民对农会的认同感逐步提高,农民与农会的关系较之改革前有极大改善,而这归功于农会各项业务的举办。[①] 1960 年代

① 郭敏学:《台湾农会与会员关系》,《台湾农会发展轨迹》,第142—161页。

中期以前，农会供销部门虽以承办粮食局委托业务为其主要工作，但粮食业务的举办也使农会与农民有非常密切的接触，并在一定程度上为农民提供了便利。供销部门供运销业务、市场业务等的主办，更以团体协作的方式帮助农民应对市场，避免中间商的剥削。农会信用部是民间私人借贷之外最接近农民的金融部门，其存放款业务方便农民融通生产资金。在农会举办"统一农贷"后，因信用部贷款应用范围扩大，农民的生活资金有时也可自农会信用部获得。推广部更以服务农民为主要职志，从四健会推广、农事推广到家政推广，农会在农复会的资金与技术协助下，将农民整体纳入新式农业推广教育体系，不仅帮助农民解决生产中出现的问题，更帮助农民改善生活环境，提高生活水平，对促进台湾农村经济繁荣和生活方式现代化，有积极的贡献。

然而，改革后的农会在业务运营方面也存在不少问题，如供销部门过于偏重粮食局委托业务，对能够服务农民的共同运销等自营业务重视不够，在面对商人竞争时，往往不够积极争取和灵活应对。又如信用部门，在统一农贷举办后，信用业务快速发展，信用部门因此成为农会最重要的部门，农会主办人员对信用部门的重视也超过了其他部门。加上信用部盈余提拨比例减少，农业推广部门的经费受到影响。农会经费安排方面，将供销部门和信用部门的盈余提拨作为推广部门的重要收入来源，虽是战后台湾农会的一大特色，却也可能成为制约推广业务举办的一个制度性因素。1960 年代末，为适应农工转型的新环境，加强农会业务能力，农复会帮助农会改变业务经营方式，实行企业化经营，将农会职员的薪金与农会经营绩效挂钩。这一变革虽对提高农会职员发展业务经营的积极性有很大提高，有利于农会财务环境的改善，但这也导致农会主办者更加重视营利性的部门，对服务性部门的重视程度则相对降低，农会推广工作因此受到相当大影响。《农会法》修改过程中，农会股金制度被废除，加剧了这一问题的严重性，尽管此前农会并未向会员分红或给予会员股息，但股金制度的废除仍有一定的象征意义，等于彻底切断了农会经营绩效和会员之间的关联。倘若农会此后积极办理共同运销、农业推广等服务会员的工作，则农民和农会之间的关系仍可维持，但后来乡镇农会多以信用业务为主轴，则是不争的事实。

从农会举办的各项业务来看，农会主要接受政府委托业务，或者在农复会辅导下举办某项业务，相对而言，农会在业务经营方面缺乏主动性，特别是缺乏和商人竞争的积极性。1969 年农复会积极主导各级农会改革人事管理制度，推动各级农会实行企业化经营，即有改变农会这一缺点的意图。但因为有强大且在农村几乎独占的信用业务做支撑，农会争取其他业务的积极性恐怕并不高。进入 1970 年代后，当局推动农会体制再次改革，试图使农会更多偏向合作组织的一面,也有促成农会改变经营方式,更好地适应新的经济环境的意图。但因为农会法修改期间,传统观念的根深蒂固与掣肘,使农会的这次改革未能完全按当初的设想进行,这既不利于改变农会在业务经营中的缺乏主动性,也不利于促成农民更主动地参与农会活动。

虽然改革以来农会通过各项业务的举办拉近了和农民的关系,但在农会和农民的关系中,农民仍表现出被动的一面。这不仅表现在业务经营方面,农民主要是被动接受;在农会会务方面,农民的表现更为消极被动,并有一定的疏离感。农会主管机关台湾省农林厅方面曾发现,改革后历次农会改选,最基层的农事小组会员大会的会员出席率一直处于递减状态;不仅赞助会员因为改革后选举权被剥夺、被选举权被限制,所以出席率历届都处于递减中,就连农民会员的出席率也呈现出这样一种态势[①]。有省议员也发现农民与农会之间,有关系疏离的现象,并认为农民忽视农会组织,是造成农会选举问题丛生的原因。对此看法,台湾省农林厅表示认同,并认为需要从加强农民教育、争取农民对农会向心力方面多做努力[②]。1970 年代初,当局在拟订"农会法"修正草案时,试图通过股金制来加强农民对农会的责任感,也不无从制度层面加强农民与农会关系的考虑[③]。对于造成会员对农会选举缺乏兴趣的原因,有农林厅主管人士分析认为:一是因为部分农会被地方派系所操纵,二是农会所办业务未能让会员满意[④]。就第一点来说,部分农会受地方派系操纵,造成一般农民对农会印象较差。曾有省议员反映,如果现任总干事为某农民选举时所支持者,则该农民"径往农会缴纳稻谷、生产贷款、田赋或肥料换谷等,可以在农会抽烟喝茶,自由出入,愉快万状";倘若当初选举时没支持该总干事,则这类农民"有事径往农会,不敢走进办公厅,看到农会总干事或职员就避开,视农会为畏途,进出从后门"[⑤]。足可看出派系纷争环境下,农会选举对农民的困扰。至于农会业务办理有不尽如人意之处,前文已多有分析。

综合而言,战后 30 年间,台湾农会因为权力阶层主要被地方派系占据,国民党则主要透过权力阶层来掌握农会,进而动员农民,缺乏对农民的直接动员,

① 李子敬:《序二》,台湾省农林厅编印《台湾农会改选结果统计》(1962 年度),1963 年,第 3 页。

② 省议员赖荣木在台湾省议会第三届第九次大会上的质询和农林厅书面答复,《台湾省议会公报》第 17 卷第 15 期,第 571 页;第 17 卷第 16 期,第 723 页,1967 年。

③ 沈宗瀚,第 5 次联席会议纪录,《"立法院"公报》第 63 卷第 11 期,第 35 页。

④ 李子敬:《序二》。

⑤ 省议员蔡骞在台湾省议会第三届第一次大会上的质询,《台湾省议会公报》第 9 卷第 21 期,1963 年,第 1028 页。

所以在农会会务方面，农民对农会有一定的疏离感。业务方面，因为各级农会较为缺乏主动性，更多接受政府委托业务和农复会以资金、技术支持的业务，农复会的支持通常具有过渡性，很少是长期行为，所以相对而言，农会就显得配合政府政策更多一些。尽管政府政策与农民之间并不一定是对立关系，但在台湾日渐工业化、都市化，农业在整体经济中的比重日益降低的情况下，政府必然有对农民利益照顾不到的地方，如果农会仍然以配合政府相关政策为经营的主要出发点，缺乏对农民利益和需求的主动关注，那么必然会影响到农会和农民之间的关系，进而影响到国民党在农村基层社会的动员能力。

# 参考文献


（一）档案

a. 台北“国史馆”馆藏“行政院农业委员会”档案（原农复会档案）、台湾省政府及所属机关档案、陈诚档案

主要引用“农委会”档案新旧案卷号对比：

案卷名：Farmers' Organization Division，旧档案编号：12—313—1128，对应新档号（入藏登录号）：034000004874A～034000004876A；

案卷名：Farmer's Associations ，旧档案编号：12. 2—313—1146，对应新档号（入藏登录号）：034000004946A～034000004950A

案卷名：Farmer's Associations，旧档案编号：12. 2—313—1147，对应新档号（入藏登录号）：034000004950A～034000004955A

案卷名：Farmers Organizations，旧档案编号：14. 7—313—1333，对应新档号（入藏登录号）：034000005613A

b. “中研院”近代史研究所档案馆馆藏国民政府实业部农业司、经济部农林司（1933 年 12 月—1946 年 1 月）、农林部（1949 年以前）有关农会档案及战后的美援会档案

c. 台湾文献馆馆藏台湾总督府公文类纂

（二）台湾地区政府机关及国民党出版品

台湾省行政长官公署秘书处编印：《台湾省行政长官公署公报》（1945—1947）

台湾省政府秘书处编印：《台湾省政府公报》（1947—1980）

台湾省参议会秘书处编印：台湾省参议会议事录（1946 年 5 月—1951 年 12 月）

台湾省临时省议会秘书处编印：台湾省临时省议会公报或议事录（1951 年 12 月—1959 年 6 月）

台湾省议会秘书处编印：台湾省议会公报或议事录（1959 年 6 月—1980 年）

“立法院”秘书处编印：《“立法院”公报》第 63 卷；《农会法修正案》，1988 年。

《农会与合作社之合并》，台湾省政府农林处编印，1949 年。

《台湾省农会与合作社合并文汇》，台湾省农林厅编印，1949 年。

《台湾省农会之改组》，台湾省农林厅编印，1950年。

《农会须知》（第一集），台湾省农林厅编印，1952年。

《农会手册》（第二集），台湾省农林厅编印，1953年。

《台湾农会改进组织统计》，台湾省农林厅编印，农政丛刊第一号，1954年。

《台湾农会改选结果统计》，台湾省农林厅编印，1957年。

《台湾农会改选结果统计》（1959年度），台湾省农林厅编印，农政丛刊第三号，1960年。

《农会业务经营要览》，台湾省农林厅编印，1965年。

《农会信用部业务经营分析统计表》，台湾省农林厅编印，1971年。

《台湾农会年报》（1959年版），台湾省农林厅编印。

《台湾农会统计年报》（1962年版），台湾省农林厅编印。

《台湾农会业务统计年报》（1963—1974年版），台湾省农林厅编印。

《台湾地区农会业务统计年报》（1975—1977、1979—1984、1987年版），台湾省农林厅编印。

《台湾农业年报》1958、1973、1978年版，台湾省农林厅编印。

《台湾省粮食局政策推行情形之说明》，台湾省粮食局编印，1966年。

《台湾省粮食局政策推行情形之说明》，台湾省粮食局编印，1968年。

《台湾省粮食增产情形及业务概况》，台湾省粮食局编印，1972年。

《台湾省粮食局贷放粮食生产资金办法》，台湾省粮食局编印，1977年。

《台湾粮食统计要览》，台湾省粮食局编印，1981年。

秦登忠主编：《台湾百年粮政资料汇编》，台湾省政府粮食处印，1997年。

《台湾省农业合作组织调查报告》，台湾省合作事业管理处编印，1955年。

《台湾选政》（一），台湾省政府民政厅编印，1960年。

《台湾选政》（二），台湾省政府民政厅编印，1970年。

《彦士文存》，“农委会”研考专刊第三号，“行政院”农业委员会编印，1994年。

《台湾粮食统计要览》，“行政院”农业委员会编印，2001年。

《台湾省各级农会业务考察报告》，“立法院”内政委员会编印，1973年。

《台湾省“三七五减租”考察报告》，“内政部”印，1951年。

《农会法规汇编》，台北：“内政部社会司”编印，1976年。

《台湾省委员会对改进各级农会工作资料》，中国国民党台湾省委员会第二组编印，1953年。

《党的社会调查·重要问题之报告与处理》，中国国民党中央委员会第六组编印，1953年。

《中国国民党农民运动与台湾省各级农会改进》,中国国民党中央委员会第五组编印,1954 年。

《中国国民党农民政策与台湾农村现况》,中国国民党中央委员会第五组编印,1955 年。

上官业佑:《如何建立民众服务处站——本党民众服务工作的新精神与新动向》,中国国民党中央委员会第五组编印,1957 年。

《党的民运工作绩效展览》,中国国民党中央委员会第五组编印,1961 年。

《民运工作之研究发展》,中国国民党中央委员会第五组编印,1972 年。

中国国民党中央社会工作会编印:《民众团体党团工作概要》,1974 年。

谈益民:《当前本党争取农民的途径》,中国国民党中央委员会设计考核委员会,1959 年。

《中国国民党与农民》,国民党中央委员会第五组、中国国民党台湾省委员会编印,1955 年。

《辅导台湾省各级农会第七届改选工作总报告》,中国国民党台湾省委员会编印,1970 年。

《中央委员会各处组会"四十二年度"工作检讨报告》,中国国民党中央委员会秘书处印。

《中央委员会"四十三年"年终工作检讨报告》,中国国民党中央委员会秘书处印。

《中央委员会"四十四年度"上半年度工作检讨结论》,中国国民党中央委员会秘书处印。

《中国国民党中央委员会"四十五年度"上半年度工作检讨结论》,中国国民党中央委员会秘书处印。

《农村建设研讨会实录 农渔民心声》,中国国民党中央委员会社会工作会编印,1988 年。

(三) 农复会与台湾省农会出版品

《中国农村复兴联合委员会工作报告》,中国农村复兴委员会编印,第 2—6,8—12,19—25 期。

《台湾省农业组织调查报告》(油印本),1949 年。

安德生(W. A. Anderson)(著),夏之骅、蔡文希、龚弼(译):《台湾之农会》,中国农村复兴联合委员会特刊第一辑,1951 年。

雷柏尔:《台湾目前之农村问题与其将来之展望》,中国农村复兴联合委员会特刊第六号,1953 年。

《台湾农会生产指导事业专辑》,台湾省农会编印,1954 年。

《台湾省乡镇农会信用业务及稻谷仓储加工业务调查报告》，中国农村复兴联合委员会特刊第十一号，中国农村复兴联合委员会编印，1955 年。

《督导改进乡镇农会财务经营分析工作之成果》，台湾省农会编印，1959 年。

葛璧：《进步中的台湾农村》，中国农村复兴委员会特刊第三十四号，1961 年。

《十年来的台湾农会》，台湾省农会编印，1968 年。

沈宗瀚：《台湾农业之发展及其政策与措施》，中国农村复兴联合委员会丛刊第二号，1972 年。

《"中央"补助加速农村建设重要措施专辑》，中国农村复兴联合委员会编印，1973 年。

《农复会卅年纪实(1948—1978)》，中国农村复兴联合委员会成立卅周年纪念特刊，中国农村复兴联合委员会编印，1978 年。

（四）其他出版品

李煜瀛译述：《法国各种农会之略说》，商务印书馆，1912 年。

中国农民银行南京分行编印：《农会之会务与业务》，1948 年。

《第一次国内革命战争时期的农民运动》，人民出版社，1953 年。

汤灿华：《台湾农会》，台北：中兴山庄(出版年份不详)。

《台湾农会组织概要》(无出版信息)

李福生：《本省目前的米谷产销情形》(影印本，无出版信息)。

周金声：《台湾农会进入新时代》，改造出版社，1953 年。

陈卓勋：《台湾过去的农业组织及现在的农会》，"经济部中央农业研究所"，1953 年。

陈洁：《农会实务》，中国文化服务社，1953 年。

余鹏：《农民与农会》，中央文物供应社，1954 年。

新生出版社编辑委员会编：《彰化县各级农会改进后专辑》，新生出版社，1954 年。

中国农业出版社编辑委员会：《农会法令汇编》(第一辑)，台北："中国农业出版社"，1954 年。

王承彬：《土地改革与农会改进》，"中国农民服务社"，1955 年。

邓文仪主编：《台湾实施耕者有其田纪实》，1955 年。

民众日报社：《改进后台湾省各级农会》，该报创刊六周年纪念出版，1956 年。

台湾大学农学院：《台湾现阶段农业改进与建设问题讲座》，杂刊第十号，1959 年。

吴聪贤:《中国农业推广工作之今昔》,台湾大学农业推广学系,1963年。

《台湾省粮食问题及农会农田水利会考察报告书》,台湾省政府粮食问题及农会农田水利会考察小组编印,1965年。

张炳南:《台湾农会之研究》,台北:"中国文化学院"出版部,1965年。

陆年青:《台湾之农业金融》(增订再版),土地经济丛刊第三种,台湾土地银行研究处印行,1966年。

蔡宏进:《台湾农地改革对社会经济影响的研究》,台北:嘉新水泥公司文化基金会,1967年。

"内政部"、农复会联合主办:《台湾农村地主佃农经济调查研究》,1969年。

郭义忠、李庆余:《台湾农家赋税负担之分析》,农复会、中兴大学农业经济所合办,1969年。

川野重任著、林英彦译:《日据时代台湾米谷经济论》,台湾银行经济研究室编印,台湾研究丛刊第102种,1969年。

国民文化出版社编印:《台湾各级农会理事长特辑暨全省农会要览》,1970年。

杨懋春:《台湾土地改革对乡村社会制度影响之研究》,"中央研究院"中美人士社会科学合委会,1970年。

吴丰山:《今天的台湾农村》,自立晚报社,1971年。

台湾银行经济研究室编印:《台湾化学肥料配销实况》,台湾研究丛刊第110种,1972年。

杨家骆主编:《大陆"沦陷"前之中华民国(四)》,鼎文书局,1973年。

郭敏学:《乡村领导才能的培养》,台湾"商务印书馆",1973年。

《多目标功能的台湾农会》,台湾"商务印书馆",1977年。

《合作化农会体制》,台湾"商务印书馆",1982年

《台湾农会发展轨迹》,台湾"商务印书馆",1984年。

台湾省政府研究发展考核委员会编印:《本省化学肥料供应情形之检讨与改进》,省政研究发展丛书粮食类第三种,1975年。

陈听安主持:《台湾地区农会信用业务之改进》,台北:"行政院"研究发展考核委员会编印,1978年。

余河青、庄美华:《台湾地区农会之组织与职掌》,"行政院"研究发展考核委员会,1978年。

沈宗瀚、赵雅书等:《中华农业史——论集》,台湾"商务印书馆",1979年。

葛伯纳(Gallin Bernard)撰、苏兆堂译:《小龙村——蜕变中的台湾农村》,联经出版事业公司,1979年。

陈聪胜:《台湾农会组织之研究》,植根法学丛书编辑室,1979 年。

戴炎辉:《清代台湾之乡治》,联经出版事业公司,1979 年。

李宪文:《农地改革对台湾农村权力结构之影响》,台北:正中书局,1982 年。

蔡寿人:《台湾农会组织与辅导》,台北:精准出版社,1984 年。

胡盛光:《农会法论》,1985 年。

矢内原忠雄著,周宪文译:《日本帝国主义下之台湾》,帕米尔书店,1985 年。

林宝树:《比较合作论文集》,树德工业专科学校,1986 年。

李筱峰:《台湾战后初期的民意代表》,自立晚报社,1986 年。

许福明:《中国国民党的改造(1950—1952)——兼论其对"中华民国"政治发展的影响》,台北:正中书局,1986 年。

廖正宏、黄俊杰、萧新煌:《光复后台湾农业政策的演变:历史与社会的分析》,台北:"中央研究院"民族学研究所,1986 年。

黄登忠:《四十年来之台湾粮政》,1987 年。

刘清榕:《台湾农会选举之研究》,台湾省研考会,1992 年。

吴文星:《日据时期台湾社会领导阶层之研究》,台北:正中书局,1992 年。

姜涛:《近代中国人口史》,浙江人民出版社,1993 年。

成汉昌:《中国土地制度与土地改革——20 世纪前半期》,中国档案出版社,1994 年。

黄嘉树:《国民党在台湾:1945—1988》,台北:大秦出版社,1994 年。

陈明通:《派系政治与台湾政治变迁》,月旦出版社,1995 年。

A. 恰亚诺夫著、萧正洪译:《农民经济组织》,中央编译出版社,1996 年。

杜赞奇:《文化、权力与国家——1900—1942 年的华北农村》,江苏人民出版社,1996 年。

张炎宪、高淑媛采访纪录:《冲击年代的经验:台北县地主与土地改革》,台北县立文化中心,1996 年。

陈天煌:《健全农会信用部体制之研究》,台北:"行政院"研考会,1997 年。

《孙中山文集》(上、下册),团结出版社,1997 年。

龚宜君:《"外来政权"与本土社会——改造后国民党政权社会基础的形成(1950—1960)》,稻乡出版社,1998 年。

林栖显编著:《台湾省议会组织沿革及省咨议会之成立》,台湾省文献委员会,2000 年。

陈金满:《台湾肥料的政府管理与配销(1945—1953)》,稻乡出版社,2000 年。

张静:《基础政权——乡村制度诸问题》,浙江人民出版社,2000 年。

李德芳:《民国乡村自治问题研究》,人民出版社 2001 年。

赵永茂:《台湾地方政治的变迁与特质》,翰芦图书出版有限公司,2002 年。

徐秀丽编:《中国近代乡村自治法规选编》,中华书局,2004 年。

梁尚贤:《国民党与广东农民运动》,广东人民出版社 2004 年。

复旦大学历史学系、复旦大学中外现代化进程研究中心编:《近代中国的乡村社会》,上海古籍出版社,2005 年。

冉绵惠、李慧宇:《民国时期保甲制度研究》,四川大学出版社 2005 年。

任育德:《向下扎根:中国国民党与台湾地方政治的发展(1949—1960)》,稻乡出版社,2008 年。

(五)期刊论文与学位论文

郑肇城:《台湾农会进步之实况与今后之展望》,《台湾农业》4 卷 4 期,1968 年,第 6—20 页。

《台湾省各级农会一年来之革新与检讨》,《台湾农业》5 卷 4 期,1969 年,第 3—22 页。

蒋书诰:《研究改进中的台湾省各级农会人事制度》,《台湾农业》4 卷 4 期,1968 年,第 48—59 页。

柯德基:《农会经营企业化与农业推广教育》,《台湾农业》5 卷 4 期,1969 年,第 104—106 页。

林振:《执行农会监督的检讨与改进》,《台湾农业》6 卷 4 期,1970 年,第 28—33 页。

刘经堂:《台湾农会组织之研究》,《台湾农业》6 卷 2 期,1970 年,第 29—43 页。

林梓联:

《近十年来台湾农村人口及其产业演变之分析》,《台湾农业》6 卷 2 期,1970 年,第 126—141 页。

《再谈农会等级薪点制度》,《台湾农业》12 卷 1 期,1976 年,第 35—45 页。

《影响农会业务经营之环境因素》,《台湾农业》13 卷 1 期,1977 年,第 110—133 页。

《农民基层组织改进之初步探讨》,《台湾农业》16 卷 6 期,1980 年,第 11—19 页。

陈景文:

《农会实施薪点制度对农业推广工作的影响》,《台湾农业》7 卷 4 期,1971 年,第 44—62 页。

《乡镇农会推广人员参加训练之调查报告》,《台湾农业》8 卷 1 期,1972 年,第 114—125 页。

张训舜:《当前农会的任务》,《台湾农业》12 卷 3 期,1976 年,第 5 页。

吴国璋、蒋书诰:《农会之辅导工作》,《台湾农业》15 卷 1 期,1979 年,第 61—67 页。

许文富:《如何改进农业合作社之经营管理以应未来农业发展之需要》,《台湾农业》15 卷 6 期,1979 年,第 1—5 页。

吴聪贤:《复合组织之目标分析——以台湾农会为例》,《"中央研究院"民族学研究所集刊》第 50 期,1980 年,第 1—24 页。

《组织效能之分析:台湾省基层农会之实证研究》,《"中央研究院"民族学研究所集刊》第 61 期,1986 年,第 129—181 页。

黄克武:《清代台湾稻作之发展》,《台湾文献》32 卷 2 期,1981 年 6 月,第 151—163 页。

廖正宏、陈昭郎、高毓秀:

《农民对农会合并措施之反应》,《台湾大学农业推广学报》第 6 期,1982 年。

徐永灿:《农会总干事领导才能之研究》,《台湾大学农业推广学报》第 6 期,1982 年。

萧昆杉:《农业发展与乡村贫穷》,《思与言》第 20 卷第 6 期,1983 年。

李文朗:《政治精英的遴补与新陈代谢:台湾地区的个案研究》,《思与言》第 20 卷第 6 期,1983 年。

萧新煌:《三十年来台湾农业政策的演变:1953—1982》,《思与言》第 20 卷第 6 期,1983 年。

黄俊杰:《台湾省议会议员对"加速农村建设重要措施"的看法(1973—1981)》,《思与言》第 24 卷第 3 期,1986 年。

赵永茂:《台湾省基层政治精英之个人背景分析》,《思与言》第 26 卷第 6 期,1988 年。

刘清榕、谢昌隆:《农会总干事之学经历与农业推广运销工作绩效之研究》,《台湾大学农业推广学报》第 9 期,1992 年。

王俊豪:《乡村与学校四健会组织结构与运作之比较研究》,《台湾大学农业推广学报》第 10 期,1993 年。

蔡慧玉:《保正、保甲书记、街庄役场——口述历史(一)》,《史联杂志》第 23 期,1993 年。

张淑伦:《基层农会推广人员之工作投入》,《台湾大学农业推广学报》第 12 期,1995 年。

胡忠一:《农会组织自我革新之道》,《台湾大学农业推广学报》第 14 期,

1998年。

刘翠溶:《日治后期台湾合作农仓功能试探》,《台湾史研究》7卷1期,2000年6月,第135—173页。

蔡明哲:《一个台湾基层农会的社会关系之分析》,台湾大学农业推广学研究所硕士论文,1973年。

吴森源:《影响台湾乡镇农会业绩之因素探讨》,台湾大学农业推广学研究所硕士论文,1973年。

李展台:《台湾地区农会之研究》,台湾大学政治研究所硕士论文,1981年。

何燕萍:《台湾省村里组织与功能之研究》,台湾政治大学行政研究所硕士论文,1987年。

彭基原:《高雄县地方派系结构及其影响》,台湾政治大学三民主义研究所硕士论文,1988年。

苏家声:《台湾乡镇权力结构之分析——以K乡为例》,台湾政治大学政治学研究所硕士论文,1989年。

陈俊名:《农会毛猪共同运销之历史研究》,台湾大学农业推广学研究所硕士论文,1989年。

张炳文:《台湾乡村选举与派系运作对乡村建设之影响》,台湾大学农业推广学研究所硕士论文,1991年。

朱旭华:《中国农村复兴联合委员会与台湾土地改革(1948—1965)》,台湾政大历史所硕士论文,1992年。

李秀珠:《台湾基层农会总干事产生制度之研究:以选举时竞争激烈的农会为对象》,中兴大学农业推广教育研究所硕士论文,1993年。

王静仪:《台中县地方派系发展史——以县长与省议员选举分析为例(1951—1987)》,台湾师范大学历史研究所硕士论文,1994年。

刘华宗:《台湾地区农会政治角色之变迁——M乡农会个案研究》,台湾政大政治学所硕士论文,1995年。

陈淑莉:《台湾地区农会之政治经济分析》,东海大学公共行政学系硕士论文,1995年。

邱涌忠:《农复会与台湾农业发展策略形成之研究》,台湾大学农业推广研究所博士论文,1997年。

颜昆智:《战后台湾农会之研究——以台湾省农会为中心》,中兴大学历史系硕士论文,1998年。

黄琼文:《威权转型前后农会派系特质变迁之研究——云林县水林乡农会一九七〇及一九九〇年代为例》,暨南国际大学公共行政政策研究所硕士论文,

1999 年。

陈坤煌:《战后粮政体制建立过程中的国家与农民组织(1945—1954)》,台湾大学社会学研究所理论组硕士论文,2001 年。

黄冬娅:《从农会变迁看解放前中国乡村社会控制》,中国人民大学党史系硕士论文,2003 年。

庄姿玲:《台湾农会选举制度与决策过程之研究——以中部地区四乡镇农会为例》,东海大学政治学系硕士论文,2004 年。

黄仁姿:《外来政权与地方菁英——以 1950 年代农会改组为例》,政治大学台湾史研究所硕士论文,2009 年。

(六) 主要期刊杂志

农产促进委员会主办:《农业推广通讯》

台湾省农会主办:《农友》

台湾省政府农林厅主办:《台湾农林》、《台湾农业》

台湾省合作金库主办:《合作界》

台湾省政府社会处主办:《新社会》

(七) 外文文献

Hui-sun Tang, *Land Reform in "Free China"*, Taipei: Chinese-American Joint Commission on Rural Reconstruction, 1954.

Aksel de Lasson, *The Farmers' Association Approach to Rural Development- The Taiwan Case*, Verlag der ssip-Schriften Breitenbach, Saarbr cken, 1976.

Samuel P. S. HO, *Economic Development of Taiwan, 1860—1970*, New Haven and London, Yale University Press, 1978.

Yager, Joseph A., *Transforming Agriculture in Taiwan: The Experience of the Joint Commission on Rural Reconstruction*, Ithaca, New York: Cornell University Press, 1988.

King, Rong-Yung, *How does foreign economic assistance influence the domestic politics of a developing country: the political implications of the Joint Commission on Rural Reconstruction (JCRR) in Taiwan*, Ph. D. Dissertation, University of South Crolina, 1990.

# 附录一：农会法（1948 年修正）

## 第一章　总则

第一条　农会以保障农民权益，促进农民知识技能，增加生产，改善农民生活，发展农村经济为宗旨。

第二条　农会为法人。

第三条　农会之主管官署，在中央为社会部，在省（市）为省（市）政府，在县（市）为县（市）政府，但其目的事业依法受农林部或其他目的事业机关之指导监督。

## 第二章　任务

第四条　农会之任务如左：

一、自耕农之扶植，佃农雇农权益之保障及调解农事纠纷，证明租佃契约。

二、协助有关土地农田水利之改良，水土之保持，森林之培养及水旱病虫灾害兽疫之防治救济；

三、种籽肥料农具之改良与推广；

四、农村合作事业及简易农仓之倡办与辅导；

五、农村副业之倡办指导及农产品之调剂加工；

六、示范农田及集体或合作农场之倡设；

七、农贷及土地金融贷款之承办转放监督；

八、农民补习学校，农业陈列所及农业展览会之协助举办；

九、有关农民医药卫生娱乐及其他农民福利与救济事业之倡导推进；

十、农业及农民之调查统计；

十一、合于第一条宗旨之其他事项。

## 第三章　设立

第五条　农会分乡（镇）农会，市区农会，县（市）农会，省（市）农会，全国农会。

乡（镇）农会，市区农会得依会员分布情形，分设分会或划分小组。

下级农会应受上级农会之指导。

第六条　农会以行政区域为组织区域，并冠以该区域之名称。

第七条　农会为农民之中心组织，同一区域内以组织一个农会为限。

第八条　乡(镇)或市(区)内具有农会会员资格者满五十人时，应即发起组织乡(镇)农会或市(区)农会，下级农会成立过半数时，应即组织上级农会，乡(镇)或市区内具有会员资格未满五十人时，得加入附近乡(镇)农会或市区农会或联合组织之。

第九条　农会之组织，由发起人推定筹备员组织筹备会，呈请当地主管官署备案。

第十条　农会章程应载明左列事项：

一、名称；

二、宗旨；

三、区域；

四、会址；

五、任务或事业；

六、组织；

七、会员入会出会及除名；

八、会员之权利与义务；

九、理监事名额权限任期及其选任辞任；

十、会议；

十一、会费之数额；

十二、经费及会计；

十三、章程之修改。

第十一条　农会于召开成立大会前，应将筹备经过连同章程草案，呈报主管官署，并请派员监选。

第十二条　农会组织完成时，应即造具会员名册，理监事略历册，连同章程，向当地主管官署登记，并由该主管官署于登记后，颁发登记证书及图记。

## 第四章　会员

第十三条　凡中华民国人民居住该区域内，年满二十岁，具有左列资格之一者，均有加入乡(镇)农会或市区农会为会员之权利与义务：

一、自耕农；

二、佃农；

三、雇农；

四、农业学校毕业或有农业专著或发明，并现在从事农业改良工作者；

五、服务于依法登记之农场会员。

第十四条　上级农会以其下级农会为会员。

下级农会参加上级农会应各派代表出席,其代表之名额,乡(镇)农会或市区农会二人,县农会或省辖市农会一人,省农会五人,院辖市农会一人,各由会员大会选举之,任期二年,连选得连任。

## 第五章　职员

第十五条　农会置理监事,由会员中选任之,其名额依左列之规定:

一、乡(镇)农会及市区农会之理事九人至十五人;

二、院辖市农会及县(市)农会之理事十五人至二十七人;

三、省农会之理事二十七人至三十三人;

四、全国农会之理事三十三人至四十五人;

五、农会监事名额,不得超过其理事名额三分之一;

六、农会置候补理事,候补监事,其名额不得超过该农会理事,监事名额二分之一;理事,监事名额在三名以上时,应分别互选常务理事,常务监事,其名额不得超过理事,监事名额三分之一,常务理事在五人以上时,并得就其中选举一人为理事长。

乡(镇)农会及市区农会理事中,应有三分之一具有第十三条第二项,第三项所定资格者。

第十六条　农会理监事之候选人,以其所属基层会员为限,上级农会理监事之候选人,不限于下级农会出席之代表。

第十七条　乡(镇)农会分会设干事三人至五人,互推一人为主任干事,小组设正副组长各一人,由会员推定之。

第十八条　农会理监事,分会总干事及小组组长,均为无给职,但实际负责者得依章程之所定或会员大会之决议,支给公费。

第十九条　农会理监事及分会干事,小组正副组长任期均为二年,连选得连任。

第二十条　农会改选完成后,应于十日内造具理监事略历,连同会员增减名册,呈报当地主管官署备案。

第二十一条　农会理监事因有不得已之事由,得经会员大会议决,准其辞职,其因职务上违背法令会章或其他重大不正当行为者,得经会员大会议决罢免之。

## 第六章　会议

第二十二条　农会会员大会分定期会议及临时会议两种,由理事会召集之。定期会议:全国农会每二年举行一次,省(市)以下各级农会每年一次。临时会议:经会员十分之一以上之请求或理事会认为必要时召集之。

第二十三条　农会会员大会之决议,以会员过半数之出席,出席会员过半数之同意行之。

第二十四条　左列各款事项之决议,于会员过半数之出席,出席会员三分之二以上之同意行之:

一、章程之通过或变更;

二、团体之调整;

三、会员之处分;

四、理监事之解任或罢免。

第二十五条　农会理事会议,由常务理事或理事长召集之,监事会议由常务监事召集之,其会期于各该农会章程内订定之。

第二十六条　分会干事会及小组会议,每月举行一次,由主任干事或组长召集之。

第二十七条　乡(镇)农会或市区农会,如召集会员大会确有困难时,得召集会员代表大会,其代表选举办法,由社会部定之。

## 第七章　经费

第二十八条　农会经费分左列六种:

一、入会费:由会员于入会时一次缴纳,其最高额由主管官署核定之;

二、常年会费:乡(镇)及市区农会由会员按年缴纳,其最高数额由会员大会决定,县(市)以上农会由其所属会员按会费收入百分之二十缴纳之;

三、事业费之募集及用途,应经会员大会议决,并向主管官署备案;

四、农业金融机关应就每年度所获纯益拨出一部分,充作各级农会事业费,不得少于百分之十;

五、政府补助费,此项补助费应列人国家预算,地方预算;

六、各级农会主办事业所获纯益,应提拨一部分,充作各该农会经费,不得少于百分之五十。

第二十九条　农会收支报告,应于每年度终了时,呈报当地主管官署及目的事业主管官署备查,并公布之。

## 第八章　监督

第三十条　农会怠忽任务，妨害公益，或逾越其业务范围时，主管官署得予以警告。

第三十一条　农会之决议，有违反法令，妨害公益，或逾越其宗旨任务时，主管官署得令撤销其决议。

第三十二条　农会违反其宗旨或任务，其情节重大者，主管官署得予以解散或撤销其登记，但须征得当地民意机关之同意。

农会经解散后，应即重行组织。

第三十三条　下级主管官署为第三十一条、三十二条之处分时，应经上级主管官署之核准。

第三十四条　农会解散或撤销登记时，其财产应由当地主管官署指派人员清算，其清算人有代表农会执行清算上一切事务之权。

## 第九章　附则

第三十五条　农会为指导农业技术及其他农业改进工作，得商请当地农业改进推广金融教育等有关机关，调派农业技术人员协助之。

第三十六条　乡(镇)农会或市区农会，得应会员经营业务需要，分别指导，成立业务小组。

第三十七条　农会对会员承办农贷及土地金融贷款所作之保证，应负连带责任。

第三十八条　本法施行细则，由社会部拟订，呈报行政院核定之。

第三十九条　本法自公布日施行。

资料来源：《农会法令汇编》(第一辑)，台北："中国农业出版社"，1954年，第1—4页。

# 附录二

## 中国社会科学院台湾史研究中心丛刊专家审稿意见表

| 姓　　名 | 张海鹏 | 职　　称 | 研究员 |
|---|---|---|---|
| 所在单位 | 中国社会科学院近代史研究所 | 研究专业 | 中国近代史、台湾史 |
| 审查书稿 | 《战后台湾农会研究(1945—1975)》　作者:程朝云 | | |
| 专家审稿意见 | | | |
| 程朝云著《战后台湾农会研究(1945—1975)》,是第一部大陆学者研究战后台湾农会问题的佳作,值得肯定与推荐。<br>随着两岸关系的改善和台湾水果的行销大陆,大陆民众知道了台湾农会的存在。但是,台湾农会是一个什么样的组织,台湾农会的历史沿革如何,台湾农会的历史作用如何,台湾农会与台湾当局的关系如何?不仅大众不了解,研究台湾问题的学者也不了解。<br>程朝云深入台湾,对南部农会做了学术性考察,搜集了与台湾农会相关的各种档案、文献,写成了这部研究台湾农会的研究著作,她是第一次对台湾农会做出学术性研究的大陆学者。<br>这部著作的学术贡献主要在:第一,对台湾农会的起源,作者考察了日据时期台湾农会,又考察了1945年后大陆时期的农会经验和农复会的经验,不同于台湾学者甚至台湾农会工作人员只注意日据时期经验的看法,具有大陆学者的眼光;第二,运用大量文献资料,考察了台湾农会的组织机制及其形成演变;第三,考察了台湾农会在台湾农业发展中的作用;第四,考察了台湾农会与农民的关系,考察了国民党与台湾农会、地方势力的关系。这些考察,对于我们认识台湾历史,认识台湾现状都是有帮助的。<br>这部书稿可以进入中国社会科学院台湾史研究中心丛刊,予以出版。<br>张海鹏<br>2013年1月6日 | | | |

# 中国社会科学院台湾史研究中心丛刊专家审稿意见表

| 姓　名 | 姜　涛 | 职　称 | 研究员 |
|---|---|---|---|
| 所在单位 | 中国社会科学院近代史研究所 | 研究专业 | 中国近代史、现代史 |
| 审查书稿 | 《战后台湾农会研究(1945—1975)》　作者:程朝云 | | |
| 专家审稿意见 | | | |

台湾的农会是具有政治、经济、教育、社会等多项功能的综合性农民组织。程朝云的《战后台湾农会研究(1945—1975)》一书以战后台湾农会为研究对象,其时间范围为1945至1975年,具有足够的时间跨度,因而可以对光复以来的台湾农会组织的体制形成乃至发展演变,予以较为细致的梳理。

本书主体部分共分九章。其中的第一、第二两章,对日据时期的台湾农民组织以及1949年之前大陆的农民组织经验做了简要的回顾;第三章讲光复初期对台湾农业会的接受与分合问题;第四章讲战后台湾农会的制度改革;第五、第六两章分述改革后的农会组织、内外关系及其业务与功能;第七章侧重改革后的农会与政治,主要讲国民党、地方派系与农会之间错综复杂的关系,时间跨度则为1954—1969年;第八、第九两章叙述的时间范围则稍向后延伸,侧重讲20世纪60年代末、70年代初因内外环境的变化而带来的新一轮农会制度改革。

从其结构安排来看,不仅讲政治,也讲经济、社会,较好地做到了政治史与社会史的相结合、宏观研究与微观研究的相结合。而在此前,台湾学者的相关研究,多侧重于具体的就事论事,分量均较为单薄。因而该项研究具有较为突出的学术创新意义和理论价值。从内容上看,该项研究能够在赴台调研且掌握大量档案资料的基础上,较为平实地对台湾战后农会作出应有的实事求是的评价,有些档案资料甚至台湾学者亦未能充分加以利用,这些都是值得称道的。

该项研究侧重于台湾战后的农会研究,具有重要的现实意义,对大陆转型期的农村社会改革,无疑也具有一定的借鉴作用。

特此推荐。

姜　涛

2012年12月13日

# 中国社会科学院台湾史研究中心丛刊专家审稿意见表

| 姓　　名 | 陈小冲 | 职　　称 | 教授 |
|---|---|---|---|
| 所在单位 | 厦门大学台湾研究院 | 研究专业 | 台湾史 |
| 审查书稿 | 《战后台湾农会研究(1945—1975)》　作者:程朝云 | | |
| 专家审稿意见 | | | |

20世纪80年代后,大陆学术界对于战后台湾历史的研究逐渐开展起来,这些研究主要集中在台湾政治的发展变化、美台关系、美援与经济起飞以及两岸经贸关系等领域,多从宏观视角把握战后台湾历史概貌。近年来随着两岸关系的推进与学术交流的开展,大陆学者进入台湾岛内搜集资料、开展研究成为可能,于是战后台湾历史的研究进入了一个新的阶段,更深入细致的个案研究进入了人们的视野,我们推荐的程朝云博士书稿《战后台湾农会研究(1945—1975)》便是其中较为典型的代表。

首先,书稿填补了战后台湾历史研究的空白。战后台湾农会组建是国民党退台后吸取大陆失败教训,强化农村控制、巩固统治基础的一项重要举措,其效果究竟如何,颇值得研究。对此台湾岛内相关著作多偏向政治经济学的视角,尚未从历史学的角度进行精细梳理,大陆学界的相关研究则更付之阙如,因此该书稿所做研究有着相当的学术意义。

其次,书稿作者赴台湾搜集了农复会、台湾省参议会及相关主管部门出版品等稀见史料,突破了大陆学界以往涉台研究中常见的资料瓶颈,大量一手原始资料的运用,使作者的立论具备了较扎实的史料基础。

| 姓　　名 | 陈小冲 | 职　　称 | 教授 |
|---|---|---|---|

第三,书稿历史地、全面地分析了战后台湾农会发展历程,并提出了独到的见解,如指出台湾农会既有日据时期农会组织的历史沿袭,又有大陆时代农民组织经验的移植,而这又与国民党当局退台的历史大背景有关。作者分析称,台湾当局在发挥农会的经济组织作用的同时,亦致力将其整编为农村基层动员的工具,但国民党对台湾农村工作整体绩效并不佳,战后土改未从根本上改变台湾农村的权力结构,自上而下的组织发展模式亦无法深耕基层,地方派系绕之不去等等。这些观点无疑具备一定的创新性。

总括而言,该书稿史料扎实、观点明晰、创新性较强,全书结构合理、语言流畅,是目前台湾史研究专业领域一部具较高水准的著作,特予推荐。

陈小冲

2012年12月26日

# 后　记

2003年我进入中国社会科学院研究生院近代史系攻读博士学位，当时也是我转入中国社科院近代史所新成立的台湾史研究室不久，为配合工作，我的博士论文题目必须在台湾史领域选。我已记不清当初是怎样的机缘让我接触到台湾农会，但之所以对这个组织感兴趣，更多是出于好奇，毕竟在中国近代史上，“农会”曾留下浓墨重彩的一笔，台湾延续至今的农会又会是怎样的面貌？

在本书完成后的今天，我当然不后悔当初的选题，尽管历史真正呈现的台湾农会的面貌跟我的想象不一样。战后台湾农会与近代史上的大陆农会确有一定的渊源，但差距也非常明显，它不仅关涉政治，也与农业发展和农村社会经济变迁有关，是个关系到战后台湾农村社会方方面面的综合性组织。战后台湾农会的特殊属性，使相关研究有了更多可探讨的角度和空间。但回想10年前的情形，我必须承认，刚涉足台湾史研究领域的我其实非常懵懂无知。关于台湾农会，大陆可以说找不到任何有价值的史料，当时两岸交流又远不如今日频繁便利，我所面临的是“无米之炊”。如果之后不是陆续得到很多人和机构的帮助，很难想象我能完成博士论文的写作，并在其基础上修改完成本书。

首先要感谢台湾中华发展基金、中国社会科学院近代史研究所和台湾夏潮基金，他们分别资助了我2005年、2009年和2011年三次台湾之行，使我得以到台湾查阅第一手的资料，并近距离观察台湾农会组织。

感谢近代史所张海鹏老师和台湾中兴大学历史系黄秀政老师、孙若怡老师，在他们的帮助下，我获得中华发展基金的资助，并在中兴大学历史系的安排下，于2005年春天赴台，进行为期三个月的资料收集工作。以这段时间收集的大量资料为基础，我对于战后台湾农会的研究才真正展开。此次赴台期间，黄秀政老师、孙若怡老师还在学习和生活方面给予我无私帮助。中兴大学历史系孟祥瀚老师对论文的资料收集工作提供了宝贵意见，因他的指点，我才将台湾省议会相关资料和农复会的档案资料纳入收集范围。王良行老师是计量经济史研究领域的专家，他从研究方法角度对我提出了建议。该系博士研究生王静仪小姐，以她对台中县地方派系的研究，使我对地方派系问题有更深入的了解。台湾文献馆主任秘书萧富隆先生为我在该馆查阅资料提供方便，文化大学历史系陈立文老师则帮我联系前往国民党党史会查阅资料。对他们，我由衷感谢。

中兴大学和台湾省农会同在台中,此次赴台,我还有幸多次拜访台湾省农会。省农会国际部主任张丰雄先生以他几十年的工作经历,多次为我解说台湾农会的历史,并带我参与农会的活动,使我不仅对台湾农会的历史,也对其现状有了比较直观的印象。曾担任台湾省农会总干事 11 年的施连胜先生,以其亲身经历让我了解战后台湾农会所做的工作。台北农训中心副秘书长陈维民先生,曾在百忙之中接受我的拜访,并根据他对台湾农会问题的研究,向我阐述他对台湾农会的看法。在此,一并致谢。

此次赴台的第三个月,我主要在台北收集资料,中华发展基金并不资助我在台中市以外的费用,非常感谢近代史所李长莉老师,她慷慨地让我分享她在台北文化大学的宿舍,收容我一个月之久,之后还一直给予我关心和鼓励。感谢台湾的一些同龄朋友,中兴大学历史系研究生任天豪、郭佳玲,台湾省咨议会工作人员陈清志先生、黄兰絮小姐,台北的许毓良老师和谢美娥小姐,他们都曾为我提供学习和生活方面的帮助。

2009 年,近代史研究所为鼓励同仁的学术交流活动,在台北租了一套民居,供同仁们轮流赴台收集资料和学术交流。同年,我的战后台湾农会研究还获得所重点课题的资助。该年春天,利用所里的租房项目,我再次来到台湾,进行为期两个月的资料收集工作。"中央大学"历史所为我此次赴台办理了相关手续,感谢时任所长的齐茂吉老师的慷慨相助,感谢该所李力庸老师和辅仁大学历史系许毓良老师的鼎力帮忙。还要感谢"中央大学"历史所赖泽涵老师、郑政诚老师、吴学明老师,"中央研究院"近史所谢国兴老师、朱浤源老师,以及也同时在台的本所王建朗老师、赵晓阳老师等众多师友,此次赴台期间我得到他们的指点与帮助。

感谢台湾夏潮基金会宋东文董事长和张晓平小姐,感谢"中研院"近史所黄克武所长和林秀娟小姐,在他们的帮助下,2011 年夏天,我又一次来到台湾收集资料。此次在台虽然时间仅一个月,但这段时间的资料收集工作不仅帮助我完成了战后台湾农会研究的收尾工作,还为后续的衍伸研究打下了基础。

感谢台湾省咨议会、"国史馆"、"中研院"近史所档案馆、党史会、台湾文献馆、"中央图书馆"及其分馆、台中图书馆等地的工作人员,他们为我的资料收集工作提供帮助。

本书是在博士论文的基础上修改完成的,感谢导师姜涛研究员,博士论文从选题到布局、再到后面的写作,姜老师都随时解疑答惑、悉心指点,并常在我感觉无路可走时,帮我找到有效的解决方案。由于个人原因,当时论文的进度一拖再拖,姜老师最后不得不加班加点,帮我修改论文,回想起来真是令我既感且愧!论文答辩以后,对于论文的修改、出版事宜,姜老师也是一直牵挂在心,时时督促。本书迁延至今才得以出版，想来我实在是个让恩师不省心的学生！

感谢博士论文开题报告会上，近代史所张海鹏老师、李长莉老师和王奇生老师的宝贵意见，使我对本选题的思考尽可能全面。博士论文完成后，厦门大学陈孔立老师、南京大学崔之清老师作为论文评阅人，对论文修改提了很多宝贵意见。论文答辩期间，答辩委员会张海鹏老师、王汝丰老师、夏春涛老师、王奇生老师、黄兴涛老师都对论文的进一步修改提出了很好的建议。感谢上述老师的指点，本书如果较博士论文有所完善，应得益于他们的智慧。

感谢已逝的近代史所朱宗震老师，朱老师一直以来关心我的工作和生活，博士论文写作期间，我曾就国民党的土地改革问题，向他求教，他的看法和建议让我获益匪浅。

感谢中国社科院社会学研究所的杨团研究员和她率领的综合农协研究组，他们的工作不仅让我从实践角度重新审视我的研究，更让我感受到行动的力量。

本书入选“中国社会科学院台湾史研究中心丛刊”，感谢张海鹏老师、姜涛老师和厦门大学陈小冲老师的推荐。感谢凤凰出版社的陈晓清老师，她为本书的出版做了很多认真细致的工作。感谢近代史所金以林老师、李细珠老师，他们为了让本书能够尽快出版费心费力。还有不少师友也对本书的出版极为关切，他们的名字我无法在此一一列出，对他们的感激之情，同样深藏于我心中。

最后，要感谢我的家人，他们的爱与包容，是我最强大的后盾。研究战后台湾农会的近10年间，也是我平凡人生中不太平常的一段时期。经历了儿子的出生，也经历了母亲的病与逝，工作中也有颇多不顺。有很长一段时间无法在家庭与工作之间找到平衡点，在现实的各种压力中渐渐迷失方向，忘了当初选择历史学的初衷，中途甚至想过放弃。所幸有一天终于醒悟，不再纠结于简单的得失，不再纠缠于抽象的意义，明白面对的很多所谓的困难，不过是自己不够努力而已。唯一的遗憾，就是不曾在母亲离开前明白这个道理，她即使在生病期间也总是想着不要影响我的工作，要尽量给我帮忙，如果我努力一点，在工作与照顾家人之间找到更好的平衡，我本该可以用更多的时间去陪伴她、照顾她，今日也就不会空留“子欲养而亲不待”的悔痛！

程朝云

2014 年 2 月 28 日